土地工程原理

韩霁昌　编著

科学出版社
北　京

内 容 简 介

土地工程是增加土地资源、解决人地矛盾的有效措施。土地工程原理是在已有的学科理论和原理的基础之上，通过在实践中不断凝练和验证，逐步形成土地工程特有的基础理论。本书分为土地工程原理概述、土壤发生过程、土力学、土工结构承载力、水力学、孔隙介质水运动原理、胶体与界面化学、遥感与测控、自然资源平衡和生态系统与环境承载力等部分。全书理论涉及理学、工学、农学、社会学和经济学等多个学科体系中的原理。

本书可供土地资源管理、土地整治、地球科学、资源环境保护、水土保持等相关专业和部门的理论和管理工作者参考使用，也可供高等院校土地工程及相关专业的教学使用。

图书在版编目(CIP)数据

土地工程原理/韩霁昌编著. —北京：科学出版社，2017.3
ISBN 978-7-03-050137-0

Ⅰ.①土… Ⅱ.①韩… Ⅲ.①土地利用 Ⅳ.①F301.2

中国版本图书馆 CIP 数据核字(2016)第 238455 号

责任编辑：李 萍 杨 丹／责任校对：郭瑞芝
责任印制：徐晓晨／封面设计：迷底书装

科学出版社出版
北京东黄城根北街 16 号
邮政编码：100717
http://www.sciencep.com

北京中石油彩色印刷有限责任公司 印刷
科学出版社发行 各地新华书店经销

*

2017 年 3 月第 一 版　开本：720×1000　1/16
2018 年 5 月第二次印刷　印张：25
字数：504 000
定价：128.00 元
(如有印装质量问题，我社负责调换)

序

随着中国经济的发展以及工业化、城市化进程的加快，建设用地不断扩大，优质耕地逐年减少，而宜耕后备资源的开发又受到数量少、质量差、开垦难度大和保护生态环境等诸多因素的限制，潜力十分有限。土地的污染和环境的恶化，不断威胁着人类的居住安全和粮食安全。

要实现中国政府提出的"耕地总量动态平衡"和"城乡一体化和生态文明"的目标，解决当前土地利用中突出的问题，必须转变土地利用方式，走集约化利用、内涵挖潜和土地生态建设的新路。在中国社会经济发展过程中，建设与生态的矛盾、人与地的矛盾始终摆在我们面前。处理不好这些矛盾，必将导致耕地总量的动态失衡、生态恶化、城居环境恶化、经济建设受制，甚至会产生影响社会稳定的严重问题。科学有效地处理这些矛盾和准确落实土地政策都需要土地工程相关理论、原理和方法作为支撑。

该书前瞻性地提出"土地工程"学科概念，指出土地工程的核心是土体有机重构，利用物理、化学、生物及生态学等多元理论和技术对土体进行重构，最终达到承载生命体所需的基础条件。该书重点介绍土地工程的基本原理和基本方法，主要包括土地工程原理概论、土壤发生过程、土力学、土工结构承载力、水力学、孔隙介质水运动原理、胶体与界面化学、遥感与测控、自然资源平衡和生态系统与环境承载力等内容。由于土地工程学科的综合性和交叉性，原理内容涉及面也非常广泛，该书在结合成熟原理的基础上，对一些新的原理和方法进行了探索，总结出土地工程存在的基本规律，为土地工程研究提供全面、系统的基础理论，同时，也为土体有机重构提供了翔实、清晰的理论依据。

《土地工程原理》具有开创性、系统性、引导性三个特点：开创性弥补了土地工程原理的空白；系统性体现了土地工程中各原理的相互关联；引导性突出了对土地工程发展方向的指引。该书作为土地工程学科的先锋教材，在完善土地科学、资源科学的研究、国土规划与国土整治等方面都能发挥积极、有效的作用，同时对我国土地工程学科的发展，创新土地管理、评价制度，起到良好的推动作用。希望该书能够在建设中国特色土地工程这一领域作为引玉之砖，带动更多的科研人士和相关从业人员深入到土地工程的理论探究和实践中，建设土地工程学科，完善土地工程规范，提高土地工程从业人员的水准。

最后，我衷心祝贺该书的出版。

中国工程院院士

2016 年 11 月

前　言

　　近年来，随着经济建设和耕地保护之间矛盾的日益突出，中国开始高度重视耕地保护工作，中国政府多次提出"严防死守 18 亿亩耕地保护红线、确保实有耕地面积基本稳定、实行耕地数量和质量保护并重"。2014 年，国土资源部下发了《关于强化管控落实最严格耕地保护制度的通知》（国土资发〔2014〕18 号）。2015 年，中共中央总书记、国家主席、中央军委主席习近平也作出了重要指示："要实行最严格的耕地保护制度，依法依规做好耕地占补平衡，规范有序推进农村土地流转，像保护大熊猫一样保护耕地。"2016 年，中国政府印发《土壤污染防治行动计划》，将改善土壤环境质量作为核心，促进土地资源的永续利用。

　　目前，在土地整治工程、建设用地一级开发等方面，国家每年资金投入规模在 4000 亿元以上。为了保障这些资金投资能够用到实处，从根本上解决土地问题，仅依靠对土地资源的管理、调控和权属调整等传统措施是远远不够的，更需要科技的力量。有鉴于此，我们提出了"土地工程"这一学科概念，希望可以运用科技手段来解决土地问题。

　　土地工程是运用工程手段解决土地问题，把未利用土地变为可利用土地或把已利用土地进行高效利用，能动协调人地关系和谐发展的过程。土地工程能够合理分配土地资源和组织土地利用，从宏观到微观，从全局到局部，保持较为合理的土地利用结构，以获得最大的功能效益。由此可见，土地工程是一门全面的，系统的，从理论到实践的，从机理到应用的，包含了理论性、应用性和管理性等多方面的学科。"土地工程"这一概念和学科的提出引起了国内外的热议，地学、农学、管理等多领域的专家、学者从矛盾到认同，从认可到支持，目前已经达成共识，认为只有一个应用性的学科体系才能从根本上解决中国目前面临的土地问题。现在已有不少科研院所开设了土地工程方向课程，有些院所正在积极争取申请建立土地工程学科，旨在培养各层次专业人才，为国家和社会输送高质量的土地工程专业人才。

　　为了更好地对土地进行利用和保护，我们需要对土地工程的内在机理进行研究和总结，回答土地利用和保护中的深层次问题，例如，如何能够更加合理地规划一宗地，在资源承载力允许的前提下进行设计；沙地治理运用何种方法既能因地制宜、保护生态环境，又能降低工程成本；如何治理原油污染土地，提高土地生产力等。由于土地工程学科的综合性、交叉性，原理内容涉及面也非常广泛，因此本书内容既涉及一些成熟的理论，也包含了一些研发中的和探索性的理论和方法。我们试图将这些土地工程中存在的普遍意义的基本规律总结出来，为解决土地工程中的具体问题和科技创新提供支撑依据，让广大读者更深入、更全面地理解土地工程的内容和实质，为今后土地工程的应用和科学研究打下良好的基础。

"土地工程原理"是土地工程的基础，我们通过借鉴总结国内外相关理论和实践，编写了本书。本书从土地中最基础的两个要素——土和水出发，从微观到宏观，从力学、结构、平衡、系统等方面对土地工程涉及的原理进行了逐一介绍。全书共十章，第一章为土地工程原理概述，第二章为土壤发生过程，第三章为土力学，第四章为土工结构承载力，第五章为水力学，第六章为孔隙介质水运动原理，第七章为胶体与界面化学，第八章为遥感与测控，第九章为自然资源平衡，第十章为生态系统与环境承载力。本书可作为土地相关专业科技、工程一线工作者的参考书，也可作为高等院校相关专业教学的重要参考书。

本书由国土资源部退化及未利用土地整治工程重点实验室主任、陕西省土地整治工程技术研究中心主任韩霁昌研究员编写。在本书的编写过程中吸收和借鉴了前人大量的既有成果，所引用资料已注明来源出处，如有疏漏，请各位先学海涵和谅解。编写过程中得到了西安理工大学解建仓教授、中国科学院地理科学与资源研究所刘彦随研究员、陕西师范大学任志远教授、西北农林科技大学王益权教授、国土资源部科技与国际合作司单卫东研究员、国土资源部土地整理中心副主任郧文聚研究员的指导和建议。特别感谢傅伯杰院士、孙九林院士与唐华俊院士的支持和鼓励，国土资源部科技与国际合作司司长姜建军研究员、副司长高平研究员的亲切指导。成生权、王曙光、孙剑虹、李瑞、罗林涛等多位高工丰富的工程实践经验为本书的编写提供了很大的支持和帮助。在本书成稿期间，张扬、王欢元、程杰、童伟、雷光宇、胡雅、魏雨露、张海欧、李劲彬、卢楠、高红贝、魏彬萌、张卫华、朱代文、张露、关红飞、蔡苗、李刚、李娟、魏静、陈超、曹婷婷、闫庆、张明瑞、雷娜、董起广、马增辉、刘效栋、孙婴婴、赵宣、陈科皓、魏样等在搜集素材、编辑版式、文稿校对等方面做了大量工作。科学出版社在本书出版中也给予了大力支持，在此一并表示感谢。

由于水平有限，对于一些问题的认识还有片面性，且有些理论、方法尚处于发展过程之中，书中难免存在疏漏和不当之处，恳请同行专家和广大读者批评指正。

编　者

2016 年 7 月

目　录

序
前言

第一章　土地工程原理概述 ………………………………………………… 1

第一节　土地工程原理基础 ……………………………………………… 1
　　一、土地工程的含义 …………………………………………………… 1
　　二、土地工程的需求 …………………………………………………… 4
　　三、土地工程的学科基础 ……………………………………………… 5

第二节　量与量纲 ………………………………………………………… 7
　　一、量的量纲 …………………………………………………………… 7
　　二、单位 ………………………………………………………………… 8
　　三、常用物理量的表示方法 ………………………………………… 13

第二章　土壤发生过程 …………………………………………………… 18

第一节　土壤物理过程 ………………………………………………… 18
　　一、土壤颗粒与质地 ………………………………………………… 18
　　二、土壤结构 ………………………………………………………… 24
　　三、土壤孔性 ………………………………………………………… 28

第二节　土壤化学过程 ………………………………………………… 31
　　一、土壤酸碱过程 …………………………………………………… 31
　　二、土壤氧化还原过程 ……………………………………………… 35
　　三、土壤缓冲性 ……………………………………………………… 38

第三节　土壤生物过程与养分循环 …………………………………… 41
　　一、土壤中的生物过程 ……………………………………………… 41
　　二、土壤中主要营养元素的转化过程 ……………………………… 45
　　三、重构土体土质成分调节设计 …………………………………… 56

第三章　土力学 …………………………………………………………… 58

第一节　土的物理状态及工程分类 …………………………………… 58
　　一、土的三相组成 …………………………………………………… 58
　　二、重构土体的颗粒需求 …………………………………………… 61
　　三、土的物理状态指标 ……………………………………………… 62

第二节　土的强度特性 ………………………………………………… 64

  一、土的抗剪强度理论 ·· 64
  二、土的破坏准则及强度参数 ··· 65
  三、土的应力-应变特性 ··· 67
 第三节 土的动力性质 ··· 69
  一、动荷载类型 ··· 69
  二、土在动荷载作用下的力学特性 ··· 70
  三、土的压实及振动液化计算 ··· 71
 第四节 地基的应力和变形 ··· 72
  一、地基应力分析 ·· 72
  二、地基变形分析 ·· 78
  三、地基极限承载力分析 ··· 81
 第五节 挡土墙土压力计算 ··· 83
  一、静止土压力计算 ·· 84
  二、朗肯土压力计算 ·· 85
  三、库伦土压力计算 ·· 88

第四章 土工结构承载力 ·· 93
 第一节 土工结构基本力学原理 ··· 93
  一、拉压分析 ··· 93
  二、弯曲分析 ··· 99
  三、扭转分析 ·· 103
  四、组合受力分析 ··· 107
 第二节 土工结构承载力 ··· 107
  一、钢筋混凝土结构承载力分析 ·· 108
  二、砌体结构的承载力计算 ··· 121
  三、钢结构的承载力计算 ·· 127

第五章 水力学 ·· 136
 第一节 水静力学 ·· 136
  一、静水压强及其特征 ·· 136
  二、液体平衡微分方程 ·· 137
  三、重力作用下静水压强的分布规律 ··· 141
  四、作用于平面上的静水总压力 ·· 142
  五、作用于曲面上的静水总压力 ·· 146
 第二节 水动力学基本原理 ·· 148
  一、描述液体运动的两种方法 ··· 148
  二、恒定流连续性方程 ·· 153

三、恒定总流能量方程 ···154
　　　四、恒定总流动量方程 ···158
　第三节　明渠恒定均匀流与非均匀流 ·····································162
　　　一、明渠均匀流与非均匀流的特征 ··································163
　　　二、水力最佳断面及允许流速 ·······································165
　　　三、明渠均匀流的水力计算 ··167
　　　四、导流明渠在工程中的应用 ·······································170
　第四节　堰流 ··170
　　　一、堰流基本公式 ··170
　　　二、堰流的计算 ···172

第六章　孔隙介质水运动原理 ··180
　第一节　土壤水运动 ···180
　　　一、土壤水的形态和能态 ··180
　　　二、土壤水分运动基本原理 ···185
　　　三、土壤水分入渗 ··189
　　　四、蒸发条件下的土壤水分运动 ··································192
　　　五、壤中流与土壤水分利用 ···198
　第二节　地下水运动 ···198
　　　一、地下水系统 ···198
　　　二、地下水流运动 ··201
　　　三、地下水化学过程 ··209
　　　四、水质对土体的影响 ···216

第七章　胶体与界面化学 ···217
　第一节　胶体分散体系的动力性质 ··217
　　　一、布朗运动 ··217
　　　二、胶粒的扩散 ···218
　　　三、沉降 ··221
　　　四、沉降与扩散间的平衡 ··225
　　　五、渗透压 ···229
　第二节　界面吸附 ···234
　　　一、液-气与液-液界面吸附 ···234
　　　二、气-固界面吸附 ··237
　　　三、固-液界面 ··242
　第三节　胶体稳定性 ···246
　　　一、动电现象 ··246

二、带电离子间的相互排斥和吸引作用……………………247
　　三、胶体对离子的吸附与交换………………………………249
　　四、分散体系稳定性的 DLVO 理论…………………………250
　　五、絮凝过程动力学…………………………………………252
　　六、胶体与污染物运移………………………………………255
第八章　遥感与测控……………………………………………………256
　第一节　遥感技术……………………………………………………256
　　一、遥感的物理基础…………………………………………256
　　二、遥感信息…………………………………………………259
　　三、遥感系统的构成…………………………………………263
　　四、遥感数据的获取…………………………………………264
　　五、遥感数据的预处理………………………………………267
　　六、遥感数据的判读…………………………………………271
　第二节　测量技术……………………………………………………272
　　一、测量技术基础……………………………………………273
　　二、测量原理及方法…………………………………………285
第九章　自然资源平衡…………………………………………………293
　第一节　自然资源分类及平衡原理…………………………………293
　　一、自然资源平衡概述………………………………………293
　　二、自然资源平衡原理………………………………………294
　第二节　自然资源平衡法则…………………………………………299
　　一、平衡层次…………………………………………………299
　　二、平衡法则…………………………………………………299
　　三、平衡方法…………………………………………………300
　第三节　自然资源平衡分析…………………………………………302
　　一、水资源平衡分析…………………………………………302
　　二、土资源平衡分析…………………………………………316
　　三、气候资源平衡分析………………………………………324
　　四、生物资源平衡分析………………………………………327
　　五、矿产资源平衡分析………………………………………329
　　六、其他自然资源平衡分析…………………………………331
第十章　生态系统与环境承载力………………………………………332
　第一节　生态系统物质循环与能量流动……………………………332
　　一、生态系统组成……………………………………………332
　　二、生态系统的性质…………………………………………333

三、生态系统中的物质循环 ……………………………………………… 333
　　四、生态系统中的能量流动 ……………………………………………… 340
第二节　生态空间理论与景观稳定性 ………………………………………… 344
　　一、生态系统尺度与空间格局 …………………………………………… 345
　　二、异质性的产生机制和多样性指数 …………………………………… 346
　　三、空间镶嵌与生态交错带 ……………………………………………… 349
　　四、干扰与景观动态 ……………………………………………………… 351
第三节　环境承载力 …………………………………………………………… 354
　　一、水资源承载力 ………………………………………………………… 354
　　二、土地资源承载力 ……………………………………………………… 363
第四节　生态系统稳态与生态模型 …………………………………………… 369
　　一、生态系统稳态的维持 ………………………………………………… 369
　　二、生态模型 ……………………………………………………………… 372
　　三、生态文明是土地工程的终极目标 …………………………………… 381

参考文献 …………………………………………………………………………… 382

第一章 土地工程原理概述

迄今为止的人类历史，都是脚踩在土地上写成的。土地是人类生存和发展的物质资源基础，是人类生产关系的核心。中国正处于经济发展的高潮时期，人地矛盾相当严重，既要实现耕地总量的动态平衡，又要满足经济建设的需要，还要实现城乡一体化和谐发展。只有正确、科学地开发、利用、改造和保护土地，使人与土地和谐结合，研究土地工程原理，开展土地工程实践，才能在利用土地、取得土地产品的过程中，实现土地资源的永续利用和人类自身的可持续发展。

本章主要介绍土地工程基础，包括土地工程的含义、土地工程的需求以及土地工程的学科基础，同时介绍土地工程原理所涉及的量与量纲，包括量的量纲、单位及常用物理量的表示方法。

第一节 土地工程原理基础

土地工程的发展至今仍不完善。目前，国内外对土地工程的探索多数集中在对土地整理的实践，包括进行有组织、有规划的归并地块、调整权属，改善农业生产条件，解决城市发展用地，为基础设施建设提供土地等。上述内容均未能将土地工程作为一门学科进行全面的、系统的，从理论到实践，从机理到应用的研究，导致在土地资源有限的情况下，难以进一步拓展土地利用空间，提高土地生产效率，抑制了社会经济的发展。这就要求必须建立土地工程这一学科。

一、土地工程的含义

（一）土地工程的定义

"土地工程"即在"土地"上进行"工程"，其具体定义首次出现在《土地工程概论》一书中。土地工程，即运用工程手段解决土地问题，把未利用土地变为可利用土地或把已利用土地进行高效利用，能动协调人地关系和谐发展的过程，其核心任务是增加土地利用范围，提高土地生产力(韩霁昌，2013)。土地工程是集土地资源的调查、评价、规划、开发、整治、利用、保护各项工程于一体的一门综合性学科，其中土地整治工程主要包括非农业用地转化为农业用地工程、建设用地整备工程、污损土地改良改造工程、低标准土地提升工程以及土地工程信息化等五个方面。

(二)土地工程的内涵

土地工程包括土地资源与土地信息、土地整治工程和土地利用与保护，是运用科学的工程手段提高土地利用率，保障土地可持续发展的根本过程。

1. 土地工程的哲学内涵

从哲学角度来看，土地工程是解决土地供需矛盾的有效手段。

在马克思主义哲学中，矛盾是指事物内部或事物之间的对立和统一及其关系。在土地与工程建设中一直处于对立与统一的矛盾关系。土地工程的哲学内涵就是从发展的角度解决与缓和这一矛盾。

在土地资源刚性约束，供给相对不足以及转变经济增长方式的背景下，土地工程通过不断建设和重新配置土地的过程，在保障经济社会发展提供足够用地支持的同时，又要保证耕地18亿亩红线不被打破。通过工程措施提高有效土地面积，增大土地利用率，保障社会用地与粮食安全，有效解决了土地供需矛盾。

2. 土地工程的方向

从工程角度来看，土地工程主要有以下五大方向。

一是非农业用地转化为农业用地工程：通过土地工程措施，对低效利用、不合理利用、未利用以及生产建设活动和自然灾害损毁的土地进行整治，具有提高土地利用率和产出率的功能，有利于推进节约集约利用土地，促进土地资源的可持续利用。

二是建设用地整备工程：由政府或其授权委托企业，对一定范围内的现状土地(包括农用地、建设用地及未利用地)进行统一的征地、清表、整治、平整并进行适度市政配套设施建设，使之符合建设用地标准的过程。

三是污损土地修复工程：指根据"因地制宜"原则，采取不同的技术措施去除污染物、恢复损毁土地，并通过污损土地利用评价，使其达到农用地或建设用地的使用标准。

四是低标准土地提升工程：指通过科学合理开展土地平整工程、灌溉与排水工程、田间道路工程、农田防护与生态环境保持工程，合理布置耕作田块，实现田间基础设施配套齐全，满足田间管理和农业机械化、规模化生产需要。

五是土地工程信息化：随着土地整治工程的深入发展，土地工程信息化成为全面提高国土资源整治、管理、保护和高效利用的有效途径和重要手段。土地工程信息化是一个涉及土地利用、农田水利工程、土壤、计算机科学和系统科学等交叉学科的前沿性研究。在重大土地工程建设仿真、质量实时在线监控、智能控制和土地工程信息服务综合集成平台建设等四个方面均是要解决的关键科学问题。

(三)土地工程的核心

土地工程的研究对象是土地,其核心基础是土体有机重构,其研究范围主要界定于地表到第一层潜水层以上,纵向跨度从几厘米到数百米,根据目标值的不同,取其一定深度范围进行研究和改造重构,从而达到目标生命体所需承载的基础条件。土体有机重构作为土地工程研究的核心基础,是一个独立的、不在其他工程领域和系统出现的门类。土体有机重构的服务对象是有机生命体,通过对一定深度土体进行研究,以置换、复配和增减等技术手段,为承载生命体提供必要的条件。土体有机重构与其他构筑物的基础研究有着本质区别,它是具有一定的生命特征,并能维护生命体繁衍发育的过程。

(四)土地工程的外延

1. 土地工程的政治外延

土地资源占有、利用、管理的能力决定一个国家的历史进程,这一切都是通过土地工程得以实现的。世界许多国家和地区,根据自身的情况和特点相继开展了土地工程活动,并把土地工程作为实现土地利用长远战略目标和促进土地合理利用、调整土地利用结构与土地关系的重要措施。例如,通过围海造田,增加土地面积;通过填海建岛增加领土面积。

2. 土地工程的社会外延

土地工程是增加土地资源,解决人地矛盾的一种有效措施。通过土地工程的实施,昔日荒废的土地一样可以变成良田沃土,这将极大地补充耕地资源,保障粮食安全和农民生产生活,促进区域健康、稳定的发展和社会的安定和谐。同时,土地工程也是中国实现农业现代化、加速城镇化进程,建设社会主义新农村的有效措施。农业离不开土地,高效农业园区建设和现代农业的发展,也需要科学合理的土地工程实施。

3. 土地工程的经济外延

土地工程是保障耕地占补平衡,促进社会经济发展的必然选择。随着中国经济建设的发展以及工业化、城市化进程加快,不可避免地继续要占用部分土地,而宜耕后备资源的开发又受到数量少、质量差、开垦难度大和生态环境约束等诸多因素的限制,潜力十分有限。因此,要实现中央提出的耕地总量动态平衡的目标,解决当前土地利用中的突出问题,必须转变土地利用方式,走集约利用、内涵挖潜的路子,才能持续有效的促进社会经济的发展。

4. 土地工程的环境外延

土地工程是改善生态环境,提高人民生活质量的必要手段。由于土地破坏引发的环境问题严重，只有通过科学合理的土地工程，才能得以缓和、改善，甚至优于原先的自然状态。通过科学合理的土地工程实施，实现在增加土地面积、提高土地质量的同时，改善生态环境，进而提高人民的生活质量。

二、土地工程的需求

土地工程是人类在土地利用中不断建设土地和重新配置土地的过程，是影响国家发展和安全的基础性自然资源、战略性经济资源和公共性社会资源。土地工程对于增加土地面积，提高土地利用效率和产值，促进经济建设、社会稳定和生态和谐具有重要意义。

(一)国家战略需求

据不完全统计，在"十五""十一五"这十年间，中国共投资1万多亿元用于土地整治工程，共整治农业耕地约800万公顷，新增耕地约270万公顷；在建设用地一级开发市场，每年的新增建设用地约61万公顷(2011年国土资源公报)。以上两项合计，土地工程的平均投入规模每年在4000亿元以上。国家对于土地工程的投资不断增加，除资金的支持以外，土地工程还需从发展土地工程战略入手，从宏观层面对土地工程进行调控，加强土地工程法制建设，拉动土地工程社会认可度，推动土地工程全面开展的战略方针政策的实施。

(二)基础理论需求

土地工程是一门复杂的学科体系，土地工程基础理论涉及经济学、社会学、公共管理学、理学、工学、农学等多个学科体系，需要在这多个学科中不断查找、总结、精炼适用于土地工程的原理理论，用原来存在的、最基础的理论形成土地工程中各环节的理论基础，支撑土地工程学科体系的发展。

(三)技术方法需求

随着中国经济建设的发展以及工业化、城市化进程步伐的加快，建设用地不断扩大，优质耕地逐年减少，而宜耕后备资源的开发又受到数量少、质量差、开垦难度大和生态环境等诸多因素的限制，土地工程需要在工程实践中不断总结，提炼先进技术方法，开发先进的技术方法配套设施。

(四)人才队伍需求

目前，土地工程学科建设已经得到学术界专家的关注，但要真正培养专业的人才队伍，还需要在各大高校开展土地工程教育，开设土地工程专业学科，从概念上、理论上了解土地工程、认识土地工程，再加上工程实践，让理论与实践充分结合，建设高精专的人才队伍，服务土地建设，推动土地工程发展。

三、土地工程的学科基础

由于土地具有资源属性、资产属性、生态属性、工程属性、社会属性等多方面属性，因此现实社会中存在的众多土地问题，涉及自然科学、技术科学、社会科学等众多学科领域，这些现实应用的需求基础决定了土地工程具有广泛的学科理论支撑体系。

(一)土壤发生学

土壤发生过程是研究土壤形成因素-土壤发生过程-土壤类型及其性质三者之间的关系。了解土壤发生过程为土地工程在合理利用土壤资源、消除土壤低产因素、防止土壤退化和提高土壤肥力水平等方面提供理论依据和科学方法。其原理主要包括土壤物理过程、土壤化学过程、土壤生物过程与养分循环。

(二)土力学

土力学是应用工程力学方法来研究土的力学性质的一门学科。在土地工程中，如涉及的道路工程、边坡工程、基坑工程等一系列与土相关的工程，在设计和施工的过程中，都需要应用到土的力学基本理论，包括土的物理状态及工程分类、土的强度特性、土的动力性质、地基分析、挡土墙压力计算及土坡稳定分析。

(三)土工结构承载力

在土地工程项目实施中，道路工程路基、路肩、路沟和边坡的建设及水利配套设施的建设中都需要利用土工结构承载力的相关理论知识进行工程设计。土工结构承载力原理主要涉及土工结构基本力学理论及计算，力学理论包括拉压分析、弯曲分析、扭转分析和组合受力分析等；计算部分主要包括钢筋混凝土结构承载力分析、砌体结构的承载力计算、钢结构的承载力计算等。

(四)水力学

水力学是以水为研究对象，从一般的力学原理出发建立基本方程，并结合实验手段，力求解决工程中各类有关问题。而土地整治工程中的灌溉、河道整治、输水管、涵洞、河渠及水工建筑物的设计、施工、运行管理等都必须以水力计算作依据。

(五)孔隙介质水运动

孔隙介质是指由固体颗粒组成的骨架和由骨架分隔成大量密集成群的微小空

隙构成的介质。孔隙介质主要包括土壤、岩石等多孔介质与裂隙介质。对于在其中发生的水分运动过程，简称为孔隙介质中的水分运动。孔隙介质中水分运动原理和规律的研究在土地工程方面具有重要的理论意义和广泛的实用前景，土壤物理学中的水盐运移问题和地下水文学中地下水运动及地下水污染问题等均涉及孔隙介质水运动原理。

(六)胶体与界面化学

土地工程在开展非农用地转化为农业用地、建设用地整备、污损土地改良改造及低效土地提升的科学研究及工程实践中，在项目工程技术研究及项目设计前期，特别是在污损土地的改良与改造方面，须了解项目区域土地及土壤的理化性质和微观结构，积累原始资料，以便针对不同类型的污染和土地损毁特点，有效处理典型污染物，改良损毁土地的肥效等。这些过程都与土壤胶体性质密切相关。

(七)遥感与测控

遥感技术无论是土地工程项目前期测绘地形用以规划、项目中期动态监测，还是进行农作物产量估计以及评价整治效果方面，都发挥了积极的作用，而测量手段基本贯穿于土地工程的各个环节，为工程建设过程中的每个环节提供基础技术服务。在土地工程项目中常用到的遥感与测控原理主要包括遥感获取解析判读、测量技术等。

(八)自然资源平衡

自然资源既是人类生存和发展的基础，又是环境要素。土地工程将土地资源、水资源、生物资源等自然资源，根据人类、社会、经济和生态的要求进行重新分配，打破原有资源平衡，构筑新的平衡。因此，掌握自然资源平衡原理对土地工程发展极为重要，主要涉及自然资源分类及平衡原理、自然平衡法则、自然资源平衡分析等。

(九)生态系统与环境承载力

土地工程的实质是在区域生态环境承载力范围内，对土地生态系统的重塑，打破一定地域内土地资源的原位状态，使生态系统内物质能量流动、干扰传播等生态过程以及生物的迁移扩散运动发生变化，改变景观层次上的空间和时间格局，将一定区域内的水资源、土壤、植被、微生物、动物等环境要素及其生态过程达到新平衡状态。因此，土地工程必须考虑到生态系统的物质循环与能量流动、生态空间理论与景观稳定性、环境承载力、生态系统稳定与生态模型等原理。

第二节 量与量纲

为了方便辨识某类物理量和区分不同类物理量,人们采用"量纲"这个术语来表示物理量的基本属性。例如,长度、时间、质量显然具有不同的属性,因此它们具有不同的量纲。物理量总可以按照其属性分为两类。一类物理量的大小与度量时所选用的单位有关,称为有量纲量,如长度、时间、质量、速度、加速度、力、动能、功等;另一类物理量的大小与度量时所选用的单位无关,则称为无量纲量,如角度、两个长度之比、两个时间之比、两个能量之比等。

一、量的量纲

任一量 Q 可以用其他量以方程式的形式表示,这一表达形式可以是若干项的和,而每一项又可表示为所选定的一组基本量 A, B, C, … 的乘方之积,有时还乘以数字因数 ξ,即

$$\xi A^\alpha B^\beta C^\gamma \cdots \tag{1-1}$$

而各项的基本量组的指数 (α, β, γ, …) 则相同。于是,量 Q 的量纲可以表示为量纲积

$$\dim Q = A^\alpha B^\beta C^\gamma \cdots \tag{1-2}$$

式中,A, B, C, … 表示基本量 A, B, C, … 的量纲,而 α, β, γ, … 则称为量纲指数。

所有量纲指数都等于零的量,往往称为无量纲量。其量纲积或量纲为 $A^0 B^0 C^0 \cdots = 1$,这种量纲一的量表示为数。

例如,若以 L,M 和 T 分别表示三个基本量即长度、质量和时间的量纲,则功的量纲可表示为

$$\dim W = L^2 M T^{-2} \tag{1-3}$$

其量纲指数分别为 2,1 与-2。

在以七个基本量:长度、质量、时间、电流、热力学温度、物质的量和发光强度为基础的量制中,其基本量的量纲可分别用 L,M,T,I,Θ,N,J 表示,而量 Q 的量纲则一般为

$$\dim Q = L^\alpha M^\beta T^\gamma I^\delta \Theta^\varepsilon N^\zeta J^\eta \tag{1-4}$$

常用量的量纲表示见表 1-1。

表 1-1　常用量的量纲表示

量	量纲
速度	LT^{-1}
角速度	T^{-1}
力	LMT^{-2}
能	L^2MT^{-2}
熵	$L^2MT^{-2}\Theta^{-1}$
电位	$L^2MT^{-3}I^{-1}$
介电常数(电容率)	$L^{-3}M^{-1}T^4I^2$
磁通量	$L^2MT^{-2}I^{-1}$
照度	$L^{-2}J$
摩尔熵	$L^2MT^{-2}\Theta^{-1}N^{-1}$
法拉第常数	$TI^{-1}N^{-1}$
相对密度	1

二、单位

(一)一贯制单位

单位可以任意选择，但是，如果对每一个量都独立地选择一个单位，则将导致在数值方程中出现附加的数字因数。

不过可以选择一种单位制，使包含数字因数的数值方程式同相应的量方程式有完全相同的形式，这样在实用中比较方便。对有关量制及其方程式而言，按此原则构成的单位制称为一贯单位制，简称为一贯制。在一贯制的单位方程中，数字因数只能是 1。SI 就是这种单位制。

对于特定的量制和方程系，获得一贯单位制，应首先为基本量定义基本单位，然后根据基本单位通过代数表示式为每一个导出量定义相应的导出单位。该代数表示式，由量的量纲积以基本单位的符号替换基本量纲的符号得到。特别是，量纲一的量得到单位 1。在这样的一贯单位制中，用基本单位表示的导出单位的式中不会出现非 1 的数字因数。常用单位的一贯制导出形式见表 1-2。

表 1-2　常用单位的一贯制导出形式

量的名称	方程式	量纲	导出单位符号
速度	$v = dl/dt$	LT^{-1}	m/s
力	$F = md^2l/dt^2$	LMT^{-2}	kg·m/s²

续表

量的名称	方程式	量纲	导出单位符号
动能	$E_k = \frac{1}{2}mv^2$	ML^2T^{-2}	$kg \cdot m^2/s^2$
势能	$E_p = mgh$	ML^2T^{-2}	$kg \cdot m^2/s^2$
能	$E = \frac{1}{2}mv^2 + mgh$	ML^2T^{-2}	$kg \cdot m^2/s^2$
相对密度	$d = \frac{\rho}{\rho_0}$	1	1

(二) SI 单位及其十进倍数和分数单位

国际单位制 (Système International d'Unités) 这一名称和它的国际简称 SI，是于 1960 年第 11 届国际计量大会通过的。这一单位制中包括基本单位和包含辅助单位在内的导出单位，它们一起构成一贯制的 SI 单位。

1. 基本点单位

表 1-3 列出了七个 SI 基本单位。

表 1-3　SI 基本单位

量的名称	单位名称	单位符号
长度	米	m
质量	千克（公斤）	kg
时间	秒	s
电流	安[培]	A
热力学温度	开[尔文]	K
物质的量	摩[尔]	mol
发光强度	坎[德拉]	cd

2. 包括辅助单位在内的导出单位

1960 年，国际计量大会将弧度和球面度两个 SI 单位划为"辅助单位"。

1980 年，国际计量委员会决定，将国际单位制中的辅助单位归类为无量纲导出单位。平面角和立体角的一贯制单位是数字 1。在许多情况下，用专门单位弧度 (rad) 和球面度 (sr) 则比较合适（表 1-4）。

表 1-4　SI 辅助单位

量的名称	单位名称	单位符号
平面角	弧度	rad
立体角	球面度	sr

用七个基本单位以及辅助单位表示的 SI 单位符号见表 1-5。

表 1-5　用七个基本单位以及辅助单位表示的 SI 单位符号

量的名称	单位符号
速度	m/s
角速度	rad/s 或 s^{-1}
力	$kg \cdot m/s^2$
能	$kg \cdot m^2/s^2$
熵	$kg \cdot m^2/(s^2 \cdot K)$
电位	$kg \cdot m^2/(s^3 \cdot A)$
介电常数(电容率)	$A^2 \cdot s^4/(kg \cdot m^3)$
磁通量	$kg \cdot m^2/(s^2 \cdot K)$
照度	$cd \cdot sr/m^2$
摩尔熵	$kg \cdot m^2/(s^2 \cdot K \cdot mol)$
法拉第常数	$A \cdot s/mol$
相对密度	1

有些导出单位有专门名称和符号，其中经国际计量大会通过的列于表 1-6 和表 1-7 中。

表 1-6　包括 SI 辅助单位在内的具有专门名称的 SI 导出单位

量的名称	SI 导出单位 名称	SI 导出单位 符号	用 SI 基本单位和 SI 导出单位表示
[平面]角	弧度	rad	1 rad = 1 m/m = 1
立体角	球面度	sr	$1 sr = 1 m^2/m^2 = 1$
频率	赫[兹]	Hz	$1 Hz = 1 s^{-1}$
力	牛[顿]	N	$1 N = 1 kg \cdot m/s^2$
压力，压强，应力	帕[斯卡]	Pa	$1 Pa = 1 N/m^2$
能[量]，功，热量	焦[耳]	J	$1 J = 1 N \cdot m$
功率，辐[射能]通量	瓦[特]	W	$1 W = 1 J/s$
电荷[量]	库[仑]	C	$1 C = 1 A \cdot s$

续表

量的名称	SI 导出单位		
	名称	符号	用 SI 基本单位和 SI 导出单位表示
电压，电动势，电位，（电势）	伏[特]	V	1 V = 1 W/A
电容	法[拉]	F	1 F = 1 C/V
电阻	欧[姆]	Ω	1 Ω = 1 V/A
电导	西[门子]	S	1 S = 1 Ω^{-1}
磁通[量]	韦[伯]	Wb	1 Wb = 1 V·s
磁通[量]密度，磁感应强度	特[斯拉]	T	1 T = 1 Wb/m^2
电感	亨[利]	H	1 H = 1 Wb/A
摄氏温度	摄氏度①	℃	1 ℃ = 1 K
光通量	流[明]	lm	1 lm = 1 cd·sr
[光]照度	勒[克斯]	lx	1 lx = 1 lm/m^2

① 摄氏度是用来表示摄氏温度值时单位开尔文的专门名称。

表 1-7 由于人类健康安全防护上的需要而确定的具有专门名称的 SI 导出单位

量的名称	SI 导出单位		
	名称	符号	用 SI 基本单位和 SI 导出单位表示
[放射性]活度	贝可[勒尔]	Bq	1 Bq = 1 s^{-1}
吸收剂量 比授[予]能 比释动能	戈[瑞]	Gy	1 Gy = 1 J/kg
剂量当量	希[沃特]	Sv	1 Sv = 1 J/kg

3. SI 词头

为了避免过大或过小的数值，在 SI 的单位中，还包括 SI 单位的十进倍数和分数单位，利用表 1-8 的 SI 词头加在 SI 单位之前构成。

表 1-8 SI 词头

因数	词头名称		符号
	英文	中文	
10^{24}	yotta	尧[它]	Y
10^{21}	zetta	泽[它]	Z
10^{18}	exa	艾[可萨]	E

续表

因数	词头名称 英文	词头名称 中文	符号
10^{15}	peta	拍[它]	P
10^{12}	tera	太[拉]	T
10^{9}	giga	吉[咖]	G
10^{6}	rnega	兆	M
10^{3}	kilo	千	k
10^{2}	hecto	百	h
10^{1}	deca	十	da
10^{-1}	deci	分	d
10^{-2}	centi	厘	c
10^{-3}	milli	毫	m
10^{-6}	rnicro	微	μ
10^{-9}	nano	纳[诺]	n
10^{-12}	pico	皮[可]	p
10^{-15}	femto	飞[母托]	f
10^{-18}	atto	阿[托]	a
10^{-21}	zepto	仄[普托]	z
10^{-24}	yocto	幺[科托]	y

(三)单位一

任何量纲一的量的 SI 一贯制单位都是一，符号是 1。在表示量值时，它们一般并不明确写出。

例如：折射率 $n=1.53\times1=1.53$

对于某些量，单位 1 是否用专门名称，取决于具体情况。

例如：平面角 $\alpha=0.5\text{rad}=0.5$

立体角 $\Omega=2.3\text{Sr}=2.3$

场量级差 $L_F=12\text{Np}=12$

单位一不能用符号 1 与词头结合以构成其十进倍数或分数单位，而是用 10 的幂表示。

有时，用百分符号%代替数字 0.01。例如：反射系数 $r=0.08=8\%$。

注意：(1)在某些地方，用符号‰(每千)代替数字 0.001，但应避免用这一符号。

(2)由于百分和千分是纯数字,质量百分或体积百分的说法在原则上是无意义的，也不能在单位符号上加其他信息，如%(m/m)或%(V/V)。正确的表示方法是：质量分数为 0.67 或质量分数为 67%；体积分数为 0.75 或体积分数为 75%。质量分数和体积分数也可以这样表示，如 5μg/g 和 4.2mL/m³。不能使用 ppm，pphm 和 ppb 这类缩写。

(四)其他单位制和杂类单位

力学中的 CGS 制单位是一贯制的，其三个基本量为长度、质量和时间，相应的基本单位为厘米、克、秒。实际上，这一单位制由于增加了开尔文、摩尔和坎德拉作为基本量热力学温度、物质的量和发光强度的基本单位而扩大了。

CGS 制导出单位的专门名称和符号，如达因(dyn)、尔格(erg)、泊(P)、斯托克斯(St)、高斯(G)、奥斯特(Oe)和麦克斯韦(Mx)等，都不得与 SI 并用。当然，还有一些国家选定的非 SI 的法定计量单位。其中，分、小时和电子伏是国际计量大会允许与 SI 并用的单位，详见表 1-9。

表 1-9　可与国际单位制单位并用的中国法定计量单位

量的名称	单位名称	单位符号	与 SI 单位的关系
时间	分	min	1min=60s
	[小]时	h	1h=60min=3 600s
	日(天)	d	1d=24h=86 400s
体积	升	l，L	1l=1dm³=10⁻³m³
质量	吨	t	1t=10³kg
	原子质量单位	u	1u≈1.660 540×10⁻²⁷kg
长度	海里	n mile	1n mile=1 852m（只用于航行）
速度	节	kn	1kn=1n mile/h=(1 852/3 600)m/s（只用于航行）
能	电子伏	eV	1eV≈1.602 177×10⁻¹⁹ J
面积	公顷	hm²	1hm²=10⁴m²

注：(1)升的两个符号属同等地位，可任意选用。
(2)公顷的国际通用符号为 ha。

三、常用物理量的表示方法

(一)空间和时间的量和单位

空间和时间的量和单位详见表 1-10。

表1-10 空间和时间的量和单位

序号	量的名称	符号	定义	单位
1	平面[角]	$\alpha, \beta, \gamma, \theta, \varphi$	平面角是以两射线交点为圆心的圆被射线所截的弧长与半径之比	rad ° ′ ″
2.1	长度	l, L		m
2.2	宽度	b		m
2.3	高度	h		m
2.4	厚度	d, δ		m
2.5	半径	r, R		m
2.6	直径	d, D		m
3	面积	$A,(S)$	$A = \iint \mathrm{d}x\mathrm{d}y$ 式中 x 和 y 是笛卡儿坐标	m^2 hm^2
4	体积	V	$V = \iiint \mathrm{d}x\mathrm{d}y\mathrm{d}z$ 式中 x、y 和 z 是笛卡儿坐标	m^3 L(l)
5	时间	t		s min h d
6	速度	v c μ, v, ω	$v = \dfrac{\mathrm{d}s}{\mathrm{d}t}$ v 是广义的标志；c 用作波的传播速度；当不用矢量标志时，建议用 μ、v、ω 作为速度 c 的分量	m/s km/h kn
7	自由落体加速度	g		m/s^2

(二)力学的量和单位

力学的量和单位详见表1-11。

表1-11 力学的量和单位

序号	量的名称	符号	定义	单位
1	质量	m		kg t

续表

序号	量的名称	符号	定义	单位
2.1	力	F	作用于物体上的合力等于物体动量的变化率	N
2.2	重量	$W,(P,G)$	物体在特定参考系中的重量为使该物体在此参考系中获得其加速度等于当地自由落体加速度时的力	N
3	压力，压强	p	力除以面积	Pa
4	表面张力	γ, σ	与表面内一个线单元垂直的力除以该线单元的长度	N/m
5.1	能[量]	E	所有各种形式的能	J
5.2	功	$W(A)$	$W=\int F\,\mathrm{d}r$	J
5.3	势能，位能	$E_p(V)$	$E_p=-\int F\,\mathrm{d}r$ 式中 F 为保守力	J
6	功率	P	能的输送速率	W

（三）热学的量和单位

热学的量和单位详见表 1-12。

表 1-12　热学的量和单位

序号	量的名称	符号	定义	单位
1	热力学温度	$T,(\Theta)$		K
2	摄氏温度	t, θ	$t=T-T_0$ 式中 T_0 等于 273.15 K	℃
3	热 热量	Q		J
4	熵	S	当热力学温度为 T 的系统接受微小热量 δQ 时，如果系统内没有发生不可逆变化，则系统的熵增为 $\delta Q/T$	J/K
5	能[量]	E	所有各种形式的能	J

（四）电学和磁学的量和单位

电学和磁学的量和单位详见表 1-13。

表 1-13　电学和磁学的量和单位

序号	量的名称	符号	定义	单位
1	电流	I		A
2	电位(电势)	V, φ	是一个标量，在静电学中：$-\mathrm{grad}\,V = E$（E 为电场强度）	V
3	电容	C	$C = Q/U$	F
4	磁场强度	H	$\mathrm{rot}\,H = J + \frac{\partial D}{\partial t}$	A/m
5	电导率	γ, σ	$\gamma = 1/\rho$	S/m

(五) 声学的量和单位

声学的量和单位详见表 1-14。

表 1-14　声学的量和单位

序号	量的名称	符号	定义	单位
1	周期	T	重复现象每重复一次所需的时间	s
2	频率	f, v	$f = 1/T$	Hz
3	波长	λ	在周期波的传播方向上，在某一时间相位相同的两相邻点间的距离	m
4	声速，(相速)	c	声波在媒质中的传播速度 $c = w/k = \lambda f$	m/s

(六) 物理化学和分子物理学的量和单位

物理化学和分子物理学的量和单位详见表 1-15。

表 1-15　物理化学和分子物理学的量和单位

序号	量的名称	符号	定义	单位
1.1	相对原子质量	A_r	元素的平均原子质量与核素 ^{12}C 原子质量的 1/12 之比	1
1.2	相对分子质量	M_r	物质的分子或特定单元的平均质量与核素 ^{12}C 原子质量的 1/12 之比	1
2	物质的量	$n, (v)$		mol

续表

序号	量的名称	符号	定义	单位
3	阿伏伽德罗常数	L, N_A	分子数除以物质的量 $L = N / n$	mol^{-1}
4	摩尔质量	M	质量除以物质的量 $M = m / n$	kg/mol
5	渗透压力	Π	为维持只允许溶剂通过的膜所隔开的溶液与纯溶剂之间的渗透平衡而需要的超额压力	Pa
6	分子质量	m		kg, u
7	扩散系数	D	$C_B(v_B) = -D \operatorname{grad} C_B$ 式中 C_B 为分子 B 在混合物中的局部分子浓度,而 (v_B) 为分子 B 的局部平均速度	m^2/s

第二章 土壤发生过程

土壤中存在一系列的物理、化学、生物作用，土壤物理性质和功能的好坏决定了土壤中固相、液相、气相关系；土壤化学过程对其保肥能力、缓冲能力、土壤自净能力、养分循环等都有影响；土壤生物过程与污染物转化、土壤健康状况有关。在土地整治工程中，了解土壤的物理、化学和生物过程对改良土壤结构、修复污损土壤、促进物质转化和养分循环等方面均有重要意义。

第一节 土壤物理过程

土壤矿物质一般占土壤固相质量的95%左右，是构成土壤的"骨架"和植物养分的重要来源。土壤矿物质包括原生矿物和次生矿物，以及一些彻底分解的简单无机化合物。原生矿物是地壳上最先存在的经风化作用后仍遗留在土壤中的一些原始成岩矿物，如石英、长石、云母、角闪石和辉石等。次生矿物是原生矿物经风化和成土作用后，逐渐改变其形态、性质和成分而重新形成的一类矿物，如高岭石、蒙脱石、伊利石等铝硅酸盐矿物，是土体中最活跃的部分（张海欧等，2016a；张露等，2015a；马增辉等，2015）。

一、土壤颗粒与质地

土壤矿质颗粒指在岩石、矿物风化过程及土壤成土过程中形成的碎屑物质。裸露在地表的岩石和矿物在物理、化学、生物作用下，如冻融作用、热胀冷缩等，可使岩石和矿物解离破碎成更小的颗粒，逐渐形成碎屑状的土壤母质。

（一）土壤颗粒存在形式

土壤矿质颗粒存在的形式主要有单粒和复粒两种。

1. 单粒

在土壤固相中单个存在的矿质土壤颗粒，称为单粒。在缺少有机物质的砂质土壤中，单粒可大量存在，单粒一般称为原生土壤颗粒。

2. 复粒

复粒是指在土壤固相中由多个单粒相互聚集在一起形成的矿质土壤颗粒。在黏粒和有机质含量高的土壤中，大多数土壤颗粒都是以复粒形式存在的，而砂土中复粒很少。不同的土壤颗粒其大小、形状、物质组成和性质差异很大。

(二) 土壤颗粒分级

1. 当量粒径

自然土壤的颗粒大小和形状千差万别，为研究方便，人为地把土壤颗粒的直径看成理想球体的直径来对待，即土壤颗粒的大小往往用当量粒径来代替。当量粒径一般是根据斯托克斯定律(Stokes Law)来定义的，斯托克斯定律的表达式如下：

$$v = \frac{2}{9} \frac{(\rho_s - \rho_w) g r^2}{\eta} \tag{2-1}$$

式中，v 为土粒(圆球)沉降速率；ρ_s 和 ρ_w 分别为土粒(圆球)和水的密度，各级土粒密度可实测，或取常用密度值 2.65g/cm³；η 为水的黏滞系数；g 为重力加速度；r 为土粒(圆球)半径。

2. 土壤颗粒分级制

按土粒大小及其特性将土壤颗粒分为若干组，称为土壤粒级。土粒的分级通常是根据各种矿物质单粒的大小来进行的，而不是以那些由不同单粒聚集起来的复粒为标准。同一粒级范围的土粒大小、成分和性质基本接近；不同粒级的土粒大小、成分和性质有较大差异。目前，土壤主要颗粒分级标准见表2-1。几种分级制的标准虽然有所不同，但基本粒级大致相近，都把矿物质土粒分为石砾、砂砾、粉粒和黏粒四大基本粒级，然后进行细分(吕贻忠和李保国，2006)。

(三) 土壤质地分级

不同的土壤，其固体部分颗粒组成的比例差异很大，而且很少是由单一的某一粒级土壤颗粒组成的，而是砂粒、粉粒、黏粒都有。因此，把土壤中各粒级土粒的配合比例，或各粒级土粒占土壤质量的百分数叫做土壤的机械组成。土壤质地则是根据不同机械组成所产生的特性而划分的土壤类别。质地是土壤的一种十分稳定的自然属性，在生产实践中，质地常常作为认土、用土和改土的重要依据。

1. 国际土壤质地分类制

国际土壤质地分类制根据黏粒(<0.002mm)含量把土壤质地分为砂土类、壤土类、黏壤土类和黏土类四大类，其界限分别为15%、25%、45%和65%，然后再依据砂粒、粉粒和黏粒三种粒级的质量分数(%)细分为四类十二级(表2-2)。

表 2-1　几种常见的土壤颗粒分级制

当量粒径/mm	中国制(1987)	卡庆斯基制(1957)		美国农部制(1951)	国际制(1930)
3～2	石砾	石砾		石砾	石砾
2～1	石砾	石砾		极粗砂粒	石砾
1～0.5	粗砂粒	物理性砂粒	粗砂粒	粗砂粒	粗砂粒
0.5～0.25	粗砂粒	物理性砂粒	中砂砾	中砂砾	粗砂粒
0.25～0.2	细砂粒	物理性砂粒	细砂粒	细砂粒	细粉粒
0.2～0.1	细砂粒	物理性砂粒	细砂粒	细砂粒	细粉粒
0.1～0.05	细砂粒	物理性砂粒	细砂粒	极细砂粒	细粉粒
0.05～0.02	粗粉粒	物理性砂粒	粗粉粒	粉粒	粉粒
0.02～0.01	粗粉粒	物理性砂粒	粗粉粒	粉粒	粉粒
0.01～0.005	中粉粒	物理性黏粒	中粉粒	粉粒	粉粒
0.005～0.002	细粉粒	物理性黏粒	细粉粒	粉粒	粉粒
0.002～0.001	粗黏粒	物理性黏粒	黏粒	黏粒	黏粒
0.001～0.0005	细黏粒	物理性黏粒	粗黏粒	黏粒	黏粒
0.0005～0.0001	细黏粒	物理性黏粒	细黏粒	黏粒	黏粒
<0.0001	细黏粒	物理性黏粒	胶质黏粒	黏粒	黏粒

表 2-2　国际制土壤质地分类

质地分类		各级土粒质量分数/%		
类别	质地名称	黏粒(<0.002mm)	粉粒(0.02～0.002mm)	砂粒(2～0.02mm)
砂土类	砂土及壤质砂土	0～15	0～15	85～100
壤土类	砂质壤土	0～15	0～45	55～85
壤土类	壤土	0～15	35～45	40～55
壤土类	粉砂质壤土	0～15	45～100	0～55
黏壤土类	砂质黏壤土	15～25	0～30	55～85
黏壤土类	黏壤土	15～25	20～45	30～55
黏壤土类	粉砂质黏壤土	15～25	45～85	0～40
黏土类	砂质黏土	25～45	0～20	55～75
黏土类	壤黏土	25～45	0～45	10～55
黏土类	粉砂质黏土	25～45	45～75	0～30
黏土类	黏土	45～65	0～35	0～55
黏土类	重黏土	65～100	0～35	0～35

2. 美国土壤质地分类制

美国土壤质地分类制采用三角坐标图解法,该方法中等边三角形的三条边分别代表黏粒(<0.002mm)、粉粒(0.05~0.002mm)和砂粒(2~0.05mm)的含量(%)。如图2-1所示,A点代表含黏粒15%、砂粒65%、粉粒20%,故这三种不同粒级共同组合成的土壤质地称为砂质壤土。

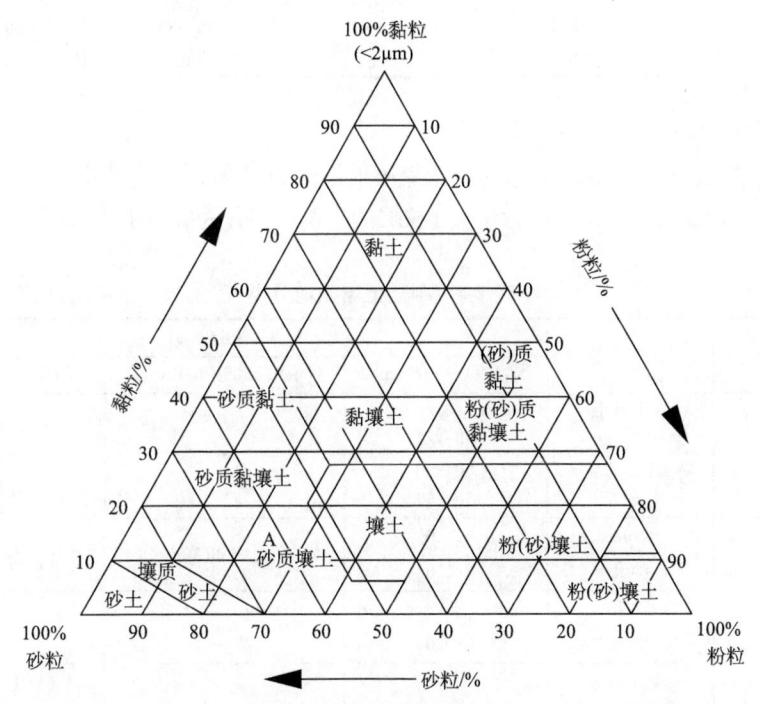

图 2-1 美国农部制土壤质地分类三角坐标图

3. 卡庆斯基土壤质地分类制

卡庆斯基土壤质地分类制把土壤颗粒划分为物理性砂粒(1~0.01mm)和物理性黏粒(<0.01mm)两部分,参考土壤类型(灰化土、草原土、红黄壤、碱化土、碱土)划分,将土壤质地划分成砂土类、壤土类和黏土类(表2-3)。

表 2-3 卡庆斯基土壤质地分类(简明方案)

质地组	质地名称	不同土壤类型的<0.01mm粒级含量/%		
		灰化土	草原土壤、红黄壤	碱化土、碱土
砂土	松砂土	0~5	0~5	0~5
	紧砂土	5~10	5~10	5~10
壤土	砂壤	10~20	10~20	10~15
	轻壤	20~30	20~30	15~20

续表

质地组	质地名称	不同土壤类型的<0.01mm粒级含量/%		
		灰化土	草原土壤、红黄壤	碱化土、碱土
壤土	中壤	30~40	30~45	20~30
	重壤	40~50	45~60	30~40
黏土	轻黏土	50~65	60~75	40~50
	中黏土	65~80	75~85	50~65
	重黏土	>80	>85	>65

4. 中国土壤质地分类制（试用）

根据砂粒、粉粒、黏粒含量进行土壤质地划分（表2-4）。凡是黏粒含量大于30%的土壤均划分为黏质土类；砂粒含量大于60%的土壤均划分为砂质土类（黄昌勇，2000）。

表2-4 中国土壤质地分类

质地组	质地名称	机械组成/%		
		砂粒(1~0.05mm)	粗粉粒(0.05~0.01 mm)	细黏粒(<0.001 mm)
砂土	极重砂土	>80		
	重砂土	70~80	—	
	中砂土	60~70		<30
	轻砂土	50~60		
壤土	砂粉土	≥20	≥40	
	粉土	<20		
	砂壤	≥20	<40	—
	壤土	<20		
黏土	轻黏土			30~35
	中黏土	—	—	35~40
	重黏土			40~60
	极重黏土			>60

5. 新增耕地土壤质地标准

新增耕地是指经土地整治工程后新增加的种植农作物的土地，根据国家耕地占补平衡要求，提高新增耕地质量，《陕西省土地整治工程新增耕地质量标准（试行）》中规范了不同区域新增耕地耕作层土壤质地标准，见表2-5。

表2-5 陕西省新增耕地耕作层土壤粒径组成标准

区域		粒径比例/%		
		黏粒(<0.002mm)	粉粒(0.002~0.05mm)	砂粒(>0.05mm)
陕北长城沿线风沙滩区	沙地	3~6	≥20	≤76
	盐碱地	≤27	≥25	≥23

续表

区域		粒径比例/%		
		黏粒(<0.002mm)	粉粒(0.002～0.05mm)	砂粒(>0.05mm)
陕北黄土高原区		≤15	≥30	≤45
渭北台源区		≤25	≥35	≤45
关中平原区		≤35	≥50	≤20
陕南山地丘陵区	旱地	黏粒+粉粒>45		<45
	水田	黏粒+粉粒>55		<35
陕西废弃宅基地复垦		砾石含量≤10		

（四）复配土质地变化

中国农民历来重视土壤质地问题，历代农书中都有因土种植、因土管理和质地改良经验的记载。砂质土以砂土为代表，粒间孔隙大，降水和灌溉水容易渗入，养分少，保肥性差；黏质土质地黏重，植物根系不易下伸，粒间孔隙多而狭小，雨水和灌溉水难以下渗而排水困难，矿质养分丰富且有机质含量较高；壤质土大小孔隙比例适中，既通气透水，又保水保肥，土壤的水、肥、气、热以及扎根条件协调，是农业上较理想的土壤(张露等，2015b；张卫华等，2015；韩霁昌等，2012)。

砒砂岩和沙是毛乌素沙地中的两种主要物质。砒砂岩成岩程度低，砒砂岩样品中砂粒、粉粒和黏粒含量分别为19.57%、72.94%和7.49%，按照美国土壤质地分类制，砒砂岩土的机械组成达到粉砂壤土的质地标准(Han et al., 2015, 2014, 2012)。而沙子结构松散、质地均一。砒砂岩与沙按照不同比例混合后形成的复配土质地情况见表2-6。随着复配土壤中砒砂岩比例的增大，复配土壤质地随之发生变化，1:5(砒砂岩:沙，下同)是质地由沙土成为砂壤的临界点，比例为2:1时土壤质地变为粉壤，有利于作物生长(张海欧等，2016b；李娟等，2014；罗林涛等，2013；王欢元等，2013)。

表2-6 砒砂岩与沙不同混合比例下的土壤质地

混合比例 (砒砂岩:沙)	粒径比例/%			土壤质地
	砂粒(2～0.05mm)	粉粒(0.05～0.002mm)	黏粒(<0.002mm)	
0:1	94.07	3.20	2.73	砂土
1:5	74.79	20.08	5.13	砂壤
1:2	64.67	30.04	5.29	砂壤
1:1	46.84	44.92	8.24	壤土
2:1	33.76	58.58	7.66	粉壤
5:1	20.61	72.18	7.21	粉壤
1:0	19.57	72.94	7.49	粉壤

二、土壤结构

（一）土壤结构的概念

土壤结构指土壤颗粒(单粒和复粒)相互排列、组合的形式，包含两重含义，一是指各种不同结构体的形态特性；二是泛指具有调节土壤物理性质的"结构性"。

1. 土壤结构体

土壤结构体是指土粒相互团聚所形成的形状、大小、数量和稳定程度都不同的土团、土块、土片等土壤实体。

2. 土壤结构性

土壤结构性指土壤中单粒和复粒(包括各种结构体)的数量、大小、形状、性质及其相互排列以及相应的孔隙状况等综合特性。

（二）土壤结构体的种类

土壤结构体的类型，通常是根据结构体的大小、形状及其肥力特征来划分的（图 2-2）。有些结构对作物生长不利，称为不良的结构体，须加以改良；有些则有利，称为良好的结构体。

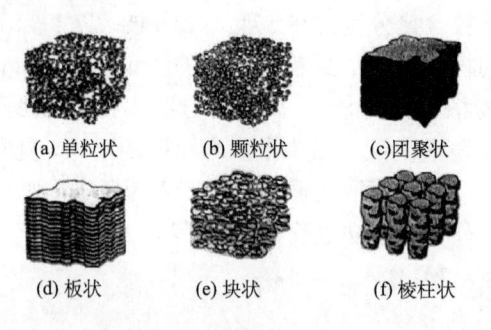

(a) 单粒状　　(b) 颗粒状　　(c) 团聚状
(d) 板状　　(e) 块状　　(f) 棱柱状

图 2-2　常见的六类土壤结构体

1. 片状结构

横轴远大于纵轴呈薄片状的土块，致密紧实，称为片状结构体，是由于水的沉积或机械压力所引起的。按照片的厚度可分为板状（>5cm）、片状、页状、叶状（<1cm）结构，还有一种鳞片状结构。老耕地的犁底层有片状结构，地表结皮和板结时也会出现片状结构。旱地犁底层过厚，会影响扎根和上下层水、气、热的交换及下层养分的利用，对作物生长不利。对于水稻土来说，具有一定透水率的犁底层很有必要，它可起到减少水分渗漏和托水、托肥的作用。水旱轮作、逐

年加深耕层，并结合施用有机肥是改造犁底层的良好措施。

2. 块状和核状结构

土粒互相黏结成为不规则的土块，内部紧实，轴长 5cm 以上，长、宽、高相似，可细分为大块状（>10cm）和小块状结构，其中块小且边角明显的称为核状结构。此类结构体多出现在有机质缺乏而且耕性不良的黏质土壤中，特别是土壤过湿或过干耕作最易形成。块状结构是一种不良的结构，土体紧，孔隙小，通透性很差，微生物活动微弱，植物根系也难以穿插进去，而在土块与土块之间，则相互支撑，增大了孔隙，造成透风跑墒，作物易受干旱和冻害。在黏重的心底土层，常常见到多棱角的碎块，是由石灰或氢氧化铁胶结而成的，内部十分紧实，称为核状结构体。

3. 棱柱状和柱状结构

土粒黏结成柱状，纵轴大于横轴，前者柱面浑圆，后者棱角明显。常见于黏重土壤、黄土地区的心底土层和碱土的碱化层。在水田心土层，水分经常变化且土壤质地黏重，土壤在干湿交替作用下垂直开裂，形成棱柱状结构。这种结构体坚硬紧实，内部孔隙少，根系难以伸入，通气不良，可采取逐步加深耕层并结合施用有机肥的方法加以改良。

4. 团粒结构

团粒结构是指在腐殖质作用下，土粒胶结成粒状和小团块状，大体成球形，其粒径为 0.25～10mm，粒径小于 0.25mm 的则称为微团粒。团粒结构体一般在耕层较多，具有良好的物理性能。团粒结构的数量多少和质量好坏，在一定程度上反映了土壤肥力水平。水稳性团粒（遇水不散开的团粒）对农业生产最有好处。

(三)土壤结构的稳定性

根据土壤结构的稳定性，可以分为水稳性团聚体、力稳性团聚体和生物稳定性团聚体。

1. 水稳性团聚体

水稳性团聚体指土壤结构体经水浸后不立即散开，保持土壤结构体形态不破碎。土壤结构水稳性的好坏常用分散系数和结构系数来评价。

分散系数：根据卡庆斯基概念，指微团聚体分析中的黏粒含量与颗粒分析中黏粒含量的百分比。

结构系数：根据卡庆斯基概念，指颗粒分析中黏粒含量减去微团聚体分析中黏粒含量，然后与颗粒分析中黏粒含量的百分比。

2. 力稳性团聚体

力稳性是指在一定外力作用下不致受到完全破坏。降水、灌水及农机具频繁耕作的外力作用是导致土壤结构体被破坏的主要原因。

3. 生物稳定性团聚体

生物稳定性是指土壤结构体抗拒微生物对有机物质分解而使土壤结构破坏的能力。有机物质与黏土矿物结合得越紧密，其稳定性越高。

(四)土壤结构形成过程

土壤结构的形成过程一般指团粒结构的形成过程。块状结构、柱状结构和片状结构体通常是由单粒黏结而成，或是土体沿一定方向破裂而形成，形成机制比较简单，故形成的孔隙度较小，而且孔径大小比较一致。只有团粒结构具有比较复杂的形成机制。

土壤团粒结构的形成，大体上分为两个阶段：第一阶段是由单粒凝聚成复粒。第二阶段则由复粒相互黏结、团聚成微团粒或团粒，或在机械作用下，大块土垡破碎成各种大小、形状各异的粒状或团粒结构体。

1. 土粒的黏聚

1)胶体的凝聚作用

胶体的凝聚作用是指分散在土壤溶液中的胶粒互相凝聚而从介质中析出的过程。带负电的黏粒与阳离子相遇，因电性中和而凝聚。

2)水膜的黏结作用

在湿润的土壤中，黏粒表面带的负电荷，可以吸附极性水分子，使之定向排列，形成一层水膜，离黏粒表面愈近的水分子定向排列程度愈高，排列愈紧密。当黏粒相互靠近时，水膜为相邻土粒共有，黏粒通过水膜而联结在一起。

3)胶结剂的联结作用

(1)简单的无机胶体。此类胶结物质主要有 $Al_2O_3 \cdot H_2O$、$Fe_2O_3 \cdot H_2O$、$SiO_2 \cdot H_2O$ 和 $MnO_2 \cdot H_2O$ 的水合物等。它们往往成胶膜形态包被于土粒表面。当它们由溶胶转变为凝胶时，使土粒靠近胶结在一起，再经干燥脱水之后，凝胶变成不可逆性，由此形成的结构体具有相当程度的水稳性。

(2)有机胶体。能使土粒、黏团、微团粒相互团聚的有机物质种类很多，但胶结机理各不相同，这些物质中，最重要的是腐殖质和多糖类两种。

①腐殖质：在腐殖质各组分中，以褐腐酸(又叫胡敏酸)胶结土粒的作用最为重要，其胶结机理如下：

一种是通过钙离子(Ca^{2+})为键桥联结起来的，称为Ⅰ组微团粒(褐腐酸钙团粒 G_1)，主要分布于离根较远，通气良好的地方。

$$\begin{matrix} \diagdown \\ Si-O-Ca-OOC \\ \diagup \\ \diagdown \\ Si-O-Ca-OOC \end{matrix} \begin{matrix} \\ R \\ \\ \end{matrix} \begin{matrix} COO-Ca-O-Si \diagup \\ \diagdown \\ COO-Ca-O-Si \diagup \\ \diagdown \end{matrix} \tag{2-2}$$

这种联结并不牢固，可用中性盐 NaCl 拆开。

另一种是通过黏粒表面上的铁、铝氧化物胶膜与腐殖质相联结[式(2-3)中的 Fe 也可用 Al 代换]。

$$\begin{matrix} \diagdown \\ Si-O-Fe(OH)-OOC \\ \diagup \\ \diagdown \\ Si-O-Fe(OH)-OOC \end{matrix} \begin{matrix} \\ R \\ \\ \end{matrix} \begin{matrix} COO-Fe(OH)-O-Si \diagup \\ \diagdown \\ COO-Fe(OH)-O-Si \diagup \\ \diagdown \end{matrix} \tag{2-3}$$

此种联结比较牢固，不能用 NaCl 拆开，只有用稀碱溶液处理或通过研磨才能分散。

由 Fe、Al 联结称为Ⅱ组（褐腐酸铁团粒 G_2）。G_1、G_2 均属于水稳性团粒，只是结合松紧不同而已。

②多糖类：多糖胶结土粒是因多糖分子上有很多—OH 基与黏土矿物晶面上的氧原子形成氢键而联结的。

$$[\text{黏粒晶面}]-O\cdots HO-R-OH\cdots O-[\text{黏粒晶面}] \tag{2-4}$$

(3) 黏粒。黏粒一般带有负电荷，它们通过吸收阳离子，在具有偶极矩的水分子胁迫下，把土粒联结在一起。当水分减少后，原来被水分子联结的土块、土垡崩裂成小土团。

2. 成型动力

1) 干湿交替作用

湿润土块在干燥的过程中，由于胶体失水而收缩，使土体出现裂缝而破碎，产生各种结构体。土壤吸水时，使封闭于孔隙内的空气被压缩，空气承受一定压力后便发生爆破，使土块崩解成小土团。

2) 冻融交替作用

土壤孔隙中的水结冰时，体积增大，因而对土体产生压力，使其崩碎，这有助团粒的形成。

3) 生物的作用

生物作用包括土壤动物、微生物的活动及植物根系伸展产生的挤压作用。植物在根系生长过程中对土团产生压力，把土团压紧。根系的分泌物及其死亡分解后所形成的多糖和腐殖质又能团聚土粒，形成稳定的团粒。还有土壤中的掘土动物,如蚯蚓、鼠类,其活动也会增加土壤裂隙,蚯蚓的粪便就是一种很好的团粒。

4) 土壤耕作

合理的耕作和施肥(有机肥),可促进团粒结构形成。不合理的耕作,反而会破坏土壤团粒结构。

三、土壤孔性

在土粒与土粒、土团与土团、土团与土粒(单粒)之间相互支撑,构成弯弯曲曲、粗细不同和形状各异的各种间隙称为土壤孔隙。土壤孔性通常包括孔隙度(孔隙数量)和孔隙类型(孔隙的大小及比例)两个方面的内容。前者决定土壤气、液两相的总量,是一种度量指标;后者关系着气、液两相的比例,反映土壤协调水分和空气的能力。土壤孔隙度无法直接测定,一般根据土粒密度和土壤干密度两个参数间接计算出来(孙向阳,2004)。

(一)土粒密度、土壤干密度

1. 土粒密度

单位容积固体土粒(不包括孔隙体积)的干质量(g/cm^3)叫做土粒密度。以前称为土壤比重或土壤真比重。由于一般土壤有机质含量很低,土粒密度大小主要取决于土壤的矿物组成,多数土壤矿物的密度为 2.6~2.7g/cm^3,所以土粒密度常取 2.65g/cm^3。

2. 土壤干密度

田间状态下,单位容积土体(包括孔隙容积)的干质量(g/cm^3 或 t/m^3)称为土壤干密度。以前称为土壤容重或土壤假比重。土壤干密度数值大小与土壤质地、结构、有机质含量、松紧度等有密切关系,同时还受耕作、施肥、灌溉等因素的影响。因此,土壤干密度不是常数,而是经常变化的,尤其是耕作层的土壤干密度变化较大,而底土层的土壤干密度比较稳定。

(二)土壤孔隙度(土壤孔度)

1. 土壤孔隙度

土壤孔隙数量一般用孔隙度来表示,指单位土壤容积内孔隙所占的百分数,是土壤中各种大小孔隙的总和。由于土壤孔隙复杂多样,直接测定并度量较困难,一般用土壤的密度和容重两个参数计算得出。

$$土壤孔隙度(\%) = \left(1 - \frac{容重}{土壤密度}\right) \times 100\% \qquad (2-5)$$

在计算孔隙度时，土壤密度通常采用平均值 2.65g/cm³。

例如，若测得土壤的容重为 1.32，则

$$\text{土壤孔隙度} = \left(1 - \frac{1.32}{2.65}\right) \times 100\% = 50.2\% \tag{2-6}$$

砂土的孔隙粗大，但孔隙数目少，孔隙度小；黏土的孔隙狭细而数目多，故孔隙度大。一般土壤孔隙度在 30%～60%。砂土的孔隙度为 30%～45%，壤土为 40%～50%，黏土为 45%～60%。土粒团聚成团粒结构，使孔度增加，结构良好的壤土和黏土的孔度高达 55%～65%，甚至在 70%以上。有机质特别多的泥炭土的孔隙度超过 80%。对农业生产来说，土壤孔隙度以 50%或稍大于 50%为好。

2. 土壤孔隙比

土壤孔隙的数量，也可用孔隙比来表示。它是土壤中孔隙容积与土粒容积的比值，其值为 1 或稍大于 1 为好。

$$\text{土壤孔隙比} = \frac{\text{孔隙度}}{1 - \text{孔隙度}} \tag{2-7}$$

例如，土壤的孔隙度为 55%，即土粒占 45%，则

$$\text{土壤孔隙比} = \frac{55}{45} = 1.12 \tag{2-8}$$

（三）当量孔隙

由于土壤孔隙的性状和连通情况复杂，孔径的大小变化多样，普遍采用的是以"当量孔径"代替土壤真实孔径的方法。如果把土壤孔隙看成毛细管，这些毛细管的孔径就是土壤孔隙的当量孔径。

当量孔隙是指与一定的土壤水吸力（或张力）相对应的孔隙。最早由美国学者理查兹（Richards）提出，按下列公式计算：

$$h = \frac{\alpha \sigma \cos \theta}{\rho g r} \tag{2-9}$$

式中，h 为水在毛管中的上升高度；α 为表面张力系数；σ 为水的表面张力；r 为毛管半径；ρ 为水的密度；g 为重力加速度；θ 为水与土壤孔隙壁间的接触角。

当测定时水的温度为 20℃时，式（2-9）可简化为茹林公式：

$$d = \frac{3}{T} \tag{2-10}$$

式中，d 为当量孔隙直径，mm；T 为土壤水分吸力，kPa。

由式（2-10）可以看出，当量孔径与土壤水吸力呈反比，孔隙愈小，土壤水吸力愈大，且每一当量孔径与土壤水吸力相对应。例如，土壤水吸力为 1kPa，当量

孔径为 0.3mm，此时的土壤水分保持在孔径小于 0.3mm 的孔隙中，而大于 0.3mm 的孔隙中无水。

（四）土壤孔隙分类

土壤孔隙根据其当量孔径大小和作用分为下述的三种类型。

1. 非活性孔隙（无效孔隙）

非活性孔隙是土壤中最微细的孔隙，当量孔径＜0.002mm，土壤水吸力在 $1.5×10^5$Pa 以上。这种孔隙几乎总是被土粒表面的吸附水所充满。土粒对这些水有极强的分子引力，使它们不易运动，也不易损失，不能为植物所利用，因此称为无效水。这种孔隙没有毛管作用，也不能通气，在农业利用上是不良的，因此也称为无效孔隙。

2. 毛管孔隙

毛管孔隙是指土壤中毛管水所占据的孔隙，其当量孔径为 0.02～0.002mm。毛管孔隙中的土壤水吸力为 $1.5×10^4$～$1.5×10^5$Pa。植物细根、原生动物和真菌等也难进入毛管孔隙中，但植物根毛和一些细菌可在其中活动，其中保存的水分可被植物吸收利用。

3. 非毛管孔隙（通气孔隙）

非毛管孔隙比较粗大，其当量孔径＞0.02mm，土壤水吸力＜$1.5×10^4$Pa。这种孔隙中的水分，主要受重力支配而排出，不具有毛管作用，成为空气流动的通道，所以叫做非毛管孔隙或通气孔隙。通气孔按其直径大小，又可分为粗孔（直径大于 0.2mm）和中孔（直径在 0.2～0.02mm）两种。

（五）各种孔隙度的计算

按照土壤中各级孔隙占的容积计算如下：

$$非活性孔隙度（\%）=\frac{非活性孔容积}{土壤总容积}×100\% \tag{2-11}$$

$$毛管孔隙度（\%）=\frac{毛管孔容积}{土壤总容积}×100\% \tag{2-12}$$

$$非毛管孔隙度（\%）=\frac{非毛管孔容积}{土壤总容积}×100\% \tag{2-13}$$

$$总孔隙度（\%）=非活性孔隙度（\%）+毛管孔隙度（\%）+非毛管孔隙度（\%） \tag{2-14}$$

如果已知土壤的田间持水量和凋萎含水量，则土壤的毛管孔隙度可按下式计算：

毛管孔隙度（%）=（田间持水量%−凋萎含水量%）×容重　　　　(2-15)

这里的"毛管孔隙"实际包括现在所理解的非活性孔隙和毛管孔隙两者，总称为小孔隙，非毛管孔隙则称为大孔隙。毛管孔隙度可用下式计算：

毛管孔隙度（%）=田间持水量（%）×容重　　　　(2-16)

非毛管孔隙度（%）=总孔隙度（%）−毛管孔隙度（%）　　　　(2-17)

作物对孔隙总量及大、小孔隙比例的要求是：一般旱地土壤，总孔隙度应＞50%，非毛管孔隙度即通气孔隙度＞10%，大小孔隙比在 1∶2~4 为好，无效孔隙尽量减少，毛管孔隙尽量增加。

第二节　土壤化学过程

一、土壤酸碱过程

土壤酸碱性又称土壤反应，是指土壤溶液中 H^+ 浓度和 OH^- 浓度比例不同而表现出来的酸碱性质。通常说的土壤 pH，就代表土壤溶液的酸碱度。若土壤溶液中 H^+ 浓度大于 OH^- 浓度，土壤呈酸性反应；若 OH^- 浓度大于 H^+ 浓度，土壤呈碱性反应；两者相等时，则呈中性反应。土壤溶液中游离的 H^+ 和 OH^- 的浓度和土壤胶体吸附的 H^+、Al^{3+}、Na^+、Ca^{2+} 等离子保持着动态平衡关系（李娟等，2016；李晓明等，2014；林大仪，2002）。

（一）土壤酸性反应

1. 土壤中 H^+ 的来源

在湿润、半湿润地区，降水量大大超过蒸发量，土壤及其母质的淋溶作用非常强烈，土壤中盐基离子随水淋失，溶液中的 H^+ 被土壤胶体吸附，H^+ 饱和度增加，导致土壤酸化。在交换过程中，土壤溶液中 H^+ 可由以下方式补给。

1) 水的解离

$$H_2O \rightleftharpoons H^+ + OH^- \quad (2\text{-}18)$$

水分子是弱电解质，解离常数很小，但由于 H^+ 被土壤胶体吸附而使其解离平衡受到破坏，所以将有新的 H^+ 释放出来。

2) 碳酸解离

$$H_2CO_3 \rightleftharpoons H^+ + HCO_3^- \quad (2\text{-}19)$$

土壤中有机物的分解和植物根系、微生物的呼吸作用，产生大量的 CO_2，因 CO_2 溶于水形成 H_2CO_3，解离出 H^+。

3) 有机酸的解离

$$\text{有机酸} \longrightarrow H^+ + R—COO^- \tag{2-20}$$

土壤有机质及腐殖酸分解时产生的各种中间产物(乙酸、草酸、柠檬酸等)都可解离出 H^+。特别是在通气不良及真菌活动下,有机酸可能累积很多。

4) 无机酸的形成

$$FeSO_4 + 2H_2O \rightleftharpoons Fe(OH)_2 + H_2SO_4 \tag{2-21}$$

由于氧化作用的发生,使土壤中产生各种各样的无机酸,如硝化作用可产生硝酸,硫化作用可产生硫酸。$(NH_4)_2SO_4$、KCl 和 NH_4Cl 等生理酸性肥料施到土壤中,由于阳离子 NH_4^+、K^+ 被植物吸收而留下酸根。在某些地区有施用绿矾的习惯,可以产生硫酸,由于硝化细菌的活动也可产生硝酸。

5) 酸雨

pH<5.6 的酸性大气化学物质随降水到达地面称为酸雨,它是土壤 H^+ 的重要来源之一。

2. 土壤酸度指标

根据 H^+ 在土壤中所处的部位,可将土壤酸性分为活性酸和潜在酸两类。

1) 活性酸

活性酸度指土壤溶液中游离 H^+ 的浓度所表现出的酸度,是土壤酸碱性的强度指标。通常用 pH 表示,pH 是 H^+ 浓度的负对数值,即 $pH = -\lg[H^+]$。土壤酸碱度一般可分为 9 级(表 2-7)。

表 2-7 土壤酸碱度分级

土壤 pH	酸碱度分级	土壤 pH	酸碱度分级
<4.5	极强酸性	7.0~7.5	弱碱性
4.5~5.5	强酸性	7.5~8.5	碱性
5.5~6.0	酸性	8.5~9.5	强碱性
6.0~6.5	弱酸性	>9.5	极强碱性
6.5~7.0	中性		

中国土壤的酸碱反应大多数在 pH 4.5~8.5,参照表 2-7 的分级,具有"南酸北碱"的地带性分布特点。长江以南土壤多数为强酸性,如华南、西南地区分布的红壤、砖红壤和黄壤的 pH 大多数在 4.5~5.5。华东、华中地区的红壤 pH 在 5.5~6.5。长江以北的土壤多数为中性和碱性土壤。华北、西北的土壤含碳酸钙,pH 一般在 7.5~8.5,部分碱土的 pH 在 8.5 以上,少数 pH 高达 10.5 的为强碱性土壤。

此外,不同的植物适应不同的土壤 pH,一般植物对土壤酸碱性的适应范围比较广，表 2-8 是一些主要栽培植物所适宜的 pH 范围。

表 2-8　主要栽培植物适宜的 pH 范围

大田作物	pH	园艺作物	pH	林业植物	pH
水稻	5.0～6.5	豌豆	6.0～8.0	槐	6.0～7.0
小麦	5.5～7.5	甘蓝	6.0～7.0	松	5.0～6.0
大麦	6.5～7.8	胡萝卜	5.3～6.0	刺槐	6.0～8.0
玉米	5.5～7.5	番茄	6.0～7.0	白杨	6.0～8.0
棉花	6.0～8.0	西瓜	6.0～7.0	栎	6.0～8.0
大豆	6.0～7.0	南瓜	6.0～8.0	红松	5.0～6.0
马铃薯	4.8～6.5	桃	6.0～7.5	桑	6.0～8.0
甘薯	5.0～6.0	苹果	6.0～8.0	桦	5.0～6.0
向日葵	6.0～8.0	梨、杏	6.0～8.0	泡桐	6.0～8.0
甜菜	6.0～8.0	茶	5.0～5.5	油桐	6.0～8.0
花生	5.0～6.0	栗	5.0～6.0	榆	6.0～8.0
苘子	6.0～7.0	柑橘	5.0～6.5	侧柏	6.0～7.5
紫花苜蓿	7.0～8.0	菠萝	5.0～6.0	柽柳	6.0～8.0

2) 潜在酸

潜在酸指土壤胶体上吸附的 H^+、Al^{3+} 所引起的酸度，它们只有通过离子交换作用进入土壤溶液时，才会表现出酸性，故称潜在酸。通常用 cmol(+)/kg 表示单位。土壤潜在酸的量常用土壤交换性酸度或水解性酸度表示，两者在测定时所采用的浸提剂不同，因而测得的潜在酸的量也有所不同。

(1) 交换性酸度。用过量的中性盐溶液（如 1 mol KCl、NaCl 或 0.06mol $BaCl_2$）与土壤作用，将胶体表面上的大部分 H^+ 或 Al^{3+} 交换出来，再以标准碱液滴定溶液中的 H^+，这样测得的酸度称为交换性酸度或代换性酸度。

$$\text{土壤胶体-}H^+ + KCl \rightleftharpoons \text{土壤胶体-}K^+ + HCl \tag{2-22}$$

$$\text{土壤胶体-}Al^{3+} + 3KCl \rightleftharpoons \text{土壤胶体-}3K^+ + AlCl_3 \tag{2-23}$$

$$AlCl_3 + 3H_2O \rightleftharpoons Al(OH)_3 + 3HCl \tag{2-24}$$

(2) 水解酸度。用弱酸强碱盐溶液（常用 pH 为 8.2 的 1mol NaAc 溶液）浸提土壤时，Na^+ 与土壤胶体上吸附的 H^+ 会发生交换反应。首先是 NaAc 水解生成弱酸（解离度很小）乙酸和完全解离的氢氧化钠。

$$CH_3COONa + H_2O \rightleftharpoons CH_3COOH + NaOH \tag{2-25}$$

然后，由氢氧化钠解离的 Na^+ 与土壤胶体吸附的氢、铝离子交换所产生的酸度称为水解酸度。

$$\text{土壤胶体-}H^+ + Na^+ + OH^- \rightleftharpoons \text{土壤胶体-}Na^+ + H_2O \qquad (2\text{-}26)$$

$$\text{土壤胶体-}Al^{3+} + 3CH_3COONa \rightleftharpoons 3Na^+ + Al(OH)_3 + 3CH_3COOH \qquad (2\text{-}27)$$

实际上土壤中的活性酸和潜在酸,属于一个平衡体系中的两种酸,二者可以相互转化,潜在酸被交换出来即成为活性酸,活性酸被胶体吸附就转化为潜在酸。

$$\underset{(\text{活性酸})}{\text{土壤胶体-}Ca^{2+} + 3H^+} \rightleftharpoons \underset{(\text{潜在酸})}{\text{土壤胶体-}2H^+ + Ca^{2+} + H^+} \qquad (2\text{-}28)$$

(二)土壤碱性反应

土壤碱性反应及碱性土壤的形成是自然成土条件和土壤内在因素综合作用的结果。其中干旱的气候和丰富的钙质为主要原因,过量施用石灰和引灌碱质污水以及海水浸渍,也是某些碱性土壤形成原因之一。土壤溶液中 OH^- 浓度大于 H^+ 浓度时土壤表现出碱性反应,土壤的 pH 愈大,碱性愈强。土壤碱性反应除用 pH 表示以外,总碱度和碱化度是另外两个反映碱性强弱的指标。

1. 总碱度

总碱度是指土壤溶液或灌溉水中碳酸根和重碳酸根的总量,即

$$\text{总碱度}[cmol(+)/L] = [CO_3^{2-}] + [HCO_3^-] \qquad (2\text{-}29)$$

土壤碱性反应是由于土壤中有弱酸强碱的水解性盐类存在,其中最主要的是碳酸根和重碳酸根的碱金属(Na、K)及碱土金属(Ca、Mg)的盐类。

总碱度用中和滴定法测定,单位以 $cmol(+)/L$ 表示。也可用 CO_3^{2-} 及 HCO_3^- 占阴离子的重量百分数来表示,中国碱化土壤的总碱度占阴离子总量的50%以上,高的可达90%。

2. 碱化度

碱化度(钠碱化度:ESP)是指土壤胶体吸附的交换性钠离子占阳离子交换量的百分数,也叫土壤钠饱和度、钠碱化度或交换性钠百分率。

$$\text{碱化度}(\%) = \frac{\text{交换性钠}}{\text{阳离子交换量}} \times 100\% \qquad (2\text{-}30)$$

土壤碱化度常作为碱土分类及碱化土壤改良利用的指标和依据。中国以碱化层的碱化度来分类。

碱化度>30%,表层含盐量<0.5%和pH>9.0,定为碱土;碱化度为5%～10%,定为轻度碱化土壤;碱化度为10%～15%,定为中度碱化土壤;碱化度为15%～20%,定为强碱化土壤。

(三)土壤酸碱性调节

1. 土壤酸性的调节

在土壤污染治理与修复工程中，土壤酸碱性不仅影响土壤胶体对重金属的吸附，还会影响重金属在土壤中的存在形态及植物对重金属的吸收。例如，随着土壤 pH 降低，酸性增强，土壤对铅的吸附能力降低，铅的迁移能力提高，生物有效性增加。土壤酸度通常以石灰或石灰石粉来调节。石灰可分为生石灰(CaO)和熟石灰[$Ca(OH)_2$]；石灰石粉是把石灰石磨细为不同大小颗粒，直接用作改土材料(吕军，2011)。石灰中和酸性土壤作用如下：

$$\text{土壤胶体-}2H^+ + Ca(OH)_2 \rightleftharpoons \text{土壤胶体-}Ca^{2+} + 2H_2O \qquad (2\text{-}31)$$

如果胶体上是铝离子，则与石灰生成氢氧化铝而沉淀：

$$\text{土壤胶体-}2Al^+ + 3Ca(OH)_2 \rightleftharpoons \text{土壤胶体-}3Ca^{2+} + 2Al(OH)_3 \qquad (2\text{-}32)$$

酸性土壤石灰需用量可通过交换性酸度或水解性酸度进行大致估算。还可根据土壤的阳离子交换量及盐基饱和度等进行估算求得，单位为 kg/hm^2，计算公式如下：

$$\text{石灰需用量} = \text{土壤体积} \times \text{土壤密度} \times \text{阳离子交换量} \times (1-\text{盐基饱和度}) \qquad (2\text{-}33)$$

2. 土壤碱性的调节

碱土与重碱化土壤由于pH太高，一般的水利与生物改良措施难以达到土壤改良的目的。因此，在改良中往往要配合施用化学物质，如石膏、磷石膏、亚硫酸钙、硫酸亚铁、酸性风化煤等，以形成一定的硫酸等酸性物质来中和土壤的碱性。石膏改良碱性土壤的原理，是利用钙将土壤胶体上的钠代换下来，并随水排出。石膏改良碱性土的作用如下：

$$\text{土壤胶体-}2Na^+ + CaSO_4 \rightleftharpoons \text{土壤胶体-}Ca^{2+} + Na_2SO_4 (\text{淋洗排出}) \qquad (2\text{-}34)$$

石膏需要量根据碱化度(ESP)计算。土壤碱化度的临界指标一般为10，即 ESP 小于10可不发生明显不良作用。石膏用量 R 可按下式计算：

$$R = [(ESP_{初} - 10) \times 100] \times \text{阳离子交换量} \qquad (2\text{-}35)$$

二、土壤氧化还原过程

土壤中存在一系列参与氧化还原反应的物质，土壤氧化还原反应是发生在土壤溶液中的又一个重要化学过程。氧化还原反应对物质在土壤剖面中的迁移和分布、养分的生物有效性、污染物质的缓冲性等有深刻影响。

(一)土壤氧化还原体系

氧化还原反应中氧化剂(电子接受体)和还原剂(电子给予体)构成了氧化还原体系。土壤中有多种氧化还原物质共存，常见的氧化还原体系见表2-9。

表 2-9 土壤中常见的氧化还原体系

体系	反应式	E^0/V (pH=0)	E^0/V (pH=7)	$pe^0=\lg K$
氧体系	$\frac{1}{4}O_2 + H^+ + e^- \rightleftharpoons \frac{1}{2}H_2O$	1.23	0.84	20.8
锰体系	$\frac{1}{2}MnO_2 + 2H^+ + e^- \rightleftharpoons \frac{1}{2}Mn^{2+} + H_2O$	1.23	0.40	20.8
铁体系	$Fe(OH)_3 + 3H^+ + e^- \rightleftharpoons Fe^{2+} + 3H_2O$	1.06	−0.16	17.9
氮体系	$\frac{1}{2}NO_3^- + H^+ + e^- \rightleftharpoons \frac{1}{2}NO_2^- + \frac{1}{2}H_2O$	0.85	0.54	14.1
	$NO_3^- + 10H^+ + 8e^- \rightleftharpoons NH_4^+ + 3H_2O$	0.88	0.36	14.9
硫体系	$\frac{1}{8}SO_4^{2-} + \frac{5}{4}H^+ + e^- \rightleftharpoons \frac{1}{8}H_2S + \frac{1}{2}H_2O$	0.30	−0.21	5.1
有机碳体系	$\frac{1}{8}CO_2 + H^+ + e^- \rightleftharpoons \frac{1}{8}CH_4 + \frac{1}{4}H_2O$	0.17	−0.24	2.9
氢体系	$H^+ + e^- \rightleftharpoons \frac{1}{2}H_2$	0	−0.41	0

(二)土壤氧化还原指标

1. 氧化还原电位(Eh)

由于溶液中氧化态物质和还原态物质的浓度关系变化而产生的电位称为氧化还原电位，用 Eh 表示，单位为伏(V)或毫伏(mV)。氧化还原反应的通式及 Eh 表示式如下：

$$Eh = E^0 + \frac{RT}{nF}\ln\frac{[氧化态]}{[还原态]} \tag{2-36}$$

式中，E^0 为该体系的标准氧化还原电位，即当铂电极周围溶液中[氧化态]/[还原态]比值为1时，以氢电极为对照所测得的溶液的电位值(E^0可从化学手册上查到)；R 为摩尔气体常数[8.314J/(mol·K)]；T 为热力学温度；F 为法拉第常数(96 500C/mol)；n 为反应中转移的电子数；[氧化态]、[还原态]分别为氧化态和还原态物质的浓度(活度)。

将各常数值代入式(2-36)，在25℃时，采用常用对数，则有

$$Eh = E^0 + \frac{0.059}{n} \lg \frac{[氧化态]}{[还原态]} \tag{2-37}$$

式中，Eh 的单位为 V。在给定的氧化还原体系中，E^0 和 n 也为常数，因此氧化还原电位由氧化剂和还原剂的活度比决定，比值越大，该体系的氧化强度就越大。

2. 电子活度负对数(pe)

正如用 pH 描述酸碱反应体系中的氢离子活度一样，可以用 pe 描述氧化还原反应体系中的电子活度，pe=−lg[e⁻]。对于氧化还原反应，其平衡常数为

$$K = \frac{[还原态]}{[氧化态][e^-]^n} \tag{2-38}$$

取对数得

$$pe = \frac{1}{n} \lg K + \frac{1}{n} \lg \frac{[氧化态]}{[还原态]} \tag{2-39}$$

当[氧化态]与[还原态]的比值为 1 时，$pe = \frac{1}{n} \lg K$，即 pe^0。故式(2-39)可写为

$$pe = pe^0 + \frac{1}{n} \lg \frac{[氧化态]}{[还原态]} \tag{2-40}$$

平衡常数 K 与反应自由能的关系为

$$\Delta G_r^0 = -RT \ln K \tag{2-41}$$

而 $\Delta G_r^0 = -nF\text{Eh}$，故

$$RT \ln K = nF \text{Eh}$$

或

$$Eh = \frac{RT}{nF} \ln K \tag{2-42}$$

由于 $\frac{1}{n} \lg K = pe$，故得

$$pe = \frac{F}{2.303RT} Eh \tag{2-43}$$

$$Eh = \frac{2.303RT}{F} pe = 0.059 pe$$

$$pe = \frac{Eh}{0.059} \tag{2-44}$$

pe 作为氧化还原强度指标，在氧化体系中为正值，氧化性愈强则 pe 愈大；在还原体系中其为负值，还原性愈强，pe 的负值愈大。

3. Eh 和 pH 的关系

土壤中的氧化还原反应总有氢离子参与，质子活度对氧化还原平衡有直接的影响，二者的关系如下：

$$[氧化态] + n\,e^- + m\,H^+ \rightleftharpoons [还原态] + xH_2O \tag{2-45}$$

在 25℃时，其关系式为：

$$Eh = E^0 + \frac{0.059}{n}\lg\frac{[氧化态]}{[还原态]} - 0.059\frac{m}{n}pH \tag{2-46}$$

式中，m 是参与反应的质子数，Eh 随 pH 增加而降低。pH 对 Eh 的影响程度决定于 m/n 的比值，当 m/n 比值为 1 时

$$Eh = E^0 + \frac{0.059}{n}\lg\frac{[氧化态]}{[还原态]} - 0.059pH \tag{2-47}$$

每单位 pH 变化引起的 Eh 变化（$\Delta Eh/\Delta pH$），25℃时为 59mV。

三、土壤缓冲性

土壤学中，把土壤缓冲性定义为土壤抗衡酸碱物质、减缓 pH 变化的能力，也是土壤的重要化学性质之一。

(一) 土壤酸、碱缓冲作用机理

1. 土壤胶体的阳离子代换作用

当土壤溶液中 H^+ 增加时，胶体表面的交换性盐基离子与溶液中的 H^+ 交换，生成了中性盐，使土壤溶液中 H^+ 的浓度基本上无变化或变化很小。

$$土壤胶体\text{-}M^+ + H^+ \rightleftharpoons 土壤胶体\text{-}H^+ + M^+ \tag{2-48}$$

式中，M^+ 代表盐基离子，主要是 Ca^{2+}、Mg^{2+}、K^+ 等。

如果土壤溶液中加入 MOH，解离产生 M^+ 和 OH^-，由于 M^+ 与胶体上交换性 H^+ 交换，H^+ 转入溶液中，立即同 OH^- 生成极难解离的 H_2O，溶液的 pH 基本不变。

$$土壤胶体\text{-}H^+ + MOH^+ \rightleftharpoons 土壤胶体\text{-}M^+ + H_2O \tag{2-49}$$

2. 土壤溶液中的弱酸及其盐类的存在

土壤溶液中含有碳酸、硅酸、磷酸、腐殖酸以及其他有机酸及其盐类，构成了一个良好的缓冲体系。

$$H_2CO_3 + Ca(OH)_2 \rightleftharpoons CaCO_3 + 2H_2O \tag{2-50}$$

$$Na_2CO_3 + 2HCl \rightleftharpoons H_2CO_3 + 2NaCl \tag{2-51}$$

3. 两性胶体的缓冲作用

土壤中有许多两性物质存在，如蛋白质、氨基酸、胡敏酸、无机磷酸等。如氨基酸，它的氨基可以中和酸，羧基可以中和碱，因此对酸碱都有缓冲能力。

$$\underset{NH_2}{R-CH-COOH} + HCl = \underset{NH_3Cl}{R-CH-COOH}$$

(氨基酸氯化铵盐)

$$\underset{NH_2}{R-CH-COOH} + NaOH = \underset{NH_2}{R-CH-COONa} + H_2O$$

(氨基酸钠) (2-52)

4. 酸性土壤中铝离子的缓冲作用

在极强酸性土壤中(pH<4)，铝离子以 $Al(H_2O)_6^{3+}$ 形态存在，若加入碱性物质使土壤溶液 OH^- 增多时，铝离子周围的六个水分子中，就有 1～2 个水分子解离出 H^+，以中和加入的 OH^-。其反应式为

$$2Al(H_2O)_6^{3+} + 2OH^- \longrightarrow [Al_2(OH)_2(H_2O)_8]^{4+} + 4H_2O \quad (2-53)$$

当土壤溶液中 OH^- 继续增多时，铝离子周围的水分子还将继续解离出 H^+ 以中和之，而使溶液 pH 不发生剧烈变化。同时羟基铝的聚合作用将继续进行，反应式为：

$$4Al(H_2O)_6^{3+} + 6OH^- \longrightarrow [Al_4(OH)_6(H_2O)_{12}]^{6+} + 12H_2O \quad (2-54)$$

当土壤 pH>5.0 时，铝离子形成 $Al(OH)_3$ 沉淀，失去缓冲能力。

(二) 土壤酸碱缓冲容量和滴定曲线

1. 土壤酸碱缓冲容量

土壤缓冲能力的大小一般用缓冲容量来表示，即土壤溶液改变一个单位 pH 时所需要的酸或碱的量，它是土壤酸碱缓冲能力强弱的指标。土壤缓冲容量可用酸、碱滴定法获得。

2. 滴定曲线

在土壤悬液中连续加入标准酸或碱液，测定pH的变化，以纵坐标表示pH，横坐标表示加入的酸或碱量，绘制滴定曲线，又称缓冲曲线。从曲线图上可以看出土壤缓冲能力及缓冲作用的最大范围，并可推算其缓冲容量。

图 2-3 是红壤盐悬液(1mol KCl) 的滴定曲线，从图中可知，一种土壤的缓冲能力在各滴定阶段上是不相同的。曲线斜率越大，表示缓冲能力越小；

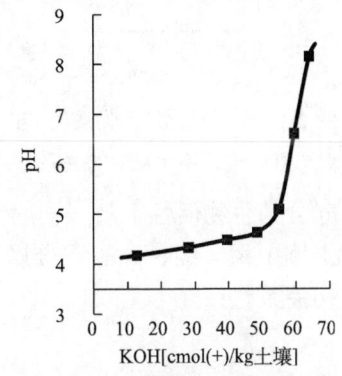

图 2-3 红壤盐悬液的滴定曲线

反之斜率越小，缓冲能力越大。该悬液起始 pH 为 3.8，在 pH 为 4.06~4.43 时表现出最强缓冲能力。

(三)土壤氧化还原缓冲性

土壤氧化还原缓冲性是指当少量的氧化剂或还原剂加入土壤后，其氧化还原电位(Eh)不会发生剧烈变化，即土壤所具有的抗 Eh 变化的能力。

在理论上，对一种物质的氧化还原缓冲性可以通过下面公式推导加以说明：

$$\mathrm{Eh} = E^0 + \frac{RT}{nF}\lg\{[氧化态]/[还原态]\} \tag{2-55}$$

假设氧化态活度为 x，氧化态与还原态总浓度为 A，则还原态的浓度为 $A-x$。当氧化态的浓度略有增加时，氧化还原电位的增高为

$$\frac{d\mathrm{Eh}}{dx} = \frac{RT}{nF} \cdot \frac{A}{x(A-x)} \tag{2-56}$$

dEh/dx 的倒数可作为土壤氧化还原缓冲性的一个指数，称为缓冲指数。

$$\frac{dx}{d\mathrm{Eh}} = \frac{nF}{RT} \cdot \frac{x(A-x)}{A} = \frac{nF}{RT} \cdot x \cdot \left(1 - \frac{x}{A}\right) \tag{2-57}$$

从式(2-57)可知，某种物质的总浓度愈高，缓冲指数愈强。在 $A=2x$ 时，即当氧化态与还原态的活度为 1 时，其缓冲性最强。对于不同物质，值大者的缓冲性强，这种关系可从图 2-4 中看出。在曲线两端，当加入少量的氧化剂或还原剂时，Eh 即有显著变化；而愈向中间变化愈小，在氧化态和还原态各占 50%时 Eh 的变化接近于零。这与酸碱缓冲性的情况相似。

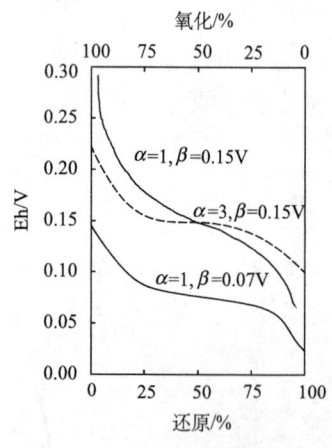

图 2-4 不同氧化还原物质的 Eh 与其氧化或还原程度的关系

在旱地改水田土地工程中，调节土壤氧化还原状况是水稻生产管理的重要环节。水稻田是氧化还原电位很低的特殊土壤，在淹水条件下，土壤的还原性很强，易产生有毒物质的积累，如有机物厌氧分解产生硫化氢；而氧化性过强，又可能使某些养分的生物活性下降。一般来说，水稻田的土壤还原条件不宜过分强烈。此外，土壤中汞、镉、砷等重金属元素对植物的有效性也与土壤的氧化还原条件有密切关系。

第三节　土壤生物过程与养分循环

一、土壤中的生物过程

土壤生物是指生活在土壤中的所有生物，这些生物主要包括微生物(细菌、真菌、古菌、藻类等)、土壤动物(原生动物、线虫、螨、跳虫、昆虫、蚯蚓等)和植物。土壤生物参与岩石的风化和原始土壤的生成，对土壤的生长发育、土壤肥力的形成和演变，以及高等植物营养供应状况有重要作用。土壤生物直接和间接地参与土壤物质转化、养分循环等系列的生物化学反应与过程，因而其种类及其活性直接或间接地影响土壤肥力的形成和发展，同时土壤生物及其他生物化学过程与土壤污染物质转化、植被病虫害防治相关，直接影响土壤健康状况。

(一)土壤微生物与酶

1. 土壤中的微生物与酶

土壤微生物是生活在土壤中的细菌、真菌、放线菌、藻类的总称。主要可以分为土壤细菌、土壤放线菌、土壤真菌、土壤藻类和土壤原生动物五大类群。土壤中的酶主要来自于增殖的和死亡的微生物、土壤动物以及植物根系和植物残体，作为土壤中最为活跃的有机成分之一，它们不仅可以表征土壤物质能量代谢旺盛程度，而且可以作为评价土壤肥力高低、生态环境质量优劣的一个重要生物指标。土壤中的微生物与酶共同参与了土壤中各种化学反应和生物化学过程，与有机质矿化分解、矿质营养元素循环、能量转移、环境质量等密切相关。二者共同协作和影响，对土壤发生过程起着极其重要的作用。

2. 微生物与酶在土壤形成过程中的作用

1)土壤中微生物在土壤形成过程中的作用

(1)分解有机物质，释放出 C、N、P、S 等营养元素，还可以分解残留于土壤中的农药和施入的有机废弃物，起到土壤解毒、环境净化的作用。

(2)土壤腐殖质的合成及土壤团聚体的形成。微生物通过分解有机残体，合成和分泌有机物质，在土壤腐殖化过程中起主导作用。微生物的分泌物和有机残体分解的中间产物可作为形成土壤团聚体的胶结物质。此外，真菌菌丝的穿插、缠绕作用也可促进团聚体的形成。

(3)进行生物固氮，增加土壤氮含量。在 C、N、P、S 等元素的形态转化中起主导作用。

(4)影响植物生长与病虫害防治。某些土壤微生物，特别是根际微生物能分泌氨基酸、维生素和生长激素等物质，促进植物生长。原生动物通过取食某些致病微生物，放线菌通过产生抗生素，能抑制或消除土传病害的传播。

2）生物土壤结皮

生物土壤结皮是广泛分布在寒区和旱区严酷环境中的重要地表覆盖景观，其覆盖度占荒漠地表活体覆盖面积的40%以上，是荒漠生态系统的重要构建者和组成成分。生物土壤结皮主要是土壤表层微小颗粒被那些生存在浅层土壤里、甚至高出土表几毫米处的细菌、蓝藻、硅藻或绿藻、微小真菌、地衣和苔藓植物以及许多景观中常见的非维管束植物成分利用菌丝体、假根和分泌物"胶结"形成的团聚结构，其厚度介于3~10mm，有时候可达35mm（李新荣等，2009，2001）。

在土地工程实践中，利用生物土壤结皮的形成条件及作用，从多方面入手对稳固土地工程边坡、改良新增耕地土壤具有重要的理论价值和实践意义。砒砂岩与沙成土造田中，复配土在休闲期形成的表层土壤结皮、冻盖层等使其具有显著的固沙效果（张卫华，2015）。

3）土壤酶在土壤形成过程中的作用

土壤酶主要是指土壤中的聚积酶，包括游离酶、胞内酶和胞外酶，主要来源于土壤微生物的活动、植物根系分泌物和植物残体腐解过程中释放的酶，是一类具有催化能力的生物活性物质。土壤酶促作用主要发生在土壤颗粒、植物根系和微生物细胞表面。在土地发生过程中，土壤酶与土壤微生物共同作用，促进土壤的产生与改良。因此，利用土壤酶的自身特性，可以加快土壤的改良与修复，为土地工程中高标准农田的建设提供新的思路。土壤中发现的主要酶类见表2-10。

表2-10 土壤中发现的主要酶类

酶的种类		国际标准名称及分类	作用
氧化还原酶类	脱氢酶	EC.1.1.1.118	促进有机物脱氢，起传递氢的作用
	葡萄糖氧化酶	EC.1.1.3.4	氧化葡萄糖成葡萄糖酸
	醛氧化酶	EC1.2.3.1	催化醛氧化成酸
	尿酸氧化酶	EC.1.7.3.3	催化尿酸成为尿囊素
	抗坏血酸氧化酶	EC.1.10.3.3	将抗坏血酸氧化成脱氢抗坏血酸
	过氧化氢酶，触酶	EC.1.11.1.6	促过氧化氢生成O_2和H_2O
转移酶类	葡聚糖蔗糖酶	EC.2.4.1.5	进行糖基转移
	果聚糖蔗糖酶	EC.2.4.1.10	进行糖基转移
	氨基转移酶	EC.2.6.1	进行氨基转移
水解酶类	酯酶	EC.3.1.1.3	水解甘油三酯，产甘油和脂肪酸
	磷酸酯酶	EC.3.1.3.1	水解磷酸酯，产磷酸和其他

续表

酶的种类		国际标准名称及分类	作用
水解酶类	核酸酶	EC.3.1.30.1	水解核酸，产磷酸和其他
	植酸酶	EC3.1.3.8	水解植素，产磷酸和肌醇
	芳基硫酸酯酶	EC.3.1.6.1	水解底物，生成硫酸和芳香族化合物
	淀粉酶	EC.3.2.1	水解淀粉，生成葡萄糖
	纤维素酶	EC.3.2.1.4	水解纤维素，生成纤维二糖
	木聚糖酶	EC.3.2.1.8	水解木聚糖，生成木糖
	葡聚糖酶	EC.3.2.1.11	水解葡聚糖，生成葡萄糖
	果胶酶	EC.3.2.1.15	水解果胶，产生半乳糖醛酸
	麦芽糖酶	EC.3.2.1.20	水解麦芽糖成葡萄糖
	纤维二糖酶	EC.3.2.1.21	水解纤维二糖成葡萄糖
	蔗糖酶，转化酶	EC.3.2.1.26	水解蔗糖为葡萄糖和果糖
	蛋白酶	EC.3.4.21.14	水解蛋白质为多肽和氨基酸
	天冬酰胺酶	EC.3.5.1.1	水解天冬酰胺产生 NH_4^+ 和天冬氨酸
	谷氨酰胺酶	EC.3.5.1.2	水解谷氨酰胺产生 NH_4^+ 和谷氨酸
	脲酶	EC.3.5.1.5	水解尿素，产生 CO_2 和 NH_3
	无机焦磷酸酶	EC.3.6.1.1	水解焦磷酸盐，生成正磷酸
裂解酶类	天冬氨酸脱羧酶	EC.4.1.1.11	裂解天冬氨酸为β解丙氨酸和 CO_2
	谷氨酸脱羧酶	EC.4.1.1.15	裂解谷氨酸为γ氨基丙酸和 CO_2

(二)土壤动物

所谓土壤动物是指一段时间内定期在土壤中度过，对土壤具有一定影响的动物。土壤动物的类群主要包括：原生动物门、扁形动物门、线形动物门、软体动物门、环节动物门、节肢动物门、脊椎动物门等。

土壤动物参加土壤生态系统中，一般具有三方面的作用：调节细菌数量；增进某些土壤生物的活性；参与土壤中有机残体的分解，促进营养元素的转化。例如，蚯蚓取食富含有机质的土壤颗粒，通过挖掘和排泄活动，将有机物质往下层运移，而蚯蚓排泄物中无机氮的浓度远高于周围土壤。通过蚯蚓在土壤中的活动，会对土壤产生一系列有益影响：对土层具有混合作用；促进有机物质分解；富积土壤养分；改善土壤物理性质(表2-11)。

表 2-11　蚯蚓排泄物与原生土性质的比较

性质	蚯蚓排泄物	原生土
粉粒和黏粒占比/%	38.8	22.2
容重/(g/cm^3)	1.11	1.28
结构稳定性*	849	65
阳离子交换量/(cmol/kg)	13.8	3.5
交换性 Ca^{2+}/(cmol/kg)	8.9	2.0
交换性 K$^+$/(cmol/kg)	0.6	0.2
水溶性 P/(mg/kg)	17.8	6.1
全 N/%	0.33	0.12

*为破坏团聚结构所需的雨滴权。

(三)植被在土壤发生过程中的作用

1. 土壤中植物根系的作用

存活的植物根系显著影响的土壤区域称为根际，根际土壤与非根际土壤在物理、化学和生物学上具有明显的不同，这些特性在根际土壤和非根际土壤上的比值称为根土比，即根际效应。

1)根系分泌物

根系分泌物是指植物生长过程中通过根系释放到介质中的有机物质以及无机离子 H$^+$、K$^+$等物质，它是植物根系在生命活动过程中向外界环境分泌各种有机化合物的总称。据估计，根系分泌物一般有 200 多种，低分子分泌物主要包括有机酸(以甲酸、乙酸、柠檬酸和苹果酸等为常见)、糖类(以葡萄糖和果糖较为普遍)、酚类和各种氨基酸(以蛋白类氨基酸为主)，高分子分泌物主要包括多糖、多糖醛酸和胞外酶(如磷酸酶、蛋白酶、淀粉酶、RNA 酶以及 DNA 酶等)。

2)根系对养分的吸收

作物在生长发育中，需要多种营养元素，如碳、氢、氧、氮、磷、钾、钙、镁、硫、铁及微量元素锰、铜、锌、硼、铂、硒、汞、氟、硅等。这些元素除了碳、氢、氧是从水和空气中获得以外，主要是通过根系从土壤中吸收养分。其中需要量最多的是氮、磷、钾三要素。作物根部能直接吸收的主要是土壤溶液中的养分。根系从土壤中吸收养分过程主要包括溶质在土壤中向根表面的运动，溶质通过根表皮(自由空间)进入皮层内部，由皮层、内皮层、中柱鞘(内部空间)进入木质部导管，并经由木质部导管向茎、叶运动。

2. 绿色植物的作用

岩石风化所形成的母质，一方面使矿质养分元素释放出来；另一方面风化所形成的黏粒可以吸附养分离子。但这种吸收作用是非选择性的，不可能使分散的养料集中富积到母质的表层。只有生物特别是绿色植物生长后，风化过程中释放出来的植物养料才有选择吸收和集中保蓄的可能。

首先，生物有选择吸收的性能。在植物生长过程中，主动地吸收其新陈代谢所需要的矿质营养元素，合成有机物质组成自己的躯体，当其死亡后，有机体分解释放出来的养分则存留在表土层中。生物循环往复进行，逐渐把植物生理需要的养分元素选择性地累积到表土中来，随之调整了各种营养元素的适当比例，为植物生活创造了有利条件。

其次，植物具有集中保蓄养料的能力。这是因为植物根系在土层中的分布是：重量自上而下减少，长度自上而下增加，越往下，根的长度和须根数量大为增加。植物吸收养分是靠须根进行的，根系的这种分布状况，使得根系吸收养分就像河流的水从细小支流汇入主流，把分散于土壤底层的养料向上运送，集中到土壤的表层中去。这样，通过植物根系的吸收作用，把分散的养料集中在土壤表层。根据植物的这一特性，在土地工程建设中，适当的营造林草灌木，对于改善新增耕地的质量具有非常重要的作用。

最后，植物具有保蓄养料的能力。因为植物吸收养料的目的就是为了其自身的生长发育。养分被植物吸收之后，合成有机质被固定在植物体中，植物不死亡，植物残体不分解，就不会随雨水淋失。

另外，植物在土壤形成过程中的作用还表现在：植物根系的伸展穿插对土壤结构的形成作用和根系分泌物在土壤中引起的一系列生物化学作用和物理化学作用(李新荣和金炯，2005；徐杰等，2005；白学良，1997)。

二、土壤中主要营养元素的转化过程

(一)土壤中主要营养元素及其转化过程

1. 土壤有机质的组成与转化

土壤有机质是指进入土壤中的各种有机物质在土壤微生物作用下形成的一系列有机化合物的总称。土壤有机质与土壤中存在的其他有机物质的区别在于：土壤有机质已经和土壤中的其他组分融为一体，无明显的物理外形，不能简单地与矿质土粒分离，并且性质较稳定。有机质是土壤的重要组成部分，尽管土壤有机质只占土壤总重量的很小一部分，但它在土壤肥力、环境保护、农业可持续发展等方面都有着很重要的作用和意义。

1)土壤有机质的来源

土壤有机质的来源主要包括微生物、植物、动物和人类活动。微生物是土壤有机质最原始的来源，在土壤形成的最初阶段为土壤有机质的主要来源；植物来源是现代土壤最终的有机物质来源。自然条件下，地面植被残落物和根系是土壤有机质的主要来源。动物残体及排泄物质、农业生产中作物的根茬、还田的秸秆和翻压的绿肥也都是土壤有机质的重要来源。另外，畜牧养殖场的废弃物、某些轻工业副产品以及城市生活垃圾堆肥也可以作为农田土壤有机质的来源之一。

土壤有机质成分十分复杂，性质各异，大致可分为腐殖质部分和非腐殖质部分，其中腐殖质部分占土壤有机质的60%～80%。非腐殖质部分是指土壤中的一般有机化合物，包括可溶性糖，多糖类、木质素、脂肪、树脂、蜡质等（表2-12）。

表 2-12　土壤有机质组成（以土壤有机碳计）

组成	含量/%
糖类物质	10～20
含氮组分（氨基糖、氨基酸）	20
脂族脂肪酸、链状烷烃	10～20
芳香族化合物	40～60

2）土壤有机质的转化与碳素循环

（1）土壤有机残体的降解。有机残体的降解能调节土壤有机质的形成、改善土壤结构及养分的有效性和维持陆地生态系统中作物的生产力。残体在土壤中的分解过程通常可分为两个阶段。第一个阶段是加入土壤后的前几个月，植物残体很快分解，主要是植物残体中的可溶性有机化合物的分解。第二阶段是残留在土壤中的植物残体碳相对缓慢分解。传统意义上提高土壤团聚体稳定性最普遍的方法就是将有机残体投入到耕层来增加土壤有机物质（绿肥、农家肥料和作物残体）。另外，在一定水平的氮肥投入下，作物残体在土壤中的腐解会增加作物生物量的生长，这很可能进一步导致残体投入量的增加，从而使肥料的施用量降低，使温室气体的排放减少。因此，有机物料的投入不仅是一个直接的固碳措施，它还很有可能间接地减缓气候变化效应。

矿化作用指有机物质进入土壤后，在微生物的作用下分解成水和二氧化碳，并释放出其中矿质养分和能量的过程。实际上就是微生物将复杂有机物分解为简单无机化合物（CO_2、H_2O、无机养分）和能量的过程。残体施入土壤后增肥效果缓慢且在几年内不易衡量，其矿化腐解并转化为 CO_2 释放到大气中，其所含碳只有一小部分留在土壤中，在温带气候条件下，添加的作物残体约有 1/3 在一年后保留在土壤中，2/3 都会以 CO_2 的形式释放出去。其中，土壤微生物生物量占3%～8%，多糖、多糖醛酸苷、有机酸等非腐殖质物质占3%～8%，腐殖质占10%～30%。

土壤中加入新鲜的有机残体会促进土壤原有有机质的降解，这种矿化作用称为新鲜有机物对土壤有机质分解的激发效应。在土壤有机质不断形成和分解过程中，激发效应的存在是不可忽略的。激发效应持续的时间相对于整个土壤有机质的周转期来讲是很短暂的。它主要受外源有机质的可利用率、土壤原有有机质的组成、含量和营养水平等的影响。

(2)土壤腐殖化过程。土壤腐殖质的形成过程称为腐殖化作用，腐殖化作用是一系列极端复杂过程的总称，其中主要的是由微生物为主导的生物和生物化学过程，还有一些纯化学反应。

土壤腐殖化过程一般可分为三个阶段：第一阶段是植物残体分解产生简单的有机碳化合物；第二阶段是通过微生物对这些有机化合物的代谢作用及反复的循环，增殖微生物细胞；第三阶段是通过微生物合成的多酚和醌或来自植物的类木质素，聚合形成高分子多聚化合物，即为腐殖质。源于新鲜残体中的土壤腐殖质组分(腐殖质，富里酸和胡敏素)随腐解时间的延长，在团聚体稳定性方面起重要作用。

腐殖质的形成主要有四条途径(图2-5)。途径1认为腐殖质通过还原糖与氨基酸经非酶性的聚合作用形成。途径2和3构成了现在比较盛行的多元酚理论，即腐殖质形成过程中有多元酚和醌的参与，它们可以直接来自木质素(途径3)，也可以是微生物的合成产物(途径2)。途径4是Selman Waksman的经典理论，即木质素-蛋白质理论，认为植物残体中木质素是腐殖质形成的主要来源，木质素在微生物的作用下，经过一系列的脱甲氧基和氧化过程形成类木质素，类木质素是腐殖物质形成的基本结构单元，与微生物合成产生的胺基化合物反应后首先形成胡敏酸，进一步氧化破裂形成富里酸。

(3)土壤有机质循环与土地工程。土壤有机质作为生物圈中土壤碳和养分循环的决定性因素，它经微生物腐解后是作物生长的主要养分源。此外，土壤有机质不仅改善土壤质量(土壤结构、抗侵蚀)，而且是大气圈-生物圈系统中碳的主要贮存库。土壤有机碳主要以土壤呼吸和氮矿化等微生物主导过程为驱动力，其产生来自土壤中生物区系的活动，农田生态系统中生产的作物能够为土壤动物群和微生物提供用于转化的土壤有机质，土壤中许多有机化合物主要受非自养微生物利用从而为其生长繁殖提供养分和能源。研究发现，任何提高土壤有机碳含量的措施都有益于土壤性质和功能的改善，且土壤中碳固定的数量是有限的，土壤有机碳的增加在接近一个平衡值时会停止，即土壤有机碳的累积不是无限期的。

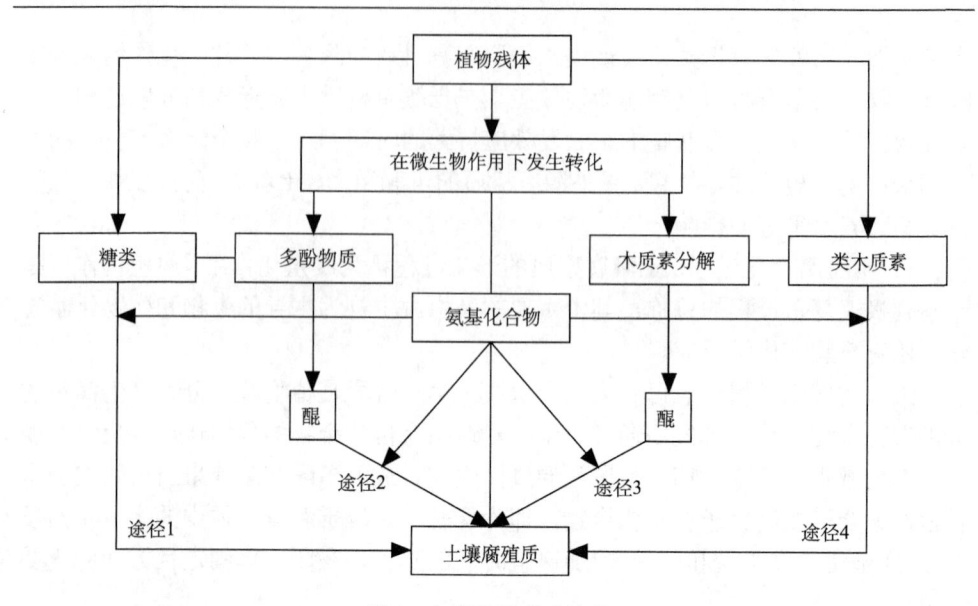

图 2-5 腐殖质形成途径

土地工程对土壤有机碳的影响是一个长期过程，在土地平整工程中，不管是局部平整还是整体平整，都会最直接最显著地破坏土体结构，影响土壤有机碳的含量。土地整治后施用一定量的肥料会加快土壤熟化，增加土壤有机碳积累同时，土地平整对表土层的扰动也会使真菌数量下降，不利于土壤有机碳储量的积累。土地整理、高标准农田建设等土地工程措施不仅决定了土地利用的经济潜力，而且还可通过改变土壤湿度和温度、根系生长状况、作物残体数量和质量，影响土壤微生物及其活性，最终影响土壤有机质的动态。土地工程项目实施前应制定适宜的土地整治规划，实施有利于土壤固碳的土地整治工程。从工程措施和结构调整措施两方面入手，注意表土分离、水利条件改善和旱地向水田的结构调整，实施有利于土壤固碳的土地整治工程。在当前的土地整治过程中，通过分析土地整治对农田土壤有机质含量的影响，结合不同地区不同土壤因素的变化，提出如何通过土地整治来做到对土壤中各个元素的保护，制定出相应的规划规程，这样更有利土地工程的施工过程。还可以通过对土地整治进行科学的设计与过程中制度的完善来提高农田土壤有机质含量。

2. 土壤氮素的形态与转化

1) 土壤氮素来源

土壤中氮素主要来源于以下几个途径：分子氮的生物固定；雨水和灌溉水带入的氮；施用有机肥和化学肥料。土壤中氮素主要有无机态和有机态两大类。

2) 土壤氮素的转化与循环

在陆地生态系统中大气中的氮通过生物同化作用或物理、化学作用进入土壤，转化为土壤和水体的生物有效氮——铵态氮和硝态氮，然后土壤和水体中的生物有效氮又回归到大气中，这种氮素形态变化——运移和移动构成了氮素循环（图 2-6）。

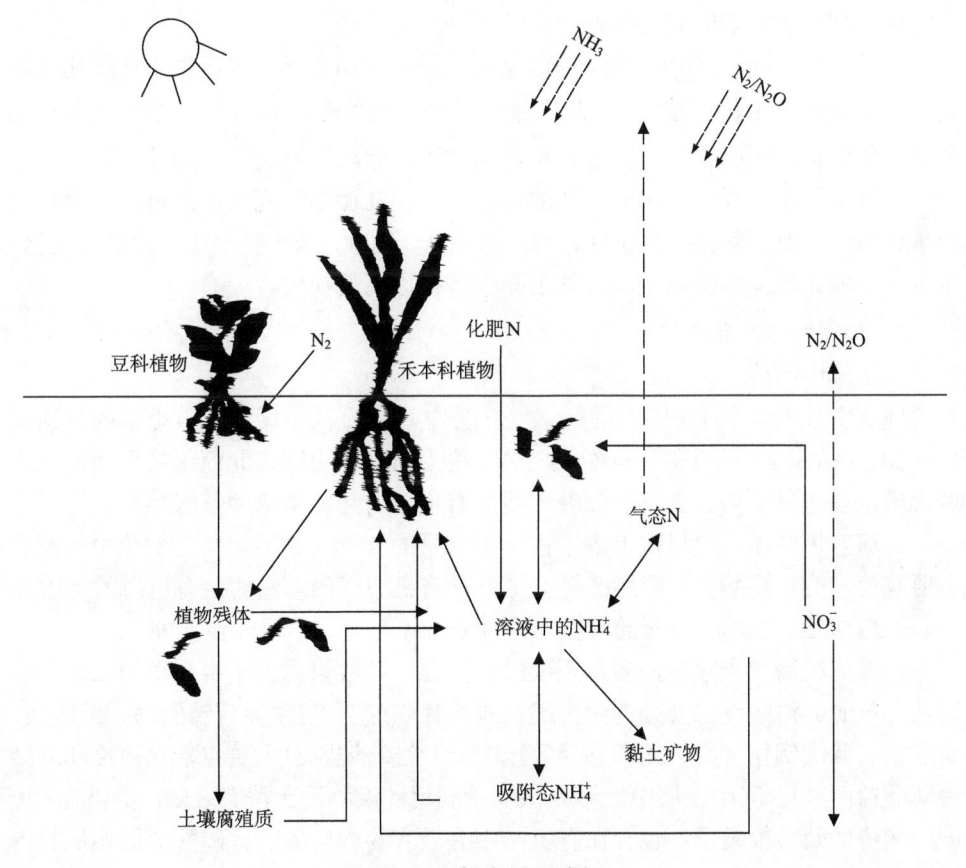

图 2-6 氮素循环过程

（1）矿化作用。占土壤 95%以上的有机氮必须经过微生物的矿化作用才能转变为无机氮（NH_4^+ 和 NO_3^-）。从有机态氮转化为无机态氮的过程称为有机氮的矿化作用。主要包括以下内容：

氨化作用：矿化过程中最先产生的无机氮一般以氨为主，然后在转化为 NO_2^- 和 NO_3^-。

硝化作用：指将土壤中所形成的氨、胺、酰胺等在微生物的作用下氧化为硝酸的生物化学过程。一般分两步进行，第一步氧化成 NO_2^-，然后再将 NO_2^- 氧化成

NO_3^-。

反硝化作用：指土壤中某些厌氧微生物在通气不良或供氧不足条件下，将 NO_3^- 或 NO_2^- 还原成 N_2、NO、N_2O 等气态氮素而损失的过程。

土地工程中，通过调控不同的矿化过程，降低不利的反硝化作用过程，可以为农田土壤提供稳定的肥力保证。

(2) 微生物的固持作用。微生物对氮素的固持作用是指土壤微生物在氧化含碳底物获取能量而生长的过程中，从土壤环境中吸收 NH_4^+、NO_3^- 或简单有机含氮化合物，作为构成细胞物质的材料，将其同化为细胞内生物大分子的过程。

土地工程中，通过利用微生物的固持作用，在微生物死亡后的再矿化可以为土壤提供无机氮，有利于耕地良好的肥力保证。同时，微生物固持大量的无机氮，减少了土壤无机氮库的规模，有利于减少各种途径的损失。

3. 土壤磷的形态与转化

1) 土壤中的磷

地壳中磷的含量平均为 0.28%左右(以 P_2O_5 计)。中国大多数土壤的含磷量(0～20cm 的表土)变动在 0.04%～0.25%，总体而讲，中国自北而南或自西而东土壤含磷量呈递减趋势。土壤中的磷主要以有机磷与无机磷两种形态存在。

土壤有机磷在一般耕作土壤中占全磷含量的 25%～56%。其在土壤中的形态主要有植素类、核酸类、磷脂类等。这几种有机态磷的总量约占有机磷的 70%左右，土壤中还有 20%～30%的有机态磷性质尚不清楚，需进一步研究。

土壤无机磷种类繁多，多以正磷酸盐存在，其数量占土壤中全磷的 2/3～3/4 以上。按照其溶解度主要分为两大类：难溶性磷酸盐类(主要有磷酸钙、磷酸镁、磷酸铁、磷酸铝化合物、闭蓄态磷等)和易溶性磷酸盐类(主要包括水溶性和弱酸性磷酸盐两种)。其中土壤中能够为植物所利用的磷称为土壤有效磷，主要有：土壤溶液中的磷酸根离子；包含在有机物中并较容易分解的磷；磷酸盐固相矿物中能随土壤性质影响而溶解的磷酸根离子；交换吸附态磷酸根离子。在培肥较好的土壤中，有机磷的重要性较大，一般土壤中，则以磷酸盐固相所释放出的磷为主。

2) 土壤磷素的转化

土壤中的磷酸盐或施入的无机磷肥随土壤酸度和氧化还原条件变化而发生转化，无机态的磷(主要是易溶性的磷)可以转化为有机态的磷；有机态的磷经微生物的分解作用转化为无机态的磷或难溶性的磷。易溶性的磷和难溶性的磷经常处于相互转化的动态平衡过程之中(图 2-7)。

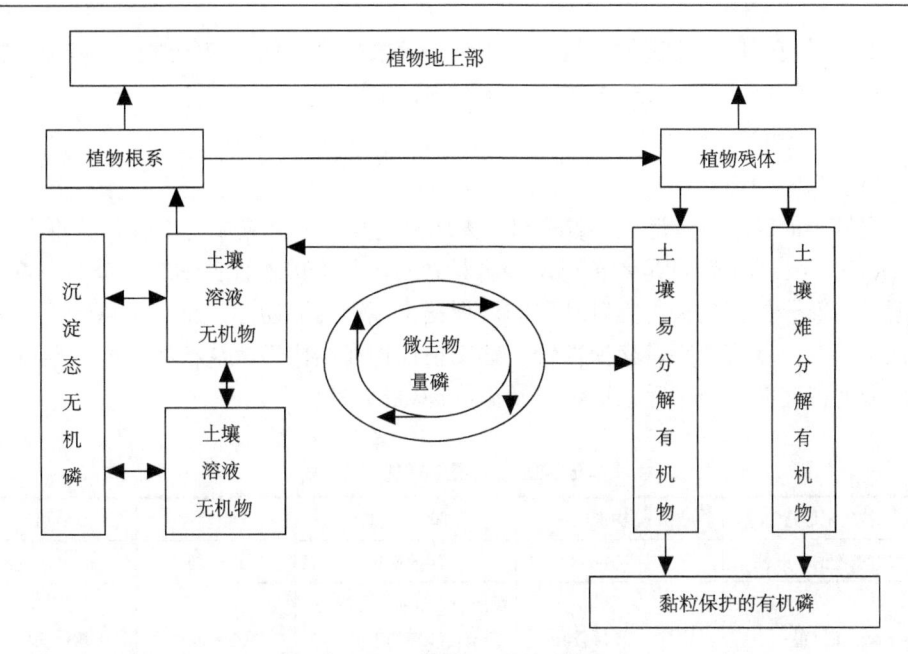

图 2-7 土壤中磷转化过程

在分解和利用有机物的过程中，土壤微生物将它们所需要的磷同化，同时以代谢产物的形式释放出多余的磷，这个过程即为有机磷的生物矿化。植物和微生物直接吸收利用的磷的形态是 PO_4^{3-}、HPO_4^{2-} 和 $H_2PO_4^-$，因此各种有机磷化合物必须首先转化为上述形态，才能被植物和微生物利用。微生物对有机磷的作用主要是酶促作用，许多微生物能够分泌多种磷酸酶、蛋白酶，水解有机磷化合物，释放出磷酸盐。

4. 土壤硫的形态与转化

1) 土壤中的硫

土壤中的硫主要来自母质、灌溉水、大气干湿沉降以及施肥等。矿质土壤的含硫量一般在 0.01%～0.05%。土壤中的硫主要可以分为无机态硫和有机态硫。其中土壤中无机态硫主要包括：难溶态硫，如黄铁矿、闪锌矿等；水溶性硫，主要为硫酸根及游离的硫化物等；吸附态硫，土壤矿物胶体吸附的硫酸根，与溶液硫酸根保持着平衡态，吸附态硫容易被其他阴离子交换。土壤有机硫主要存在于动植物残体和腐殖质中，以及一些经微生物分解形成的较简单的有机化合物中。

2) 土壤中硫的转化

土壤中硫的转化主要有以下几种形式：有机硫的矿化和固定；矿物质的吸附和解吸；硫化物和元素硫的氧化。

其中，土壤 pH 和 Eh 是影响硫化物氧化的重要因素。排水不良、还原性较强的土壤，以及土壤酸度高的土壤，均不利于硫的生物氧化反应的进行。但硫化物或元素硫的氧化结果都产生 H_2SO_4，从而导致土壤酸化。

5. 土壤钾的形态与转化

1) 土壤中的钾

土壤中的钾含量远远高于氮和磷，大体上是全磷和全氮量的 10 倍，总体约为 3%(K_2O)。土壤全钾量是各种形态钾含量之和，其中矿物钾占 90%～98%，表明土壤中大部分的钾是植物难以利用的。根据土壤钾的活动性，整个土壤钾可以分为几个部分：水溶性钾、交换性钾、非交换性钾和结构钾。从植物营养的角度则可以分为：速效性钾、缓效性钾以及矿物钾(表 2-13)。

表 2-13 土壤中钾的形态

按化学形态	结构钾	非交换性钾	交换性钾	水溶性钾
按对植物的有效性	矿物钾	缓效性钾	速效钾	
存在位置	长石、云母结构内	蒙脱石、蛭石的晶层内；黑云母和部分水云母结构内	颗粒外表面	土壤溶液中
保持力	配位作用	晶间吸附、配位作用	静电引力	呈离子态

2) 土壤中钾的转化

(1) 土壤中钾的释放。在土壤的风化和成土过程中所产生的无机酸类，如 H_2CO_3、HNO_3、H_2SO_4 以及在有机质分解过程中所产生的有机酸，都可以把含钾矿物中的钾释放出来。此外一些细菌(如硅酸盐细菌)也可以促进或主导这一进程。

生物活动在促进矿物钾释放上的作用不可忽视，微生物可以明显降低根际土壤的 pH，从而促进云母层间钾释放。此外，在人为和自然控制条件下，固定态钾、缓效性钾都可以转化为速效性钾，但首要条件是土壤中的速效性钾浓度要降低到一定程度才有可能进行。

(2) 土壤中钾的固定。钾的固定作用是指速效性钾转化为缓效性钾的过程。当土壤中速效性钾较多时，在一定条件下，如干湿交替、冻融交替等，交换性钾可以转化为缓效性钾暂时被固定。

影响土壤固钾的主要因素有：黏土矿物质的类型、土壤水分条件、土壤酸碱度、铵离子。

6. 土壤钙、镁的形态与转化

1) 土壤中的钙、镁

土壤中的全钙量一般在 4%以上，全镁量一般在 0.1%～4%，多数在 0.3%～

2.5%。多雨湿润地区，土壤酸度大，钙、镁溶解度高，淋失强烈，全钙含量低于 0.1%。干旱半干旱地区一般在 1%以上。当土壤中全钙含量在 1%～20%时，该土壤被称为石灰性土壤。土壤中的钙、镁主要是无机态形式存在，如角闪石、钙长石、辉石、磷石灰等矿物，有机态钙、镁所占比例很小。

水溶性和代换性钙、镁是植物可以直接吸收利用的速效性钙、镁。难溶性矿物态钙、镁必须经长期风化作用才能释放出来，但为数不多。

2) 微生物活动与土壤碳酸钙的转化

(1) 微生物的呼吸作用。因土壤介质的物理阻隔，土壤微环境中的气体与大气之间的交换作用比较微弱，土壤微生物分解有机物时产生的二氧化碳与碳酸钙的溶解-沉积动态密切相关。

(2) 微生物代谢的产物。微生物活动形成的有机酸和糖类对土壤碳酸钙的沉淀-溶解平衡存在两方面的作用。首先是有机酸和糖类物质通过溶解和络合作用增加土壤溶液中 Ca^{2+} 的浓度，使土壤溶液达到 Ca^{2+} 的过饱和状态而不沉淀，促进碳酸钙的溶解。随后，当过饱和态的土壤溶液向下移动，并且其中的有机小分子被微生物利用时，就会发生碳酸钙的沉淀。

(3) 微生物的群落结构。目前发现的影响碳酸盐沉淀-溶解平衡的微生物类群主要有：产氧的光合自养生物、兼性厌氧细菌、嗜盐细菌和有机异养细菌。这些类群影响碳酸盐沉淀-溶解平衡的机制主要有：微生物在中性至微碱性环境中吸收 HCO_3^- 释放出 OH^-，从而导致碳酸钙沉积，如蓝细菌；微生物活动释放出 HCO_3^-，从而影响碳酸钙平衡，如反硝化细菌、硫酸盐还原细菌等；微生物分解有机氮化合物时，使土壤微生物环境的 pH 升高，导致碳酸钙沉淀的产生；微生物利用低分子有机酸为单一碳源和能源，所产生的 CO_2 和 HCO_3^- 引起碳酸钙沉淀，这是土壤有机碳转化为无机碳酸盐的重要途径。

7. 土壤微量元素的形态与转化

1) 土壤中的微量元素

一般把植物体内含量低于 0.01%的元素称为微量元素，已证明植物必需的微量元素有铁、锰、铜、锌、硼、钼和氯。土壤中的微量元素主要来自岩石和矿物，母质不同的土壤，微量元素种类和含量不同。此外，土壤中微量元素输入的途径还有大气，包括气溶胶和尘埃等，耕地土壤施肥也是一个重要来源。

微量元素的形态主要有水溶态、交换态、专性吸附态、有机态、矿物态以及铁锰氧化物包被态。影响微量元素有效性的主要因素有酸碱度、氧化还原电位、质地、有机质含量和微生物活动等。

2) 微生物在土壤微量元素循环中的作用

(1) 降解动物残体，使微量元素释放。这一过程与氮的转化类似，存在于有机物质中的微量元素通过微生物的矿化作用与有机物中的碳原子分离，成为自由的离子态，进而被微生物和植物吸收。该过程也同时包含微量元素被微生物的固持过程，但当微生物死亡后，被固持的微量元素又被释放出来，始终处于矿化/固持循环之中。

(2) 微生物的溶解作用。微生物代谢产物如脂肪酸、氨基酸和聚苯酸等，作为微量元素的络合剂，影响它们在土壤微环境中的沉淀/溶解平衡。土壤中产生溶解金属的有机物质的微生物包括细菌、真菌和放线菌。

(3) 微生物对金属元素的氧化与还原。在土壤微环境中，将金属元素从低价氧化为高价，主要是一些特定微生物的作用。例如，可将氧化亚铁氧化为高价铁氧化物的铁细菌，包括氧化亚铁硫杆菌、加利翁氏菌等。

(二) 土壤培肥熟化

1. 土壤肥力与土壤培肥

1) 土壤肥力

肥力是土壤的本质特征和基本属性。土壤肥力是土壤物理、化学和生物学性质的综合反映。其中，养分是土壤肥力的物质基础，温度和空气是环境因素，水既是环境因素又是营养因素。各种肥力因素(水、肥、气、热)同时存在、相互联系和相互制约。因此，归纳起来可以将土壤肥力定义为：土壤能经常适时供给并协调植物生长所需的水分、养分、空气、温度、支撑条件和无毒害物质的能力。

土壤肥力可以分为自然肥力和人工肥力。自然肥力是土壤在自然成土因素(气候、生物、母质、地形和年龄)的综合作用下形成的肥力，它是自然成土过程的产物。人工肥力是在人为因素(耕作、灌溉、施肥以及其他措施)作用下形成的肥力。其中人工培肥是保持土壤肥力的重要措施之一。

2) 土壤培肥

土壤培肥，顾名思义就是通过人为措施提高土壤肥力的过程。土壤培肥的基本措施主要有：增施有机肥料，培育土壤肥力；发展旱作农业，建设灌溉农业；合理轮作倒茬，用地养地结合；防止土壤侵蚀，保护土壤资源。

常规农业以大量的化肥来维持高产量，但有机农业理论认为，土壤是个有生命的系统，施肥首先是培育土壤，土壤肥沃了，会增殖大量的微生物，再通过土壤微生物的作用供给作物养分。有机农业土壤培肥是以根-微生物-土壤的关系为基础，采取综和措施，改善土壤的物理、化学、生物学特性，协调根系-微生物-土壤的关系。其主要理论如下：

(1) 土壤肥料培植了大量微生物。微生物是生态系统的分解者，微生物以土壤的肥料作为食物，使其数量得到大量的增殖，所以土壤的肥力不同，土壤微生物的丰富度、呼吸商、土壤酶活性、原生动物和线虫的数量和多样性均不相同。

(2)根系自身可以培养微生物,并具有改良土壤的作用。作物根系一方面从土壤吸收养分供给植物;另一方面又将叶片制造的养分及根的一部分分泌物排放到土壤中,根的分泌物包括糖类和富含营养的物质。

(3)微生物将土壤养分送至根系。微生物可将土壤中难以被作物吸收的养分变成容易被作物吸收的养分,或者把根系不能到达的位置的养分送到根部,所以根际微生物具有帮助作物稳定吸收土壤养分的作用。

(4)生物可以调节肥效,当肥料不足时,微生物能促进肥效。当根际养分过多时,微生物吸收丰富的有机养分贮藏到菌丝体内,使根周围的养分浓度逐渐降低;当肥料不足时,随着微生物的死亡、被菌丝体吸收的养分又逐渐释放出来,被作物吸收。

(5)微生物制造的养分,可以提高作物的抗逆性,改善产品的品质。微生物在活动中或死亡后所排出的物质,不仅是氮、磷、钾等无机养分,还产生多种氨基酸、维生素、细胞分裂素、植物生长素、赤霉素等植物激素类生理活性物质,它们刺激根系生长、叶芽和花芽的形成,改善产品品质。

2. 土壤培肥熟化措施

1)表土转换

为维持质地好、易培肥的土壤剖面,在采矿前先把表层(30cm)及亚表层(30～60cm)土壤取走并加以保存,待工程结束后再放回原处。这样虽破坏了植被,但土壤的物理性质、营养条件与种子库基本保持原样,本土植物能迅速定居。该技术的关键在于表土的剥离、保存和复原,应尽量减少对土壤结构的破坏和养分的流失。

2)客土覆盖

废弃地土层较薄时,可采用异地熟土覆盖,直接固定地表土层,并对土壤理化特性进行改良,特别是引进氮素、微生物和植物种子,为矿区重建植被提供了有利条件。该技术的关键在于寻找土源和确定覆盖的厚度,土源应尽量在当地解决,也可考虑底板土与城市生活垃圾、污水污泥;覆土厚度则依废弃地类型、特点及复垦目标而定,一般覆土 5～10cm 即可。

3)土壤物理性状改良

土壤物理性状改良的目标是提高土壤孔隙度、降低土壤容重、改善土壤结构。短期内可采用犁地和施用农家肥等方法,但植被覆盖才是解决这个问题的永久性方法。此外,粉煤灰可以变重土和轻沙土为中间结构土壤,增加土层保水能力和孔隙度;降水能有效地淋浸出土壤中的盐分,覆盖有机物料、修筑梯田都是常用的增加淋漓效果的方法;深耕则能有效解除土壤压实,对容重和水分入渗率的影响比穿透阻力和土壤水分含量要大。

4) 土壤 pH 改良

对于 pH 不太低的酸性土壤可施用碳酸氢盐或石灰来调节酸性,既降低土壤酸度,又能促进微生物活性,增加土壤中的钙含量,改善土壤结构,并减少磷被活性铁、铝等离子固定。但在 pH 过低或产酸较久时,宜少量多次施用碳酸氢盐或石灰,也可施用磷矿粉,既提高土壤肥力,又能在较长时间内控制土壤 pH。炼铬厂废弃物和粉煤灰一般呈碱性,可采用硫黄、氯化钙、石膏和硫酸等酸性试剂进行中和改良。

5) 土壤营养状况改良

土壤营养状况改良,主要包括以下改良物:①化学肥料,其合理施用是矿区复垦增产的有效措施,综合施加氮、磷、钾肥要比单施某一种肥料好。由于土壤盐害会阻碍植物对氮、磷、钾肥的吸收,在施肥前经过一番天然淋溶实属必要。②有机废弃物,由于污水污泥、生活垃圾、泥炭及动物粪便等有机废弃物的分解能缓慢释放出氮素等养分物质,可满足植物对养分持续吸收的需要;有机物质还是良好的胶结剂,能使土地快速形成结构,增加土壤持水保肥能力。虽然有机废弃物中存在重金属和毒性有机物,但可采用污染源控制、化学浸提法与微生物淋滤法、堆沤等措施予以处理,因此,有机废弃物已成为当前矿区土壤基质改良的主要手段。③固氮植物,利用生物固氮(主要是豆科植物),是经济效益与生态效益俱佳的改良方法。生物固氮在重金属含量较低的废弃地上潜力很大,据研究,固氮植物每年每公顷可以固氮 50~150kg。对于具较高重金属毒性的废弃地,必须采用相应的工程措施解除重金属毒性,才能保证成功的结瘤与固氮。④绿肥,提高土壤养分肥力水平的作用相当于十年以上的培肥功能,多为豆科植物,根系发达,生长迅速,适应性强,含有丰富的有机质和氮、磷、钾等营养元素,可为后茬作物提供各种有效养分,改善土壤理化性状,并能加快矸石风化速度。⑤微生物,具有迅速熟化土壤、固定空气中的氮素、参与养分转化、促进作物吸收养分、分泌激素刺激作物根系发育、改进土壤结构、减少重金属毒害及提高植物的抗逆性等功能。利用微生物的分解特性,采用菌根技术快速熟化和改良土壤,恢复土壤肥力的活性,在矿区土地复垦中受到越来越多的重视,已成为世界各国复垦研究的新热点。

三、重构土体土质成分调节设计

土体重构所用覆土并非多年耕作土,土体重构初期的土质成分距离高标准农田需求存在一定差距,需要对土体成分进行针对性调节。为避免土体短时间内添加肥料过多,土体缓冲性能不足,造成土壤板结、养分流失等情况,土质成分调整应循序渐进,不能一蹴而就。因此,在土体重构初期,以满足作物基本生长需求为原则,对土质成分进行调节设计。

在土体养分多年设计中，遵循高肥效、稳增产的原则，逐步提升土体养分含量，经过3~5年的耕作，使土体养分达到高产农田土壤质量标准。在农田土壤长期施肥管理中，有机肥的施入和秸秆的还田效应，都会缓慢释放出氮、磷、钾等养分元素。结合化学肥料的施用，土体养分会发生动态变化，不断改善。为针对性地补充不同阶段内作物所需的营养元素，实现各种养分平衡供应，提高肥料利用率和减少用量，并节省劳力、节支增收，在多年施肥管理中，以测土配方施肥为手段，逐步调整土体养分至高产农田标准。

第三章 土 力 学

土地三相组成(固相、液相和气相)以及它们之间的相互作用和相对含量对于土的物理状态和力学性质均有重要影响。在土地工程应用中,为了便于工程实施,需要对土进行分类,而土的强度特性是研究土其他性质的基础。在土地工程所涉及的道路工程、边坡工程、基坑工程等一系列与土相关的工程中,都需要应用土的动力性质、变形特性以及地基承载力的计算。

第一节 土的物理状态及工程分类

一、土的三相组成

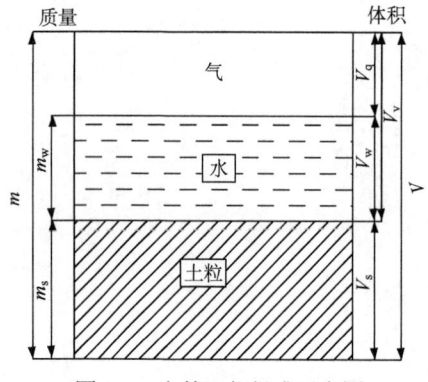

图 3-1 土的三相组成示意图

一般情况下,土是由固相、液相和气相组成的三相体系。固体颗粒构成土骨架,水和溶于水的物质构成土的液相,土中的空气则构成了土的气相。土的物理性质取决于各相本身的性质以及它们之间的相对含量与相互作用。土的三相组成如图3-1所示。

(一)土的固相

土的固相即固体颗粒,这一部分构成了土的骨架,称为土骨架,一般由矿物颗粒组成,有时含有有机质。土粒的大小、相关矿物成分以及颗粒搭配情况对土的物理力学性质起决定性的作用。

1. 土的颗粒级配

工程上将各种不同的土粒按其粒径范围,划分为若干粒组,为了表示土粒的大小及组成情况,通常以土中各个粒组的相对含量(即各粒组的质量占土粒总质量的百分数)来表示,称为土的颗粒级配。

1)土的颗粒级配分析方法

工程上常用的颗粒级配分析方法包括筛分法和比重计法两种。

筛分法:适用于粒径范围为 $0.075\text{mm} \leqslant d \leqslant 60\text{mm}$ 的土粒分级。筛分法是用一

套孔径不同的标准筛子,按照从上至下筛孔逐渐减小的顺序放置,然后将事先称过质量的风干或烘干的土样过筛。称出留在各筛上的土质量,然后计算其占总土粒质量的百分数,即各个粒组的相对含量。

比重计法:适用于分析粒径小于 0.075mm 的土粒。比重计法是利用粗颗粒下沉速度快、细颗粒下沉速度慢的原理,将土粒按照其在水中的下沉速度进行粗细分组。

2) 土的颗粒级配曲线

土的颗粒粒径级配分析结果常用粒径级配曲线表示(图 3-2),图中纵坐标表示小于某粒径的土粒含量百分比,横坐标表示土粒的粒径。土的粒径级配累积曲线是工程中最常用的曲线,从该曲线上可以直接了解土的粗细、粒径分布的均匀程度和级配的优劣。

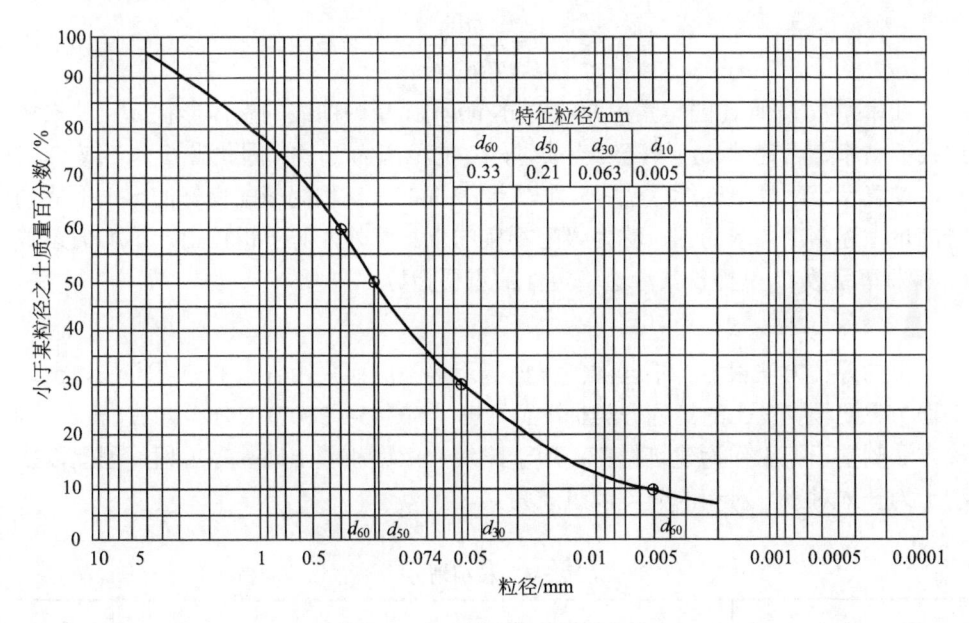

图 3-2 土的颗粒级配累积曲线

在土的颗粒级配累积曲线中,土的平均粒径(d_{50})指土中大于此粒径和小于此粒径的土的含量均占 50%;土的有效粒径(d_{10})指小于某粒径的土粒质量累积百分数为 10% 时所对应的粒径;d_{30} 指小于某粒径的土粒质量累积百分数为 30% 时所对应的粒径;土的控制粒径(d_{60})或称限定粒径,指当小于某粒径的土粒质量累积百分数为 60% 时所对应的粒径。

2. 土的颗粒级配的描述

根据描述土粒级配的累积曲线,可以简单地确定土粒级配的两个定量指标,工程上常用不均匀系数 C_u 来描述颗粒级配的不均匀程度；用曲率系数 C_c 来描述颗粒级配曲线的整体形态，表明某粒组是否有缺失情况。

(1) 土的不均匀系数 C_u 定义为

$$C_u = \frac{d_{60}}{d_{10}} \tag{3-1}$$

不均匀系数 C_u 反映大小不同粒组的分布情况，C_u 越大表示土粒大小的分布范围越大，颗粒大小越不均匀，其级配越良好，在土地工程中作为填方土料时，容易获得较大的密实度。工程上把 $C_u \leqslant 5$ 的土看做是均粒土，属级配不良；$C_u > 5$ 时，称为不均粒土；$C_u > 10$ 的土属级配良好。对于级配连续的土，工程上把 $C_u > 5$ 的土视为级配良好；反之，级配不良。

(2) 土的粒径级配累积曲线的曲率系数 C_c 定义为

$$C_c = \frac{d_{30}^2}{d_{60} \times d_{10}} \tag{3-2}$$

曲率系数 C_c 描述的是累积曲线的分布范围，反映曲线的整体形状或反映累积曲线的斜率是否连续。当级配线连续时，C_c 的范围为 1～3；因此当 $C_c < 1$ 或 $C_c > 3$ 时，均表示级配线不连续。$C_u \geqslant 5$ 且 $C_c = 1$～3 的土，称为级配良好的土；不能同时满足上述两个要求的土，称为级配不良的土。此外，对于粗粒土，不均匀系数 C_u 和曲率系数 C_c 是评价其渗透稳定性的重要指标。

3. 土的工程分类

土的分类方法很多，不同部门根据其用途不同而采用各自的分类方法。土地工程中主要根据《土的工程分类标准》(GB/T 50145—2007) 的分类方法(表 3-1)，该方法侧重于把土作为建筑材料，用于路堤、土坝和填土地基等工程，因此以扰动土为基本对象，对土的分类以组成为主。

表 3-1 粒组划分

粒组	颗粒名称		粒径 d 的范围/mm
巨粒	漂石(块石)		$d > 200$
	卵石(碎石)		$60 < d \leqslant 200$
粗粒	砾粒	粗砾	$20 < d \leqslant 60$
		中砾	$5 < d \leqslant 20$
		细砾	$2 < d \leqslant 5$
	砂粒	粗砂	$0.5 < d \leqslant 5$
		中砂	$0.25 < d \leqslant 0.5$
		细砂	$0.075 < d \leqslant 0.25$

续表

粒组	颗粒名称	粒径 d 的范围/mm
细粒	粉粒	$0.005 < d \leq 0.075$
	黏粒	$d \leq 0.005$

(二)土中的水

土中水可以处于液态、固态或气态。土骨架间布满孔隙，这些孔隙有时完全被水充满，称为饱和土；有时部分被水占据，另一部分被气体占据，称为非饱和土；有时也可能完全充满气体，称为干土。土中水的含量明显地影响土的性质，土中细粒越多，水对土的性质的影响也越大。从土的工程性质上分析，可以把矿物内部结合水当做矿物颗粒的一部分。存在于土中的液态水可分为结合水和自由水两大类。

(三)土中气体

土中气体存在于土孔隙中未被水占据的部分，分为与大气连通的非封闭气体和与大气不连通的封闭气体。非封闭气体在粗颗粒沉积物中，常见到与大气相连通的气体。在外力作用下，连通气体极易排出，它对土的性质影响不大。封闭气体在细粒土中，常存在与大气隔绝的封闭气体。封闭气体在受到外荷作用下，不能逸出，被压缩或溶解于水中，压力减小时能有所复原，对土的性质有较大的影响，使土的渗透性减小，弹性增大。在土地工程中，处理地基时要考虑此种土的特性，趋利避害。

二、重构土体的颗粒需求

(一)农用地土体颗粒

在农用地土地工程建设中，质地不同，对土体的各种性状影响较大。农用地的生产性状是指土体质地的差异在农业生产中的反应。它包括土体的肥力性状(作物在生长过程中，土体的水、肥、气、热、扎根条件以及有无产生毒害物质的协调程度)、耕作性状(耕作时的难易程度、阻力大小、耕作质量好坏以及宜耕期的长短等)和作物反应(出苗难易、快慢、整齐度、早发苗或发晚苗及成熟早晚等)的综合反应能力等三个方面的内容。这些性状的表现程度都与土体质地密切相关，一般而言，黏质土高产不优质，沙质土优质不高产，壤质土适宜于大部分作物生长需要。土地工程中，应因土种植，扬长避短，在充分利用土体本身基础性质的条件下，进行颗粒重构。

(二)非农用地土体颗粒

非农用地土地工程中,颗粒对于地基工程质量的影响,决定了构筑物的质量。一般而言,非农用地土地工程要通过颗粒大小级配,设法获得最大土体容重,以获取足够的承载力,确保建筑物、坝体以及道路安全与稳定。土体有机重构应根据工程需要选择土的级配。非农用地土地工程建设中,级配良好的土经压实后,细颗粒充填于粗颗粒所形成的孔隙中,容易得到较高的干密度和较好的力学特性,适用于填方工程。而级配均匀的土孔隙较多较大,有较好的渗透性,可用于排水结构物和反滤层中。在高土石坝的心墙防渗料中,常在黏性土中加入一定数量的碎石,形成不连续级配的土料,在渗透系数增加不大的情况下,可节省黏土料,减少心墙的压缩性。

三、土的物理状态指标

土的物理状态,是指无黏性土的密实程度和黏性土的软硬程度(或称为稠度)。

(一)无黏性土(粗粒土)的密实度

土的密实度是指单位体积中固体颗粒的含量。根据土颗粒含量的多少,天然状态下的砂、碎石等处于从紧密到松散的不同物理状态。无黏性土的密实度与其工程性质有着密切关系,土颗粒含量多,土呈密实状态,强度较大,可作为良好的地基;土颗粒含量少,土呈松散状态,则是不良地基。

孔隙比 e 可以用来表示砂土的密实度。对于同一种土,当孔隙比小于某一限度时,处于密实状态。孔隙比愈大,土愈松散。

工程上为了更好地表明无黏性土所处的密实状态,采用将现场土的孔隙比 e 与该种土所能达到最密实状态时的孔隙比 e_{min} 和最松散状态时的孔隙比 e_{max} 相对比的办法来表示孔隙比为 e 时土的密实度,这种度量密实度的指标称为相对密实度,用 D_r 表示,公式表达为

$$D_r = \frac{e_{max} - e}{e_{max} - e_{min}} \tag{3-3}$$

式中,e 为现场无黏性土的天然孔隙比;e_{max} 为土的最大孔隙比;e_{min} 为土的最小孔隙比。

(二)黏性土(细粒土)的稠度

黏性土的物理特征表现为它的稠度以及伴随着出现的黏性和塑性。稠度是指土的软硬程度或土对外力作用所引起变形或破坏的抵抗能力,是黏性土最主要的物理状态特征。

1. 黏性土的稠度状态

黏性土由于其含水量的不同，而分别处于固态、半固态、可塑状态和流动状态。

(1) 固态或半固态。当土中含水量很低时，水被颗粒表面的电荷紧紧吸附于颗粒表面，成为强结合水。强结合水的性质接近于固态。因此，当土粒之间只有强结合水时，按水膜厚薄不同，土表现为固态或半固态。

(2) 可塑状态。当含水量增加，被吸附在颗粒周围的水膜加厚，土粒周围既有强结合水也有弱结合水，弱结合水呈黏滞状态，不能传递静水压力，不能自由流动，但受力时可以变形，能从水膜较厚处向邻近较薄处移动。在这种含水量条件下，土体受外力作用可以被捏成任意形状而不发生裂纹，并当外力取消后仍然保持既得的形状，这种状态称为可塑状态，土的这种性能称为可塑性。

(3) 流动状态。当含水量继续增加，土中除结合水外，已有相当数量的自由水，这时土粒之间被自由水隔开，土体不能承受剪应力，呈流动状态。

2. 界限含水量（稠度界限）

黏性土从某种状态进入另一种状态的分界含水量称为土的界限含水量。土由可塑状态转到流动状态的界限含水量叫做液限(也称塑性上限含水量或流限)，用符号 ω_L 表示；土由半固态转到可塑状态的界限含水量叫做塑限(也称塑性下限含水量)用符号 ω_P 表示；土由半固态不断蒸发水分，体积逐渐缩小，直到体积不再缩小时土的界限含水量叫缩限，用符号 ω_S 表示。界限含水量都以百分数表示(省去%)。

3. 黏性土的可塑性指标

1) 塑性指数

塑性指数是指液限和塑限的差值(省去%)，即土处在可塑状态的含水量变化范围，用符号 I_P 表示，即

$$I_P = \omega_L - \omega_P \tag{3-4}$$

塑性指数越大，土处于可塑状态的含水量变化范围也越大。塑性指数的大小取决于土颗粒吸附结合水的能力，即与土中黏粒含量有关。土粒越细，黏粒含量越多，其比表面积也越大，与水作用和进行离子交换的机会越多，塑性指数 I_P 也越大。

2) 液性指数

液性指数是黏性土的天然含水量和塑限的差值与塑性指数之比，用符号 I_L 表示，即

$$I_L = \frac{\omega - \omega_P}{\omega_L - \omega_P} = \frac{\omega - \omega_P}{I_P} \tag{3-5}$$

由式(3-5)可知，当土的天然含水量 $\omega \leq \omega_P$ 时，$I_L \leq 0$，天然土处于坚硬状态；当 $\omega > \omega_L$ 时，$I_L > 1$，天然土处于流动状态；当 ω 在 ω_L 与 ω_P 之间时，即 I_L 在 $0 \sim 1$ 时，则天然土处于可塑状态。因此，可用液性指数 I_L 表示黏性土所处的较硬状态，I_L 值越大，土质越软；反之，土质越硬。

依据《建筑地基基础设计规范》（GB 5007—2011），将黏性土根据液性指数值划分为坚硬、硬塑、可塑、软塑、流塑五种状态，见表3-2。

表 3-2　黏性土软硬状态的划分

状态	坚硬	硬塑	可塑	软塑	流塑
液性指数	$I_L < 0$	$0 < I_L \leq 0.25$	$0.25 < I_L \leq 0.75$	$0.75 < I_L \leq 1.0$	$I_L > 1.0$

第二节　土的强度特性

土的抗剪强度是指土体抵抗剪切破坏的极限能力。在外力作用下，当土体内某一部分的剪应力达到土的抗剪强度时，该部分就开始出现剪切破坏，无法再继续承受更大的剪应力，随着荷载的增加，最终在土体中形成连续的滑动面，土体就会发生剪切破坏而丧失稳定性。

一、土的抗剪强度理论

（一）库仑定律

在法向应力变化范围不大时，抗剪强度与法向应力的关系近似为一条直线，这就是抗剪强度的库仑定律（图3-3）。

$$对于无黏性土：\tau_f = \sigma \tan \varphi \tag{3-6}$$

$$对于黏性土：\tau_f = \sigma \tan \varphi + c \tag{3-7}$$

式中，τ_f 为土的抗剪强度，kPa；σ 为剪切面的法向压力，kPa；$\tan \varphi$ 为土的内摩擦系数，φ 为土的内摩擦角；c 为土的内聚力，kPa。

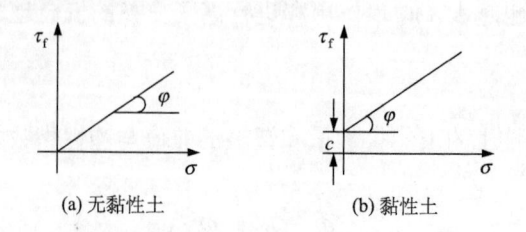

(a) 无黏性土　　(b) 黏性土

图 3-3　抗剪强度与法向应力之间的关系

抗剪强度指标 c、φ 反映土的抗剪强度变化的规律性。按照库仑定律，对于某一种土，它们是作为常数来使用的，实际上它们是随着具体条件变化的，不完全是常数。

砂土的内摩擦角 φ 值取决于砂粒间的摩擦阻力以及连锁作用。一般可以取中砂、粗砂、砾砂的 $\varphi=32°\sim 40°$；粉砂、细砂的 $\varphi=28°\sim 36°$。孔隙比越小，φ 越大。但是，含水饱和的粉砂、细砂很容易失去稳定，因此必须采取慎重的态度，有时规定取 $\varphi=20°$ 左右。

(二) 总应力法和有效应力法

总应力法是用剪切面上的总应力来表示土的抗剪强度，即
$$\tau_f = \sigma \tan\varphi + c \tag{3-8}$$

有效应力法是用剪切面上的有效应力来表示土的抗剪强度，即
$$\tau_f = \bar{\sigma}\tan\bar{\varphi} + \bar{c} \text{ 或 } \tau_f = \sigma'\tan\varphi' + c' \tag{3-9}$$

式中，$\bar{\varphi}$、$\bar{c}$ 或 φ'、c' 分别为有效内摩擦角和有效内聚力。

饱和土的抗剪强度与土受剪前在法向应力作用下的固结度有关。而土只有在有效应力作用下才能固结。有效应力逐渐增加的过程，就是土的抗剪强度逐渐增加的过程。

剪切面上的法向应力与有效应力之间有如下关系：
$$\sigma = \sigma' + u \tag{3-10}$$

土的强度主要取决于有效应力大小，故抗剪强度的关系式中应反映有效应力 σ' 更为合适，即
$$\tau_f = \sigma'\tan\varphi' + c' = (\sigma - u)\tan\varphi' + c' \tag{3-11}$$

二、土的破坏准则及强度参数

莫尔-库仑破坏理论是以库仑公式 $\tau_f = \sigma\tan\varphi + c$ 作为抗剪强度公式。根据剪应力是否达到抗剪强度 ($\tau = \tau_f$) 作为破坏标准的理论就称为莫尔-库仑破坏理论。莫尔-库仑破坏准则 (标准) 指研究莫尔-库仑破坏理论如何直接用主应力表示，也称土的极限平衡条件。

(一) 单元体上的应力和应力圆

任取某一土体单元，其面积为 dxdz，在单元体上任取某一截面 MN，则得公式
$$\sigma = \frac{1}{2}(\sigma_1 + \sigma_3) + \frac{1}{2}(\sigma_1 - \sigma_3)\cos 2\alpha \tag{3-12}$$

$$\tau = \frac{1}{2}(\sigma_1 - \sigma_3)\sin 2\alpha \tag{3-13}$$

式中，σ 为任一截面 MN 上的法向应力，kPa；τ 为任一截面 MN 上的剪应力，kPa；σ_1 为最大主应力；σ_3 为最小主应力；α 为截面 MN 与最小主应力作用方向的夹角。

上述应力间的关系也可用应力圆（莫尔圆）表示。取式(3-12)和式(3-13)平方和，即得应力圆的公式：

$$\left(\sigma - \frac{\sigma_1 - \sigma_2}{2}\right)^2 + \tau^2 = \left(\frac{\sigma_1 - \sigma_3}{2}\right)^2 \tag{3-14}$$

式(3-14)表示纵、横坐标分别为 τ 及 σ 的圆，圆心为 $\left(\frac{\sigma_1+\sigma_3}{2}, 0\right)$，圆半径等于 $\frac{\sigma_1-\sigma_3}{2}$。

（二）极限平衡条件

通过土中一点，在 σ_1、σ_3 作用下可出现一对剪切破裂面。它们与最小主应力作用方向的交角 $\alpha = \left(45° + \frac{\varphi}{2}\right)$。这一对破裂面之间的夹角 θ 在 σ_1 作用方向等于 $90 - \varphi$。

从应力圆的几何条件可知

$$\sin\varphi = \frac{ab}{o'a} = \frac{ab}{o'o + oa} \tag{3-15}$$

式中，$o'o = c\cot\varphi$；$ab = \frac{\sigma_1 - \sigma_3}{2}$；$oa = \frac{\sigma_1 + \sigma_3}{2}$。代入式(3-15)得

$$\sin\varphi = \frac{(\sigma_1-\sigma_3)/2}{c\cot\varphi + (\sigma_1+\sigma_3)/2} = \frac{\sigma_1-\sigma_3}{\sigma_1+\sigma_3+2c\cot\varphi} \tag{3-16}$$

进一步整理可得

$$\begin{cases} \dfrac{\sigma_1-\sigma_3}{2} = c\cos\varphi + \dfrac{\sigma_1+\sigma_3}{2}\sin\varphi \\ \sigma_1 = \sigma_3\tan^2\left(45°+\dfrac{\varphi}{2}\right) + 2c\tan\left(45°+\dfrac{\varphi}{2}\right) \\ \sigma_3 = \sigma_1\tan^2\left(45°-\dfrac{\varphi}{2}\right) + 2c\tan\left(45°-\dfrac{\varphi}{2}\right) \end{cases} \tag{3-17}$$

在式(3-17)中，应注意：由实测最小主应力 σ_3 及公式 $\sigma_1 = \sigma_3\tan^2\left(45°+\dfrac{\varphi}{2}\right) +$

$2c\tan\left(45°+\dfrac{\varphi}{2}\right)$ 可推求土体处于极限状态时，所能承受的最大主应力 σ_{1f}(若实际最大主应力中 σ_1)。同理，由实测 σ_1 及公式 $\sigma_3 = \sigma_1\tan^2\left(45°-\dfrac{\varphi}{2}\right) - 2c\tan\left(45°-\dfrac{\varphi}{2}\right)$ 可推求土体处于极限平衡状态时所能承受的最小主应力 σ_{3f}(若实测最小主应力为 σ_3)。当能承受的最大主应力 σ_{1f} 大于该单元土体实际大主应力 σ_1，能承受的最小主应力 σ_{3f} 小于该单元土体实际小主应力 σ_3，土体处于稳定平衡状态；当能承受的最大主应力 σ_{1f} 小于该单元土体实际大主应力 σ_1，能承受的最小主应力 σ_{3f} 大于该单元土体实际小主应力 σ_3，土体处于失稳状态；当能承受的最大主应力 σ_{1f} 等于该单元土体实际大主应力 σ_1，能承受的最小主应力 σ_{3f} 等于该单元土体实际小主应力 σ_3，土体处于稳定平衡状态。

三、土的应力-应变特性

由于土是岩石风化而成的碎散颗粒的集合体，一般包含有固、液、气三相，在其形成的漫长的地质过程中，受风化、搬运、沉积、固结和地壳运动的影响，其应力-应变关系十分复杂，并且与诸多因素有关。

（一）土应力-应变关系的非线性

由于土由碎散的固体颗粒组成，土宏观的变形主要不是由于颗粒本身变形，而是由于颗粒间位置的变化。这样在不同应力水平下由相同应力增量而引起的应变增量就不会相同，也即表现出非线性。

图 3-4 表示土的常规三轴压缩试验的一般结果，可以看出，正常固结黏土和松砂的应力随应变增加而增加，但增加速率越来越慢，最后逼近一渐近线；而在密砂和超固结土的试验曲线中，应力开始随应变增加而增加，达到一个峰值之后，应力随应变增加而下降，最后也趋于稳定。在塑性理论中，前者称为应变硬化(或加工硬化)，后者称为应变软化(或加工软化)。

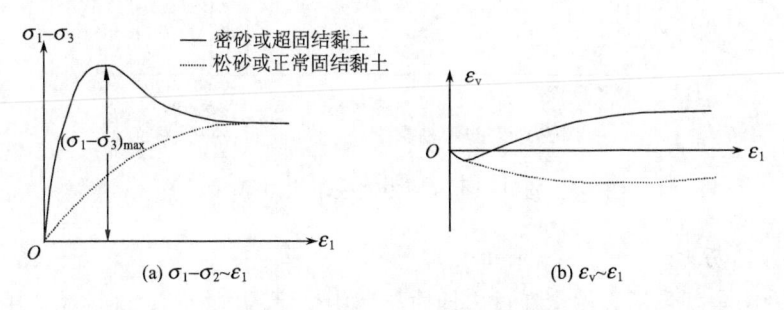

图 3-4 土的三轴试验典型曲线

(二)影响土应力-应变关系的应力条件

1. 应力水平

所谓应力水平一般有两层含义：一是指围压的绝对值的大小；二是指应力(常为剪应力)与破坏值之比，即 $S=q/q_f$。这里应力水平是指围压。应当指出土的抗剪强度 τ_f 或 q_f 随着正应力 σ_n 或围压 σ_3 增加而升高，但破坏时的应力比，或者砂土的内摩擦角 φ，则常常随着围压的增加而降低。土的变形模量随着围压而提高的现象，也称为土的压硬性。由于土是由碎散的颗粒所组成，所以围压所提供的约束对于其强度和刚度是至关重要的。这也是土区别于其他材料的重要特性之一。

2. 应力路径

对某种土样采用不同的加荷方法使之剪破，试样中的应力状态变化各不相同。为了分析应力变化过程对土的抗剪强度的影响，可在应力坐标图中用应力点的移动轨迹来描述土体在加荷过程中的应力变化，这种应力点的轨迹就称为应力路径。

图 3-5 表示的是蒙特雷(Monterey)松砂的两种应力路径的三轴试验。它们的起点 A 和终点 B 都相同，但路径 1 是从 A-1-B；路径 2 是 A-2-B。从图 3-5(a)可知路径 1 发生了较大的轴向应变。这是由于点 1 的应力比高于点 B，更接近于破坏线，这就产生较大的轴向应变。

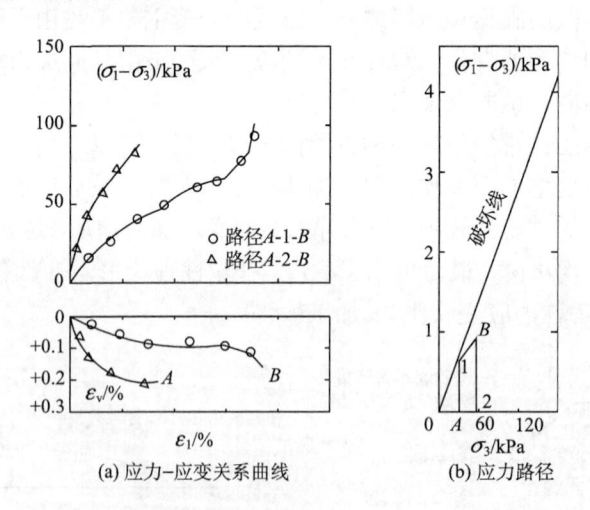

(a) 应力-应变关系曲线　　(b) 应力路径

图 3-5　松砂在不同应力路径下应力-应变关系

3. 应力历史

应力历史既包括天然土在过去地质年代中受到的固结和地壳运动作用，也包括土在试验室(或在工程施工、运行中)受到的应力过程。对于黏性土一般指其固结历史。如果黏性土在其历史上受到过的最大先期固结压力(指有效应力)大于目前受到的固结压力，那么这就是超固结黏土。如果目前的固结压力就是其历史上最大固结压力，那么它就是正常固结土。如上所述，土的流变性使黏性土在长期荷载作用下，尽管历史上固结应力没变化，但由于次固结使土表现出超固结的性状。这也是一种应力历史的影响。

第三节 土的动力性质

在土地工程建设完工后，自然灾害中诸如地震等都会都工程质量造成影响；同时，在建设用地整备过程中，需要对地块进行整平，一些施工设备的应用也会对工程的建设产生一定的影响；道路工程是土地工程中的重要组成部分，为了方便居民出行、耕作、提高农业机械化水平，修建主干道、田间路和生产路，道路垫层一般由素土构成，土的稳定变形影响着路基的稳定与沉降，掌握土的动力性质，在路基的设计和施工过程中，就会对诸如夯实机等施工设备的应用以及地基承载力的设计做到有理可依，有据可查。

一、动荷载类型

动荷载是指荷载的大小、方向和作用位置随时间而变化。作用在路基上的动荷载种类很多，如车辆行驶的移动荷载，夯土机的振动荷载等都可视为动荷载。这些荷载中，有的是荷载变化的速率很大，有的则是循环作用的次数很多，可以分为周期荷载、冲击荷载、不规则荷载三种类型。

(一)周期荷载

以同一振幅按一定周期往复循环作用的荷载称为周期荷载，其中最简单的是简谐荷载(图 3-6)。简谐荷载随时间 t 的变化规律可用正弦或余弦函数表示：

$$P(t) = P_0 \sin(\omega t + \theta) \quad (3-18)$$

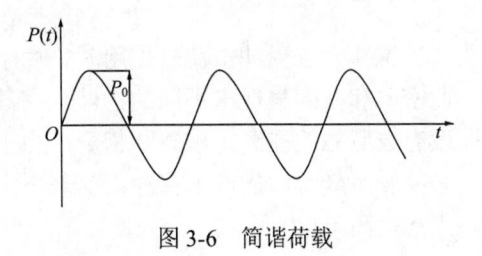

图 3-6 简谐荷载

式中，P_0 为简谐荷载的单幅值；ω 为圆频率；θ 为相位角。

工程中很多常见的荷载可近似为简谐荷载，如许多机械振动(电机,汽轮机等)以及一般波浪荷载等，在土地工程实验中的动力试验也常采用这种荷载。

(二)冲击荷载

冲击荷载的强度大，短时间内荷载急剧增大或缩小，持续的时间短，如各类

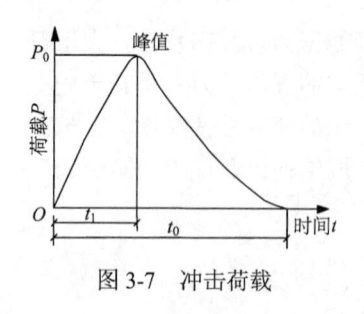

爆炸。如图 3-7 所示，可表示为

$$P(t) = P_0\varphi(t/t_0) \qquad (3-19)$$

式中，P_0 为冲击荷载的峰值；$\varphi(t/t_0)$ 为描述冲击荷载形状的无因次时间函数。

图 3-7 冲击荷载

（三）不规则荷载

荷载随时间的变化没有规律可循，即为不规则荷载，如地震荷载。

二、土在动荷载作用下的力学特性

与静荷载不一样，在动荷载作用下，密实的土动强度比较高，对于饱和的松散的砂，容易引起孔隙水的增加，有效应力下降，导致强度的降低，就可能引起砂土液化。

（一）周期荷载作用下

周期荷载作用下土的力学特性常采用动三轴试验仪检测。动力试验表明土的动应力-动应变关系具有强烈的非线性性质，滞回圈位置和形状随动应变幅值的变化而变化。土的动强度还可以用振动单剪仪、振动扭剪仪等测试手段测定。周期荷载加载过程中，孔隙水压力不断发展，当其到达临界值，即极限平衡时，土样达到破坏状态。

（二）冲击荷载作用下

饱和砂土受冲击荷载作用时，由于加载的时间很短，相当于不排水条件，因此密砂和松砂表现出不同的特性。密砂由于有剪胀趋势，产生负孔隙水压力，强度有较明显的提高。松砂则相反，由于剪缩趋势产生正孔隙水压力，动强度较静强度有所降低。黏性土在冲击荷载下土的动强度和动模量与静荷载相比，均有很大的提高。

（三）不规则荷载作用下

工程上为简化计算，通常把不规则荷载简化成等价的简单周期荷载处理。假定每一次应力循环所具有的能量对材料都要起破坏作用，这种破坏作用与能量的大小成正比而与应力循环的先后次序无关。把不规则动应力简化成简单周期应力后，就可以按前述方法，确定土单元体是否破坏或求出动强度指标，进一步分析土体的整体动力稳定性。

三、土的压实及振动液化计算

(一)土的压实性

有时建筑物建造在填土上,为了提高土的强度,减小压缩性和渗透性,增加土的密实度,经常要采用夯打、振动或碾压等方法使土得到压实,从而保证地基和土工建筑物的稳定。

1. 压实的机理

压实使土颗粒重新组合,彼此挤紧,孔隙减少,孔隙水排出,土体的单位重量提高,形成密实的整体。同时,内摩阻力和黏聚力大大增加,从而使土体强度增加,稳定性增强。同时,压实使土体透水性明显降低、毛细水作用减弱,因而其水稳性也大大提高。因此,对地基土压实并达到规定的密实度,是保证各级道路路基和建筑人工地基获得足够强度和稳定性的根本技术措施之一。

2. 填土的压实特性

影响土压实性的因素很多,主要有含水量、击实功能、土的种类和级配等。

1) 含水量的影响

当含水量较低时,击实后的干密度随含水量的增加而增大。而当干密度增大到某一值后,含水量的继续增加反而导致干密度的减小。干密度的这一最大值称为该击数下的最大干密度(ρ_{dmax}),与它对应的含水量称为最优含水量(ω_{op})(图3-8)。当击数一定时,只有在某一含水量下才可获得最佳的击实效果,压实土的稳定性最好。

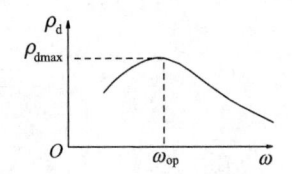

图3-8 黏性土的击实曲线

2) 击实功能的影响

土料的最大干密度和最优含水量不是常数。最大干密度随击数的增加而逐渐增大,最优含水量逐渐减小,然而,这种变化速率是递减的。同时,仅凭增加击实功能来提高土的最大干密度的能力是有限的。当含水量较低时击数的影响较显著,当含水量较高时,含水量与干密度关系曲线趋近于饱和线,这时提高击实功能是无效的(图3-9)。

填料的含水量过高或过低都是不利的。含水量过低,填土遇水后容易引起湿陷;过高又将恶化填土的其他力学性质。因此,在实际施工中填土的含水量控制得当与否,不仅涉及经济效益,而且影响到工程质量。

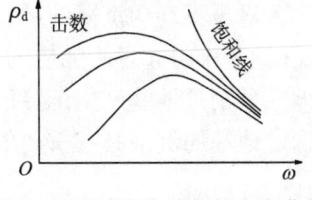

图3-9 不同击实功能的击实曲线

3) 土的种类和级配的影响

压实试验表明,在相同击实功能下,黏性土黏粒含量越高或塑性指数越大,

图 3-10 无黏性土的击实曲线

压实越困难，最大干密度越小，最优含水量越大。黏性土的最优含水量一般在塑限附近，为液限的 0.55～0.65 倍。在最优含水量时，土粒周围的结合水膜厚度适中，土粒连接较弱，又不存在多余的水分，故易于击实，使土粒靠拢而排列的最密（图 3-10）。实践证明，土被击实到最佳情况时，饱和度一般在 80%左右。

（二）土的振动液化

土体所受到机器振动、爆炸、打桩以及车辆行驶等动力作用时，土颗粒有被剪切挤密的趋势。在由松变密的过程中，如果土是饱和的，孔隙内充满水，且孔隙水在振动的短促期间内排不出去，将出现从松到密的过渡阶段。这时颗粒离开原来的位置，而又未落到新的稳定位置上，与四周颗粒脱离接触，处于悬浮状态。这种情况下颗粒的自重连同作用在颗粒上的荷载将全部由水承担，孔隙水压力增加，抗剪强度减小。如果振动强烈，孔隙水压力增长很快而又消散不了。这时，土颗粒完全悬浮于水中，称为黏滞流体。土体抗剪强度和剪切模量几乎都等于零，土体处于流动状态，这就是土体液化现象。

第四节 地基的应力和变形

在土地工程实践中，经常会出现建筑物发生倾斜、墙体开裂，道路发生不均匀沉降导致路面裂缝不规则扩展，引水管道发生扭曲变形甚至断裂，田块整平后经过一段时间后起伏不平甚至塌陷，施工机器基础的位移超限等现象，这些不良现象的出现轻则影响工程的美观，重则会严重影响工程的正常运行，甚至会危及人们的生命和财产安全。

一、地基应力分析

地面发生裂纹以及建筑物发生倾斜等情况就是由于在各种因素作用下地基沉降或不均匀沉降过大，超过了上部结构、管道、机器设备对于不均匀沉降的承受能力。地基土体产生沉降的原因一方面是土体上部荷载在地基中引起了附加应力，另一方面是土体的可压缩性。附加应力和土体的可压缩性分别是地基产生沉降的外因和内因。因此，地基内附加应力的合理评价对于确定地基的沉降具有重要的工程实践意义。

（一）自重应力分析

自重应力是指建筑物或构筑物在建造之前由土体本身的自重引起的应力，是土粒间传递的应力,也称有效自重应力。在计算土体的自重应力时,假定地基土体为半无限体(半空间)(图 3-11),即土体在水平及竖直方向均无限延伸,由弹性力学的知识可得,土体中任一水平面及竖直面上只有正应力而无剪应力。

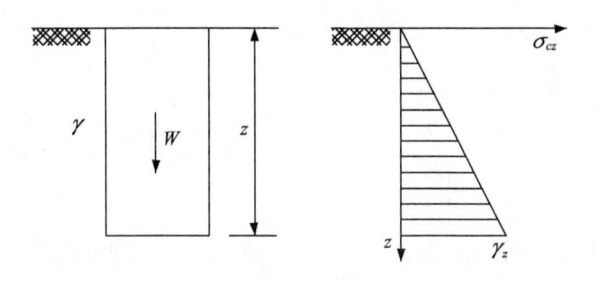

图 3-11 自重应力的计算示意图

对于天然重度为 γ 的均质地基土体,在天然地面以下 z 深度处,任取一土柱体,假设土柱体的横截面积为 A,则土柱体的重量为

$$W = \gamma V = \gamma A z \tag{3-20}$$

土体的水平面及竖直面上无剪应力存在,所以由于土柱体的自重在 z 深度处的水平面上引起的自重应力为

$$\sigma_{cz} = W / A = \gamma A z / A = \gamma z \tag{3-21}$$

对均质土,γ 为常数,所以自重应力的分布为一直线,其分布图形为一直角三角形。在天然地面以下 z 深度处,由土体的自重而产生的水平向正应力,称为土的侧压力,土的侧压力按下式计算:

$$\sigma_{cx} = k_{ox}\sigma_{cz} \tag{3-22}$$

$$\sigma_{cy} = k_{oy}\sigma_{cz} \tag{3-23}$$

式(3-22)和式(3-23)中,k_{ox} 为 x 向土体的侧压力系数;k_{oy} 为 y 向土体的侧压力系数;$\sigma_{cx} = \sigma_{cy}$。

对多层土组成的地基如图 3-12 所示,在天然地面以下任意深度处的自重应力可以按式(3-24)计算:

$$\sigma_{cz} = \sum \gamma_i h_i \tag{3-24}$$

式中,γ_i 为第 i 层土的天然重度,地下水位以下取浮重度;h_i 为第 i 层土的厚度。

多层土组成的地基土体,其自重应力的分布为一折直线,若在计算深度范围内有不透水层(致密岩石层或很厚的坚硬黏土层)存在如图 3-13 所示,则土的自重应力还应加上由水产生的压力,即

$$\sigma_{cz} = \sum \gamma_i h_i + \gamma_w h_2 \tag{3-25}$$

式中，γ_w 为水的重度；h_t 为地下水位面至不透水层面的距离。

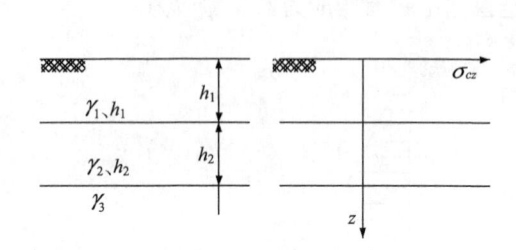

图 3-12　多层土地基的自重应力分布图

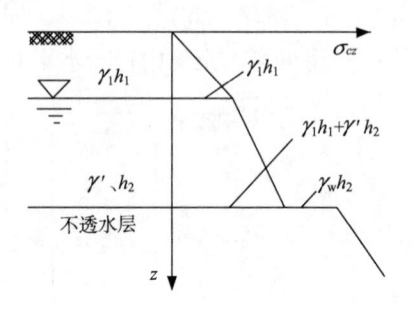

图 3-13　不透水层地基的自重应力分布图

(二)基底的接触压力分析

建筑物或构筑物及其基础的自重等外荷载通过基础的底面传给地基，基础底面对地基土体的压力称为基底压力 p；相反，地基土体对基础底面的支撑力称为基底反力 q，二者是一对作用力与反作用力，如图 3-14 所示。

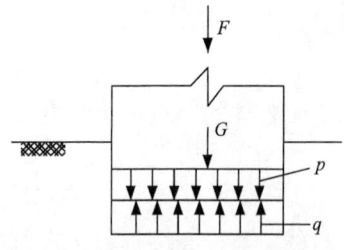

图 3-14　基底压力与基底反力

实际上，地基与基础及上部结构是共同工作的，基底压力不仅受到地基土刚度的影响，而且也直接与基础本身的刚度有关。理论上，基础按其刚度大小可分为柔性基础和刚性基础。

1)柔性基础

柔性基础指在外荷载作用下基础的变形与地基土表面的变形相一致，即基础随地基一起变形，基础底面的沉降中部大而边缘小。因此，基底压力的分布与上部荷载分布情况相同，当中心受荷时，基底压力均匀分布，如路堤、土坝及油罐薄板等。如果要使柔性基础底面各点沉降相同，则必定要增加边缘荷载，减少中部荷载。柔性基础的沉降变形及基底压力分布如图 3-15 所示，这种均布荷载在半无限弹性地基表面上引起的沉降为中间大、两端小的锅底形凹曲线。

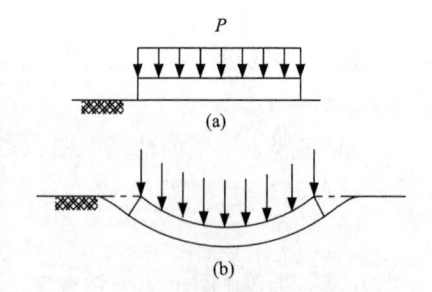

图 3-15　柔性基础的沉降变形及基底压力分布

2)刚性基础

刚性基础指基础本身的刚度远远超过地基土的刚度，在外荷载作用下基础本身不发生变形，在中心荷载作用下，基础底面的沉降均匀，砖、石、混凝土和钢筋混凝土等大块式整体基础均可看作刚性基础。半刚性基础指刚度介于柔性和刚性之间的一种基础，在外荷载作用下，基础本身也发生弯曲变形，钢筋混凝土薄板基础可看作是半刚性基础。对于刚性基础，基底压力的分布形式与作用在其上的荷载分布形式不一致。刚性基础的沉降变形及基底压力分布如图3-16所示。

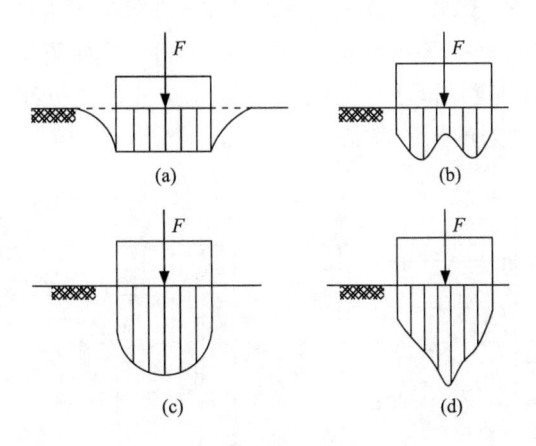

图3-16 刚性基础的沉降变形及基底压力分布

(三)土体附加应力分析

土体附加应力是指建筑物荷载在地基内引起的应力增量。对一般天然土层而言，自重应力引起的压缩变形在地质历史上早已完成，不会再引起地基的沉降，而附加应力是因为建筑物的修建而在自重应力基础上新增加的应力，因此它是使地基产生变形，引起建筑物沉降的主要原因。土中附加应力计算一般假设地基土是均匀、连续、各向同性的半无限空间线性弹性体，这样就可以直接用弹性力学关于弹性半空间的理论解答。

1. 集中荷载作用下地基中的附加应力

在均质半空间弹性体表面上作用一竖向集中力，引起弹性体内任一点所引起的应力和位移解析解，已由法国学者布辛奈斯克用弹性力学理论导出。

在工程实践中，用途最广泛的是Bossinessq的竖向附加应力公式σ_z，从而利用σ_z来求地基土的竖向变形，下面讨论点的大小及分布规律。

$$\sigma_z = \frac{3FZ^3}{2\pi R^5} = \frac{3}{2\pi} \cdot \frac{1}{\left[1+\left(\frac{r}{z}\right)^2\right]^{\frac{5}{2}}} \cdot \frac{F}{z^2} = K \cdot \frac{F}{z^2} \qquad (3-26)$$

$$K = \frac{3}{2\pi} \frac{1}{\left[1+\left(\frac{r}{z}\right)^2\right]^{\frac{5}{2}}} \tag{3-27}$$

式中，K 为集中荷载作用下的竖向附加应力系数，且 K 的值取决于 r/z。

由公式 $\sigma_z=KF/z^2$ 可知，当深度 z 一定，在 $r=0$ 处的附加应力 σ_z 最大，随着 z 的逐渐增大，附加应力 σ_z 逐渐减小，见图 3-17(a)；当距离 r 一定，随着深度 z 的增加，附加应力 σ_z 逐渐减小，见图 3-17(b)。土中应力分布的等值线如图 3-17 所示，这就是土中应力的扩散现象。

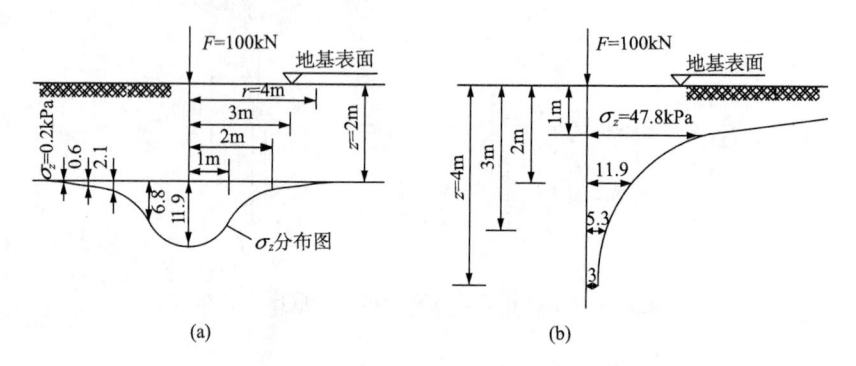

图 3-17 集中荷载作用下地基应力分布图

但当 $r=0$，$z=0$ 时，即在集中荷载 F 的作用点处，附加应力 σ_z 为无穷大，这说明用弹性理论推导出的应力公式不适合于集中力附近点的附加应力计算，实际上，该点土体已出现了塑性，因此，用弹性理论将得出不合理的结论。

通过式(3-26)可以得到弹性半空间表面作用一竖向集中力时，半空间内部竖向附加应力 σ_z 的分布具有以下规律。

(1) 在任一深度的水平面上，σ_z 在集中力作用线处(即 $r=0$)最大；随着 r 的增大，σ_z 逐渐减小；当 $r \to \infty$ 时，$\sigma_z \to 0$。

(2) 深度 z 越小的水平面上的 σ_z 分布越不均匀，深度 z 越大的水平面上的 σ_z 分布越均匀。

(3) 在集中力作用线上(即 $r=0$)，随着深度 z 增加，σ_z 逐渐减小；当 $z=0$ 时，$\sigma_z \to \infty$，出现这一结果是将集中力作用面积看作零所致，因此Bossinessq解不适用于集中力作用点及其附近的情况。

(4) 在 $r \neq 0$ 的铅垂线上，当 $z=0$ 时，$\sigma_z=0$；随着深度 z 增加，σ_z 从零逐渐增大；到一定深度后，随着深度 z 增加，σ_z 又逐渐减小。

(5) σ_z 的分布以竖向集中力作用线为对称轴呈空间轴对称分布，σ_z 的分布是向下、向四周无限扩散的。

弹性半空间表面作用一竖向集中力时，若将 σ_z 数值大小相同的点连接成空间曲面，则该曲面形如泡状，故称为应力泡。用过竖向集中力作用线的铅垂面切割应力泡，切割曲线如图 3-18 所示的 σ_z 等值线。

(四) 有效应力分析

如图 3-19 所示，在半无限体表面(地基土表面)作用着外荷载 P，地下水位线与地表线重合。在土中深度 z 处截取一水平截面，其面积为 F，截面上作用的应力为 σ，它是由上面的土体的重力，静水压力及外荷载 P 的作用所产生的应力，称为总应力。由于土中任取的截面积 F 包括土颗粒和孔隙在内，则 σ 应由土颗粒及孔隙中的水、气来共同承担，其中由土颗粒承担的应力称为有效应力(粒间应力)；由孔隙内的水、气承担的应力称为孔隙应力(也称孔隙压力)。它们各自承担的分量不同，且对变形和强度的影响也不一样。

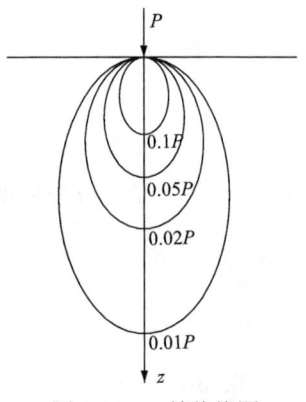

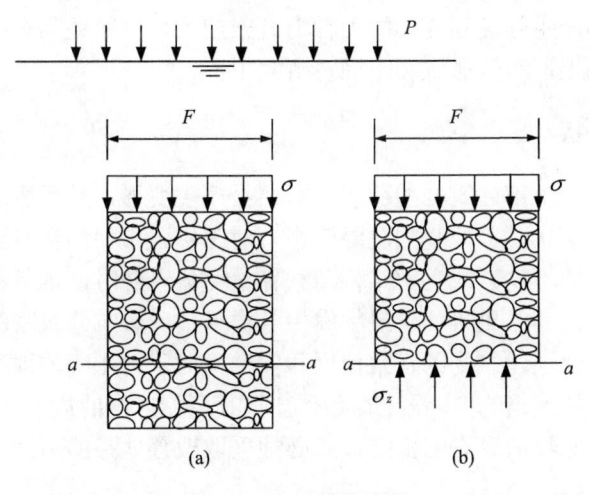

图 3-18　σ_z 等值线图

图 3-19　σ_s 等值线图

如图 3-19 所示，沿 $a\text{-}a$ 截面截取一脱离体，在 $a\text{-}a$ 截面上，土颗粒接触面间作用的法向应力为 σ_s，各土颗粒间接触面积之和为 F_s，孔隙内由水所承担的压力为 u_w，其相应的面积为 F_w，由气体所承受的压力为 u_a，其相应的面积为 F_a。根据静力平衡条件：

$$\sigma F = \sigma_s F_s + u_w F_w + u_a F_a \tag{3-28}$$

Bishap 和 Eldin(1950)根据粒状土的试验结果认为 $\dfrac{F_s}{F}$ 一般小于 0.03，有可能小于 0.01。一般 u_a 的值也很小，因此可将式(3-28)中的 $u_a \dfrac{F_a}{F}$ 项忽略不计。式中 $\sigma_s \dfrac{F_s}{F}$ 实际上是土颗粒间的接触应力在截面积 F 上的平均应力，称为有效应力，用 $\bar{\sigma}$ 表示，此时式(3-28)可变换为

$$\sigma = \bar{\sigma} + u_a - \dfrac{F_w}{F}(u_a - u_w) \tag{3-29}$$

式(3-29)为部分饱和土的有效应力公式，式中 $\chi = F_w / F$ 是由试验确定的参数，取决于土的类型及饱和度。土中任意点的孔隙水压力 u 对各个方向作用是相等的，它只能使土颗粒本身产生压缩变形，而不能使土颗粒产生位移。(土粒本身的压缩量是微小的，一般忽略不计)。土颗粒间的有效应力作用则会引起土颗粒的位移，使孔隙体积改变，土体发生压缩变形。同时，有效应力的大小也影响土的抗剪强度。由此得到土力学中很重要的有效应力原理。可描述为：①土的有效应力等于总应力 σ 减去孔隙水压力 u；②土的有效应力控制土的变形及强度性能，或者说，使土体产生强度和变形的力称为有效应力。一般认为有效应力原理能正确地应用于饱和土，对于非饱和土尚在研究中。

二、地基变形分析

地基土层承受上部建筑物的荷载，必然会产生变形，从而引起建筑物基础沉降，当场地土质坚实时，地基的沉降较小，对工程正常使用没有影响；但若地基为软弱土层且厚薄不均，或上部结构荷载轻重变化悬殊时，地基将发生严重的沉降和不均匀沉降，其结果将使建筑物发生各类事故，影响建筑物的正常使用与安全。因此，为了保证建筑物的正常使用和安全，对于可压缩的地基上的建筑物，尤其是比较重要的建筑物，在设计时必须计算其可能产生的最大沉降量和沉降差。如果它们超过建筑物所容许的范围，就必须采取改善地基的措施或改变上部结构物和基础的设计。

在建筑物自重和荷载的作用下，地基产生沉降变形的根本原因是土具有可变性，而土的压缩性的大小及其特征是土变形性能研究中最重要的内容。但除了土的体积变化(压缩)之外，其形状变化(畸变)也对地基沉降和水平变位的计算也有重要影响。

随着中国城市化进程的加快，城镇村及工矿建设用地大规模增加，建设用地的开发利用日益变得重要，而在建设用地整备工程中，涉及的一些土地整备工程与地基有密切的关系，熟练掌握地基变形的相关理论以及地基处理技术对于工程

的按时完工以及工程质量都具有重要的影响。本节主要从基本理论阐述地基变形，结合土的一些工程特点以及地基变形的影响因素，给出基本的地基变形沉降计算，最后说明土地工程中可以用到的地基处理方法。

(一) 土的压缩性

由于地基土的非均质性和土性状的复杂性，由附加应力引起的地基体积压缩变形一般不宜直接按弹性力学公式求解，而是从土的压缩性着手，通过试验取得土的压缩性指标，然后用简化计算方法进行计算。

土的压缩性是指土在压力作用下体积变小的性能。研究结果表明，在工程实践中常遇到的压力作用下，土粒与土中水本身的压缩量极为微小(不到整个土体压缩量的 1/400)，可以忽略不计。但在外荷载作用下，土体中土粒间原有的联结有可能受到削弱或破坏，从而产生相对的移动，土粒重新排列、相互挤紧。与此同时，土体孔隙中部分的水和空气将被排出，土的孔隙体积因而变小。土体在压力作用下其压缩量随时间增长的过程，称为土的固结。这个过程一直延续到土粒间新的联结强度能平衡外力在土体中引起的应力时为止。因此，土体体积的变小是土中孔隙体积减小的结果。

在一般工程中，常用不允许土样产生侧向变形(侧限条件)的室内压缩试验来测定土的压缩性指标，其试验条件虽未能符合土的实际工作情况，但有实用价值。

1. 土的压缩变形的本质

土的压缩性是指在压力作用下体积压缩的性能。从理论上，土的压缩变形可能是：①土粒本身的压缩变形；②孔隙中不同形态的水和气体的压缩变形；③孔隙中水和气体有一部分被挤出，土的颗粒相互靠拢使孔隙体积减小。

2. 压缩曲线和压缩系数

1) 压缩曲线

若以纵坐标表示在各级压力下试样压缩稳定后的孔隙比 e，以横坐标表示压力 p，根据压缩试验的成果，可以绘制出孔隙比与压力的关系曲线，称压缩曲线。一般用 e-p 曲线或 e-$\lg p$ 曲线表示。

压缩曲线的形状与土样的成分、结构、状态以及受力历史等有关。若压缩曲线较陡，说明压力增加时孔隙比减小得多，则土的压缩性高；若曲线是平缓的，则土的压缩性低。

2) 压缩系数

e-p 曲线中某一压力范围的割线斜率称为压缩系数，一般表示为

$$a = \tan\alpha = \frac{e_1 - e_2}{p_2 - p_1} \quad \text{或} \quad a = -\frac{\Delta e}{\Delta p} = \frac{e_i - e_{i+1}}{p_{i+1} - p_i} \tag{3-30}$$

式(3-30)为土的力学性质的基本定律之一，称为压缩定律。其比例系数称为压缩系数，用 a 表示，单位是 1/MPa，压缩系数是表示土的压缩性大小的主要指标，压缩系数大，表明在某压力变化范围内孔隙比减少得越多，压缩性就越高。

在工程实际中，规范常以 p_1=0.1MPa，p_2=0.2MPa 的压缩系数即 a_{1-2} 作为判断土的压缩性高低的标准。但当压缩曲线较平缓时，也常用 p_1=100kPa 和 p_3=300kPa 之间的孔隙比减少量求得 a_{1-3}。

低压缩性土：$a_{1-2} < 0.1\text{MPa}^{-1}$

中压缩性土：$0.1 \leqslant a_{1-2} < 0.5\text{MPa}^{-1}$

高压缩性土：$a_{1-2} \geqslant 0.5\text{MPa}^{-1}$

必须指出，由于压缩曲线不是直线，故对一种土来说，土的压缩系数不是一个常量，其值取决于所取得压力增量 $(p_2 - p_1)$ 及该压力增量的起始值 p_1。

(二)地基最终沉降量计算

地基最终沉降量是指地基土在建筑物荷载作用下，变形完全稳定时基底处的最大竖向位移。要达到这一沉降量所需的时间取决于地基排水条件。对于砂土，施工结束后就可以完成；对于黏性土，少则几年，多则十几年、几十年乃至更长时间。

地基沉降的原因主要有：①建筑物的荷重产生的附加应力引起；②欠固结土的自重引起；③地下水位下降引起和施工中水的渗流引起。

基础沉降按其原因和次序分为：瞬时沉降 S_d、主固结沉降 S_c 和次固结沉降 S_s 三部分组成。瞬时沉降：指加荷后立即发生的沉降，对饱和土地基，土中水尚未排出的条件下，沉降主要由土体侧向变形引起，这时土体不发生体积变化。固结沉降：指静孔隙水压力逐渐消散，使土体积压缩而引起的渗透固结沉降，也称主固结沉降，它随时间而逐渐增长。次固结沉降：指超静孔隙水压力基本消散后，主要由土粒表面结合水膜发生蠕变等引起的，它将随时间极其缓慢地沉降。因此，建筑物基础的总沉降量应为上述三部分之和，即

$$S = S_d + S_c + S_s \tag{3-31}$$

计算地基最终沉降量的目的：①确定建筑物最大沉降量；②沉降差；③倾斜以及局部倾斜；④判断是否超过容许值，以便为建筑物设计值采取相应的措施提供依据，保证建筑物的安全。

目前地基最终沉降量常用的计算方法有弹性力学法、分层总和法、《建筑地基基础设计规范》（GB 50007—2011）推荐沉降计算法、斯肯普顿-比伦法和考虑

应力历史影响的沉降计算法。本节阐述中国工业与民用建筑中常用的分层总和法。

三、地基极限承载力分析

地基承受荷载的能力称为地基承载力，地基承载力问题属于地基的强度和稳定问题。地基基础的设计有两种极限状态，即承载能力极限状态和正常使用极限状态。前者对应于地基基础达到最大承载能力或达到不适于继续承载的变形状态，对应于地基的极限承载力；后者对应于地基基础达到变形或耐久性能的某一限值的极限状态，对应于地基的容许承载力。所以地基极限承载力等于其可能承受的最大荷载；而容许承载力则等于既确保地基不会失稳，又保证建筑物的沉降不超过允许值的荷载。

(一)地基的破坏形式

在荷载作用下，建筑物由于承载能力不足而引起的破坏，通常是由于基础下持力层土的剪切破坏所造成的，而这种剪切破坏的形成一般又可分为整体剪切、局部剪切和冲剪三种。

对于地基土破坏形式的定量判别，Vesic 提出用刚度指标 I_r 的方法。地基土的刚度指标，可表示为

$$I_r = \frac{E}{2(1+\mu)(c + q\tan\varphi)} \tag{3-32}$$

式中，E 为变形模量；μ 为泊松比；c 为地基土的黏聚力；φ 为内摩擦角；q 为基础的侧面荷载，$q=rD$，D 为埋置深度，r 为埋置深度以上土的容重。

Vesic 还提出判别整体剪切破坏和局部剪切破坏的临界值，称为临界刚度指标 $I_{r(er)}$。

$$I_{r(er)} = \frac{1}{2}\exp\left[\left(3.3 \times 0.45\frac{B}{L}\right)\cot\left(45° \times \frac{\varphi}{2}\right)\right] \tag{3-33}$$

当 I_r 大于 $I_{r(er)}$ 时，地基将发生整体剪切破坏，反之则发生局部剪切破坏或冲剪破坏。

(二)地基的临塑荷载和临界荷载计算

1. **地基临塑荷载**

地基的临塑荷载是指在外荷载作用下，地基中刚开始产生塑性变形(即局部剪切破坏)时基础底面积单位面积上所承受的荷载。

地基的临塑荷载，按下式计算：

$$P_{cr} = \frac{\pi(\gamma d + c\cot\varphi)}{\cot\varphi - \frac{\pi}{2} + \varphi} + \gamma d = N_d \gamma d + N_c c \tag{3-34}$$

式中，P_{cr} 为地基的临塑荷载，kPa；γ 为基础埋深范围内土的重量，kN/m³；d 为基础埋深，m；c 为基础底面下土的黏聚力，kPa；φ 为基础底面下土的内摩擦角，(°)；N_d、N_c 为承载力系数，可根据 φ 值按式(3-35)和式(3-36)计算：

$$N_d = \frac{\cot\varphi + \varphi + \frac{\pi}{2}}{\cot\varphi + \varphi - \frac{\pi}{2}} \tag{3-35}$$

$$N_c = \frac{\pi\cot\varphi}{\cot\varphi + \varphi - \frac{\pi}{2}} \tag{3-36}$$

2. 地基的临界荷载

(1) 中心荷载。令 $z_{max} = \frac{b}{4}$，整理可得中心荷载作用下地基的临界荷载计算公式：

$$P_{cr} = \frac{\pi\left(\gamma d + \frac{1}{4}\gamma d + c\cot\varphi\right)}{\cot\varphi - \frac{\pi}{2} + \varphi} + \gamma d = N_{\frac{1}{4}}\gamma b + N_d \gamma d + N_c c \tag{3-37}$$

式中，b 为基础宽度，m，矩形基础短边，圆形基础采用 $b = \sqrt{A}$，A 为圆形基础底面积；$N_{\frac{1}{4}}$ 为承载力系数，由基础底面下 φ 值，按式(3-39)计算。

(2) 偏心荷载。令 $z_{max} = \frac{b}{3}$，整理可得偏心荷载作用下地基的临界荷载计算公式：

$$P_{cr} = \frac{\pi\left(\gamma d + \frac{1}{3}\gamma d + c\cot\varphi\right)}{\cot\varphi - \frac{\pi}{2} + \varphi} + \gamma d = N_{\frac{1}{3}}\gamma b + N_d \gamma d + N_c c \tag{3-38}$$

式中，$N_{\frac{1}{3}}$ 为承载力系数，由基底下 φ 值，按公式(3-40)计算。

(3) 承载力系数：

$$N_{\frac{1}{4}} = \frac{\pi}{4(\cot\varphi + \varphi - \pi/2)} \tag{3-39}$$

$$N_{\frac{1}{3}} = \frac{\pi}{3(\cot\varphi + \varphi - \pi/2)} \tag{3-40}$$

(三)地基极限承载力计算

作用在地基上的荷载较小时，地基处于压密状态。随着荷载的增大，地基中产生局部剪切破坏的塑性区也越来越大。随着荷载的增加，地基中塑性区将发展为连续贯通的滑动面，地基丧失整体稳定而破坏，地基所能承受的荷载达到极限值，此时的荷载称为地基的极限荷载。

极限荷载的计算公式较多，本书只介绍太沙基公式、斯凯普顿公式和汉森公式这三种最常用的公式。

首先介绍地基极限荷载的一般计算公式：

$$p_u = \frac{1}{2}\gamma b N_\gamma + c N_c + q N_q \tag{3-41}$$

式中，p_u 为地基极限荷载，kPa；γ 为基础底面以下地基土的天然重度，kN/m³；c 为基础底面以下地基土的黏聚力，kPa；q 为基础的旁侧荷载，其值为基础埋深范围土的自重压力 γd，kPa；N_γ、N_c、N_q 为地基承载力系数，均为 $\tan\alpha = \tan(45°+\varphi/2)$ 的函数，亦即 φ 的函数，可直接计算。

在土地工程学科的应用中，不能直接采用极限荷载作为地基承载力，必须有一定的安全系数 K。K 值的大小应根据土地工程的规模、等级、重要性及各种计算公式的理论、假定条件与适用情况确定，通常取安全系数 $K = 1.5 \sim 3.0$。

第五节 挡土墙土压力计算

在土地工程中，治沟造地、修建边坡时，为了防止土坡发生滑坡和坍塌，需用各种类型的挡土结构物加以支挡。挡土墙是最常用的支挡结构物。土体作用在挡土墙上的压力称为土压力，土压力的计算是挡土墙设计的重要依据。

根据土压力实验，可将土压力分为以下三种情况。

(1)静止土压力。挡土墙静止不动时，土体由于墙的侧限作用而处于弹性平衡状态，此时墙后土体作用在墙背上的土压力称为静止土压力。以 P_0 表示，如图 3-20(a)所示。

(2)主动土压力。挡土墙在墙后土体的推力作用下，向前移动，墙后土体随之向前移动。土体内阻止移动的强度发挥作用，使作用在墙背上的土压力减小。当墙向前位移达主动极限平衡状态时，墙背上作用的土压力减至最小。此时作用在墙背上的最小土压力称为主动土压力。以 P_a 表示，如图 3-20(b)所示。

(3) 被动土压力。挡土墙在较大的外力作用下，向后移动推向填土，则填土受墙的挤压，使作用在墙背上的土压力增大，当墙向后移动达到被动极限平衡状态时，墙背上作用的土压力增至最大。此时作用在墙背上的最大土压力称为被动土压力。以 P_p 表示，如图 3-20(c) 所示。

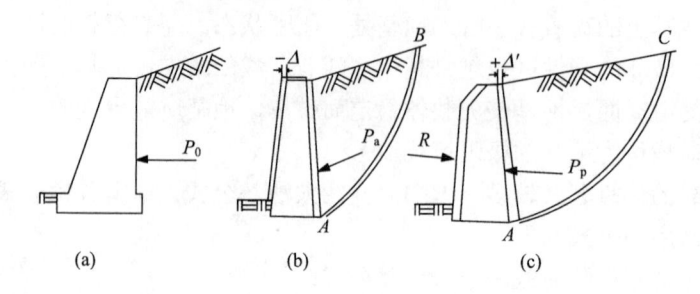

图 3-20 挡土墙上的三种土压力

一、静止土压力计算

静止土压力产生的条件为挡土墙静止不动。在挡土墙后水平填土表面以下，任意深度 z 处取一微小单元体。作用在此微元体上的竖向力为土的自重压力，该处的水平向作用力即静止土压力，按下式计算：

$$p_0 = \gamma z K_0 \quad (3-42)$$

式中，p_0 为静止土压力，kPa；K_0 为静止土压力系数；γ 为填土的重度，kN/；z 为计算点深度，m。

静止土压力系数 K_0 通常按经验取值：砂土 $K_0 = 0.34 \sim 0.45$；黏性土 $K_0 = 0.5 \sim 0.7$。

在均质土层中，静止土压力强度分布为三角形，如图 3-21 所示。墙顶部：$z=0$，$p_0=0$；墙底部：$z=H$，$p_0=K_0\gamma H$。墙高为 H 的总土压力为（在挡土墙长度方向上取单位长度）

$$E_0 = \frac{1}{2}\gamma H^2 K_0 \quad (3-43)$$

式中，H 为挡土墙高度，m。总静止土压力作用点 O 位于静止土压力三角形分布图形的重心，即下 $\dfrac{H}{3}$ 处。

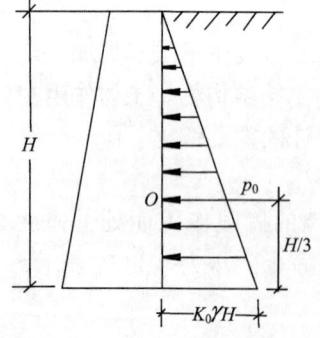

图 3-21 总土压力作用点

二、朗肯土压力计算

（一）基本原理

朗肯土压力理论假设挡土墙为刚体，且挡土墙墙背垂直、光滑，其后土体表面水平并无限延伸，其上无超载。在挡土墙后土体表面下深度为z处取一微单元体，微单元的水平和竖直面上的应力为：$\sigma_1 = \sigma_z = \gamma z$，$\sigma_3 = \sigma_x = K_0 \gamma z$，当挡土墙前移，使墙后土体达极限平衡状态时，此时土体处于主动朗肯状态，σ_x达到最小值，此时的应力状态如图3-22(b)中的莫尔应力圆Ⅱ，此时的应力称为朗肯主动土压力σ_a；当挡土墙后移，使墙后土体达极限平衡状态时，此时土体处于朗肯被动状态，σ_x达到最大值，此时的应力状态如图3-22(b)中的莫尔应力圆Ⅲ，此时的应力称为朗肯被动土压力σ_p。

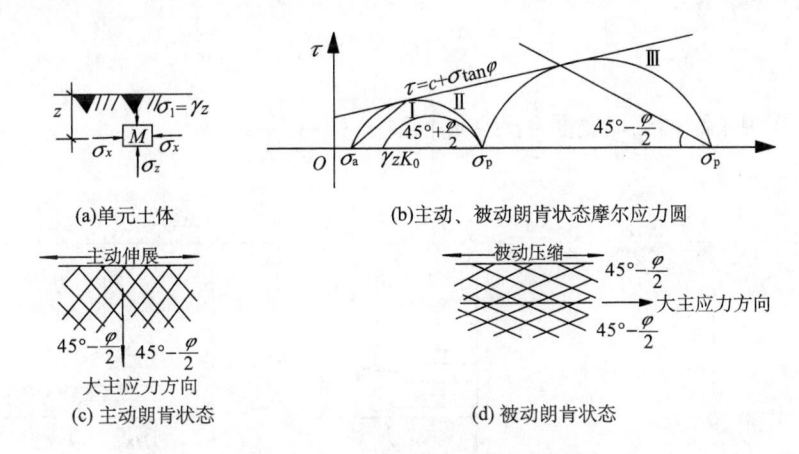

图 3-22 半无限土体的极限平衡状态

（二）朗肯主动土压力计算

在墙后土体表面下深度z取单元体，其竖向应力$p_a = \gamma z$是最大主应力，水平应力σ_x是最小主应力，朗肯主动土压力强度计算公式如下。

黏性土：

$$p_a = \gamma z \tan^2\left(45° - \frac{\varphi}{2}\right) - 2c\tan\left(45° - \frac{\varphi}{2}\right) = \gamma z K_a - 2c\sqrt{K_a} \qquad (3\text{-}44)$$

砂性土：

$$p_a = \gamma z \tan^2\left(45° - \frac{\varphi}{2}\right) = \gamma z K_a \qquad (3\text{-}45)$$

式(3-44)和式(3-45)中，γ为土的重度，kN；c、φ为土的黏聚力及内摩擦角；z为计算点深度，m；K_a为主动土压力系数，$K_a = \tan^2\left(45° - \dfrac{\varphi}{2}\right)$。

主动土压力p_a沿深度z呈直线分布，如图3-23(b)和图3-23(c)所示。作用在墙背上单位长度挡墙的主动土压力E_a即为分布图形的面积，其作用点位置在分布图形的形心处，即

砂性土：
$$E_a = \dfrac{1}{2}\gamma H^2 K_a \tag{3-46}$$

其中E_a作用于距挡土墙底面$\dfrac{1}{3}H$处。

黏性土：
$$E_a = \dfrac{1}{2}\gamma (H - z_0)^2 K_a \tag{3-47}$$

其中E_a作用于距挡土墙底面$\dfrac{1}{3}(H - z_0)$处，$z_0 = \dfrac{2c}{\gamma\sqrt{K_a}}$。

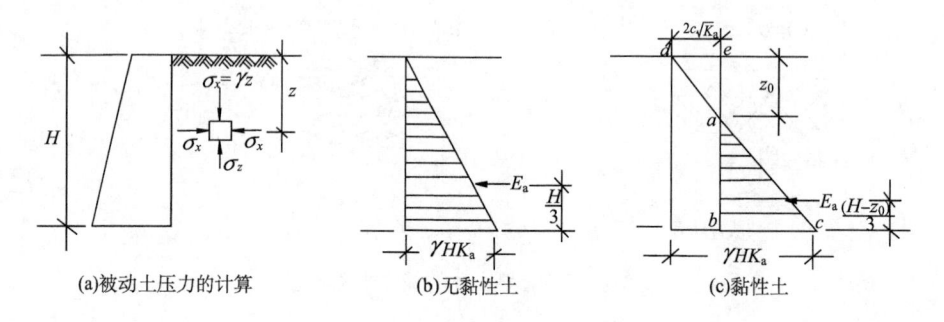

图 3-23　朗肯主动土压力计算

(a) 被动土压力的计算　　(b) 无黏性土　　(c) 黏性土

(三) 朗肯被动土压力计算

在墙背深度z处取单元土体，其竖向应力$\sigma_x = \gamma z$是最小主应力σ_3，而水平应力σ_x是最大主应力σ_1，也是被动土压力，朗肯被动土压力计算公式如下。

砂性土：
$$p_p = \gamma z \tan^2\left(45° + \dfrac{\varphi}{2}\right) \tag{3-48}$$

黏性土：

$$p_p = \gamma z \tan^2\left(45° + \frac{\varphi}{2}\right) + 2c\tan\left(45° + \frac{\varphi}{2}\right) = \gamma z K_p + 2c\sqrt{K_p} \qquad (3\text{-}49)$$

式(3-48)和式(3-49)中，$K_p = \tan^2\left(45° + \frac{\varphi}{2}\right)$。

由式(3-49)知，被动土压力 p_p 沿深度 z 呈直线分布，如图 3-24 所示。作用在墙背上单位长度的被动土压力 E_p，可由 p_p 的分布图形面积求得。

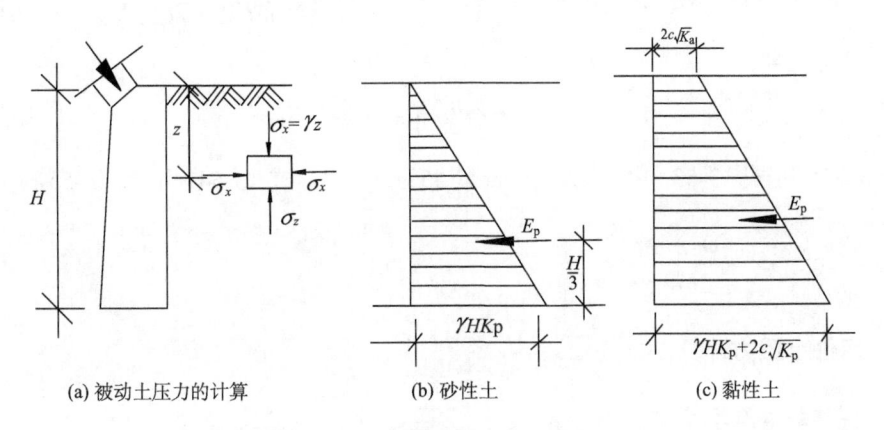

图 3-24 朗肯被动土压力计算

(a) 被动土压力的计算　(b) 砂性土　(c) 黏性土

(四)几种特殊情况下的朗肯土压力计算

1. 填土表面有均布荷载时朗肯土压力计算

当挡土墙后填土表面有连续均布荷载 q 作用，如图 3-25 所示，计算时相当于深度 z 处的竖向应力增加 q 值，因此，可以得到得到填土表面有超载时的主动土压力强度计算公式。

黏性土：
$$p_z = (q + \gamma z)K_a - 2c\sqrt{K_a} \qquad (3\text{-}50)$$

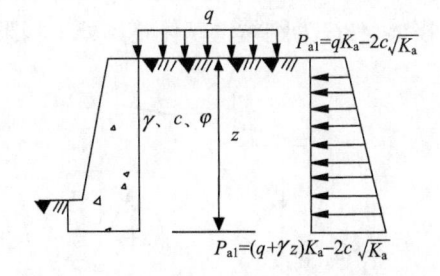

砂性土：
$$p_z = (q + \gamma z)K_a \qquad (3\text{-}51)$$

图 3-25 填土上有超载时的主动压力计算

2. 成层填土中的朗肯土压力计算

如图 3-26 所示，挡土墙后填土为成层土时，应注意在土层分界面上，由于两层土的抗剪强度指标不同，其传递由自重引起的土压力作用不同，使土压力的分布有突变。其计算方法如下。

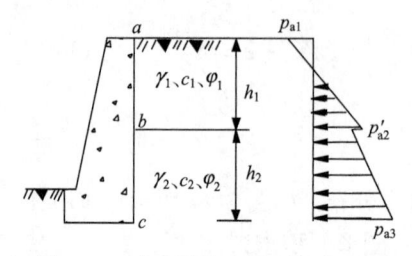

图 3-26 成土层的主动土压力计算

a 点：
$$p_{a1} = -2c_1\sqrt{K_{a1}} \tag{3-52}$$

b 点上（在第一层土中）：
$$p'_{a2} = \gamma_1 h_1 K_{a1} - 2c_1\sqrt{K_{a1}} \tag{3-53}$$

b 点下（在第二层土中）：
$$p''_{a2} = \gamma_1 h_1 K_{a2} - 2c_2\sqrt{K_{a2}} \tag{3-54}$$

c 点：
$$p_{a3} = (\gamma_1 h_1 + \lambda_2 h_2)K_{a2} - 2c_2\sqrt{K_{a2}} \tag{3-55}$$

式 (3-52) 和式 (3-53) 中，$K_{a1} = \tan^2\left(45° - \dfrac{\varphi_1}{2}\right)$；式 (3-54) 和式 (3-55) 中，$K_{a2} = \tan^2\left(45° - \dfrac{\varphi_2}{2}\right)$。

三、库伦土压力计算

（一）基本原理

库仑土压力理论中挡土墙可以墙背倾斜，且墙背粗糙，与填土之间存在摩擦力，摩擦角为 δ，墙后填土面与水平面间的坡角为 β，如图 3-27 所示。库仑土压力理论是从考虑墙后某个滑动楔体的整体平衡条件出发，直接求出作用在墙背上的总土压力 E。库仑土压力公式假设 AB 面和 BC 面同时下滑或上滑，且视破坏土楔体 ABC 为刚体，楔体整体处于极限平衡状态。

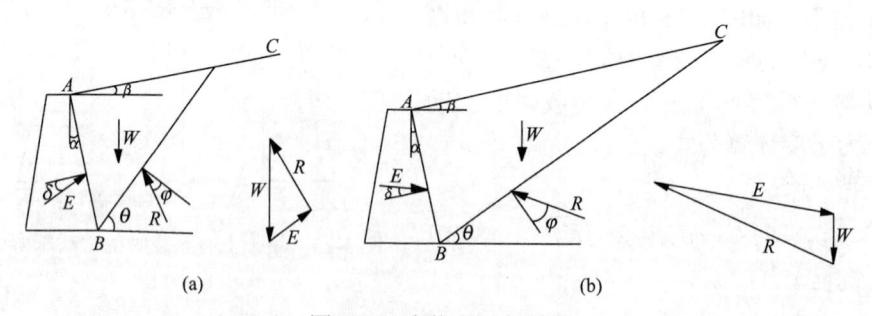

图 3-27 库伦土压力理论
(a) 主动状态；(b) 被动状态

（二）主动土压力计算

设挡土墙如图 3-28(a) 所示，墙高为 H，墙后为无黏性填土。当墙向前移动时，

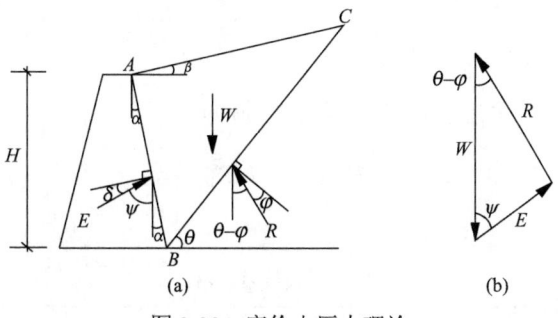

图 3-28 库伦土压力理论

BC 面为其假设的滑动面，与水平面夹角为 θ。按图 3-28 的几何关系，利用正弦定理可得出作用于墙背上的总主动土压力 E_a 大小，其表达式为

$$E_a = \frac{1}{2}\gamma H^2 K_a \tag{3-56}$$

其中

$$K_a = \frac{\cos^2(\varphi - \alpha)}{\cos^2\alpha \cos(\alpha + \delta)\left[1 + \sqrt{\frac{\sin(\varphi + \delta)\sin(\varphi - \beta)}{\cos(\alpha + \delta)\cos(\alpha - \beta)}}\right]^2} \tag{3-57}$$

式中，K_a 为库仑主动土压力系数，且 K_a 与 α、β、δ、φ 有关；γ、φ 为填土的重度与内摩擦角；α 为墙背与竖直线之间的倾角，以竖直线为准，逆时针为正，称为俯斜墙背，顺时针为负，称为仰斜墙背；β 为填土面与水平面之间的倾角，水平面以上为正，水平面以下为负；δ 为墙背与填土之间的摩擦角，其值可由试验确定，无试验资料时，一般取 $\left(\frac{1}{3} \sim \frac{2}{3}\right)\varphi$。

p_a 沿墙高呈三角形分布，见图 3-29，$p_a = K_a\gamma z$，且 p_a 只表示土压力大小。土压力合力 E_a 的作用方向仍在墙背法线上方，并与法线成 $\alpha + \delta$ 角，如图 3-29(a)所示；E_a 作用点在距墙底 $\frac{1}{3}H$ 处，如图 3-29(b)所示。

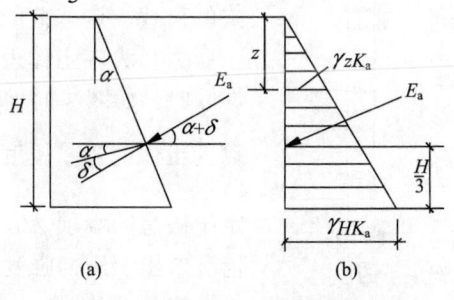

图 3-29 库仑主动土压力强度分布

(三)被动土压力计算

用同样的方法可得出总被动土压力 E_P 值为

$$E_P = \frac{1}{2}\gamma H^2 K_p \tag{3-58}$$

其中

$$K_p = \frac{\cos^2(\varphi+\alpha)}{\cos^2\alpha\cos(\alpha-\delta)\left[1+\sqrt{\dfrac{\sin(\varphi+\delta)\sin(\varphi-\beta)}{\cos(\alpha-\delta)\cos(\alpha-\beta)}}\right]^2} \tag{3-59}$$

式中，K_p 称为应仑被动土压力系数；式中其他符号意义同前。

被动土压力强度 p_p 沿墙也呈三角形分布，见图 3-30。被动土压力强度及其合力 E_p 作用方向在墙背法线下方，与法线成 δ 角，与水平面成 $\delta-\alpha$ 角，如图 3-30（a）所示，作用点在距墙底 $\frac{1}{3}H$ 处，如图 3-30(b)所示。

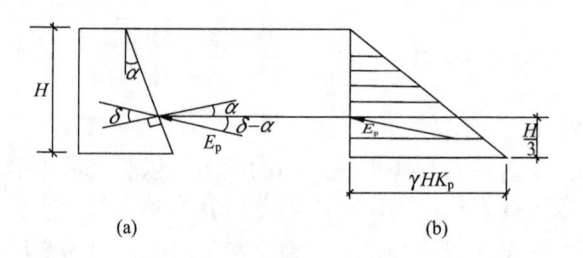

图 3-30 库伦被动土压力强度分布

(四)几种特殊情况下的库仑土压力计算

1. 地面荷载作用下的库仑土压力

挡土墙后的土体表面常作用有不同形式的荷载，这些荷载将使作用在墙背上的土压力增大。土体表面若有满布的均布荷载 q 时，如图 3-31 所示，可将均布荷载换算为土体的当量厚度 $h_0 = \dfrac{q}{\gamma}$。然后从图中定出假想的墙顶 A'，再用无荷载作用时的情况求出土压力强度和总土压力。

实际墙背 AB 上的总土压力为

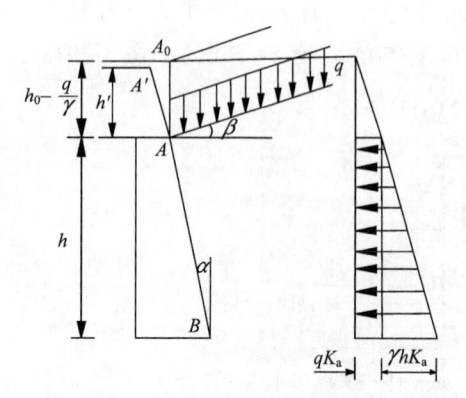

图 3-31 均布荷载作用下的库伦主动土压力计算

$$E_a = \gamma h \left(\frac{1}{2}h + h'\right) K_a \tag{3-60}$$

2. 成层土体中的库仑主动土压力

当墙后土体成层分布且具有不同的物理力学性质时，常用近似方法计算土压力。如图3-32所示，假设各层土的分层面与土体表面平行，然后自上而下按层计算土压力，求下层土的土压力时可将上面各层土的重量当做均布荷载对待。

第一层层面处： $p_a = 0$

第一层底： $p_a = \gamma_1 h_1 K_{a1}$

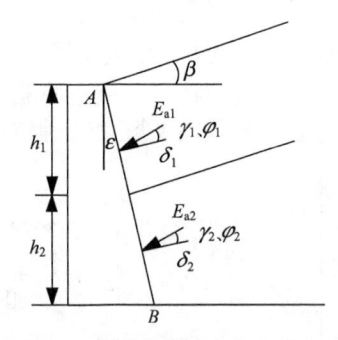

图 3-32 成层土重的库仑主动土压力

在第二层顶面，将 $\gamma_1 h_1$ 的土重换算为第二层土的当量土厚度：

$$h_1' = \frac{\gamma_1 h_1}{2} \frac{\cos\varepsilon \cos\beta}{\cos(\varepsilon - \beta)} \tag{3-61}$$

故第二层的顶面处土压力强度为

$$p_a = \gamma_2 h_1' K_{a2} \tag{3-62}$$

第二层层底的土压力强度为

$$p_2 = \gamma_2 (h_1' + h_2) K_{a2} \tag{3-63}$$

式(3-61)～式(3-63)中，K_{a1}、K_{a2} 为第一、第二层土的库仑主动土压力系数；γ_1、γ_2 为第二层土的重度，kN/m³。

每层土的总压力 E_{a1}、E_{a2} 的大小等于土压力分布图的面积，作用方向与 AB 法线方向成 δ_1、δ_2 角（δ_1、δ_2 分别为第一、第二层土与墙背之间的摩擦角）。作用点位于各层土压力图的形心高度处。

另一种更简化的计算方法则是将各层的重度、内摩擦角值按土层厚度进行加权平均，即

$$\gamma_m = \frac{\sum \gamma_i h_i}{\sum h_i} \tag{3-64}$$

$$\varphi_m = \frac{\sum \varphi_i h_i}{\sum h_i} \tag{3-65}$$

式(3-64)和式(3-65)中，γ_i 为各层土的重度，kN/m³；φ_i 为各层土的内摩擦角，°；h_i 为各层土的厚度，m。然后，近似地把它们当做均质土的抗剪强度指标求出土压力系数后计算土压力。值得注意的是，计算结果与分层计算结果是否接近要看具体情况而定。

3. 黏性土中的库仑土压力

在土地工程中，不论是一般的挡土结构，还是基坑工程中的支护结构，其后面的土体大多为黏土、粉质黏土或黏土夹石，都具有一定的黏聚力。黏性土中的库仑土压力可用等代摩擦角法计算。

等效内摩擦角，就是将黏性土的内聚力折算成内摩擦角，经折算后的内摩擦角称之为等效内摩擦角或等值内摩擦角，用 φ_D 表示。目前，工程中采用下面两种方法来计算 φ_D。

(1) 根据抗剪强度相等的原理，可从土的抗剪强度曲线上通过作用在基坑底面标高上的土中垂直应力 σ_1 求出等效内摩擦角 φ_D。

$$\varphi_D = \arctan\left(\tan\varphi + \frac{c}{\sigma_t}\right) \tag{3-66}$$

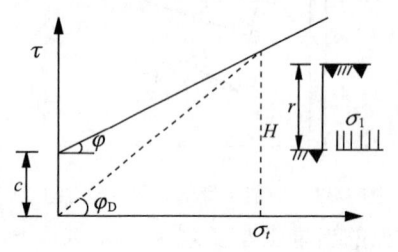

图 3-33 等效内摩擦角 φ_D 的计算

式中，c 为土体黏聚力，见图 3-33。

(2) 根据土压力相等的概念来计算等效内摩擦角 φ_D 值。这种方法使问题简化，假定墙背竖直、光滑，墙后填土与墙齐高，土面水平。等效内摩擦角 φ_D 的计算公式为

$$\varphi_D = 2\left\{45° - \arctan\left[\tan\left(45° - \frac{\varphi}{2}\right) - \frac{2c}{\gamma H}\right]\right\} \tag{3-67}$$

第四章 土工结构承载力

在土地工程中，土工结构作为土地整治中非常重要的一种结构体，从材料组成看，主要可以分为混凝土结构、砌体结构以及钢结构。这些结构体的承载力是否满足要求对于土地工程的实施以及管理都具有至关重要的影响。本章从土工结构体材料基本力学理论介绍，列举出不同荷载类型下材料的基本力学公式；根据土工结构基本力学理论，分析土地工程中常用的结构体材料的承载力。

第一节 土工结构基本力学原理

土地工程项目的实施旨在形成田成方、路相通、树成行、水电配套设施齐全的高标准现代化农田，其中在道路工程和水电配套设施的建设中需要利用土工结构承载力的相关理论知识进行工程设计。

一、拉压分析

(一)拉压杆件横截面上的正应力

轴向拉伸(压缩)杆件横截面上的内力是轴力。为了了解轴力在横截面上的分布情况，需要知道横截面上的应力。由于轴力垂直于横截面，故横截面上各点处必定有正应力σ，且轴力只能由微内力$\sigma \mathrm{d}A$合成。经变形的几何关系和力之间的物理关系得到应力分布规律，由静力学关系方可得到横截面上正应力的计算公式。

由静力学求合力的方法，可得

$$F_\mathrm{N} = \int_A \sigma \mathrm{d}A = \sigma \int_A \mathrm{d}A = \sigma A \tag{4-1}$$

由此可得杆的横截面上任一点处正应力的计算公式为

$$\sigma = \frac{F_\mathrm{N}}{A} \tag{4-2}$$

式中，A为杆的横截面面积；正应力σ与轴力F_N同号。

(二)拉压杆件的变形

杆受到轴向外力拉伸或压缩时，在轴线方向将伸长或缩短，而横向尺寸将缩小或增大，即同时发生纵向(轴向)变形和横向变形。如图4-1所示的杆，长度为

l，设横截面为正方形，边长为 a。当受到轴向外力拉伸后，l 增至 l'，a 缩小到 a'，现分别介绍这两种变形的计算。

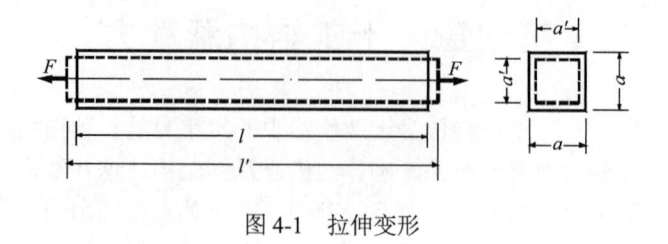

图 4-1 拉伸变形

1. 轴向变形

杆的轴向伸长为 $\Delta l = l' - l$，称为杆的绝对伸长。实验表明，当杆的变形为弹性变形时，杆的轴向伸长 Δl 与拉力 F、杆长 l 成正比，与杆的横截面面积 A 成反比，即

$$\Delta l \propto \frac{Fl}{A} \tag{4-3}$$

引进比例常数 E，并注意到轴力 $F_N = F$，则式(4-3)可表示为

$$\Delta l = \frac{F_N l}{EA} \tag{4-4}$$

式中，E 为拉伸(或压缩)时材料的弹性模量，E 值越大，杆的变形越小；E 值越小，杆的变形越大。E 值的大小因材料而异，但工程上的大部分材料在拉伸和压缩时的 E 值可认为是相同的。EA 为杆的拉伸(压缩)刚度，当 F_N 和 l 不变时，EA 越大，则杆的轴向变形越小；EA 越小，则杆的轴向变形越大。

绝对变形 Δl 的大小与杆的长度 l 有关，不足以反映杆的变形程度。为了消除杆长的影响，在均匀变形的情形下，将式(4-4)变换为

$$\frac{\Delta l}{l} = \frac{F_N}{EA} \tag{4-5}$$

其中 $\frac{\Delta l}{l} = \varepsilon$，称为轴向线应变。它是相对变形，表示轴向变形的程度。又有 $\frac{F_N}{A} = \sigma$，故式(4-5)可写为

$$\varepsilon = \frac{\sigma}{E} \tag{4-6}$$

式(4-6)表明，当变形为弹性变形时，正应力和同一方向的线应变成正比，这是胡克定律的另一种形式。

2. 横向应变

图 4-1 所示的杆，其横向尺寸缩小，故横向应变为

$$\varepsilon' = \frac{\Delta a}{a} = \frac{a' - a}{a} \tag{4-7}$$

显然，在拉伸时，ε 为正值，ε' 为负值；在压缩时，ε 为负值，ε' 为正值。由经验可知，当变形为弹性变形时，横向应变和轴向应变的比值的绝对值为一常数，即

$$v = \left|\frac{\varepsilon'}{\varepsilon}\right| \quad \text{或} \quad \varepsilon' = -v\varepsilon \tag{4-8}$$

式中，v 为泊松比，是量纲为 1 的量，其数值因材料而异，由实验测定。弹性模量 E 和泊松比 v 都是材料的弹性常数。

(三) 拉压和压缩时材料的力学性质

材料的力学性质是指在外力作用下材料在变形和破坏方面所表现出的力学特性。以下主要介绍在常温和静荷载(缓慢平稳加载)作用下处于轴向拉伸和压缩时材料的力学性质，这是材料最基本的力学性质。

1. 拉伸时材料的力学性质

1) 低碳钢的拉伸试验

(1) 低碳钢在拉伸过程中可分为四个阶段。

① 弹性阶段。当试样中的应力不超过图 4-2 中 B 点的应力时，试样的变形是弹性的。在这个阶段内，当卸去荷载后，变形完全消失。B 点对应的应力为弹性阶段的应力最高限，称为弹性极限，用 σ_e 表示。在弹性阶段内，OA 线为直线，这表示应力和应变成线性关系，即材料服从胡克定律。A 点的应力为线弹性阶段的应力最高限，称为比例极限，用 σ_p 表示。既然 OA 范围内材料服从胡克定律，那么就可以利用式(4-4)或式(4-5)在这段范围内确定材料的弹性模量 E。

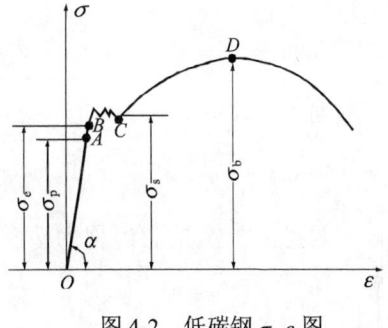

图 4-2 低碳钢 σ-ε 图

② 屈服阶段。当增加荷载使应力超过弹性极限后，变形增加较快，而应力不增加或产生波动，在 σ-ε 曲线上呈锯齿形线段，这种现象称为材料的屈服。在屈服阶段内，若卸去荷载，则变形不能完全消失。这种不能消失的变形即为塑性变形或称残余变形。材料具有塑性变形的性质称为塑性。试验表明，低碳钢在屈服阶段内所产生的应变约为弹性极限时应变的 15~20 倍。由试验得知，屈服阶段内最高点的应力很不稳定，而最低点 C(下屈服点)所对应的应力较为稳定。故通常取最低点所对应的应力为材料屈服时的应力，称为屈服极限，用 σ_s 表示。

③强化阶段。试样屈服以后，内部组织结构发生了调整，重新获得了进一步承受外力的能力，因此要使试样继续增大变形，必须增加外力，这种现象称为材料的强化。在强化阶段中，试样主要产生塑性变形，而且随着外力的增加，塑性变形量显著地增加。这一阶段的最高点 D 所对应的应力称为强度极限，用 σ_b 表示。

④破坏阶段。从 D 点以后，试样在某一薄弱区域内的伸长急剧增加，试样横截面在这薄弱区内显著缩小，形成了"颈缩"现象，如图 4-3 所示。由于试样"颈缩"，使试样继续变形所需的拉力迅速减小。因此，σ-ε 曲线出现下降现象，最后试样在最小截面处被拉断。

图 4-3 试样颈缩

(2) 材料的塑性指标。试样断裂之后，弹性变形消失，塑性变形则留存在试样中不会消失。试样的标距由原来的 l 伸长为 l_1，断口处的横截面面积由原来的 A 缩小为 A_1。工程中常用试样拉断后保留的塑性变形大小作为衡量材料塑性的指标。常用的塑性指标有两种，即

延伸率：
$$\delta = \frac{l_1 - l}{l} \times 100\% \tag{4-9}$$

断面收缩率：
$$\psi = \frac{A - A_1}{A} \times 100\% \tag{4-10}$$

一般将 $\delta \geqslant 5\%$ 的材料称为塑性材料，$\delta < 5\%$ 的材料称为脆性材料。低碳钢的延伸率在 25% 左右，故为塑性材料。

(3) 卸载定律及冷作硬化。在材料的强化阶段中，如果卸去荷载，则卸载时拉力和变形之间仍为线性关系。卸载后重新加载时，材料的比例极限提高，延伸率降低，而且不再有屈服现象。这一现象称为冷作硬化或加工硬化。

2) 铸铁的拉伸试验

铸铁拉伸时的应力-应变曲线如图 4-4 所示。应力-应变曲线上没有明显的直线段，即材料不服从胡克定律。但直至试样拉断为止，曲线的曲率都很小。在工程上，曲线的绝大部分可用一割

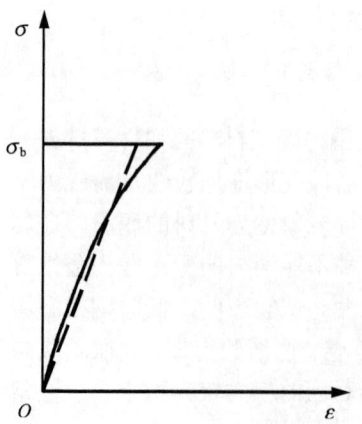

图 4-4 铸铁拉伸 σ-ε 曲线

线(如图 4-4 中虚线)代替,在这段范围内,认为材料近似服从胡克定律;变形很小,拉断后的残余变形只有 0.5%~0.6%,故为脆性材料;没有屈服阶段和"颈缩"现象。唯一的强度指标是拉断时的应力,即强度极限 σ_b,但强度极限很低,所以不宜作为拉伸构件的材料。

2. 压缩时材料的力学性质

1) 塑性材料(低碳钢)的压缩

低碳钢压缩时的应力-应变曲线如图 4-5(a)所示,低碳钢压缩时的比例极限 σ_p、屈服极限 σ_s 及弹性模量 E 都与拉伸时基本相同;当应力超过屈服极限之后,压缩试样产生很大的塑性变形,愈压愈扁,横截面面积不断增大,如图 4-5(b)所示。虽然名义应力不断增加,但实际应力并不增加,故试样不会断裂,无法得到压缩的强度极限。

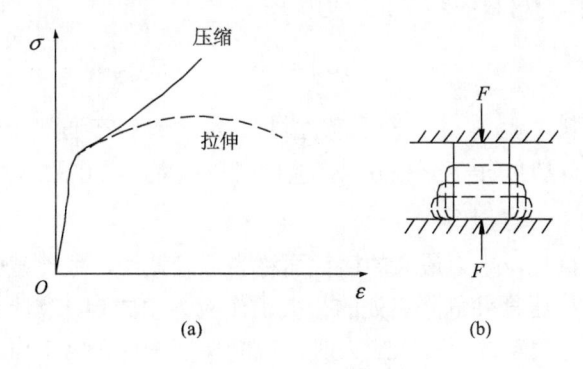

图 4-5 低碳钢压缩特性

2) 脆性材料(铸铁)的压缩

铸铁压缩时的应力-应变曲线和试样破坏情况如图 4-6 所示。

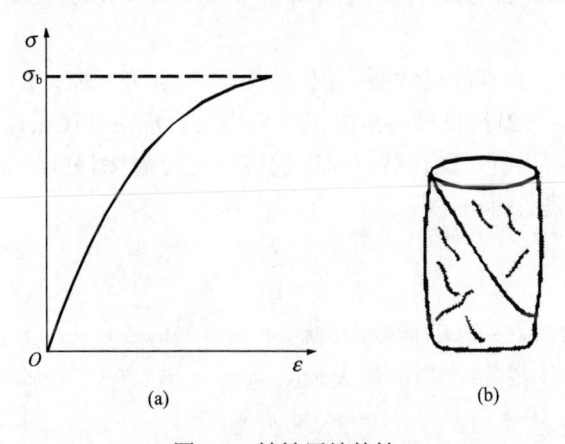

图 4-6 铸铁压缩特性

可以看出，应力-应变曲线上没有直线段，材料只近似服从胡克定律；没有屈服阶段；和拉伸相比，破坏后的轴向应变较大，为5%～10%；试样沿着与横截面大约成55°的斜截面剪断。通常以试样剪断时横截面上的正应力作为强度极限σ_b。铸铁压缩强度极限比拉伸强度极限高4～5倍。

(四)拉压杆件的强度计算

1. 容许应力和安全因数

由式(4-11)可求出拉(压)杆横截面上的正应力，这种应力称为工作应力。为了判断杆件是否会因强度不足而发生失效，则可将杆件的最大工作应力与材料的强度指标联系起来即可作出判断。将脆性材料的强度极限σ_b和塑性材料的屈服极限σ_s作为材料的极限正应力，用σ_u表示。工程上将极限正应力除以一个大于1的安全因数n，作为材料的容许正应力，即

$$[\sigma] = \frac{\sigma_u}{n} \tag{4-11}$$

对于脆性材料，$\sigma_u = \sigma_b$；对于塑性材料$\sigma_u = \sigma_s$。在通常情况下，对静荷载问题，塑性材料一般取$n=1.5～2.0$；脆性材料一般取$n=2.0～2.5$。

2. 强度条件和强度计算

对于等截面直杆，内力最大的横截面称为危险截面，危险截面上应力最大的点就是危险点。拉压杆件危险点处的最大工作应力由式(4-12)计算，当该点的最大工作应力不超过材料的容许正应力时，就能保证杆件正常工作。因此，等截面拉压直杆的强度条件为

$$\sigma_{\max} = \frac{F_N}{A} \leqslant [\sigma] \tag{4-12}$$

式中，F_N为杆的最大轴力，即危险截面上的轴力。利用式(4-12)可进行以下三方面的强度计算。

(1)校核强度。当杆的横截面面积A、材料的容许正应力$[\sigma]$及杆所受荷载为已知时，可由式(4-12)校核杆的最大工作应力是否满足强度条件的要求。

(2)设计截面。当杆所受荷载及材料的容许正应力$[\sigma]$为已知时，可由式(4-12)选择杆所需的横截面面积，即

$$A \geqslant \frac{F_N}{[\sigma]} \tag{4-13}$$

(3)求容许荷载。当杆的横截面面积A及材料的容许正应力$[\sigma]$为已知时，可由式(4-12)求出杆所容许产生的最大轴力为

$$F_N \leqslant A[\sigma] \tag{4-14}$$

二、弯曲分析

作用于杆件上的外力垂直于杆件的轴线,使原为直线的轴线变形后成为曲线,这种形式的变形称为弯曲变形,以弯曲为主要变形的杆件称为梁。

把梁的几何形状、荷载、支承作合理简化,供强度、刚度分析和计算使用,称为计算简图。计算简图中一律把梁简化为一条线;把荷载简化为集中力、集中力偶、分布力和分布力偶;把支承简化为最接近的约束。

(一)剪力方程和弯矩方程

如图4-7所示,简支梁 AH 受集中力 P 作用,约束反力分别为 R_A 和 R_B,计算离左支座距离为 x 处 m-m 截面上的内力。用截面法,在 m-m 处假想截开,取左脱离体分析,画受力图,截面上除了添加向下的内力 Q 外,还需添加上逆时针转动的力偶 M 才能平衡,得平衡方程为

$$\sum Y = 0, \quad R_A - Q = 0, \quad Q = R \tag{4-15}$$

$$\sum M_0 = 0, \quad R_A x - M = 0, \quad M = R_A x \tag{4-16}$$

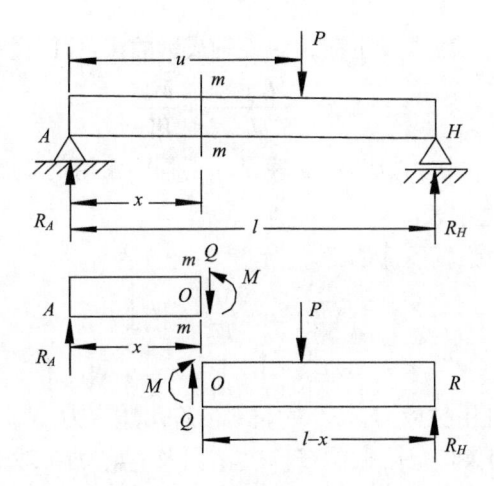

图4-7 截面法求梁的内力

对右脱离也有同样结果,可知梁内力有两项,一项为落在截面上的力,称为剪力,记为 Q;另一项是矩矢垂直于轴线的力偶,称为弯矩,记为 M。剪力 Q 和弯矩 M 的符号规定如下:使脱离体发生顺时针转动的剪力为正,反之为负;使脱离体产生下侧受拉、上侧受压的弯矩为正,反之为负。

(二)梁的正应力和正应力强度条件

梁内力有两项,即弯矩 M 和剪力 Q。当不存在剪力 Q 而仅有弯矩 M 时,称为纯弯曲。梁在弯曲时,横截面上存在着正应力 σ,其计算公式为

$$\sigma = \frac{M_z y}{I_z} \tag{4-17}$$

式中,y 为距中性层的高度;I_z 为截面的形心主惯矩,M_z 为截面的弯矩。

式(4-17)表明,横截面内正应力 σ 随高度 y 呈线性分布;正应力正比于弯矩 M_z,反比于截面的形心主惯矩 I_z;梁弯曲时中性层两侧正应力一拉一压,总是同时存在。在使用此公式计算正应力时,要注意以下两点:

(1)坐标轴 y、z 必须是形心主轴,弯矩的矩矢与形心主轴一致。
(2)只能用于 $\sigma < \sigma_p$ 的线弹性范围。

工程中常见的平面弯曲不是纯弯曲,而是横力弯曲,实验和弹性理论的研究表明,只要梁的跨高比大于5,式(4-17)表示的正应力已足够精确。对于小曲率梁,理论和实验也都表明,该式计算的正应力是足够精确的。所以,此式可用于横力弯曲的梁。

梁横截面上最大正应力发生在距中性轴最远的点,其计算公式为

$$\sigma_{\max} = \frac{M_z y_{\max}}{I_z} = \frac{M_z}{W_z} \tag{4-18}$$

式中,$W_z = I_z / y_{\max}$,称为抗弯截面模量。工程中常用的型钢,其惯矩 I 及抗弯截面模量 W 均可查型钢表。

梁的弯曲正应力强度条件如下。

塑性材料:
$$\sigma_{\max} = \frac{M_z}{W_z} \leqslant [\sigma] \tag{4-19}$$

脆性材料:
$$\sigma_{t\max} \leqslant [\sigma_t] \quad \sigma_{c\max} \leqslant [\sigma_c] \tag{4-20}$$

式中,σ_t 为材料的许用拉应力;σ_c 为材料的许用压应力。

对于塑性材料的梁,危险截面在 $|M|_{\max}$ 面及 $I_{z\min}$ 面;对于脆性材料制的梁,梁横截面往往设计成上下不对称,$I_{\min}$ 面及 $M_{\max}^+$ 和 $M_{\max}^-$ 所在的面都是危险截面。

(三)梁的剪应力和剪应力强度条件

剪应力的分布与截面的形状有关,首先计算矩形截面的剪应力,再计算其他非矩形截面和薄壁截面的剪应力。

1. 矩形截面

矩形截面梁横截面上的剪应力与剪力 Q 成正比,与截面的形心主惯矩成反比,与梁宽 b 成反比,计算公式表达如下:

$$\tau(y) = \frac{QS_z^*(y)}{bI_z} \tag{4-21}$$

S_z^* 是截面上欲计算剪应力点以下面积对中性轴的静矩，其计算式为

$$S_z^*(y) = \int_{A^*} y\,\mathrm{d}A = \int_y^{\frac{h}{2}} yb\,\mathrm{d}y = \frac{b}{2}\left[\left(\frac{h}{2}\right)^2 - y^2\right] \tag{4-22}$$

式(4-21)和式(4-22)表明，矩形截面的 $S_z^*(y)$ 及 $\tau(y)$ 以抛物线规律分布，上顶下底处 S_z^* 为零，而最大值发生在中性轴 $y=0$ 处，此时，$\tau_{\max} = 1.5\tau$。

剪应力强度条件为

$$\tau = \frac{QS_z^*(y)}{bI_z} \leqslant [\tau] \tag{4-23}$$

危险截面在 $Q_{\max}$ 及 $I_{z\min}$ 面，危险点在中性轴（$S_{z\max}^*$）处或截面最窄处（$b_{\min}$）。

2. 非矩形截面

仿照矩形截面梁剪应力公式推导过程可得，τ 在 y 方向分量为

$$\tau_y(y) = \frac{QS_z^*(y)}{b(y)I_z} \tag{4-24}$$

由于 b 是随 y 变化的，故最大剪应力不一定在 $S_z^*(y)$ 极大值的地方，也不一定在中性轴处。

3. 薄壁截面

薄壁截面梁是工程上常用的承载能力强、重量轻、材料省的梁。由于壁很薄，横截面上的剪应力可作如下假设：

(1) 剪应力与壁边界平行，与剪力协调。

(2) 沿壁厚 t、τ 均匀分布。

根据上面的假设，并仿照矩形截面剪应力公式推导的过程，可以得到剪应力计算公式：

$$\tau = \frac{QS_z^*}{tI_z} \tag{4-25}$$

式中，t 是剪应力所在点处的壁厚；S_z^* 是面积 A^* 对 z 轴的静矩，A^* 是薄壁截面上从截面端部到剪应力所在点这部分的面积。

(四) 梁截面的挠度和转角

工程中对某些受弯杆件除强度要求外，往往还有刚度要求，有些要求变形不能过大；而另外一些又要利用弯曲变形达到某种要求。

在讨论弯曲变形时，如图 4-8 所示，以变形前的梁轴线为 x 轴，垂直向上的

轴为 y 轴，xy 平面为梁的纵向对称面。在对称弯曲的情况下，变形后梁的轴线将成为 xy 平面内的一条曲线，称为挠曲线。挠曲线上横坐标为 x 的任意点的纵坐标，用 ω 来表示，它代表坐标为 x 的横截面的形心沿 y 方向的位移，称为挠度。这样，挠度曲线的方程可以写为

$$\omega = f(x) \tag{4-26}$$

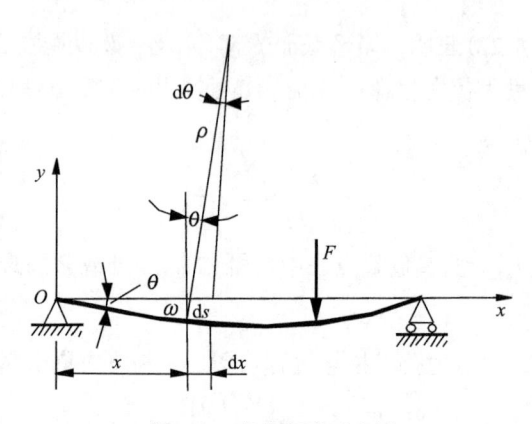

图 4-8 弯曲变形示意图

弯曲变形中，梁的横截面相对其原来位置转过的角度 θ，称为截面转角。根据平面假设，弯曲变形前垂直于轴线的横截面，变形后仍垂直于挠曲线。所以，截面转角 θ 就是 y 轴与挠曲线法线的夹角。它应等于挠曲线的倾角，即等于 x 轴与挠曲线切线的夹角，故有

$$\tan\theta = \frac{d\omega}{dx}, \quad \theta = \arctan\left(\frac{d\omega}{dx}\right) \tag{4-27}$$

经推导计算得

$$\frac{M}{EI} = \frac{d\theta}{ds} = \frac{\dfrac{d^2\omega}{dx^2}}{\left[1+\left(\dfrac{d\omega}{dx}\right)^2\right]^{3/2}} \tag{4-28}$$

式中，EI 为梁的抗弯刚度。式(4-28)就是挠曲线的微分方程，适用于弯曲变形的任意情况，它是非线性的。

为了求解方便，在小变形的情况下，可将式(4-25)线性化。在工程问题中，梁的挠度一般都远小于跨度，挠曲线是一非常平坦的曲线，转角 θ 也是非常小的角度，因此

$$\theta \approx \tan\theta = \frac{d\omega}{dx} = f'(x) \tag{4-29}$$

由于挠曲线极其平坦，$\dfrac{\mathrm{d}\omega}{\mathrm{d}x}$ 很小，所以 $\left(\dfrac{\mathrm{d}\omega}{\mathrm{d}x}\right)^2$ 与 1 相比可以省略，于是得到挠曲线的近似微分方程为

$$\frac{M}{EI}=\frac{\mathrm{d}^2\omega}{\mathrm{d}x^2} \tag{4-30}$$

三、扭转分析

（一）扭转的概念

扭转是杆件的基本变形形式之一。杆件因承受作用平面垂直于杆轴线的力偶作用，而发生扭转变形，通常将这种杆件称为轴。一般而言，受扭杆件的横截面上只有面内力矩这一种内力，称为扭矩，记为 M_x。其大小可按截面法由平衡方程求得，其正负号按右手法则确定，即扭矩矢量的正方向与横截面外法线方向一致的为正，反之为负。工程上的传动轴，常是已知它所传递的功率 p 和转速 n，并不直接给出轴上所作用的外力偶矩。因此，首先要根据它所传递的功率和转速求出作用在轴上的外力偶矩。力偶所做的功 W 等于力偶矩 T 和相应角位移 α 的乘积，即

$$W = T\alpha \tag{4-31}$$

偶矩在单位时间内所做的功，即功率 P 为

$$P = \frac{W}{t} = T\omega \tag{4-32}$$

外力偶矩与功率（kW）、转速（rpm）的关系为

$$T(\mathrm{kN\cdot m}) = \frac{P}{\omega} = \frac{P\cdot 1000}{n\cdot 2\pi/60} = 9.55\frac{p}{n} \tag{4-33}$$

（二）圆杆扭转时的应力

1. 横截面上的应力

(1) 几何形变。在平面假设的基础上，研究微体的变形，从图 4-9 所示的杆中，截取长为 $\mathrm{d}x$ 的一段杆，其扭转后的相对变形情况如图 4-10(a) 所示。为了更清楚地表示杆的变形，再从微段中截取一楔形微体 $OO'ABCD$，如图 4-10(b) 所示。

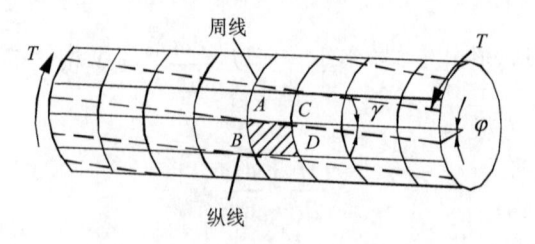

图 4-9 扭转变形

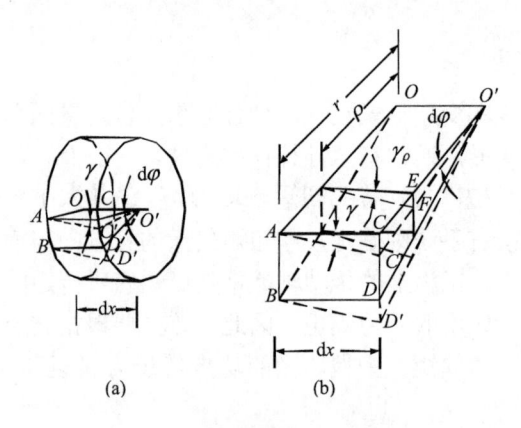

图 4-10 微短圆轴扭转变形分析

在圆杆表面上的矩形 $ABCD$ 变为平行四边形 $ABC'D'$，边长不变，但直角改变了一个 γ 角，γ 即为切应变。在圆杆内部，距圆心为 ρ 处的矩形也变为平行四边形，其切应变为 γ_ρ。设 dx 段左、右两截面的相对扭转角用半径 $O'C$ 转到 $O'C'$ 的角度 $d\varphi$ 表示，则由几何关系可以得

$$\gamma_\rho = \rho \frac{d\varphi}{dx} = \rho\theta \tag{4-34}$$

式中，$\theta = \dfrac{d\varphi}{dx}$ 是单位长度杆的相对扭转角。

(2) 物理关系。当杆只产生弹性变形时，切应力和切应变之间存在着的关系为

$$\tau_b = G\gamma_b \tag{4-35}$$

其中 G 为切变模量，量纲与 E 相同，常用单位为 MPa 或 GPa。由式(4-35)和图 4-10(a)可得横截面上任一点处的切应力为

$$\tau_b = G\gamma_b = G\rho\frac{d\varphi}{dx} \tag{4-36}$$

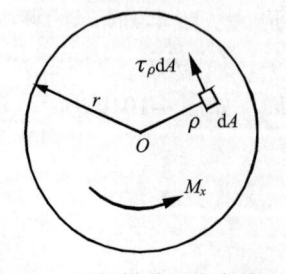

图 4-11 圆杆横截面应力的合成

(3) 静力学关系。图 4-11 所示横截面上的扭矩

M_x 是由无数个微面积 dA 上的微内力 $\tau_\rho A$ 对圆心 O 点的力矩合成得到的,即

$$M_x = \int_A \rho \tau_\rho \, dA \tag{4-37}$$

经推导可得 $I_\rho = \int_A \rho^2 \, dA$。

得到圆杆横截面上任一点处的切应力公式

$$\tau_\rho = \frac{M_x \rho}{I_\rho} \tag{4-38}$$

2. 应力互等定理

在圆杆的纵截面上也存在着切应力,且这两个截面上的切应力有一定的关系。切应力互等定理为:过一点的互相垂直的两个截面上,垂直于两截面交线的切应力大小相等,并均指向或背离这一交线。

(三)圆杆扭转时的变形

圆杆扭转时,其变形可用横截面之间的相对角位移 φ,即扭转角表示。距离为 dx 的两个横截面的相对扭转角 $d\varphi$ 为

$$d\varphi = \frac{M_x}{GI_\rho} dx \tag{4-39}$$

若杆长为 l,则两端截面的相对扭转角为

$$\varphi = \int_A d\varphi = \int_0^l \frac{T}{GI_\rho} dx \tag{4-40}$$

当杆长 l 之内的 M_x、G、I_ρ 为常数时,则

$$\varphi = \frac{M_x l}{GI_\rho} \tag{4-41}$$

为消除杆长度的影响,圆杆的扭转变形也可用单位长度扭转角 θ 表示,显然

$$\theta = \frac{M_x}{GI_\rho} \tag{4-42}$$

其中 θ 的单位为 rad/m。

(四)扭转圆杆的强度计算和刚度计算

1. 强度计算

等直圆杆扭转时,最大切应力发生在最大扭矩所在的危险截面的周边上任一点处,即危险截面的周边各点为危险点。其强度条件应为 τ_{max} 不超过材料的容许切应力 $[\tau]$,即

$$\tau_{\max} = \frac{M_{x\max}}{W_\rho} \leqslant [\tau] \qquad (4\text{-}43)$$

由式(4-43)即可进行圆杆的强度计算,包括校核强度、设计截面或求容许外力偶矩。

2. 刚度计算

对扭转圆杆,通常是限制其最大单位长度扭转角不超过规定的数值。因此,由式(4-17)得到等直圆杆扭转时的刚度条件为

$$\theta_{\max} = \frac{M_{x\max}}{GI_\rho} \leqslant [\theta] \qquad (4\text{-}44)$$

式中,$[\theta]$为规定的单位长度杆扭转角,其值可在设计手册中查到。利用式(4-44),可对圆杆进行刚度计算,包括校核刚度、设计截面或求容许外力偶矩。

(五)非圆截面杆的扭转

非圆截面杆的扭转部分主要介绍矩形截面杆。当矩形截面杆扭转时,变形情况如图4-12(a)所示。由于截面翘曲,无法用材料力学的方法分析杆的应力和变形。利用弹性力学分析可得到以下结果。

(1)矩形截面杆扭转时,横截面上沿截面周边、对角线及对称轴上的切应力分布情况如图4-12(b)所示。由图可知,横截面周边上各点处的切应力平行于周边。

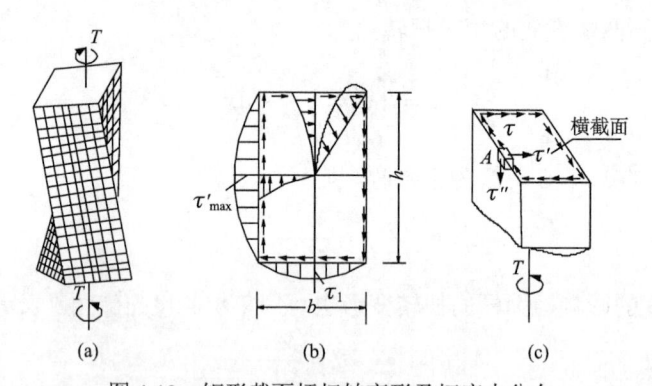

图4-12 矩形截面杆扭转变形及切应力分布

如图 4-12(c)所示的横截面上,在周边上任一点 A 处取一单元体,在单元体上若有任意方向的切应力,则必可分解成平行于周边的切应力τ和垂直于周边的切应力τ'。由切应力互等定理可知,当τ'存在时,则单元体的左侧面上必有τ'',但左侧面是杆的外表面,其上没有切应力,故$\tau'' = 0$。由此可知,$\tau'' = 0$,于是该点只有平行于周边的切应力τ。用同样的方法可以证明凸角处无切应力存在。由图还可看出,长边中点处的切应力是整个横截面上的最大切应力。

(2) 切应力和单位长度扭转角的计算公式为

$$最大切应力：\tau_{\max} = \frac{M_x}{W_T} \tag{4-45}$$

$$短边中点的切应力：\tau_1 = \gamma\tau_{\max} \tag{4-46}$$

$$单位长度杆的扭转角：\theta = \frac{M_x}{GI_T} \tag{4-47}$$

式中，$W_T = \alpha b$，$I_T = \beta b$，h 和 b 分别为矩形截面的长边和短边；α、β 和 γ 的数值见表 4-1。

表 4-1　矩形截面杆自由扭转的系数 α，β 和 γ

$m=h/b$	1.0	1.2	1.5	2.0	2.5	3.0	4.0	6.0	8.0	10.0
α	0.208	0.263	0.346	0.493	0.645	0.801	1.150	1.789	2.456	3.123
β	0.140	0.190	0.294	0.457	0.622	0.790	1.123	1.789	2.456	3.123
γ	1.00	0.910	0.858	0.796	0.716	0.753	0.745	0.743	0.743	0.743

当 $\frac{h}{b} > 10$ 时，截面成为狭长矩形，这时 $\alpha = \beta \approx \frac{1}{3}$。如果用 δ 表示狭长矩形的短边长度，则大切应力和单位长度杆的扭转角计算公式为

$$\tau_{\max} = \frac{M_x}{W_T} = \frac{3M_x}{hb^2} \tag{4-48}$$

$$\theta = \frac{M_x}{GI_T} = \frac{3M_x}{Ghb^3} \tag{4-49}$$

四、组合受力分析

在实际工程结构中，构件的受力情况往往比较复杂，受力以后所产生的变形不只是某一种基本变形形式，而是两种或两种以上基本变形的组合。在这种情况下，若其中一种变形是主要的，其余变形所对应引起的应力很小，则构件可按主要的基本变形进行计算；若几种变形所对应的应力属于同一数量级，则构件的变形称为组合变形。对于组合变形下的构件，在线弹性范围内，小变形条件下，可按构件的原始形状和尺寸进行计算。

第二节　土工结构承载力

在土地工程整治中常见土工结构有地基基础、边坡与支挡结构以及基坑。这些结构按材料可分为片石混凝土结构、素混凝土结构、钢筋混凝土结构、砌体结

构、钢结构以及土工合成材料等。为了保证土地工程整治的效率,土工结构应具有足够的承载力,在荷载作用下不能产生破坏,并根据其重要性而具备相应的安全储备;土工结构在荷载作用下产生的变形也不能超过容许值。

一、钢筋混凝土结构承载力分析

(一)钢筋混凝土的力学性能

1. 混凝土

1)立方体抗压强度

混凝土的立方体抗压强度是由规定的标准试件和标准试验方法得到的混凝土强度基本代表值。中国取用的标准试件为边长相等的混凝土立方体。这种试件的制作和试验均比较简便,而且离散性较小。

根据《普通混凝土力学性能试验方法标准》(GB/T 50081—2002)规定,混凝土立方体抗压强度是指按标准方法制作的,标准尺寸为 150mm×150mm×150mm 的立方体试件,在标准养护条件下(20±2)℃,相对湿度为95%以上的标准养护室或(20±2)℃的不流动的 $Ca(OH)_2$ 饱和溶液中,养护到 28 天龄期,以标准试验方法测得的抗压强度值。普通混凝土的强度等级按其立方体抗压强度标准值划分为 12 个等级。混凝土强度等级是混凝土结构设计时强度计算取值、混凝土施工质量控制和工程验收的依据。

混凝土的强度等级由符号 C 和混凝土的立方体抗压强度标准值表示。《混凝土结构设计规范》规定混凝土的强度等级有 C15～C80 共 14 个等级,其中 C50(C60)～C80 属高强度混凝土。

2)混凝土轴心抗压强度

确定混凝土强度等级是采用立方体试件,但在实际结构中,钢筋混凝土受压构件多为棱柱体或圆柱体。为了使测得的混凝土强度与实际情况接近,在进行钢筋混凝土受压构件(如柱子、桁架的腹杆等)计算时,都是采用混凝土的轴心抗压强度。混凝土轴心抗压强度是指按标准方法制作,标准尺寸为 150mm×150mm×300mm 的棱柱体试件,在标准养护条件下养护到 28 天龄期,以标准试验方法测得的抗压强度值。混凝土圆柱体抗压强度与中国 150mm×150mm×150mm 立方体抗压强度之间换算关系为 0.85。

3)混凝土抗拉强度

混凝土是脆性材料,抗拉强度很低,拉压比为 1/10～1/20,拉压比随着混凝土强度等级的提高而降低。因此在钢筋混凝土结构设计时,不考虑混凝土承受拉力(考虑钢筋承受拉应力),但抗拉强度对混凝土抗裂性具有重要作用,是结构设计时确定混凝土抗裂度的重要指标,有时也用它来间接衡量混凝土与钢筋的黏结强度。

2. 钢筋与混凝土共同作用

钢筋与混凝土之间黏结力的组成包括：

(1) 钢筋与混凝土接触处的化学吸附作用力，即胶结力。

(2) 混凝土收缩将钢筋紧紧包裹而产生的摩阻力。

(3) 钢筋表面凹凸不平与混凝土之间产生的机械咬合力。

钢筋与混凝土之间有较大的握裹力，能牢固啮合在一起。钢筋抗拉强度高、塑性好，放入混凝土中可很好地改善混凝土脆性，扩展混凝土的应用范围，同时混凝土的碱性环境又很好地保护了钢筋。

钢筋与混凝土之间的握裹力，主要由三方面组成：水泥与钢筋间产生的化学胶着力、钢筋与混凝土之间的摩擦力以及由于钢筋表面粗糙不平所产生的摩阻力。

广泛应用大、中型钢筋混凝土结构的受力筋是沿长度方向均匀分布有牙形横肋的 HRB 335 和 HRB 400 热轧带肋钢筋，数字表示相应的屈服强度要求值(MPa)如图 4-13 所示。由于 HRB 500 钢筋强度高，塑性和焊接性能较差，通常用作预应力钢筋。

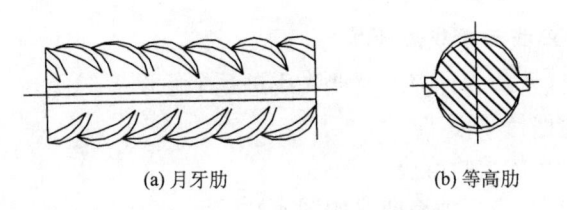

(a) 月牙肋　　　　(b) 等高肋

图 4-13　带肋钢筋外形图

(二) 受弯构件承载力计算

受弯是钢筋混凝土结构中最常见的一种结构受力形式，在外荷载作用下，主要承担弯矩和剪力共同作用(图 4-14)。工程中梁和板是典型的受弯构件，在土地工程边坡、基坑和地基基础整治中会经常遇到受弯构件，常用的受弯构件截面形式如图 4-15 所示。

受弯构件在外部作用或荷载下一般会有两种破坏形式，一种是沿弯矩最大的截面发生破坏(图 4-16)，这种破坏的截面和构件截面相互垂直，被称为正截面破坏；另一种是沿着剪力最大或弯矩和剪力都较大的截面发生破坏(图 4-16)，其破坏截面和构件截面斜交，被称为斜截面破坏。受弯构件在进行截面设计时既要保证构件不会沿正截面破坏，同时也要保证不会沿斜截面发生破坏。因此对于受弯构件，必须计算其正截面和斜截面的承载力。

图 4-14 受弯构件截面示意

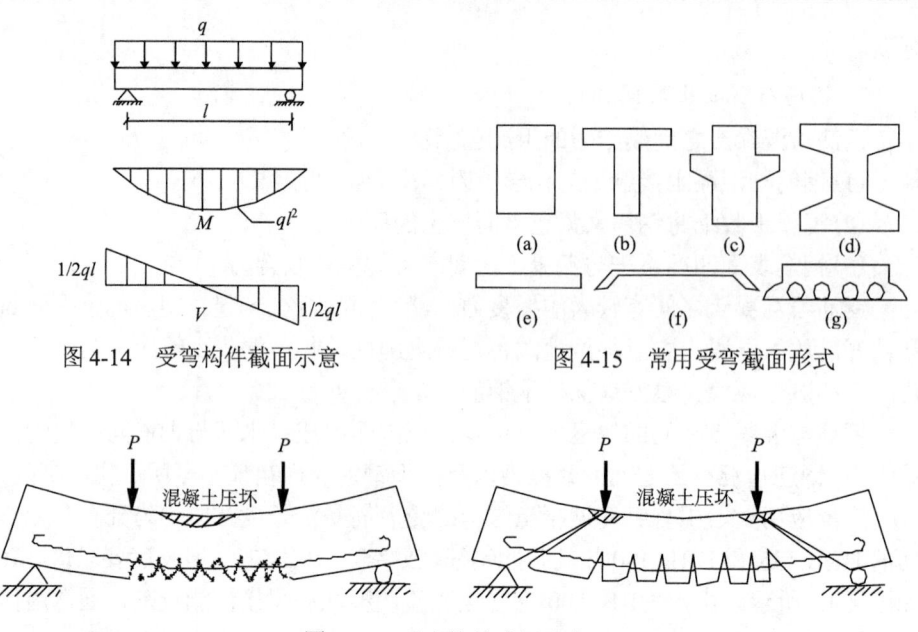

图 4-15 常用受弯截面形式

图 4-16 受弯构件破坏形式

1. 受弯构件正截面承载力计算

受弯构件进行承载力计算时需要先引进几个假设：
(1) 截面应变保持平面。
(2) 忽略混凝土的抗拉强度。
(3) 混凝土应力-应变关系曲线如图 4-17 所示。

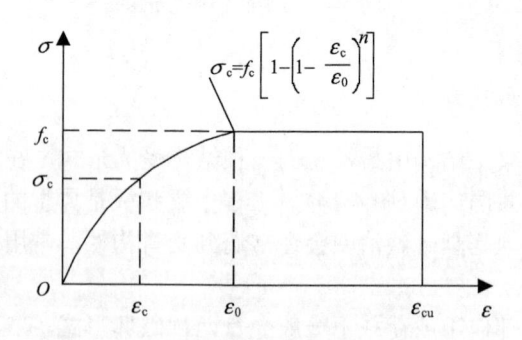

图 4-17 混凝土应力-应变曲线

$$\begin{cases} 当 \xi_c \leqslant \xi_0 时, & \sigma_c = f_c \left[1 - \left(1 - \dfrac{\xi_c}{\xi_0} \right)^n \right] \\ 当 \xi_0 < \xi_c \leqslant \xi_{cu} 时, & \sigma_c = f_c \end{cases} \quad (4\text{-}50)$$

式中，σ_c 为对于与混凝土压应变为 ξ_c 时混凝土的压应力；ξ_0 为对应于混凝土压应变刚达到 f_c 时的压应变，$\xi_0 = 0.002 + 0.5(f_{cu,k} - 50) \times 10^{-5}$，当计算值小于 0.002 时取 0.002；$\xi_{cu}$ 为正截面处于非均匀受压时的混凝土极限压应变，$\xi_0 = 0.0033 - 0.5(f_{cu,k} - 50) \times 10^{-5}$，当计算值大于 0.0033 时取 0.0033；f_c 为混凝土轴心抗压强度设计值；$f_{cu,k}$ 为混凝土立方体抗压强度标准值；n 为系数，当 $n = 2 - \dfrac{1}{60}(f_{cu,k} - 50)$ 大于 2.0 时取 2.0。

1) 单筋矩形截面承载力计算

只在截面的受拉区配置钢筋的矩形截面称为单筋矩形截面。单筋矩形截面的计算简图如图 4-18。为简化计算，图 4-18(d) 所示按平截面假定的受压区混凝土应力图可等效为一个矩形应力图，即等效后受压区合力大小相等，合力作用点作用位置不变等等效原则确定。

$$x = \beta_1 x_0, \quad \sigma_0 = \alpha_1 f_c \tag{4-51}$$

式中，f_c 为混凝土轴心抗压强度设计值；α_1, β_1 为系数，取值见表 4-2。

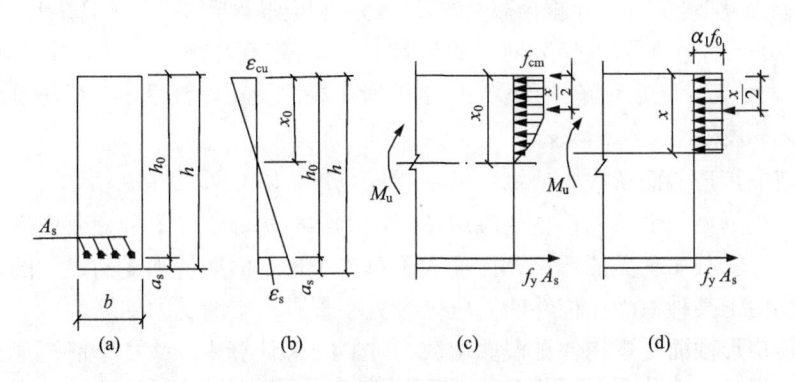

图 4-18 单筋矩形截面计算简图

表 4-2 系数 α_1 和 β_1 取值表

系数	强度等级						
	≤C50	C55	C60	C65	C70	C75	C80
α_1	1.00	0.99	0.98	0.97	0.96	0.95	0.94
β_1	0.8	0.79	0.78	0.77	0.76	0.75	0.74

对于单筋矩形截面受弯承载力的计算，可建立适筋梁的两个静力平衡方程，即

$$\Sigma X = 0, \quad \alpha_1 f_0 b x = f_y A_s \tag{4-52}$$

$$\Sigma M = 0, \quad M \leqslant M_{\mathrm{u}} = \alpha_1 f_0 bx \left(h_0 - \frac{x}{2} \right) \tag{4-53}$$

或

$$\Sigma M = 0, \quad M \leqslant f_y A_s \left(h_0 - \frac{x}{2} \right) \tag{4-54}$$

式中，M 为荷载在改截面上产生的弯矩设计值；M_u 为截面受弯承载极限弯矩；h_0 为截面有效高度，$h_0 = h - a_s$，h 为截面高度，a_s 为受拉区边缘到钢筋合理作用点的距离；b 为截面宽度；A_s 为受拉区纵向受力钢筋截面面积。

按一般构造要求，对室内环境的梁和板而言，当混凝土强度等级大于或等于 C25 时，钢筋的最小保护层厚度不得小于 25mm，板的保护层厚度不得小于 15mm。

上述公式是根据适筋梁的破坏而推导出的静力平衡方程，对于超筋和少筋梁确不适用，设计时应避免出现超筋和少筋梁，因此受弯构件必须满足以下条件：

(1) 为防止出现少筋情况，纵向受力钢筋应满足下式的要求：

$$A_s \geqslant \rho_{\min} bh \tag{4-55}$$

其中 $\rho_{\min}$ 为最小配筋率，可根据截面的开裂弯矩和极限弯矩得出。《混凝土结构设计 (GB 50010—2010) 规范》规定：对于受弯构件，$\rho_{\min}$ 取 0.2% 和 $45 f_t / f_y$ 中的较大值。

(2) 为了防止超筋现象的出现，要求混凝土相对受压区高度 ξ 不得超过相对界限受压区高度 ξ_b，即 $\xi \leqslant \xi_b$。

2) 双筋矩形截面承载力计算

双筋矩形截面受弯构件主要应用情况：①结构构件承受某种交变作用是弯矩改变方向；②截面承受的弯矩设计值大于单筋矩形截面所能承受的最大的弯矩设计值；③由于某种原因在构件的受压区预先布置了一定的受力钢筋。

双筋矩形截面受弯构件正截面承载力(图 4-19)计算中，除了单筋矩形截面的计算假定以外，由于受压区钢筋一般可以充分利用，因此还假定当 $x \geqslant 2a_s'$ 时受压钢筋的应力等于其抗压强度设计值 f_y'。

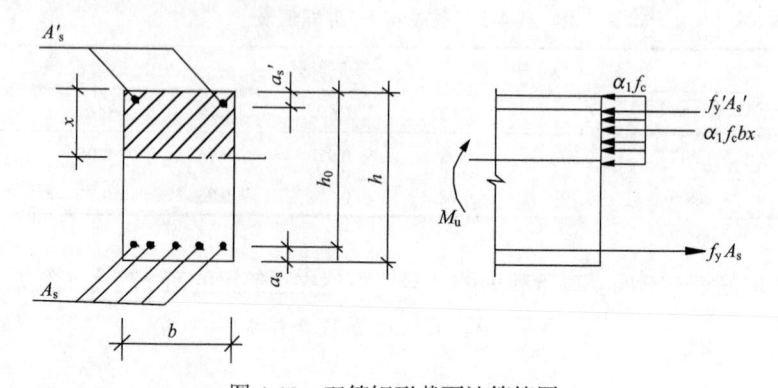

图 4-19 双筋矩形截面计算简图

同样按照单筋矩形截面的方式列出两个静力平衡方程：

$$\sum X = 0, \quad f_y A_s = f'_y A'_s + \alpha_1 f_c bx \tag{4-56}$$

$$\sum M = 0, \quad M \leqslant M_u = f'_y A'_s (h_0 - a'_s) + \alpha_1 f_c \left(h_0 - \frac{x}{2} \right) \tag{4-57}$$

式中，A'_s 为受压区纵向受力钢筋的截面面积；a'_s 为从受压区边缘到受压区纵向受力钢筋合力作用点之间的距离。当混凝土强度等级不低于 C25 时，梁受压区钢筋按一排不只是可取 a'_s =35mm，两排不只是可取 a'_s =60mm。

式(4-56)和式(4-57)的适用条件是

$$A_s \geqslant \rho_{\min} bh \tag{4-58}$$

$$x \leqslant \xi_b h_0 \text{ 且 } x \geqslant 2a'_s \tag{4-59}$$

3) T 型截面的计算

在矩形截面承载力计算中，忽略了混凝土的抗拉强度。对于截面尺寸较大的矩形截面受弯构件就可以将受拉区两侧的混凝土除去，形成如图 4-20 所示的 T 型截面，以减轻结构的自重。

在图 4-20 中 T 型截面的伸出部分为翼缘，其宽度和高度分别为 b'_f 和 h'_f，中间部分成为腹板或肋梁，为了实际需要也会采用在受拉区的倒 T 型截面或工字型截面，在规范规定范围内的翼缘可以认为压应力均匀分布(图 4-21)。

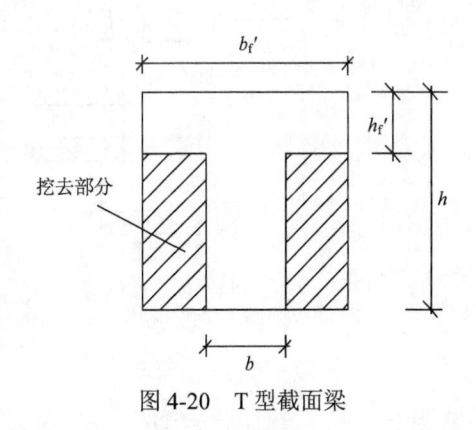

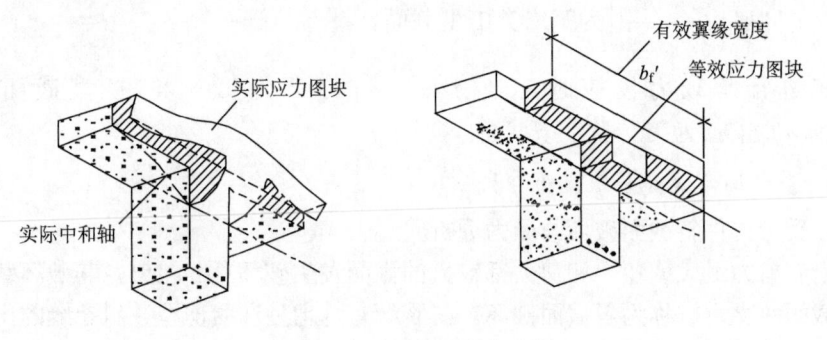

图 4-20 T 型截面梁

图 4-21 T 型截面应力分布

T 型截面按照受压区高度的不同主要分为两类：第一类 T 型截面的受压区在翼缘内，即 $x \leqslant h'_f$ [图 4-22(a)]；第二类 T 型截面受压区在翼缘以外，即 $x \geqslant h'_f$

[图 4-22(b)]。判断两类 T 型截面通过 $x = h_f'$ 的界限条件，由静力平衡条件可知

$$\sum x = 0, \quad \alpha_1 f_c b_f' h_f' = A_s f_y \tag{4-60}$$

$$\sum M = 0, \quad M = \alpha_1 f_c b_f' h_f' \left(h_0 - \frac{h_f'}{2} \right) \tag{4-61}$$

式(4-60)和式(4-61)为两类 T 型截面界限情况[图 4-22(c)]所承受的最大内力，作为判别 T 型截面类别的依据。

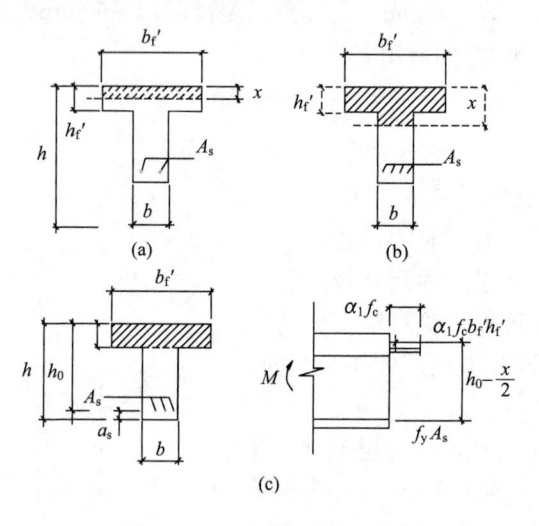

图 4-22　T 型截面中和轴位置

在进行截面设计时，当 $M \leqslant \alpha_1 f_c b_f' h_f' \left(h_0 - \frac{h_f'}{2} \right)$ 为第一类 T 型截面；当 $M > \alpha_1 f_c b_f' h_f' \left(h_0 - \frac{h_f'}{2} \right)$ 为第二类 T 型截面。

在进行承载力校核时，当 $A_s f_y \leqslant \alpha_1 f_c b_f' h_f'$ 为第一类 T 型截面；当 $A_s f_y > \alpha_1 f_c b_f' h_f'$ 为第二类 T 型截面。

2. 受弯构件斜截面承载力分析

1)受弯构件斜截面破坏与受力分析

沿着剪力最大或弯矩和剪力都较大的截面发生破坏(图 4-15)，其破坏截面和构件截面斜交，被称为斜截面破坏。斜裂缝有弯剪型和腹剪型。斜裂缝的出现和发展使梁的应力分布数值发生变化，最终导致在剪力较大支座附近的混凝土被拉坏或压碎而丧失承载力，这一现象称为斜截面破坏。

2)斜截面破坏的主要形态

(1)斜压破坏[图 4-23(a)]一般发生在剪压比较小(λ小于 1)的情况。在剪跨比虽然较大但在腹筋配置过多或腹板较薄时也会发生斜压破坏,斜压破坏的荷载很大,变形很小属于脆性破坏。

(2)剪压破坏[图 4-23(b)]发生在$\lambda \leqslant 3$但大于 1 的无腹筋梁和腹筋配置适量的梁中。这种破坏有一定预兆,破坏荷载较出现斜裂缝时的荷载要高,但仍属于脆性破坏。

(3)斜拉破坏[图4-23(c)]主要发生在剪跨比大于3的屋腹筋梁或腹筋较少的有腹筋梁中。整个破坏急速而突然,破坏荷载与出现斜裂缝时的荷载接近,破坏前梁的变形很小,且往往只有一条斜裂缝,破坏具有明显的脆性性质。

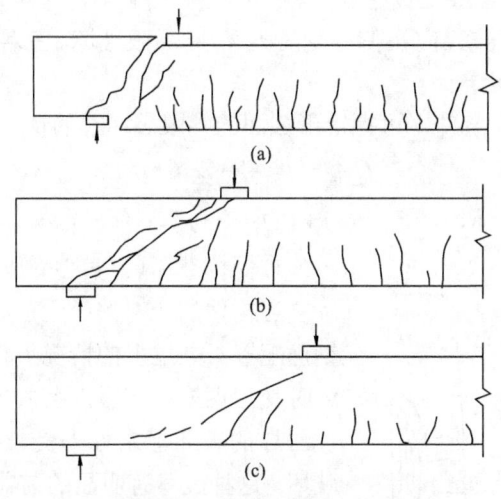

图 4-23 斜截面破坏的形态
(a)斜压破坏;(b)剪压破坏;(c)斜拉破坏

(三)受压构件承载力计算

钢筋混凝土受压构件是土地工程中最常见的结构形式,如各种地基基础,受压构件可以分为轴心受压构件和偏心受压构件(图4-24)。在实际工程当中真正的轴心受压构件是不存在的,对于偏心受压构件的正截面承载力计算,《混凝土结构设计规范》给出了附加偏心距取20mm 和偏心方向

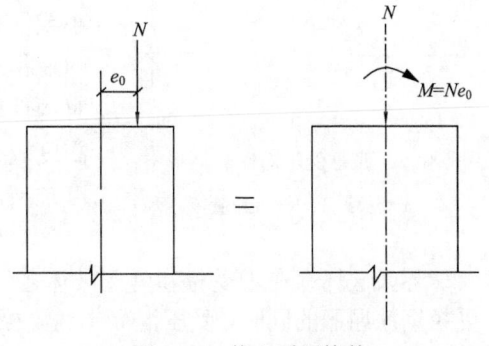

图 4-24 偏心受压构件

截面最大尺寸的1/30二者较大值。偏心受压构件又分为小偏心受压和大偏心受压。

1. 轴心受压构件正截面承载力计算

根据实验研究分析，考虑长柱承载力降低和可靠度调整的因素之后，轴心受压构件承载力计算公式为

$$N \leqslant N_u = 0.9\varphi(f_c A + f'_y A'_s) \tag{4-62}$$

式中，N 为轴向压力设计值；A 为构件截面面积；A'_s 为全部纵向受压钢筋的截面面积；f_c 为混凝土轴心抗压强度设计值；f'_y 为纵向钢筋的抗压强度设计值；φ 为钢筋混凝土构件的稳定系数，与柱的长细比 l_0/b 有关，l_0 为计算长度。

2. 偏心受压构件正截面承载力计算

试验表明，钢筋混凝土偏心受压构件的正截面破坏形态可以分为受拉破坏（大偏心受压破坏）、受压破坏（小偏心受压破坏）和界限破坏。三种破坏形态在破坏之前，均符合平截面假定。

由力和力矩平衡条件，可得矩形截面的界限破坏时的计算公式为

$$f_y A_s = f'_y A'_s + \alpha_1 f_c b x \tag{4-63}$$

$$Ne \leqslant (h_0 - a'_s) + \alpha_1 f_c b x + f'_y A'_s h_0 - f_y A_s \tag{4-64}$$

1) 受拉破坏（大偏心受压破坏）

当构件的相对偏心距（e_0/h_0）较大，且受拉钢筋配置不是过多的情况下将发生受拉破坏。破坏时受拉钢筋将屈服，经过一个过程然后混凝土被压坏的破坏形态称为受拉破坏或大偏心受压破坏。这种破坏有明显的前兆，显示出较好的变形能力，见图 4-25(a)。

2) 受压破坏（小偏心受压破坏）

受压破坏通常发生在相对偏心距（e_0/h_0）较小或很小的情况下。但如果受拉钢筋配置过多，即使相对偏心距较大也有可能发生这种破坏。此时构件截面全部受压或大部分受压，相对受压区高度较大。这种破坏带有一定的脆性，混凝土强度越高，脆性越明显[图 4-25(b)]。

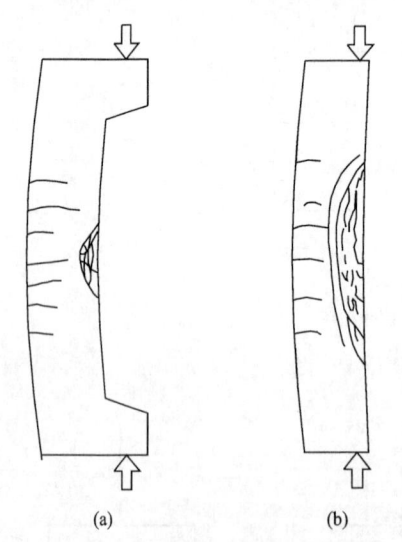

图 4-25 偏心受压构件破坏形态
(a)受拉破坏；(b)受压破坏

3) 界限破坏

界限破坏存在于受拉和受压破坏之间。破坏时横向主裂缝发展比较明显，在受拉钢筋屈服的同时，受压混凝土达到极限压应变。此时截面中和轴高度 x_{cb} 或相对受压区高度 ξ_b 可由平截面假定得出。《混凝土结构设计规范》采用与受弯构件

相同的方法推导 ξ_b 得

$$\xi_b = \frac{\beta_1}{1+\dfrac{f_y}{\varepsilon_{cu}E_s}} \quad (4\text{-}65)$$

当用相对受压区高度 ξ 区分偏心受压构件的破坏形态时（图 4-26），则 $\xi \leqslant \xi_b$ 时为受拉破坏（等号为界限破坏）；$\xi > \xi_b$ 时为受压破坏。

（四）受拉构件承载力计算

当拉力作用在截面重心时为轴心受拉构件，拉力作用点偏离截面重心时为偏心受拉构件。偏心受拉构件按拉力作用位置的不同分为两种情况：当纵向力 N 作用在钢筋 A_s 合力点及 A_s' 合力点以内时，属于小偏心受拉；当纵向力作用在 A_s 合力点及 A_s' 合力点以外时，属于大偏心受拉。

1. 轴心受拉承载力计算

在轴心拉力作用下，拉力完全由钢筋承受，即（图 4-27）

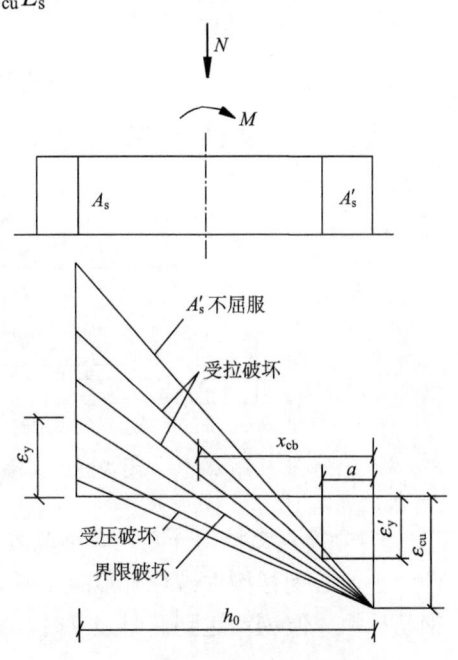

图 4-26 偏心受压构件正截面各种破坏形态的平均应变分布

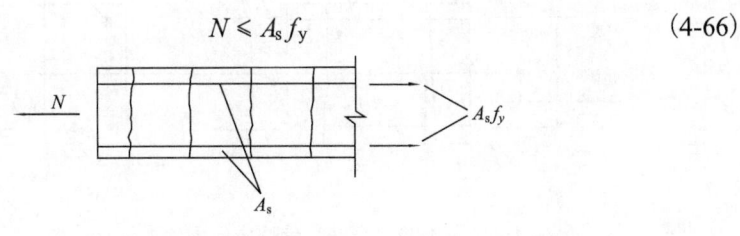

$$N \leqslant A_s f_y \quad (4\text{-}66)$$

图 4-27 轴心受拉构件

2. 大偏心受拉构件正截面承载力计算

大偏心受拉构件计算时的应力图与大偏心受压构件相似，因此计算公式和步骤都与大偏心受压构件相似，只是轴力方向相反。

图 4-28 为矩形截面大偏心受拉构件的受力情况，构件破坏时钢筋 A_s 和 A_s' 都要达到屈服强度，受压区混凝土应力取 $\alpha_1 f_c$，应力分布按矩形图计算，由内力破坏条件可得

$$N = f_y A_s - \alpha_1 f_c b x - f_y' A_s' \tag{4-67}$$

$$Ne = \alpha_1 f_c b x \left(h_0 - \frac{x}{2} \right) + f_y' A_s' (h_0 - a_s') \tag{4-68}$$

$$= \alpha_s b h_0^2 \alpha_1 f_c + f_y' A_s' (h_0 - a_s')$$

$$e = e_0 - \frac{h}{2} + a_s \tag{4-69}$$

式(4-67)~式(4-69)应符合 $\xi \leq \xi_b$ 和 $x \geq 2a_s'$。

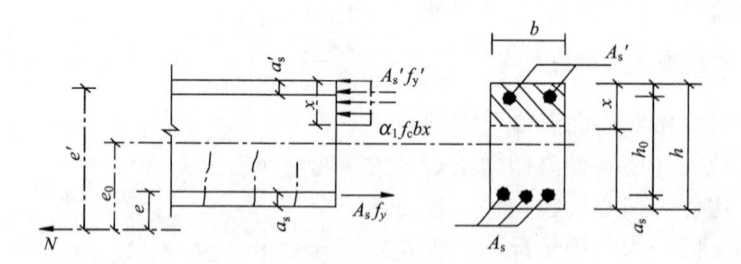

图 4-28 大偏心受拉构件计算简图

3. 小偏心受拉构件正截面承载力计算

小偏心受拉构件破坏时混凝土开裂，裂缝贯穿整个截面，全部轴力 N 由纵向钢筋承担。但钢筋达到屈服强度时，截面随机达到极限状态如图 4-29 所示。

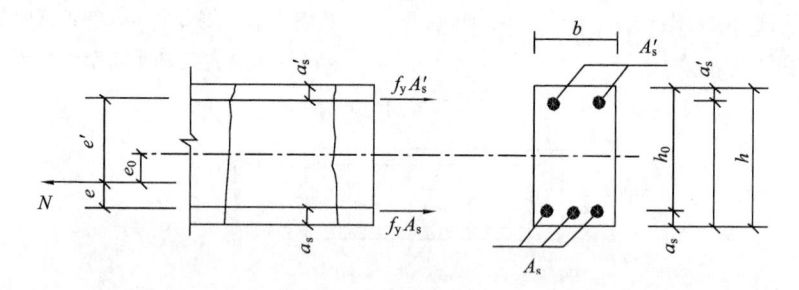

图 4-29 小偏心受拉构件承载力计算简图

分别对 A_s 和 A_s' 的合力点取轴力：

$$Ne' = f_y A_s (h_0 - a_s') \tag{4-70}$$

$$Ne = f_y A_s' (h_0 - a_s') \tag{4-71}$$

其中

$$e' = \frac{h}{2} + e_0 - a_s' \tag{4-72}$$

$$e = \frac{h}{2} - e_0 - a_s \qquad (4\text{-}73)$$

则可得

$$A_s = \frac{Ne'}{f_y(h_0 - a'_s)} \qquad (4\text{-}74)$$

$$A'_s = \frac{Ne}{f_y(h_0 - a'_s)} \qquad (4\text{-}75)$$

若将 e 和 e' 的值代入以上两式，并取 $M = Ne_0$，则可知

$$A_s = \frac{N(h_0 - 2a'_s)}{2f_y(h_0 - a'_s)} + \frac{M}{f_y(h_0 - a'_s)} \qquad (4\text{-}76)$$

$$A'_s = \frac{N(h_0 - 2a'_s)}{2f_y(h_0 - a'_s)} - \frac{M}{f_y(h_0 - a'_s)} \qquad (4\text{-}77)$$

式(4-76)和式(4-77)的第一项代表轴力 N 所需的配筋，第二项代表弯矩的影响。弯矩使 A_s 结果变大，而使 A'_s 的结果变小。因此在进行荷载组合设计时，应按最大的 N 和 M 计算 A_s 的值，而按最大 N 和最小的 M 确定 A'_s 的值。

(五) 受扭构件承载力计算

受扭构件可以分为两类：一类是由荷载直接作用引起的扭转称为平衡扭转；另一类是超静定结构中由于构件的连续性引起的扭转，构件承受的扭转随着抗扭刚度而变化称为附加扭转或协调扭转。本节主要讨论受平衡扭转时的钢筋混凝土构件的承载力计算。

1. 矩形截面受扭的破坏形态

根据受扭试验，配置抗扭钢筋对构件在破坏时的抗扭承载力有很大作用。抗扭钢筋包括抗扭纵筋和抗扭箍筋。试验表明，钢筋混凝土受扭构件的破坏形态可以分为三类。

1) 少筋破坏

当抗扭箍筋配置过少时，破坏形态如图 4-30(a) 所示。此类少筋破坏属于脆性破坏，破坏前无预兆。构件受扭极限承载力受混凝土抗拉强度和截面尺寸的限制，设计时应予以避免。该类破坏模型是求混凝土开裂扭矩的试验依据，并可按此求得抗扭钢筋的最小值。

2) 适筋破坏

当配置适量的抗扭钢筋时，破坏形态如图 4-30(b) 所示。此类构件破坏时扭转角较大，属于延性破坏。构件受扭承载力比少筋破坏有很大提高，这类破坏模型

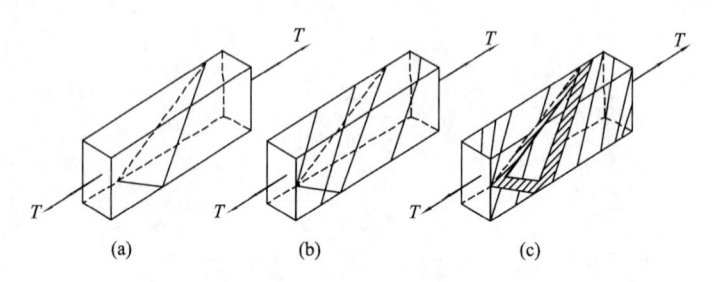

图 4-30 受扭构件破坏形态

3）部分超筋破坏

由于抗扭钢筋包括纵筋和箍筋两部分，若两者使用不当，当混凝土压碎时箍筋或纵筋尚不能屈服，这种破坏称为部分超筋破坏。由于构件破坏时有部分钢筋未屈服，所以破坏时有一定延性，设计可以采用但是不经济。

当抗扭钢筋配置过多时，破坏如图 4-30(c)所示。破坏时扭转角较小，属于脆性破坏，设计时应予以避免。此类破坏是求抗扭钢筋最大值的试验依据。

2. 矩形截面受扭构件的开裂扭矩

试验表明，构件在开裂之前抗扭钢筋的应力很低，钢筋的存在对于开裂扭矩的影响很小。因此在研究开裂扭矩时可以忽略钢筋的存在。

设矩形截面的长边为 h，短边为 b，相应的剪应力 $\tau = f_t$。由剪应力和微元体破坏条件可得抵抗扭矩为

$$T = \frac{b^2}{6}(3h - b)f_t = W_t f_t \tag{4-78}$$

式中，W_t 为矩形截面抗扭塑性抵抗矩，且

$$W_t = \frac{b^2}{6}(3h - b) \tag{4-79}$$

考虑到混凝土本身是非理想塑性，同时考虑到受扭构件除了主拉应力外还有主压应力，混凝土在拉压复合应力之下的抗拉强度要低于单项抗拉强度。因此，将上式的 f_t 乘以降低系数 0.7，则开裂扭矩的计算公式为

$$T_{cr} = 0.7 W_t f_t \tag{4-80}$$

当荷载产生的扭矩

$$T \leqslant T_{cr} = 0.7 W_t f_t \tag{4-81}$$

可以认为混凝土可以承受主拉应力，抗扭钢筋可不比计算而按照构造配置。

二、砌体结构的承载力计算

由各种块体通过铺设砂浆黏结而成的材料称为砌体，砌体砌筑成的结构称为砌体结构。块体和砂浆是组成砌体的主要材料，它们性能的好坏将直接影响到作为复合体的砌体的强度与变形。在土地工程领域常见的砌体结构主要有砌体护坡、引水渠、灌溉井、临时设施等。

(一)块体材料的种类及强度

砌体中所使用的块体材料有砖、砌块和石材三种，它们的主要力学指标为强度。《砌体结构设计规范》(GB 5003—2011)规定：块体材料的强度等级符号为"MU"，单位为MPa。

1. 烧结砖

烧结普通砖又称标准砖，是由塑压成型制坯，干燥后经焙烧而成的实心或空洞率不大于规定值的砖，外形尺寸53mm×115mm×240mm。依据主要原料的不同，可以分为烧结煤矸石砖、烧结页岩砖、烧结粉煤灰砖和烧结黏土砖等。烧结多孔砖指由煤矸石、页岩、粉煤灰或黏土为主要材料，经焙烧而成，孔洞率不小于15%，空洞尺寸小而数量多，主要用于承重部位的砖，简称多孔砖。多孔砖分为P型砖(空心普通砖)和M型砖(空心模数砖)。烧结空心砖指孔洞尺寸较大，孔洞率在25%以上的砖。空洞率在35%以内为承重的空心砖，孔洞率更大的空心砖往往作为填充用砖。

烧结砖的强度等级共分为五级：MU30、MU25、MU20、MU15、MU10。

2. 非烧结砖

非烧结砖应用较多的是硅酸盐砖，材料压制成坯并经高压釜蒸气养护而形成的砖，依主要材料的不同又可分为灰砂砖和粉煤灰砖。按规范规定，这类材料不得用于长期受热200℃以上、受急冷急热和有酸介质腐蚀的建筑部位。

(1)蒸压灰砂砖。蒸压灰砂砖简称灰砂砖，是以石英和石英砂为主要原料而制成的实心砖或空心砖。

(2)蒸压粉煤灰砖。蒸压粉煤灰砖简称粉煤灰砖，它是以粉煤灰、石英及少量石膏为原料制作而成的砖。块体的抗压强度在实测值的基础上应乘以自然炭化系数(或人工炭化系数的1.15倍)。

(3)蒸压灰砂砖、蒸压粉煤灰砖的强度等级分为四级：MU25、MU20、MU15和MU10。

3. 砌块

根据所用材料和使用条件等的不同，中国当前采用砌块的主要类型有实心砌块、空心砌块和微孔砌块。

(1) 实心砌块的重力密度一般在 $15\sim16\ N/m^3$ 以上，并以粉煤灰硅酸盐为主。粉煤灰硅酸盐砌块是以粉煤灰、石灰、石膏和骨料等为原料，加水搅拌、成型，经蒸气养护制成，生产工艺简单。主要规格有：长 880mm、1180mm；宽 180mm、190mm、200mm 和 240mm；高 380mm。

(2) 空心砌块的重力密度较小，一般为实心砌块的一半左右。中国生产的空心砌块以混凝土空心砌块为主，应用比较多的是混凝土小型空心砌块。混凝土小型空心砌块是以碎石或卵石为粗骨料制作的混凝土小型空心砌块，主要规格尺寸为 390mm、190mm、90mm。

砌块的强度等级共分为五级：MU20、MU15、MU10、MU7.5 和 MU5。

4. 石材

砌体结构中，常用的天然石材有花岗石、岩石和石灰石等。石材的抗压强度高，耐久性好。石材可以用来修筑水坝、拱桥和挡土墙等结构。

按加工后的外形规则程度，将石材分为料石和毛石两种。

料石为形状比较规则的六面体，其高度和宽度不小于 200mm 且不应小于长度的 1/4。料石按加工的平整程度又细分为细料石、半细料石、粗料石和毛料石四类。

因为石材尺寸千变万化，所以规定以 70mm×70mm×70mm 的立方试块测定抗压强度，并用三个试块抗压强度的平均值来确定石材的强度等级。对于其他尺寸的立方试块，测得的抗压强度需乘以表 4-3 中相应的换算系数后才能作为石材的强度等级。

表 4-3 石材强度等级换算系数

项目	立方体边长/mm				
	200	150	100	70	50
换算系数	1.43	1.28	1.14	1	0.86

(二) 无筋砌体构件承载力

1. 整体受压承载力计算

1) 受力特点

在砌体结构中，轴心受压构件和偏心受压构件是最基本的受压构件。在轴心压力作用下，砌体截面上压应力分布均匀，如图 4-31(a)所示，此种受力状态是较好的受力状态，因为材料利用充分。在偏心压力作用下，截面上压应力分布不均匀，随着荷载偏心距的增大，截面远离荷载一侧边缘附近为受拉区，其余部分为受压区，受拉区出现沿截面通缝的水平裂缝,结构逐渐破坏,如图 4-31(a)~(d)所示。

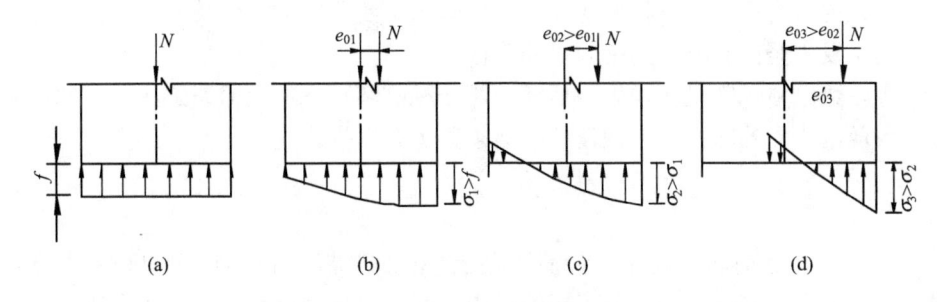

图 4-31 无筋砌体受压计算简图

2) 承载力计算

砌体结构受压构件承载力应按下式计算:

$$N = \varphi f A \tag{4-82}$$

式中,N 为轴向力设计值;φ 为高厚比和轴向力的偏心距 e 对受压构件承载力的影响系数;f 为砌体抗压强度设计值,MPa 或 N/mm²;A 为截面面积,mm²,对各种砌体均按毛截面计算。

无筋砌体受压构件由内力设计值计算的偏心距不能过大,规范要求 $e \leqslant 0.6y$,y 为截面重心(形心)到轴向力所在偏心方向截面边缘的距离。对矩形截面构件,当轴向力偏心方向的截面边长大于另一方向的边长时,除按偏心受压计算外,还应对较小边长方向按轴心受压进行验算。

2. 局部受压的受力特点和破坏形态

局部受压的受力特点:砌体局部受压时,由于局部受压截面周围对中间局部受压砌体的横向变形起着约束套箍作用,使得局部受压时砌体的抗压强度得以提高。

砌体局部受压破坏形态:大量试验表明,砌体局部受压可能出现以下三种破坏形态。

(1) 纵向裂缝发展导致破坏——"先裂后坏"。在局部受压面附近处于三向受压应力状态,但在局部受压面下方出现横向拉应力,当此拉应力超过砌体的抗拉强度时,即出现竖向裂缝,然后向上、向下发展,导致构件破坏,称之为"先裂后坏"。

(2) 劈裂破坏——"一裂就坏"。随着压力增大到一定数值,一旦构件外侧出现与受力方向一致的竖向裂缝,构件立即开裂而导致破坏,破坏时犹如刀劈,裂缝少而集中,故称为劈裂破坏或"一裂就坏"。这种破坏属于脆性破坏,开裂荷载和破坏荷载几乎相等。

(3)局部受压面积下砌体表面压碎——"未裂先坏"。当块体强度较低,局部受压面积内压力很大,在构件还没有开裂时局部受压区的砌体被压碎。破坏时构件外侧未发生竖向裂缝,具有明显的脆性。

大多数砌体局部受压是先裂后坏的第一种破坏形态,因劈裂破坏和局部压碎破坏表现出明显的脆性,工程设计中必须避免其发生。

(三)配筋砌体构件承载力

配筋砌体是钢筋与砌体或钢筋混凝土(钢筋砂浆)与砌体形成的一种砌体形式,它为古老的砌体结构注入了新的活力。配筋砌体强度高,变形能力较强,可减小构件截面尺寸,增加结构的整体性,提高抗震能力,极大增强了其适用性。

1. 网状配筋砖砌体受压构件承载力

1)网状配筋砖砌体的受力特点和破坏过程

网状配筋砖砌体是在砖砌体的水平灰缝(通缝)内加入钢筋网片形成的砌体构件,钢筋网片的网格尺寸、竖向间距,如图 4-32 所示。由于钢筋和砂浆以及砂浆和块材之间的黏结作用,使得钢筋和砌体能够共同工作。

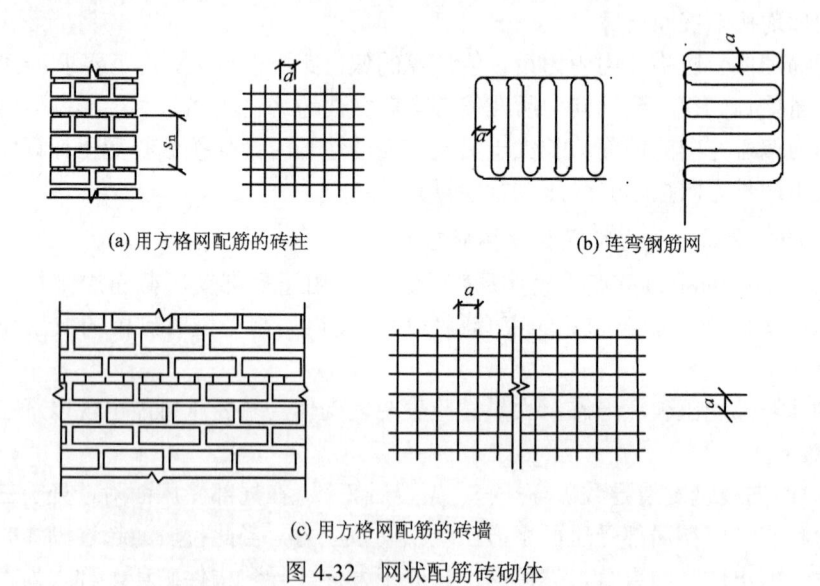

(a) 用方格网配筋的砖柱　　　　　(b) 连弯钢筋网

(c) 用方格网配筋的砖墙

图 4-32　网状配筋砖砌体

网状配筋砖砌体从施加荷载开始到破坏为止,按照裂缝的出现和发展可分为三个受力阶段,其受力性能与无筋砌体存在着本质上的区别。

(1)第一阶段:在加载的初始阶段个别砖内出现裂缝,所以表现出的受力特点与无筋砌体相同,但产生第一批裂缝的荷载大约为破坏荷载的 60%～75%,高于无筋砌体。

(2) 第二阶段：在第一批裂缝出现后继续增加荷载，裂缝发展很缓慢，纵向裂缝受横向钢筋的约束，不能沿砌体刚度方向形成连续裂缝，仅在横向钢筋网之间形成较小的纵向裂缝和斜裂缝，但裂缝数目较多。这一阶段所表现的破坏特征与无筋砌体有较大的不同。

(3) 第三阶段：荷载增至极限，部分开裂严重的砖脱落或被压碎，导致砌体完全破坏。这一阶段不会像无筋砌体那样形成竖向小柱体，砖抗压强度的利用程度高于五金砌体。

2) 网状配筋砖砌体受压承载力计算

网状配筋砖砌体受压构件的承载力，可按下式计算：

$$N \leqslant \varphi_n f_n A \tag{4-83}$$

式中，f_n 为网状配筋砖砌体抗压强度设计值，MPa 或 N/mm²；A 为构件截面面积，mm²；φ_n 为网状配筋砖砌体的稳定系数。

对矩形截面构件，当轴向力偏心方向的截面边长大于另一方向的边长时，除按偏心受压计算外，还应对较小边长方向按轴心受压进行验算。当网状配筋砖砌体构件下端与无筋砌体交接时，尚应验算交接处无筋砌体的局部受压承载力。因截面尺寸受限，若承载力不满足，可采用网状配筋砖砌体。

2. 配筋砌块砌体构件承载力

配筋砌块砌体构件是在砌块孔洞内设置纵向钢筋，在水平灰缝处设置水平钢筋或箍筋，并在空洞内浇筑混凝土形成的组合构件。在实际应用中，配筋砌块砌体构件有配筋砌块剪力墙和配筋砌块构造柱两种类型。

1) 配筋砌块砌体构件正截面受压承载力计算

配筋砌块砌体构件正截面承载力应按下列基本假设进行计算：

a. 截面应变保持平面；

b. 竖向钢筋与其毗邻的砌体、灌孔混凝土的应变相同；

c. 不考虑砌体、灌孔混凝土的抗拉强度；

d. 根据材料选择砌体、灌孔混凝土的极限应变，且不应大于 0.003；

e. 根据材料选择钢筋的极限拉应变，且不应大于 0.01。

(1) 轴心受压承载力。轴心受压配筋砌块砌体构件，当配有箍筋或水平分布钢筋时，其正截面受压承载力应按下列公式计算：

$$N \leqslant \varphi_{og}(f_g A + 0.8 f'_y A'_s) \tag{4-84}$$

$$\varphi_{og} = \frac{1}{1 + 0.001\beta^2} \tag{4-85}$$

式中，f_g 为灌孔砌体的抗压强度设计值，MPa，应按公式确定 $f_g = f = 0.6\alpha f_c$；f'_y 为钢筋的抗压强度设计值，MPa；A 为构件的毛截面面积，mm²；A'_s 为全部竖向钢筋的截面面积，mm²；φ_{0g} 为轴心受压构件的稳定系数；β 为构件的高厚比。

无箍筋或水平分布钢筋时，承载力仍可按式(4-75)计算，但应使 $f'_y A'_s = 0$；配筋砌块砌体构件的计算刚度 H_0 可取层高。

(2) 矩形截面偏心受压承载力。

①偏心受压类型当 $x \leqslant \xi_b h_0$ 时，为大偏心受压，如图 4-33(a)所示；当 $x > \xi_b h_0$ 时，为小偏心受压，如图 4-33(b)所示。界限相对受压区高度，对 HPB235 级钢筋，取 ξ_b =0.60，对 HRB335 级钢筋，取 ξ_b =0.53。

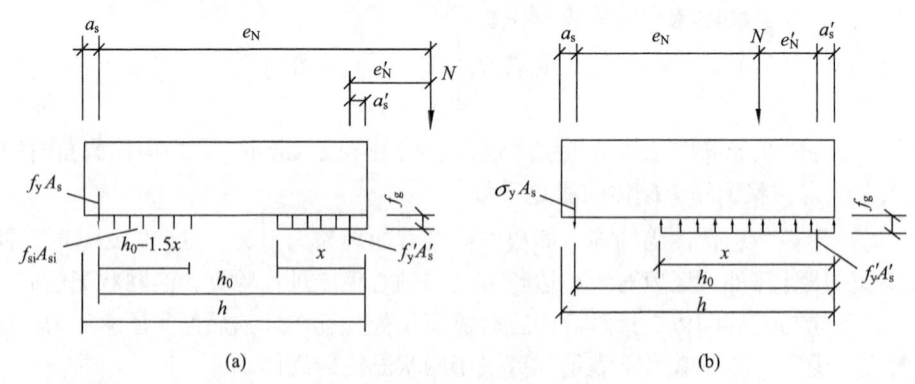

图 4-33 矩形截面偏心受压
(a)大偏心受压；(b)小偏心受压

②大偏心受压承载力计算公式为

$$N \leqslant f_g bx + f'_y A'_s - f_y A_s - \sum f_{si} A_{si} \tag{4-86}$$

$$Ne_N \leqslant f_g bx(h_0 - 0.5x) + f'_y A'_s(h_0 - a'_s) - \sum f_{si} S_{si} \tag{4-87}$$

式中，N 为轴向力设计值，N；f_y、f'_y 为竖向受拉、受压主筋的强度设计值，MPa；b 为截面宽度，mm；f_{si} 为竖向分布钢筋的抗拉强度设计值，MPa；A_s、A'_s 为竖向受拉、受压主筋的截面面积，mm²；A_{si} 为单根竖向分布钢筋的截面面积，mm²；S_{si} 为第 i 根竖向分布钢筋对竖向受拉主筋的面积矩，mm²；e_N 为轴向力作用点到竖向受拉主筋合力点之间的距离，mm，可按式(4-56)确定。

当受压区高度 $x < 2a'_s$ 时，其正截面承载力可按下式计算：

$$Ne'_N \leqslant f_y A_s (h_0 - a'_s) \tag{4-88}$$

式中，e'_N 为轴向力作用点至竖向受压主筋合力点之间的距离，mm，可按式(4-57)确定。

③小偏心受压承载力计算公式为

$$N \leqslant f_g bx + f'_y A'_s - \sigma_s A_s \tag{4-89}$$

$$Ne_N \leqslant f_g bx(h_0 - 0.5x) + f'_y A'_s(h_0 - a'_s) \tag{4-90}$$

$$\sigma_s = \frac{f_y}{\zeta_b - 0.8}\left(\frac{x}{h_0} - 0.8\right) \quad (4\text{-}91)$$

当受压区受压主筋无箍筋或无水平钢筋约束时，可不考虑竖向受压钢筋的作用，即可取 $f'_y A'_s = 0$。

矩形截面对称配筋砌块砌体剪力墙小偏心受压时，也可近似按下式计算钢筋截面面积：

$$A_s = A'_s = \frac{Ne_N - \xi(1 - 0.5\xi)f_g bh_0^2}{f'_y(h_0 - a'_s)} \quad (4\text{-}92)$$

此时，相对受压区高度可按下式计算：

$$\xi = \frac{x}{h_0} = \frac{N\xi_b f_g bh_0}{\dfrac{Ne_N - 0.43 f_g bh_0^2}{(0.8 - \xi_b)(h_0 - a'_s)} + f_g bh_0} + \xi_b \quad (4\text{-}93)$$

2) 配筋砌块砌体构件斜截面受剪承载力计算

剪力墙的截面尺寸应满足下列要求：

$$V = 0.25 f_g b \quad (4\text{-}94)$$

式中，V 为剪力墙的剪力设计值，N；b 为剪力墙截面宽度，mm。

矩形截面受剪承载力计算：

(1) 偏心受压时斜截面受剪承载力：

$$\lambda = \frac{M}{Vh_0} \quad (4\text{-}95)$$

(2) 偏心受拉时斜截面受剪承载力：

$$V \leqslant \frac{1}{\lambda - 0.5}(0.6 f_{vg} bh_0 + 0.22 N) + 0.9 f_{yh}\frac{A_{sh}}{s}h_0 \quad (4\text{-}96)$$

式 (4-95) 和式 (4-96) 中，f_{vg} 为灌孔砌体抗剪强度设计值，MPa，按公式 $f_{vg} = 0.2 f_g^{0.55}$ 确定；M、N、V 分别为计算截面的弯矩(N·mm)、轴向力(N)和剪力(N)设计值，当 $N > 0.25 f_g bh$ 时，取 $N = 0.25 f_g bh$；f_{yh} 为水平钢筋的抗拉强度设计值，MPa；A_{sh} 为配置在同一截面内的水平分布钢筋的全部截面面积；h_0 为剪力墙截面的有效高度，mm；h 为水平分布钢筋的竖向间距，mm。

三、钢结构的承载力计算

(一) 轴心受力构件

只受通过构件截面形心轴线的轴向力作用的构件称为轴心受力构件。

结构能够满足功能要求且能良好地工作，称结构为"可靠"或"有效"，反之则称之为"不可靠"或"失效"，而区分结构可靠与否的标志就是"极限状态"。

轴心受拉构件的破坏形式一般为强度破坏；轴心受压构件的破坏形式有强度破坏、整体失稳破坏和局部失稳破坏，轴心受压构件的截面若无削弱，一般不会发生强度破坏，因为整体失稳或局部失稳总是发生在强度破坏之前。按承载能力极限状态设计时，轴心受拉构件只需进行强度验算；轴心受压构件除强度验算还有稳定问题。

按正常使用极限状态设计时，轴心受力构件通过限制构件的长细比(λ)来保证：$\lambda = l_0 / i \leqslant [\lambda]$。

1. 轴心受力构件的强度和刚度

工程设计时，考虑各种安全度因素，采用强度设计值 f_d 进行计算，轴心受力构件的强度：

$$\sigma = \frac{N}{A_n} \leqslant f_d \tag{4-97}$$

式中，A_n 为轴心受力构件的净截面面积；σ 为截面平均应力；N 为轴心受力构件承受外力设计值。

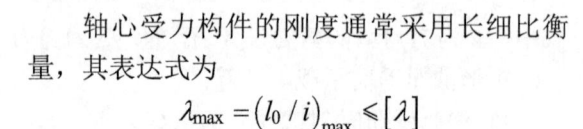

轴心受力构件的刚度通常采用长细比衡量，其表达式为

$$\lambda_{\max} = (l_0 / i)_{\max} \leqslant [\lambda]$$

式中，$\lambda_{\max}$ 为杆件的最大长细比；l_0 为计算杆件长细比时的计算长度；i 为截面回转半径；$[\lambda]$ 为容许长细比，查有关规范。

2. 轴心受力构件的整体稳定性

当轴心压力超过临界压力后，构件就不能维持平衡而失稳破坏。轴心受压构件整体失稳破坏类型有三种：弯曲屈曲，扭转屈曲，弯扭屈曲，如图 4-34 所示。其中，弯曲屈曲是确定轴心压杆稳定承载力的主要依据。轴心受压构件整体失稳破坏与截面形式有密切关系，与构件的细长程度也有关系。

18 世纪，欧拉采用"理想轴心压杆模型"，即假定杆件是等截面直杆，压力的作用线与截面的形心纵轴重合，材料是完全均匀和弹性的，得到了著名的欧拉临界力和欧拉临界应力：

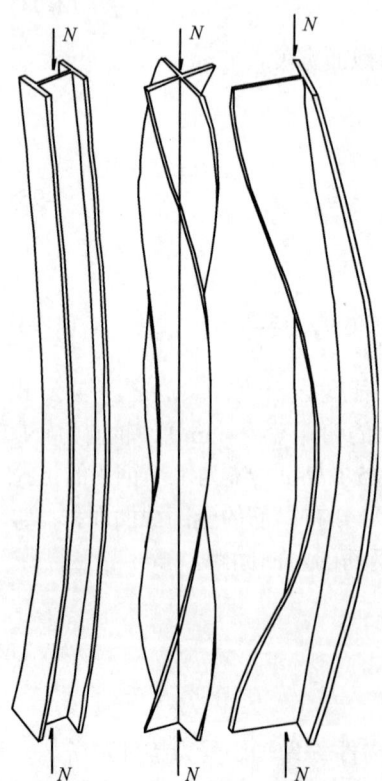

图 4-34 受弯构件的整体失稳

$$N_E = \frac{\pi^2 EA}{\lambda^2} = \frac{\pi^2 EI}{l_0^2} \tag{4-98}$$

$$\sigma_E = \frac{\pi^2 E}{\lambda^2} \tag{4-99}$$

式中，N_E 为欧拉临界力；E 为材料的弹性模量；A 为压杆的截面面积；λ 为压杆的最大长细比；σ_E 为欧拉临界应力。

临界力考虑安全因素后的设计值作为轴压杆的稳定承载力设计值。

对于理想压杆，欧拉弯曲失稳临界力 N_{Ex}、N_{Ey} 和欧拉扭转失稳临界力 $N_{E\theta}$ 为

$$N_{Ex} = \frac{\pi^2 EI_x}{l_{0x}^2} \tag{4-100}$$

$$N_{Ey} = \frac{\pi^2 EI_y}{l_{0y}^2} \tag{4-101}$$

$$N_{E\theta} = \left(\frac{\pi^2 EI_w}{l_{0\theta}^2} + GI_t + \overline{R} \right) \frac{1}{r_0^2} \tag{4-102}$$

$$\overline{R} = \int_A \sigma_r (x^2 + y^2) \mathrm{d}A \tag{4-103}$$

式中，I_x、I_y 为截面对主轴 x 和 y 的惯性矩；I_w 为截面扇性惯性矩；I_t 为截面的抗扭惯性矩；σ_r 为截面残余应力，以拉力为正。

弯扭失稳时的临界力和临界应力为

$$N_{Ew} = \frac{\pi^2 EA}{\lambda_w^2} \tag{4-104}$$

$$\sigma_{Ew} = \frac{\pi^2 E}{\lambda_w^2} \tag{4-105}$$

式中，λ_w 为弯扭失稳时的换算长细比：

$$\lambda_w^2 = \frac{1}{2}\left(\lambda_x^2 + \lambda_\theta^2\right) + \frac{1}{2}\sqrt{\left(\lambda_x^2 + \lambda_\theta^2\right) - 4\left(1 - \frac{x_0^2}{r_0^2}\right)\lambda_x^2 \lambda_\theta^2} \tag{4-106}$$

轴心受压柱按下式计算整体稳定：

$$\sigma = N/(\varphi A) \leqslant f_d \tag{4-107}$$

式中，N 为轴心受压构件的压力设计值；A 为构件的毛截面面积；φ 为轴心受压构件的稳定系数；f_d 为钢材的抗压强度设计值。

3. 实腹式轴心受压构件的截面设计和构造要求

截面积分布应尽量开展（远离主轴线），已增加截面的惯性矩和回转半径，提高构件的稳定性和刚度；为使两个主轴方向等稳定，$\varphi_x = \varphi_y (\lambda_x = \lambda_y)$，即 x 与 y 方向的轴心压杆稳定系数或者 x 与 y 方向的长细比尽可能相近；截面设计应便于与

其他构件连接；制造省工，节约钢材；选用能得到供应的钢材规格。

(1)当实腹式轴心受压柱腹板宽厚比 $h_0/t_w > 80\sqrt{235/f_y}$ 时，应设腹板成对横向加劲肋，以防扭转变形失稳破坏，横向加劲肋间距不大于 $3h_0$，其外伸宽度 b_s 应不小于 $(h_0/30+40)$ mm，厚度不小于 $b_s/15$。

(2)大型实腹式构件应在承受较大横向力处和每个运输单元的两端设置横隔，构件较长时还应设置中间横隔，间距不宜超过构件截面较大宽度的9倍和8m。

(二)受弯构件

1. 受弯构件的类型与截面

只受弯矩作用或受弯矩与剪力共同作用的构件称为受弯构件。实际工程中，以受弯受剪力为主但作用很小的轴力的构件，也常称为受弯构件。结构中的受弯构件主要以梁的形式出现，通常受弯构件和广义的梁是指同一对象。

受弯构件分为以下几类。

(1)按支承情况的不同，可以分为简支梁、悬臂梁和连续梁。
(2)按截面形式可以分为型钢梁和组合梁两大类。
(3)根据梁截面沿长度方向有无变化，可以分为等截面梁和变截面梁。
(4)根据受力情况的不同，还可以分为单向受弯梁和双向受弯梁(斜弯曲梁)。

2. 受弯构件的主要破坏形式

受弯构件的主要破坏模式包括截面强度破坏、整体失稳、局部失稳。

1)截面强度破坏

设构件在弯矩作用下截面绕强轴转动，正截面应力为

$$\sigma = \frac{M_x}{W_{nx}} \tag{4-108}$$

式中，M_x 为截面绕 x 轴的弯矩；W_{nx} 为对 x 轴的净截面模量。

受弯构件的截面应力发展如下所述。

构件的截面应力-应变关系如图4-35所示。随着弯矩增大，正截面应力的增大，截面应力从弹性状态，逐渐过渡到弹塑性状态，最后是塑性状态。

(1)弹性状态。整个截面上的应力都小于材料的屈服点，截面处于弹性状态，假如不考虑残余应力的影响，这种状态一直保持到截面最外"纤维"的应力达到屈服点为止。

$$M_x \leqslant W_{nx} f_y \tag{4-109}$$

式中，f_y 为钢材标号所指的屈服点；M_x 为截面绕 x 轴的弯矩；W_{nx} 为对 x 轴的净截面模量。

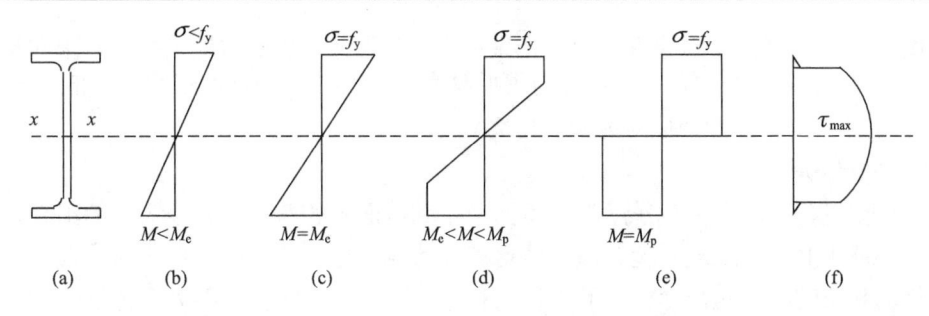

图 4-35 受弯构件不同弯矩下的应力变化

(2) 弹塑性状态。随着弯矩继续增大，截面外侧及其附近的应力相继达到和保持在屈服点的水准上，主轴附近则保持一个弹性核。应力达到屈服点的区域称为塑性区，塑性区的应变在应力保持不变的情况下继续发展，截面弯曲刚度仅靠弹性核提供。

$$W_{nx} f_y < M_x < W_{px} f_y \tag{4-110}$$

(3) 塑性状态。当弯矩增长使弹性核变得非常小时，相邻两截面在弯矩作用方向几乎可以自由转动，这种情况可以看做是抗弯承载力极限。

$$M_{px} = W_{px} f_y \tag{4-111}$$

实际工程的受弯构件的截面上都会有剪力，若截面最大剪应力达到材料剪切屈服值，也可视为强度破坏。有时，最大弯矩截面上会同时受到剪力和局部压力的作用，在这种多种应力同时存在的情况下，受弯构件的截面抗弯强度与只受弯矩时相比，会有若干降低。因此，强度验算包括正应力、剪应力、局部压应力验算，对组合梁还要验算翼缘与腹板交界处的折算应力。

正应力为

$$\sigma = \frac{M_x}{\gamma_x W_x} = \frac{f_y}{\gamma_y} \leqslant f \tag{4-112}$$

剪应力为

$$\tau = \frac{V_y S_x}{I_x t} \leqslant f_v \tag{4-113}$$

局部压应力为

$$\sigma_c = \frac{\psi F}{t_w l_z} \leqslant f \tag{4-114}$$

折算应力为

$$\sqrt{\sigma^2 + \sigma_c^2 - \sigma \sigma_c + 3\tau^2} \leqslant \beta_1 f \tag{4-115}$$

式(4-112)～式(4-115)中，γ_x、γ_y 为截面的塑性发展系数；f 为钢材的抗弯设计

强度；V_y 为计算截面沿腹板平面的作用剪力；S 为计算剪应力处毛截面对中和轴的面积矩；I_x 为毛截面惯性矩；t_w 为腹板厚度；f_v 为钢材的抗剪强度设计值；σ、σ_c、τ 分别为正应力、压应力和剪应力。

2) 整体失稳

单向受弯构件在荷载作用下，虽然最不利截面上的弯矩与其他内力的组合效应，还低于截面的承载强度，但构件可能突然偏离原来的弯曲变形平面，发生侧向挠曲和扭转，称为受弯构件的整体失稳。失稳时构件的材料都处于弹性阶段，称为弹性失稳，否则称为弹塑性失稳。受弯构件整体失稳后，一般不能再承受荷载的作用；不仅如此，若构件在平面外的弯曲及扭转（弯扭变形）的发展不能予以抑制，就不能保持构件的静态平衡并发生破坏。

影响受弯构件整体稳定性的因素有侧向抗弯刚度、抗扭刚度；受压翼缘的自由长度（受压翼缘侧向支承点间距）；荷载作用种类；荷载作用位置；梁的支座情况。

3. 构件受弯时的截面强度与刚度

1) 截面抗弯强度

构件受弯时截面强度的设计准则有三种：边缘屈服准则、全截面屈服准则、截面部分塑性准则。

(1) 单向受弯时的强度准则如下。

① 边缘屈服准则，即截面上边缘纤维的应力达到钢材的屈服点时，就认为受弯构件的截面已达到强度极限，截面上的弯矩称为屈服弯矩。采取这一准则，对截面只需进行弹性分析。

工程计算公式为

$$M_x \leqslant M_{ex} \text{ 或 } \sigma = \frac{M_x}{W_{xn}} \leqslant f_d \qquad (4\text{-}116)$$

② 截面屈服准则，即以整个截面的内力达到截面承载力极限强度的状态作为强度破坏的界限。

$$M_x \leqslant M_{px} \qquad (4\text{-}117)$$

截面塑性系数为

$$r_{px} = \frac{M_{px}}{W_{ex}} = \frac{M_{px}}{W_x} \qquad (4\text{-}118)$$

工程计算公式为

$$\frac{M_x}{W_{pxn}} \leqslant f_d \qquad (4\text{-}119)$$

③ 有塑性发展的强度准则，即将截面塑性区设置在某一范围，一旦塑性区达

到规定的范围即视为强度破坏。

$$M_x \leqslant \gamma_x M_{ex}, 1 < \gamma_x < \gamma_{px} \tag{4-120}$$

工程计算公式为

$$\frac{M_x}{\gamma_x W_{xn}} \leqslant f_d \tag{4-121}$$

(2) 双向受弯时的强度准则如下。

设绕截面两个主轴分别作用弯矩 M_x、M_y，边缘屈服的工程计算公式为

$$\frac{M_x}{W_{xn}} + \frac{M_y}{W_{yn}} \leqslant f_d \tag{4-122}$$

截面部分塑性准则边缘屈服的工程计算公式为

$$\frac{M_x}{\gamma_x W_{xn}} + \frac{M_y}{\gamma_y W_{yn}} \leqslant f_d \tag{4-123}$$

全截面屈服准则的工程计算公式为

$$\frac{M_x}{W_{pxn}} + \frac{M_y}{W_{pyn}} \leqslant f_d \tag{4-124}$$

2) 截面抗剪强度

按材料力学，剪应力强度计算公式为

$$\tau = \frac{V_y S_x}{I_x t} \tag{4-125}$$

式中，V_y 为截面上设置的剪力，设与 y 轴平行；S_x 为与剪力作用线垂直的截面主轴的惯性矩；I_x 为计算点处截面面积距；t 为计算点处截面的宽度或板件的厚度。

截面上剪应力最大值达到屈服应力，也是强度的一种极限状态：$\tau \leqslant f_{vy}$，设计时则用 $\tau \leqslant f_{vyd}$。

当梁的抗剪强度不足时，最有效的办法是增大腹板的面积，但腹板高度 h_w 一般由梁的刚度条件和构造要求确定，故设计时常采用加大腹板厚度 t_w 的办法来增大梁的抗剪强度。

3) 受弯构件的刚度

受弯构件变形太大，会妨碍正常使用，导致依附于受弯构件的其他部件损坏。工程设计中，通常有限制受弯构件竖向挠度的要求。一般表达式为

$$\upsilon \leqslant [\upsilon_T] 及 [\upsilon_Q] \tag{4-126}$$

式中，υ 为梁的最大挠度，按荷载标准值计算；$[\upsilon_T]$、$[\upsilon_Q]$ 分别为全部荷载下和可变荷载下受弯构件挠度限值，按规范取。

4. 受弯构件的局部稳定

当荷载达到某一值时，梁的腹板和受压翼缘将不能保持平衡状态，发生出平

面波形鼓曲,称为梁局部失稳。梁局部稳定分为受压翼缘和受压腹板。

《钢筋混凝土设计规范》规定不发生局部失稳的板件宽厚比:强度计算考虑截面塑性发展时,$\frac{b_0}{t} \leqslant 13\sqrt{\frac{235}{f_y}}$;强度计算不考虑截面塑性发展($\gamma x =1.0$)时,$\frac{b_0}{t} \leqslant 15\sqrt{\frac{235}{f_y}}$。对于箱形截面受压翼缘在两腹板(或腹板与纵向加劲肋)间的无支承宽度 b_0 与其厚度的比值应满足 $\frac{b_0}{t} \leqslant 40\sqrt{\frac{235}{f_y}}$。

为提高局部稳定临界应力,可以通过改变板件约束条件、改变板件宽厚比、长宽比来达到。具体的途径是设置加劲肋改变板件区格划分,或增大板厚,也可提高截面高度,使工作应力降低大于临界应力降低。

(三)拉弯与压弯构件承载力

构件受到沿杆轴方向的压力(轴力)和绕截面形心主轴的弯矩作用,称为压弯构件。在弹性工作阶段,压弯构件的强度计算公式:

$$\sigma = \frac{N}{A} + \frac{M}{W} \leqslant f_y \tag{4-127}$$

拉弯与压弯构件的截面强度准则有边缘屈服准则、部分发展塑性准则和全截面屈服准则。设计时考虑截面削弱和采用强度设计值 f_d,则边缘屈服准则强度计算公式为

$$\frac{N}{A_n} + \frac{M_x}{W_{nx}} + \frac{M_y}{W_{ny}} \leqslant f_d \tag{4-128}$$

部分发展塑性准则强度计算公式为

$$\frac{N}{A_n} + \frac{M_x}{\gamma_x W_{nx}} + \frac{M_y}{\gamma_y W_{ny}} \leqslant f_d \tag{4-129}$$

全截面屈服准则强度计算公式为

$$\frac{N}{A_n} + \frac{M_x}{W_{pnx}} + \frac{M_y}{W_{pny}} \leqslant f_d \tag{4-130}$$

式中,M_x, M_y 为两个主轴方向的弯矩;γ_x, γ_y 为两个主轴方向的塑性发展因数。

构件在弯矩作用平面内稳定承载力的实用相关公式:假设两端铰支的压弯构件,变形曲线为正弦曲线,其受压最大边缘纤维应力达到屈服点时,承载力用下式表示:

$$\frac{N}{N_\mathrm{p}}+\frac{M_x+N\cdot e_0}{M_\mathrm{e}\left(1-\dfrac{N}{N_{\mathrm{E}x}}\right)}=1 \tag{4-131}$$

式中，N、M_x 为轴心压力和沿构件全长均布的弯矩；e_0 为各种初始缺陷的等效偏心距；N_p 为无弯矩作用时，全截面屈服的极限承载力，$N_\mathrm{p}=Af_\mathrm{y}$；$M_\mathrm{e}$ 为无轴心力作用时，弹性阶段的最大弯矩，$M_\mathrm{e}=W_{1x}f_\mathrm{y}$ $1/(1-N/N_{\mathrm{E}x})$ 为压力和弯矩联合作用下的弯矩放大因数；$N_{\mathrm{E}x}=\dfrac{\pi^2 EA}{\lambda_x^2}$ 为欧拉临界力。

弯矩作用平面内稳定(在 N、M_x 作用下)：

$$\frac{N}{\varphi_x A}+\frac{\beta_{\mathrm{m}x}\cdot M_x}{W_{1x}\left(1-\varphi_x\dfrac{N}{N'_{\mathrm{E}x}}\right)}\leqslant f \tag{4-132}$$

对于宽度很大的偏心受压柱为了节省材料常采用格构式构件，且通常采用缀条柱。因为平面外弯曲刚度大于平面内(实轴)，所以格构式构件整体弯矩作用平面外的稳定不必验算，但要进行分肢稳定验算。

为保证压弯构件中板件的局部稳定，《混凝土结构设计规范》采取了同轴心受压构件相同的方法，限制翼缘和腹板的宽厚比及高厚比。压弯构件的受压翼缘板，其应力情况与受弯构件的受压翼缘基本相同，因此其外伸宽度与厚度之比以及箱形截面翼缘在腹板之间的宽厚比均与受弯构件的宽厚比限值相同。

第五章 水 力 学

水力学是以以水为代表的液体为研究对象,阐明液体平衡和机械运动规律及其应用。土地整治工程中的灌溉、河道整治、输水管、涵洞、河渠及水工建筑物的设计、施工、运行管理等都必须以水力计算作依据。本章主要阐述应用水力学基本规律解决土地工程中的水力学问题的方法,如管、渠、闸、坝的过水能力,泄水建筑物下游余能的消除及其堰流的水力计算等。

第一节 水 静 力 学

在土地整治工程实际中,常遇到许多水静力学问题,如作用于挡水坝和闸门上的静水压力以及测量液体压强的各种仪表的工作原理等,都要用到水静力学的知识。

一、静水压强及其特征

静水压强是学习水力学的基础,同时也是解决土地整治工程中水力荷载问题的基础。在静止液体中,质点之间没有相对运动,不存在切力,同时液体又不能承受拉力,因此静止液体相邻两部分之间以及液体与固体壁面之间的表面力只有静水压力。

(一)静水压强定义

静水压力是指平衡液体内部相邻两部分之间相互作用的力或者指液体对固体壁面的作用力,用大写字母 P 表示,单位是 N 或者 kN。压力 P 的大小与面积 A 成正比。为了研究压力在面积上的分布情况,引进静水压强的概念。

在静止液体中任取一点 m,围绕 m 点取一微小面积 ΔA,作用在该面积上的静水压力为 ΔP,如图 5-1 所示。面积 ΔA 上的平均压强为 $\overline{P} = \dfrac{\Delta P}{\Delta A}$。如果压强分布不均匀,将面积 ΔA 围绕 m 点无限缩小,当 ΔA 趋近于零时,比值 $\dfrac{\Delta P}{\Delta A}$ 的极限称为 m 点的静水压强。压强用小写字母

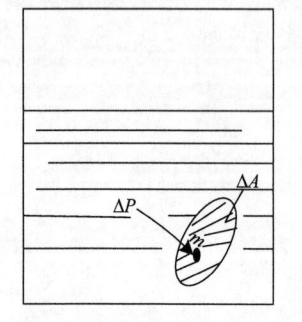

图 5-1 静水压强

p 表示，即

$$p = \lim_{\Delta A \to 0} \frac{\Delta P}{\Delta A} = \frac{\mathrm{d}p}{\mathrm{d}A} \tag{5-1}$$

其中压强 p 的单位是 N/m^2(Pa) 和 kN/m^2(kPa)，气象上常用百帕(100 Pa)为气压单位。

(二)静水压强的特征

静水压强的方向与受压面垂直并指向受压面，如图 5-1 所示。如果静水压力 ΔP 不垂直于作用面，则可将 ΔP 分解为两个分力，一个力垂直于作用面，另一个力与作用面平行，这个与作用面平行的力即为切力，由于静止液体不能承受切力，所以平行于作用面的切力应等于零，也就是说，静水压强必垂直指向作用面。

在静止液体中，任一点静水压强的大小与作用面的方位无关；或者说，在同一点处各个方向的静水压强的大小均相等，但液体中不同点上的静水压强可以不等。

二、液体平衡微分方程

(一)液体平衡微分方程

在土地整治工程中，利用液体平衡微分方程研究河渠、管道等液体静水压强分布规律。液体平衡微分方程式，是表征液体处于平衡状态时作用于液体上各种力之间的关系式。

假设在平衡液体中分割出一块微分平行六面体 $ABCDEFGH$ (图 5-2)，其边长分别为 $\mathrm{d}x, \mathrm{d}y, \mathrm{d}z$，形心点在 $Q(x, y, z)$，该六面体应在所有表面力和质量力的作用下处于平衡，现分别讨论其所受的力。

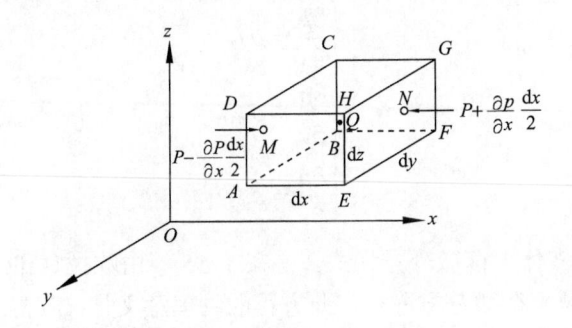

图 5-2 微分平行六面体

1. 表面力

作用于六面体的表面力，为周围液体对六面体各表面上所作用的静水压力。若平行六面体的形心点 Q 处静水压强为 p，由于静水压强是空间坐标的连续函数，$ABCD$ 面形心点 $M\left(x-\dfrac{\mathrm{d}x}{2},y,z\right)$ 处的静水压强可按泰勒级数表示，忽略高阶微量后为 $\left(p-\dfrac{\partial p}{\partial x}\dfrac{\mathrm{d}x}{2}\right)$；$EFGH$ 面形心点 $N\left(x+\dfrac{\mathrm{d}x}{2},y,z\right)$ 处的静水压强，可表达为 $\left(p+\dfrac{\partial p}{\partial x}\dfrac{\mathrm{d}x}{2}\right)$。在微分面上可认为各点静水压强相等，因而作用在面 $ABCD$ 和面 $EFGH$ 上的静水压力各为 $\left(p-\dfrac{\partial p}{\partial x}\dfrac{\mathrm{d}x}{2}\right)\mathrm{d}y\mathrm{d}z$ 及 $\left(p+\dfrac{\partial p}{\partial x}\dfrac{\mathrm{d}x}{2}\right)\mathrm{d}y\mathrm{d}z$。

其他各表面上的静水压力可用同样方法求得。

2. 质量力

令 f_x、f_y、f_z 分别表示作用于微分六面体上单位质量力在 x、y、z 轴上的投影，则总质量力在 x 方向的投影为 $\rho f_x \mathrm{d}x\mathrm{d}y\mathrm{d}z$。

当六面体处于平衡状态时，所有作用于六面体上的力，在三个坐标轴方向投影的和应等于零。在 x 方向有

$$\left(p-\frac{\partial p}{\partial x}\frac{\mathrm{d}x}{2}\right)\mathrm{d}y\mathrm{d}z-\left(p+\frac{\partial p}{\partial x}\frac{\mathrm{d}x}{2}\right)\mathrm{d}y\mathrm{d}z+\rho f_x\mathrm{d}x\mathrm{d}y\mathrm{d}z=0 \tag{5-2}$$

以 $\rho\mathrm{d}x\mathrm{d}y\mathrm{d}z$ 除以式(5-2)各项并简化后为

$$\frac{\partial p}{\partial x}=\rho f_x \tag{5-3}$$

同理，对于 F_y、F_z 方向可推出类似结果，从而得到微分方程组：

$$\begin{cases}\dfrac{\partial p}{\partial x}=\rho f_x\\[4pt]\dfrac{\partial p}{\partial y}=\rho f_y\\[4pt]\dfrac{\partial p}{\partial z}=\rho f_z\end{cases} \tag{5-4}$$

式(5-4)就是液体平衡微分方程式，是在 1755 年由欧拉(Euler)首先推导出来的，所以又称欧拉平衡微分方程式。此方程的物理意义是：在静止液体中，某点单位质量液体的质量力与静压强的合力相平衡。在推导这个方程中，除了假设是静止液体以外，其他参数(质量力和密度)均未作任何限制，所以该方程组的适用范围是静止或相对静止状态的可压缩和不可压缩液体。

液体平衡微分方程的积分是将式(5-4)中各式分别乘以 dx、dy、dz，然后相加得

$$\frac{\partial p}{\partial x}dx + \frac{\partial p}{\partial y}dy + \frac{\partial p}{\partial z}dz = \rho\left(f_x\,dx + f_y\,dy + f_z\,dz\right) \tag{5-5}$$

因为 $p = p(x, y, z)$，所以式(5-5)左端为函数 p 的全微分 dp。于是液体平衡微分方程的综合式可写为

$$dp = \rho(f_x\,dx + f_y\,dy + f_z\,dz) \tag{5-6}$$

式(5-6)是不可压缩均质液体平衡微分方程式的另一种表达形式。

下面根据液体平衡微分方程式来研究液体在平衡状态下作用于液体上的质量力应当具有的性质。

取式(5-4)中的前两式分别对 y 和 x 取偏导数：

$$\begin{cases} \dfrac{\partial^2 p}{\partial x \partial y} = \dfrac{\partial(\rho f_x)}{\partial y} \\[2mm] \dfrac{\partial^2 p}{\partial x \partial y} = \dfrac{\partial(\rho f_y)}{\partial x} \end{cases} \tag{5-7}$$

对于不可压缩均质液体，ρ 为常数，故式(5-7)可写为

$$\begin{cases} \dfrac{\partial^2 p}{\partial x \partial y} = \rho \dfrac{\partial f_x}{\partial y} \\[2mm] \dfrac{\partial^2 p}{\partial x \partial y} = \rho \dfrac{\partial f_y}{\partial x} \end{cases} \tag{5-8}$$

因函数的二次偏导数与取导的先后次序无关，故

$$\frac{\partial f_x}{\partial y} = \frac{\partial f_y}{\partial x} \tag{5-9}$$

同理，对式(5-4)中的二、三式及三、一式分别作类似的数学处理，并综合其结果为

$$\begin{cases} \dfrac{\partial f_x}{\partial y} = \dfrac{\partial f_y}{\partial x} \\[2mm] \dfrac{\partial f_y}{\partial z} = \dfrac{\partial f_z}{\partial y} \\[2mm] \dfrac{\partial f_z}{\partial x} = \dfrac{\partial f_x}{\partial z} \end{cases} \tag{5-10}$$

由此可知，作用于平衡液体上的质量力应满足式(5-10)的关系。由理论力学知，当质量力满足式(5-10)时，必然存在一个仅与坐标有关的力势函数 $U(x, y, z)$，

并且函数 U 对 x、y、z 的偏导数等于单位质量力在 x、y、z 坐标方向的投影，即

$$\begin{cases} f_x = \dfrac{\partial U}{\partial x} \\ f_y = \dfrac{\partial U}{\partial y} \\ f_z = \dfrac{\partial U}{\partial z} \end{cases} \tag{5-11}$$

而力势函数的全微分 dU，应等于单位质量力在空间移动 ds 距离所做的功，即

$$dU = \frac{\partial U}{\partial x}dx + \frac{\partial U}{\partial y}dy + \frac{\partial U}{\partial z}dz = (f_x\,dx + f_y\,dy + f_z\,dz) \tag{5-12}$$

具有式(5-11)关系的力则称为有势力(或保守力)，重力、惯性力都属于有势力。有势力所做的功与路径无关，只与起点及终点的坐标有关。

上述讨论表明，作用在液体上的质量力必须是有势力，液体才能保持平衡。比较式(5-6)及式(5-12)，可得出液体平衡微分方程式的另一种表达式为

$$dp = \rho\left(\frac{\partial U}{\partial x}dx + \frac{\partial U}{\partial y}dy + \frac{\partial U}{\partial z}dz\right) \tag{5-13}$$

或

$$dp = \rho\,dU \tag{5-14}$$

积分后可得

$$p = \rho U + C \tag{5-15}$$

其中积分常数 C 可由已知条件确定。如果已知平衡液体边界上(或液体内)某点的压强为 p_0、力势函数为 U_0，则积分常数 $C = p_0 - \rho U_0$。代入式(5-15)，变为

$$p = p_0 + \rho(U - U_0) \tag{5-16}$$

(二)等压面及等压面方程

在互相连通的同一种液体中，由压强相等的各点组成的面称为等压面。由式(5-13)可以看出，因等压面上 p 为常数，$dp = 0$，亦即 $\rho dU = 0$；对于不可压缩均质液体，ρ 为常数，故在等压面上 $dU = 0$，即 U 为常数。在平衡液体中等压面即等势面。等压面的方程式由式(5-13)可得出：

$$x\,dx + y\,dy + z\,dz = 0 \tag{5-17}$$

等压面具有一个重要的性质：作用于液体任意点处的质量力必然与通过该点的等压面垂直。

三、重力作用下静水压强的分布规律

土地整治工程中，作用于液体上的质量力常常只有重力。因此，在液体平衡一般规律基础上，研究重力作用下静止液体中压强的分布规律更有实用意义。

（一）静水压强的基本方程

1. 基本方程的表达式

考察重力作用下的静止流体，选直角坐标系 $Oxyz$，如图 5-3 所示，自由液面的位置高度为 z_0，压强为 p_0。现求液体中任一点的压强。

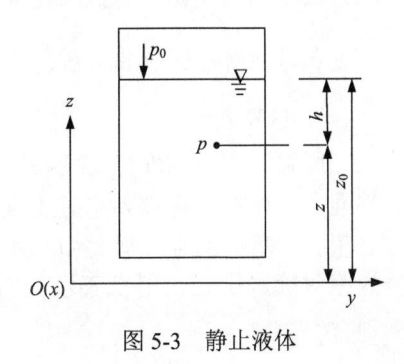

当质量力只有重力时，作用在静止液体上的单位质量力在各坐标轴上的分量分别为 $x=0$，$y=0$，$z=-mg/m=-g$（取坐标 z 轴向上为正），代入式 $\mathrm{d}p=\rho(x\mathrm{d}x+y\mathrm{d}y+z\mathrm{d}z)$ 得

$$\mathrm{d}p=-\rho g\mathrm{d}z \tag{5-18}$$

图 5-3 静止液体

对均质液体，密度 ρ 是常数，对式（5-18）积分得

$$p=-\rho g z+C' \tag{5-19}$$

将边界条件 $z=z_0$，$p=p_0$ 代入，得出积分常数为

$$C'=p_0+\rho g z_0$$

代入式（5-19）得

$$\begin{cases} p=p_0+\rho g(z_0-z) \\ p=p_0+\rho g h \end{cases} \tag{5-20}$$

式（5-20）表明：在重力作用下，液体中任一点的静水压强 p 由表面压强 p_0 和 $\rho g h$ 两部分组成，当 p_0 和 ρ 一定时，压强 p 随水深 h 的增大而增大，呈线性变化。式中 $\rho g h$ 的物理意义是单位面积上液柱的重量。

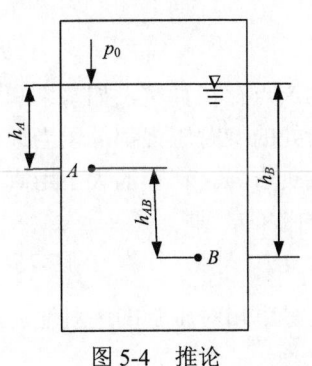

2. 推论

平衡状态下，液体内（包括边界上）任意点压强的变化，能等值地传递到其他各点。因为深度 h 相同的点，压强相等，所以在重力作用下的均质液体中，等压面为水平面。由式（5-20），液体中任意两点 A、B（图 5-4）的压强 p_A、p_B 的关系可写为

图 5-4 推论

$$p_B = p_A + \rho g h_{AB} \tag{5-21}$$

在平衡状态下，当 A 点的压强增加 Δp，则 B 点的压强变为

$$p' = (p_A + \Delta p) + \rho g h_{AB} = (p_A + \rho g h_{AB}) = p_B + \Delta p \tag{5-22}$$

即某点压强的变化，等值的传递到其他各点，这就是著名的帕斯卡原理。

(二) 绝对压强、相对压强、真空压强

1. 压强表示

压强 p 大小的度量有两种不同的标准。以完全真空时的绝对零压强 ($p=0$) 为基准来计量的压强称为绝对压强；而以当地大气压强为基准来计量的压强称为相对压强，显然绝对压强与相对压强之差相差一个大气压强。式(5-21)所示的压强为绝对静水压强，用 p 表示，而相对静水压强用 p' 表示，大气压强用 p_a 表示，则有

$$p' = p - p_a = p_0 + \gamma h - p_a \tag{5-23}$$

2. 大气压强

大气压强 p_a 是地球表面的气体所产生的，它是随位置、海拔、高度、温度等而变的，这对于计算、分析及整理资料很方便。一个标准大气压在国际单位制中为 $1.013 \times 10^5 \text{N/m}^2$；在土地工程有关水力学计算中为了计算方便习惯上取 $p_a = 9.8 \times 10^4 \text{N/m}^2 = 98 \text{kN/m}^2$，称之为一个工程大气压。

在土地整治工程中的河渠一般自由表面都是开敞于大气中，自由表面上的气体压强就是大气压，即 $p_0 = p_a$，因而静止液体内任一点的相对压强为

$$p' = \gamma h \tag{5-24}$$

其中容重 γ 为一常数。h 与 $\dfrac{p'}{\gamma}$ 之间有着单值的对应、换算关系，可见液柱高度可以用来表示压强的大小，通常把 $\dfrac{p'}{\gamma}$ 称为压强高度。

当液体中某一点的绝对压强小于大气压强时，则称该点存在真空，如水泵和风机的吸入管中，凝汽器、锅炉炉膛以及烟囱的底部等处的绝对压强都低于当地大气压强，这些地方的计示压强都是负值，称为真空或负压强。真空的大小用真空压强 p_B 表示，真空压强是指绝对压强小于大气压强的数值，即

$$p_B = p_a - p \tag{5-25}$$

某处发生真空时其相对压强必然为负值，真空压强也就等于相对压强的绝对值。

四、作用于平面上的静水总压力

作用在物体表面上的静水总压力，是土地整治工程技术上（如分析水池、水闸、

水坝及路基等的作用力)必须解决的水力学问题。在解决土地工程实际水力学问题中，除了要知道静止流体的压强分布规律外，还要确定流体作用在结构物表面上的总压力的大小和作用点。

(一)分析法

1. 总压力的大小和方向

设任意形状平面，面积为 A，与水平面夹角为 α(图 5-5)。选坐标系，以平面的延伸面与液面的交线为 Ox 轴，Oy 轴垂直于 Ox 轴向下。将平面所在坐标平面绕 Oy 轴旋转 $90°$，展现受压平面，如图 5-5 所示。

在受压面上，围绕任一点(h, y)取微元面积 dA，液体作用在 dA 上的微小压力，则
$$dp = \rho gh dA = \rho gy \sin\alpha \, dA$$

作用在平面上的总压力是平行力系的合力，即

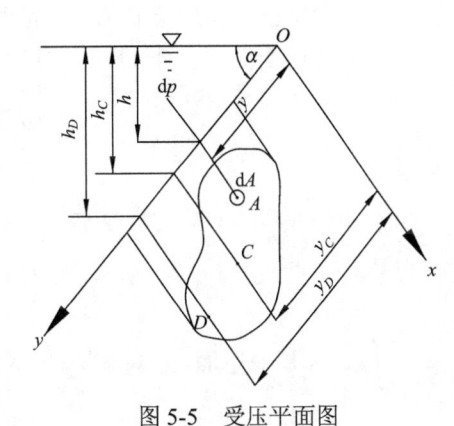

图 5-5 受压平面图

$$p = \int dp = \rho g \sin\alpha \int_A y \, dA \tag{5-26}$$

其中积分 $\int_A y \, dA$ 是受压面 A 对 Ox 轴的静矩，将 $\int_A y \, dA = y_C$ 代入式(5-26)，且有 $y_C \sin\alpha = h_C$，$\rho g h_C = p_C$，则平面上静水总压力为

$$p = \rho g y_C A \sin\alpha = \rho g h_C A = p_C A \tag{5-27}$$

式中，p 为平面上静水总压力；h_C 为受压面形心点的淹没深度；p_C 为受压面形心点的压强。式(5-27)表明，任意形状平面上的静水总压力的大小等于受压面面积与其形心点的压强乘积。总压力的方向沿受压面的内法线方向。

2. 总压力的作用点

设总压力作用点(压力中心)D 到 Ox 轴的距离为 y_D，则 $py_D = \int dp \cdot y = \rho g \sin\alpha \int_A y^2 \, dA$，积分 $\int_A y^2 \, dA$ 是受压面 A 对 Dx 轴的惯性距，将 $\int_A y^2 \, dA = I_x$ 代入得

$$py_D = \rho g \sin\alpha I_x \tag{5-28}$$

将式(5-27)代入式(5-28)后化简得

$$y_D = \frac{I_x}{y_C A} \qquad (5\text{-}29)$$

由平行移轴定理，$I_x = I_C + y_C^2 A$，代入上式得

$$y_D = y_C + \frac{I_C}{y_C A} \qquad (5\text{-}30)$$

式中，y_D 为总压力作用点到 Ox 轴的距离；y_C 为受压面形心到 Ox 轴的形心轴的距离；I_C 为受压面对平行于 Ox 轴的形心轴的惯性矩；A 为受压面的面积。

在式(5-30)中，$\dfrac{I_C}{y_C A} > 0$，故 $y_D > y_C$，即总压力作用点 D 一般在受压面形心 C 之下。

总压力作用点(压力中心) D 到 Oy 轴的距离为 x_D，根据合力矩定理

$$p x_D = \int_A \mathrm{d}p x = \rho g \sin\alpha \int_A xy \, \mathrm{d}A \qquad (5\text{-}31)$$

积分 $\int_A xy\,\mathrm{d}A$ 是受压面 A 对 x、y 轴的惯性积，$\int_A xy\,\mathrm{d}A = I_{xy}$，代入上式得

$$p x_D = \rho g \sin\alpha\, I_{xy} \qquad (5\text{-}32)$$

将 $p = \rho g \sin\alpha\, y_C$ 代入上式，化简得

$$x_D = \frac{I_{xy}}{y_C A} \qquad (5\text{-}33)$$

由惯性积的平行移轴定理可知：

$$I_{xy} = I_{xyc} + x_C y_C A \qquad (5\text{-}34)$$

式中，x_D 为总压力作用点到 Oy 轴的距离；x_C 为受压面形心到 Oy 轴的距离；y_C 为受压面形心到 Ox 轴的距离；I_{xyC} 为受压面对平行于 x、y 轴的形心轴的惯性积。惯性积 I_{xyC} 的数值可正可负，x_D 可能大于 x_C，也可能小于 x_C。

常见图形的几何特征量见表 5-1。

(二) 图解法

对于规则平面，一般用图解法比较方便，其步骤是先绘出压强分布图，然后根据压强分布图求总压力。

1. 压强分布图

压强分布图是在受压面承压的一侧，以一定比例尺的矢量线段表示压强大小和方向的图形。它是液体静压强分布规律的几何图示，对于与大气连通的容器，液体的相对压强 $p = \rho g h$，故压强沿水深呈直线分布。只要把上、下两点的压强

用线段绘出，中间以直线相连，就得到相对压强分布图(图5-6)。

表 5-1　常见图形的几何特征量

几何图形名称	面积 A	形心坐标 y_C	对通过形心轴的惯性矩 I_C	几何图形名称	面积 A	形心坐标 y_C	对通过形心轴的惯性矩 I_C
矩形	bh	$\dfrac{1}{2}h$	$\dfrac{1}{12}bh^3$	梯形	$\dfrac{h}{2}(a+b)$	$\dfrac{h}{3}\cdot\dfrac{(a+2b)}{(a+b)}$	$\dfrac{h^3}{36}\cdot\left[\dfrac{a^2+4ab+b^2}{a+b}\right]$
三角形	$\dfrac{1}{2}bh$	$\dfrac{2}{3}h$	$\dfrac{1}{36}bh^3$	圆	$\dfrac{\pi}{4}d^2$	$\dfrac{d}{2}$	$\dfrac{\pi}{64}d^4$
半圆	$\dfrac{\pi}{8}d^2$	$\dfrac{4r}{3\pi}$	$\dfrac{(9\pi^2-64)}{72\pi}r^4$	椭圆	$\dfrac{\pi}{4}bh$	$\dfrac{h}{2}$	$\dfrac{\pi}{64}bh^3$

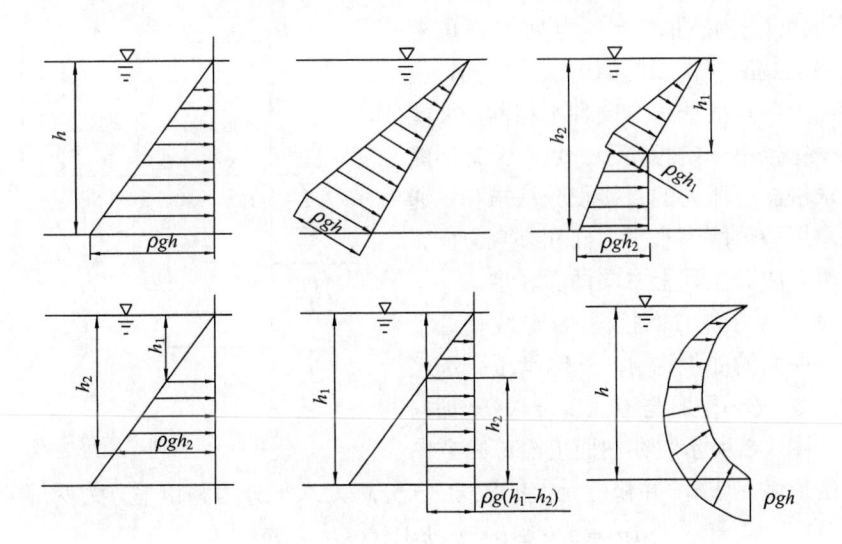

图 5-6　压强分布图

2. 图算法

设底边平行且等于液面的矩形平面 AB，与水平面夹角为 α，平面宽度为 b，上下底边的淹没深度为 h_1 和 h_2（图 5-7）。

根据压强分布规律，其压强分布图为梯形，总压力的大小等于压强分布图的面积 S 乘以受压面的宽度 b，即

$$P = bS \tag{5-35}$$

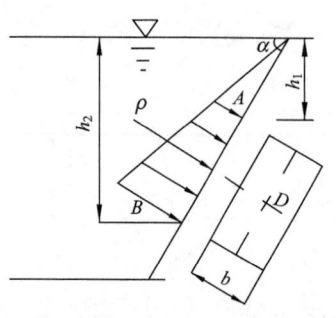

图 5-7 平面总压力（图算）

总压力的作用线通过压强分布图的形心，作用线与受压面的交点就是总压力的作用点。

五、作用于曲面上的静水总压力

实际工程中的受压曲面，如弧形闸门、拱坝的挡水面等，以母线水平的二向曲面（柱面）最为多见。由于静止液体作用在曲面上各点的压强方向都垂直于曲面各点的切线方向，各点压强大小的连线不是直线，故计算作用在曲面上静止液体的总压力的方法与平面不同，这就要求确定作用于曲面上的静水总压力。

（一）曲面上的液体总压力

作用于任意曲面上各点处的静止液体压强总是沿着作用面的内法线方向，由于曲面上各点的法线方向各不相同，彼此既不平行也不一定相交于一点，因此不能采用求平面总压力的直接积分法求和，通常将总压力分解为水平方向和垂直方向，然后再合成。工程上二向曲面较多。

设二向曲面 AB（柱面），母线垂直于图面，曲面的面积为 A，一侧承压。选坐标系，令 xOy 平面与液面重合，Oz 轴向下，如图 5-8 所示。在曲面上沿母线方向

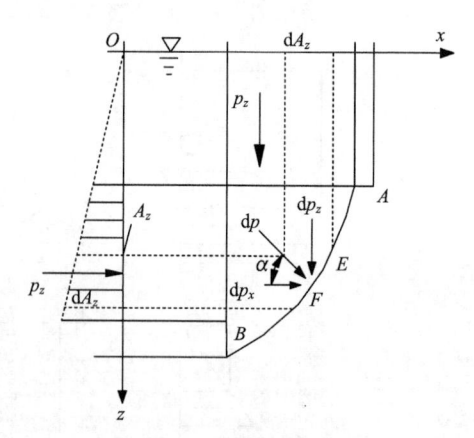

图 5-8 曲面上的总压力

任取条形微元 EF，并将微元上的压力 dp 分解为水平分力和铅垂分力两部分：

$$\begin{cases} dp_x = dp\cos\alpha = \rho g h\, dA\cos\alpha = \rho g h\, dA_x \\ dp_z = dp\sin\alpha = \rho g h\, dA\sin\alpha = \rho g h\, dA_z \end{cases} \tag{5-36}$$

式中，α 为 dp 与水平面的夹角；dp_x 为 EF 在铅垂投影面上的投影；dp_z 为 EF 在水平投影面上的投影。

总压力的水平分力为

$$p_x = \int \mathrm{d}p_x = \rho g \int_{A_x} h \mathrm{d}A_x \tag{5-37}$$

其中积分 $\int_{A_x} h \mathrm{d}A_x$ 是曲面的铅垂投影面 A_x 对 Oy 轴的静矩，$\int_{A_x} h \mathrm{d}A_x = h_C A_x$，代入式(5-37)，得

$$p_x = \rho g h_C A_x = p_C A_x \tag{5-38}$$

式中，p_x 为曲面上总压力的水平分力；A_x 为曲面的铅垂投影面积；h_C 为投影面 A_x 形心点淹没深度；p_C 为投影面 A_x 形心点的压强。

式(5-38)表明，液体作用在曲面上总压力的水平分力，等于作用在该曲面的铅垂投影面上的压力。可以按照确定平面总压力的方法来求解 p_x。

总压力的铅垂分力为

$$p_z = \int \mathrm{d}p_z = \rho g \int_{A_z} h \mathrm{d}A_z \tag{5-39}$$

其中积分 $\int_{A_z} h \mathrm{d}A_z$ 表示曲面到自由液面(或自由液面的延伸面)之间的铅垂曲底柱体的体积，称为压力体，记为 V_p，则 p_z 可写为

$$p_z = \rho g V_\mathrm{p} \tag{5-40}$$

式(5-40)表明，液体作用曲面上总压力的铅垂分力等于压力体的重量。

液体作用在二向曲面上的总压力是平面汇交力系的合力，为

$$p = \sqrt{p_x^2 + p_z^2} \tag{5-41}$$

总压力作用线与水平面夹角为

$$\tan\alpha = \frac{p_z}{p_x}, \quad \alpha = \arctan\frac{p_z}{p_x} \tag{5-42}$$

过 p_x 作用线(通过 A_x 压强分布图形心)和 p_x 作用线(通过压力体的形心)的交点，做与水平面成 α 角的直线就是总压力作用线，该线与曲面的交点即为总压力作用点。

(二)压力体

土地工程中的相关水力学研究，最常遇到的曲面是二元曲面，如弧形闸门、圆形贮水池壁面、圆管壁面等，常见的具有水平母线的二元曲面的压力体。

式(5-40)中，积分 $\int h \mathrm{d}A_z = \rho g V_\mathrm{P}$ 表示的几何体积称为压力体。压力体可用下列方法确定：设想取铅垂线沿曲面边缘平行移动一周，割出的以自由液面(或延伸

面)为上底，曲面本身为下底的柱体就是压力体。

随曲面承压位置的不同，压力体大致分为以下几种。

1. 实压力体

压力体和液体在曲面 AB 的同侧。此时假想压力体内盛有液体，习惯上称为实压力体或正压力体。p_z 方向向下（图 5-9）。

2. 虚压力体

压力体和液体在曲面 AB 的异侧，其上底面为自由液面的延伸面，压力体内无液体，习惯上称为虚压力体或负压力体，p_z 方向向上（图 5-10）。

3. 压力体迭加

当曲面为凹凸相间的复杂柱面时，可在曲面与铅垂面相切处将曲面分开，分别绘出各部分的压力体，并定出各部分垂直水压力的方向，然后合起来即可得出总的垂直压力的方向。例如，半圆柱面 ABC（图 5-11）的压力体，分别按曲面 AB、BC 确定，迭加后得到虚压力体 ABC，p_z 方向向上。

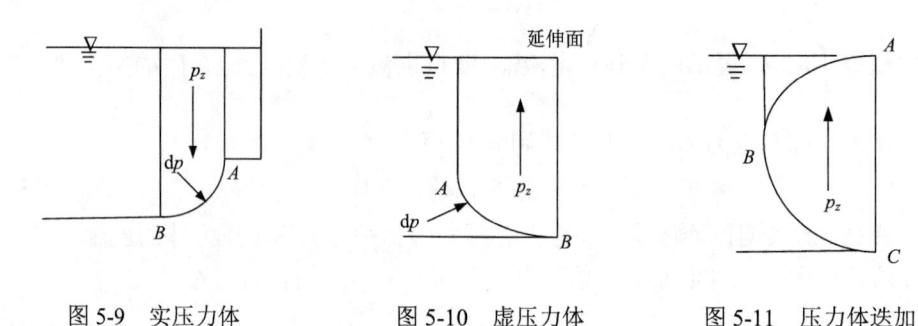

图 5-9　实压力体　　　图 5-10　虚压力体　　　图 5-11　压力体迭加

第二节　水动力学基本原理

在自然界和土地整治工程实践中，液体常处于运动状态，如管道、河道、渠道及流经闸坝等水工建筑物的水流。这里所说的液体运动，是指液体内部流层间以及液体与周围固体边界（如河床、管壁及坝面）间存在相对运动。土地工程中有关水动力学的基本任务就是研究这些运动要素间的相互关系及其变化规律，以及这些规律在土地工程实际中的应用。

一、描述液体运动的两种方法

水力学中，把液体看作是由无数质点所组成的没有空隙的连续介质，并且认为表征液体运动的各物理量也是连续变化的。描述液体运动就是研究液体质点随空间位置和时间变化时的情况,常用的描述液体运动的方法有拉格朗日法和欧拉法。

(一)拉格朗日法

在连续的流体运动中,任意流体质点的空间位置,是质点的起始坐标(a, b, c)(即当时间t等于起始值t_0时的坐标)以及时间t的单值连续函数。若以r代表任意选择的质点在任意时间t的矢径,则:

$$r = r(a,b,c,t) \tag{5-43}$$

式中,r在x轴、y轴、z轴上的投影为x、y、z;a、b、c称为拉格朗日变量。

当研究对象为某一确定的流体质点时,起始坐标a、b、c将为常数,r以及x、y、z将只是时间t的函数;此时式(5-43)所表达的将是这个流体质点运动的轨迹。

当研究的对象不是某一确定的流体质点,而是在某一确定时间中,各流体质点的分布情况,即时间t为一常数,r及x、y、z只是起始坐标a、b、c的函数;在这种情况下,式(5-43)所表达的将不是某流体质点的历史情况,而是同一瞬间,由各质点所组成的整个流体的照相图案。当研究的对象为任意流体质点在任意时间时的运动情况,则起始坐标a、b、c及时间t均为变数,r及x、y、z将是两者的函数。在这种情况下,式(5-43)所表达的将是任意流体质点的运动轨迹。采用拉格朗日方法研究每个流体质点运动,然后综合所有流体质点的运动,便可得到整个流体的运动规律。和质点动力学一样,这种方法通过建立流体质点的运动方程式来描述所有流体质点的运动特性。

采用拉格朗日法求流体质点的速度时,直接对式(5-43)求导即可,即

$$\begin{cases} u = \dfrac{\mathrm{d}x(a,b,c,t)}{\mathrm{d}t} \\ v = \dfrac{\mathrm{d}y(a,b,c,t)}{\mathrm{d}t} \\ w = \dfrac{\mathrm{d}z(a,b,c,t)}{\mathrm{d}t} \end{cases} \tag{5-44}$$

式中,u、v、w分别为x、y、z方向的运动速度。

求加速度时,对式(5-44)进一步求导即得

$$\begin{cases} a_x = \dfrac{\mathrm{d}^2 x(a,b,c,t)}{\mathrm{d}t^2} \\ a_y = \dfrac{\mathrm{d}^2 y(a,b,c,t)}{\mathrm{d}t^2} \\ a_z = \dfrac{\mathrm{d}^2 z(a,b,c,t)}{\mathrm{d}t^2} \end{cases} \tag{5-45}$$

式中，a_x、a_y、a_z 分别为 x、y、z 方向的运动加速度。

在土地工程中，管道、河道、渠道及流经闸坝等水工建筑物的水流，由于流体具有无限多的质点，采用这种方法进行研究时，必须选择有代表性的运动质点逐一进行研究，所建立的数学方程组很大，求解困难。因此，除个别问题外，土地整治工程实际上很少应用这种方法。

(二) 欧拉法

在土地工程中，流体的流动是由充满整个流动空间的无限多流体质点的运动构成的。把充满运动着的流体的空间称为流场。欧拉法着眼于流场中各空间点同时的运动情况，通过综合流场中所有被研究空间点上流体质点的运动变化规律，获得整个流场的运动特性，如速度场、压力场和密度场等，并将这些物理量表示为坐标 x、y、z 和时间 t 的函数。这种方法着眼于流场空间中的固定点，它将各个时刻流过空间任一固定点的流体质点的某些物理量，表示为该点位置 r 和时间 t 的函数，即有

$$\begin{cases} u = u(x,y,z,t) \\ v = v(x,y,z,t) \\ w = w(x,y,z,t) \end{cases} \quad (5\text{-}46)$$

$$p = p(x,y,z,t) \quad (5\text{-}47)$$

$$\rho = \rho(x,y,z,t) \quad (5\text{-}48)$$

式(5-46)是欧拉方法的 3 个速度分量的表达式，分别对时间求导数，便可得到 3 个加速度分量的表达式。但应该注意，这些速度是坐标和时间的函数，而且运动质点的坐标也随时间变化，即自变量 x、y、z 本身也是 t 的函数。因此，必须按照复合函数的求导法则去推导。

加速度的 x 方向分量为

$$a_x = \frac{\mathrm{d}u}{\mathrm{d}t} = \frac{\partial u}{\partial t} + \frac{\partial u}{\partial x}\frac{\mathrm{d}x}{\mathrm{d}t} + \frac{\partial u}{\partial y}\frac{\mathrm{d}y}{\mathrm{d}t} + \frac{\partial u}{\partial z}\frac{\mathrm{d}z}{\mathrm{d}t} \quad (5\text{-}49)$$

式中，$\dfrac{\mathrm{d}u}{\mathrm{d}t}$ 为流速 u 对时间的全导数。

由于运动质点的坐标对时间的导数等于该质点的速度分量，即

$$\frac{\mathrm{d}x}{\mathrm{d}t} = u, \quad \frac{\mathrm{d}y}{\mathrm{d}t} = v, \quad \frac{\mathrm{d}z}{\mathrm{d}t} = w \quad (5\text{-}50)$$

故

$$a_x = \frac{\partial u}{\partial t} + u\frac{\partial u}{\partial x} + v\frac{\partial u}{\partial y} + w\frac{\partial u}{\partial z} \quad (5\text{-}51)$$

同理：

$$a_y = \frac{\partial v}{\partial t} + u\frac{\partial v}{\partial x} + v\frac{\partial v}{\partial y} + w\frac{\partial v}{\partial z} \tag{5-52}$$

$$a_z = \frac{\partial w}{\partial t} + u\frac{\partial w}{\partial x} + v\frac{\partial w}{\partial y} + w\frac{\partial w}{\partial z} \tag{5-53}$$

将式(5-51)～式(5-53)表示为矢量的形式为

$$\boldsymbol{a} = \frac{\partial \boldsymbol{V}}{\partial t} + (\boldsymbol{V}\cdot\nabla)\boldsymbol{V} \tag{5-54}$$

由此可知，用欧拉法来描述流体的流动时，加速度由两部分组成：第一部分就是 $\frac{\partial \boldsymbol{V}}{\partial t}$ 项，它表示在一固定点上流体质点的速度变化率，称为当地加速度；第二部分是 $(\boldsymbol{V}\cdot\nabla)\boldsymbol{V}$ 项，表示由于流体质点所在的空间位置的变化而引起的速度变化率，称为迁移加速度。

同理，用欧拉法求流体质点的其他物理量的时间变化率亦采用上述形式，如密度的时间变化率可表示为

$$\frac{\mathrm{d}\rho}{\mathrm{d}t} = \frac{\partial \rho}{\partial t} + \boldsymbol{V}\cdot\nabla\rho\sqrt{b^2-4ac} \tag{5-55}$$

或表示为

$$\frac{\mathrm{d}\rho}{\mathrm{d}t} = \frac{\partial \rho}{\partial t} + u\frac{\partial \rho}{\partial x} + v\frac{\partial \rho}{\partial y} + w\frac{\partial \rho}{\partial z} \tag{5-56}$$

在土地工程中，管道、河道、渠道等的水流是由无限多个质点所组成的连续介质，因此，在土地工程中利用水力学基本规律研究流体的流动时，广泛应用的是欧拉方法。

(三)水动力学基本概念

1. 恒定流和非恒定流

按水流运动要素(如流速、流向、加速度、动水压强等)是否随时间变化，把水流分为恒定流和非恒定流。各点运动要素都不随时间变化的流动称为恒定流，特点是流场内的速度、压强、密度等参量只是坐标的函数，而与时间无关；反之，运动要素随时间变化的流动称为非恒定流，特点是流场内的速度、压强、密度等参量不仅是坐标的函数，而且与时间有关，流场中液体质点通过任一空间位置时，只要有任何一个运动要素是随时间而改变的，就称非恒定流。

2. 均匀流与非均匀流

1)均匀流

均匀流是指流线为直线且相互平行,且同一条流线上各空间点的流速矢量相同的流动。液体在等截面长直管道中的流动,或在断面形状及大小沿程不变的长直渠道中的流动均属于均匀流。

2)非均匀流

若水流的流线不是互相平行的直线,该水流称为非均匀流。如果流线虽然互相平行但不是直线(如管径不变的弯管中水流),或者流线虽为直线但不互相平行(如管径沿程缓慢均匀扩散或收缩的渐变管中水流)都属于非均匀流。

3. 渐变流和急变流

按照流线不平行和弯曲的程度,可将非均匀流分为两种类型。

1)渐变流

当水流的流线虽然不是互相平行直线,但几乎近于平行直线时称为渐变流。所以渐变流的极限情况就是均匀流。如果一个实际水流,其流线之间夹角很小,或流线曲率半径很大,则可将其视为渐变流。在土地整治工程中,在断面形状大小沿程变化很小的长直渠道中因渠底突降引起水深沿程变化的明渠水流,或在这类河渠中因桥涵压缩断面引起上游河中水深沿程变化的水流,均属渐变流。

2)急变流

若水流的流线之间夹角很大或者流线的曲率半径很小,这种水流称为急变流。渐变流特点有:流线间夹角很大或曲率半径较小或二者兼而有之;流线是曲线;过水断面不是一个平面;急变流的迁移加速度较大,因而惯性力不可忽略。

4. 流管、元流、总流、过水断面

1)流管

在液流中取一封闭的曲线,通过这一封闭曲线上每一点可以引出一条流线,这些流线形成一个封闭的管状体,称为流管。流体不能穿过流管,流管就像真正的管子一样将其内外的流体分开。在恒定流动中,流管的形状和位置不随时间发生变化。

2)元流

元流是指通过一微分面积上各点作流线所形成的微小流束,即横断面无限小的流管中的液流。元流的断面无限小,因而同一断面上的运动要素可以看做是相等的。

3)总流

总流是当流束的横断面面积不是无限小而是具有一定尺寸时的液流,可以把总流看成是由无数元流所组成的。总流同一断面上各处的运动要素不一定都相等。

4) 过水断面

与元流或总流内各条流线相垂直的横截面称为过流截面，过流截面可以是平面或曲面。如果流体的流线相互平行，即当水流为均匀流或渐变流时，过流断面为一平面或近似平面；当水流为急变流时，过流断面呈曲面。

5. 流量与断面平均流速

1) 流量

单位时间内通过某一过流截面的流体体积称为体积流量，简称流量，用符号 Q 表示，常用单位为 m^3/s，工程实际中常用 L/s 表示流量。

2) 平均流速

某一时刻通过某一断面的液体质点的平均速度称为断面平均流速，是一个假想的流速，即假定在有效截面上各点都以相同的平均流速流过，这时通过该有效截面上的体积流量仍与各点以真实流速流动时所得到的体积流量相同。平均流速的单位为 m/s，其表达式为：$v = \dfrac{Q}{A}$

二、恒定流连续性方程

流体的连续性方程式是液体流动过程中质量守恒的数学表达式，对于不同的流体流动情况，连续性方程有不同的表达形式。最简单的一种，则是不可压缩流体恒定流的连续性方程式。

设在某一元流中任取两过流断面 1 和 2（图 5-12），其面积分别为 dA_1 和 dA_2，在恒定流条件下，过水断面 dA_1 和 dA_2 上的流速 u_1 和 u_2 不随时间变化。因此，在 dt 时段内通过这两个过流断面流体的体积应分别为 $u_1 dA_1 dt$ 和 $u_2 dA_2 dt$。

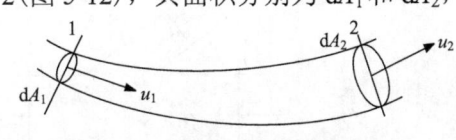

图 5-12　流体通过过流断面的流动

考虑到：①流体是连续介质。②流体是不可压缩的。③流体是恒定流，且流体不能通过过流面流进或流出该元流。④在元流两过流断面间的流段内，不存在输出或吸收流体的奇点。因此，在 dt 时段内通过过流断面 dA_1 流进该元流段的流体体积应与通过过流断面 dA_2 流出该元流段的液体体积相等，即

$$u_1 dA_1 dt = u_2 dA_2 dt \tag{5-57}$$

于是得

$$u_1 dA_1 = u_2 dA_2 \tag{5-58}$$

式 (5-58) 称为不可压缩流体恒定元流的连续性方程。它表达了沿流程方向流速与过流断面面积成反比的关系。由于流速和过流断面面积相乘的积等于流量，所以式 (5-58) 也表明，在不可压缩流体恒定元流中，各过流断面的流量是相等的，

从而保证了流动的连续性。

根据过流断面平均流速的概念，可以将元流的连续性方程推广到总流中。设在不可压缩流体恒定总流中任取两过流断面 A_1 和 A_2，其相应的过流断面平均流速为 V_1 和 V_2，则根据上述讨论元流连续性方程，有

$$\int_{A_1} u_1 \, d\omega = \int_{A_2} u_2 \, d\omega \tag{5-59}$$

因而

$$A_1 V_1 = A_2 V_2 \tag{5-60}$$

式(5-58)和式(5-59)称为不可压缩流体恒定总流的连续性方程式。它表明，通过恒定总流任意过流断面的流量是相等的，或者说，恒定总流的过水断面的平均流速与过流断面的面积成反比。

恒定流连续性方程的形式尽管很简单，但它在分析液体运动时却极为重要，它是不涉及任何作用力的反映液体运动规律的基本方程，对于理想液体和实际液体都适用。在土地整治工程中，经常会遇到管渠分叉的情况，如果恒定总流两断面间有流量输入或输出(如图 5-13 所示的管、渠交汇处)，则恒定总流的连续性方程为

$$Q_1 \pm Q_3 = Q_2 \tag{5-61}$$

式中，Q_3 为引入(取正号)或引出(取负号)的流量。

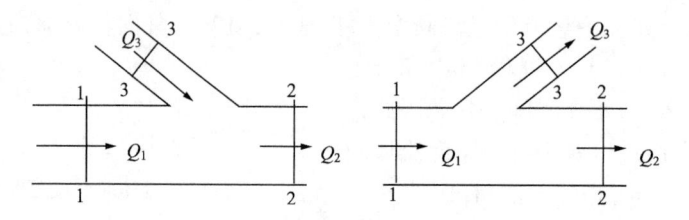

图 5-13 分叉管渠中的水流

在土地工程中，连续性方程对管道、河道、变直径水管、三通分流管等水流运动都适用。连续性方程中既没有涉及任何力，也没有含时间条件，是个运动方程，它所反映的是沿程两断面间的流速关系，它对理想液体与实际液体、恒定流与非恒定流、渐变流与急变流、均匀流与非均匀流等水流运动都适用。

三、恒定总流能量方程

恒定连续性方程只说明了流速与过水断面的关系，是一个运动学方程。由于水流运动过程就是在一定条件下的能量转化过程，因此水流各运动要素之间的关系，可以通过分析水流的能量守恒规律求得。水流的能量方程就是能量守恒规律

在水流运动中的具体表现。

(一)实际液体恒定总流能量方程的推导

在解决土地工程实际水力学问题中,由于实际液体存在着黏滞性,在流动过程中,要消耗一部分能量用于克服摩擦力而做功,液体的机械能要沿流程而减少,对机械能来说即存在着能量损失。令单位重量液体从断面 1-1 流至断面 2-2 所损失的能量为 h'_w,则不可压缩实际液体恒定流微小流束的能量方程为

$$z_1 + \frac{p_1}{\rho g} + \frac{u_1^2}{2g} = z_2 + \frac{p_2}{\rho g} + \frac{u_2^2}{2g} + h'_w \tag{5-62}$$

土地工程中涉及的水力学问题,所考虑的水流运动都是总流,要把能量方程运用于解决土地工程实际水力学问题,还必须把微小流束的能量方程对总流过水断面积分,从而推广为实际液体总流的能量方程。

若微小流束的流量为 dQ,每秒钟通过微小流束任何过水断面的液体重量为 $\rho g\,dQ$,将式(5-62)各项乘以 $\rho g\,dQ$,并分别在总流的两个过水断面 A_1 及 A_2 上积分,即

$$\int_Q \left(z_1 + \frac{p_1}{\rho g}\right)\rho g\,dQ + \int_Q \frac{u_1^2}{2g}\rho g\,dQ = \int_Q \left(z_2 + \frac{p_2}{\rho g}\right)\rho g\,dQ + \int_Q \frac{u_2^2}{2g}\rho g\,dQ + \int_Q h'_w \rho g\,dQ \tag{5-63}$$

在上式中共含有以下三种类型积分。

(1)第一类积分为 $\int_Q \left(z + \dfrac{p}{\rho g}\right)\rho g\,dQ$。

若所取的过水断面为渐变流,则在断面上 $\left(z + \dfrac{p}{\rho g}\right) = $ 常数,因而积分是可能的,即

$$\int_Q \left(z + \frac{p}{\rho g}\right)\rho g\,dQ = \left(z + \frac{p}{\rho g}\right)\rho g \int_Q dQ = \left(z + \frac{p}{\rho g}\right)\rho gQ \tag{5-64}$$

(2)第二类积分为 $\int_Q \dfrac{u^2}{2g}\rho g\,dQ$。

因为 $dQ = u\,dA$,所以 $\int_Q \dfrac{u^2}{2g}\rho g\,dQ = \int_A \rho g \dfrac{u^3}{2g}dA = \dfrac{\rho g}{2g}\int_A u^3\,dA$,它为每秒钟通过过水断面 A 的液体动能的总和。若采用断面平均流速 v 来代替 u,由于 u 的立方和大于 v 立方和,即 $\int_A u^3\,dA > \int_A v^3\,dA$,故不能直接把动能积分符号内 u 换成 v,

而需要乘以一个修正系数 α 才能使之相等，因此

$$\int_Q \frac{u^2}{2g} \rho g \, dQ = \frac{\rho g}{2g} \int_A u^3 \, dA = \frac{\rho g}{2g} \alpha v^3 A = \rho g Q \frac{\alpha v^2}{2g} \tag{5-65}$$

其中

$$\alpha = \frac{\int_A u^3 \, dA}{v^3 A} \tag{5-66}$$

且称 α 为动能修正系数，其值大小取决于过水断面上流速分布情况，流速分布越均匀，α 越接近于 1；不均匀分布时，$\alpha > 1$；在渐变流时，一般 $\alpha = 1.05 \sim 1.1$。为计算简便，通常取 $\alpha \approx 1$。

(3) 第三类积分为 $\int_Q h'_w \rho g \, dQ$。

假定各个微小流束单位重量液体所损失的能量 h'_w 都用某一个平均值 h'_w 来代替，则第三类积分变为

$$\int_Q h'_w \rho g \, dQ = \rho g h_w \int_Q dQ = \rho g Q h_w \tag{5-67}$$

把三种类型积分结果代入式(5-62)，各项同除以 $\rho g Q$ 后，可得

$$z_1 + \frac{p_1}{\rho g} + \frac{\alpha_1 v_1^2}{2g} = z_2 + \frac{p_2}{\rho g} + \frac{\alpha_2 v_2^2}{2g} + h_w \tag{5-68}$$

式(5-68)即是不可压缩实际液体恒定总流的能量方程。它反映了总流中不同过水断面上 $\left(z + \frac{p}{\rho g}\right)$ 值和断面平均流速 v 的变化规律及其相互关系，是水动力学中第二个最重要的基本方程式，它和水流连续性方程一起联合运用，可以解决许多土地工程中有关水力学计算问题，如管道或渠槽等流动系统中水力坡度、流速和压力的计算问题。

(二) 实际液体恒定总流能量方程的图示

实际液体恒定总流能量方程的图示见图5-14，能量方程中共包含了4个物理量：z 代表总流过水断面上单位重量液体所具有的平均位能，一般又称为位置水头；$\frac{p}{\rho g}$ 代表过水断面上单位重量液体所具有的平均压能，它反映了过水断面上各点平均动水压强所对应的压强高度，$\left(z + \frac{p}{\rho g}\right)$ 称为测压管水头；$\frac{\alpha v^2}{2g}$ 代表过水断面上单位重量液体所具有的平均动能，一般称为流速水头；h_w 为单位重量液体

从一个过水断面流至另一过水断面克服水流阻力作功所损失的平均能量,一般称为水头损失。

把单位重量液体所具有总机械能(即位能、压能、动能的总和)称为总水头,并以 H 表示,总水头线是沿程各断面总水头的连线,即

$$H = z + \frac{p}{\rho g} + \frac{\alpha v^2}{2g} \tag{5-69}$$

在总流中任意选取两个过水断面,两断面上液流所具有的总水头若为 H_1 和 H_2,则根据能量方程有

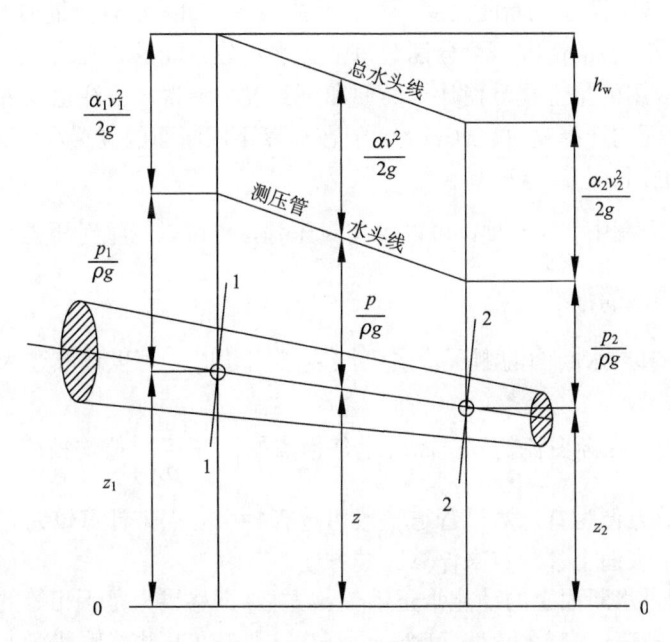

$$H_1 = H_2 + h_w \tag{5-70}$$

图 5-14 实际液体恒定总流能量方程的图示

总水头线沿流程的降低值与流程长度之比,称为总水头线坡度,也称水力坡度,常以 J 表示。若总水头线为直线时,则有

$$J = \frac{H_1 - H_2}{L} = \frac{h_w}{L} \tag{5-71}$$

当总水头线为曲线时,其坡度为变值,在某一断面处坡度可表示为

$$J = \frac{-\mathrm{d}H}{\mathrm{d}L} = \frac{\mathrm{d}h_w}{\mathrm{d}L} \tag{5-72}$$

因为总水头增量 $\mathrm{d}H$ 始终为负值,所以为使 J 为正值,式(5-72)中加"-"号。总水头线坡度 J 是表示单位流程上的水头损失。

(三)应用恒定总流能量方程的条件及注意之点

在解决土地工程中大量实际水力学问题时,广泛应用恒定总流能量方程式(5-68),从该方程的推导过程中可以看出,应用时应满足下列条件。

(1)水流必须是恒定流。

(2)液体为不可压缩液体且作用于液体上的质量力只有重力。

(3)在所选取的两个过水断面上,水流应符合渐变流条件,但在所取的两个断面之间,水流可以不是渐变流,只要把过水断面选取在水管进口之前符合渐变流条件的断面及进口之后的断面。

(4)在所取的两过水断面之间,流量保持不变,期间没有流量加入或分出。若水流有分支或汇合的情况,可分别对每一支水流建立能量方程式。

为了在应用能量方程时使计算简便和不致发生错误,应注意以下几点。

(1)基准面的选择是可以任意的,但在计算不同断面的位置水头 z 值时,必须选取同一基准面。

(2)能量方程中 $\dfrac{p}{\rho g}$ 一项,可以用相对压强,也可以用绝对压强,但对同一问题必须采用相同的标准。

(3)在计算过水断面的测压管水头 $\left(z+\dfrac{p}{\rho g}\right)$ 值时,可以选取过水断面上任意点来计算,因为在渐变流的同一断面上任何点的 $\left(z+\dfrac{p}{\rho g}\right)$ 值均相等,具体选择哪一点,以计算方便为宜。对于管道一般可选管轴中心点来计算较为方便。对于明渠一般在自由表面上选一点来计算比较方便。

(4)不同过水断面上的动能修正系数 α_1 与 α_2 严格讲来是不相等的,且不等于1,实用上对渐变流多数情况,可令 $\alpha_1=\alpha_2=1$,但在某些特殊情况下,α 值需根据具体情况酌定。

四、恒定总流动量方程

前文讨论了恒定流连续性方程和能量方程,它们在解决土地工程实际水力学问题中具有重要的意义。但是土地工程实践中往往要求计算急变流段的液流和固体边界间的相互作用力,若用能量方程求解就有一定的困难,其中水头损失一般很难确定,但又不能忽略。还需引用另一个基本方程式,即表征动量定律的动量方程式。

(一)恒定总流动量方程的推导

由理论力学已知,质点系运动的动量定律可表达为:质点系的动量在某一方向的变化,等于作用于该质点系上所有外力的冲量在同一方向上投影的代数和。依据上述普遍的动量定律,来推求表达液体运动的动量变化规律的方程。

在恒定总流中,取出某一流段来研究,如图 5-15 所示。该流段两端过水断面为 1-1 和 2-2。经微小时段 dt 后,设原流段 1-2 移至新的位置 1'-2',从而产生了动量的变化。动量是矢量,设流段内动量的变化为 Δp,应等于 1'-2' 与 1-2 流段内液体的动量 $p_{1'-2'}$ 和 p_{1-2} 之差,即

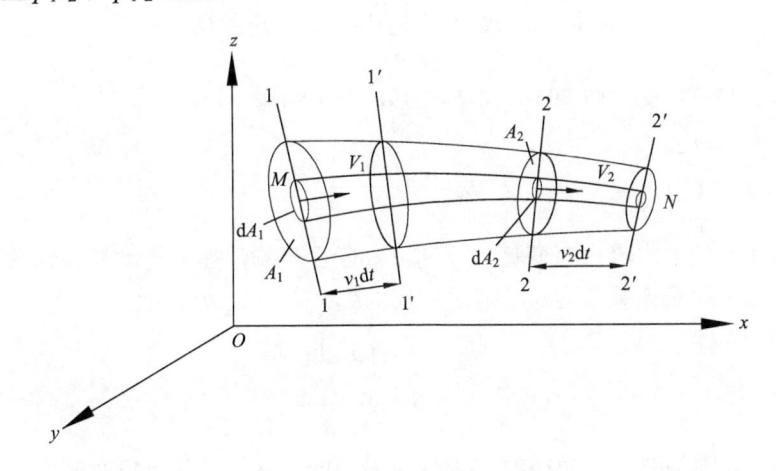

图 5-15 恒定总流动量方程图

$$\Delta p = p_{1'-2'} - p_{1-2} \tag{5-73}$$

而 p_{1-2} 是 1-1' 和 1'-2 两段液体动量之和,即

$$p_{1-2} = p_{1-1'} + p_{1'-2} \tag{5-74}$$

同理:

$$p_{1'-2'} = p_{1'-2} + p_{2-2'} \tag{5-75}$$

虽然式(5-74)及式(5-75)中的 $p_{1'-2}$ 处于不同时刻,但因所讨论的水流系恒定流,1'-2 流段的几何形状和液体的质量、流速等均不随时间而改变,因此 $p_{1'-2}$ 也不随时间而改变。把式(5-74)及式(5-75)代入式(5-73),可得

$$\Delta p = p_{2-2'} - p_{1-1'} \tag{5-76}$$

为了确定动量 $p_{2-2'}$ 及 $p_{1-1'}$,在所取的总流中任意取一微小流束 MN(图 5-15),令断面 1-1 上微小流束的面积为 dA_1,流速为 u_1,则微小流束 1-1' 流段内液体的动量为 $\rho u_1 \mathrm{d}t \mathrm{d}A_1 \cdot u_1'$。对断面 A_1 积分,可得总流 1-1' 流段内液体的动量为

$$p_{1\text{-}1'} = \int_{A_1} \rho u_1' u_1 \,dt\,dA_1 = \rho\,dt \int_{A_1} u_1' u_1 \,dA_1 \tag{5-77}$$

同理：

$$p_{2\text{-}2'} = \int_{A_2} \rho u_2' u_2 \,dt\,dA_2 = \rho\,dt \int_{A_2} u_2' u_2 \,dA_2 \tag{5-78}$$

因为断面上的流速分布一般是不知道的，所以需要用断面平均流速 v 来代替 u，所造成的误差以动量修正系数 β 来修正，则以上式(5-77)和式(5-78)可写作

$$p_{1\text{-}1'} = \rho\,dt\,\beta_1 v_1' \int_{A_1} u_1 \,dA_1 = \rho\,dt\,\beta_1 v_1' Q_1 \tag{5-79}$$

$$p_{2\text{-}2'} = \rho\,dt\,\beta_2 v_2' \int_{A_2} u_2 \,dA_2 = \rho\,dt\,\beta_2 v_2' Q_2 \tag{5-80}$$

比较式(5-77)及式(5-79)或式(5-78)及式(5-80)，可知

$$\beta = \frac{\int_A u'u\,dA}{vQ} \tag{5-81}$$

若过水断面上水流为渐变流，流速 u 和断面平均流速 v 与动量投影轴的夹角可视为相等，如令该夹角为 θ，则 $u' = u\cos\theta$，$v' = v\cos\theta$，故

$$\beta = \frac{\int_A u^2 \,dA}{v^2 A} \tag{5-82}$$

动量修正系数是表示单位时间内通过断面的实际动量与单位时间内以相应的断面平均流速通过的动量的比值。在一般渐变流中，动量修正系数值为 1.02～1.05，为计算简便，常采用 $\beta=1.0$。因为 $Q_1 = Q_2 = Q$，将式(5-79)和式(5-80)代入式(5-76)得

$$\Delta p = \rho Q\,dt(\beta_2 v_2' - \beta_1 v_1') \tag{5-83}$$

设 $\sum F\,dt$ 为 dt 时段内作用于总流流段上的所有外力的冲量的矢量和，于是得恒定总流的动量方程为

$$\rho Q(\beta_2 v_2' - \beta_1 v_1') = \sum F \tag{5-84}$$

式(5-84)的左端代表一单位时间内，所研究流段通过下游断面流出的动量和通过上游断面流入的动量之差，右端则代表作用于总流流段上的所有外力的矢量和。

在直角坐标系中，恒定总流的动量方程式可以写成 3 个投影表达式

$$\begin{cases} \rho Q(\beta_2 v_{2x} - \beta_1 v_{1x}) = \sum F_x \\ \rho Q(\beta_2 v_{2y} - \beta_1 v_{1y}) = \sum F_y \\ \rho Q(\beta_2 v_{2z} - \beta_1 v_{1z}) = \sum F_z \end{cases} \tag{5-85}$$

式中，v_{2x}、v_{2y}、v_{2z} 为总流下游过水断面 2-2 的断面平均流速 v_2 在三个坐标方向的投影；v_{1x}、v_{1y}、v_{1z} 为上游过水断面 1-1 的断面平均流速在三个坐标方向的投影。$\sum F_x$、$\sum F_y$、$\sum F_z$ 为作用在 1-1 与 2-2 断面间液体上的所有外力在三个坐标方向的投影代数和。

恒定总流的动量方程是动量定理在水流运动中的表达方式，它可以解决土地工程中急变流中水流对边界的作用力问题。如闸门前水流对闸门的动水压力，弯道中水流对弯道的作用力以及河道弯段中水流对凹岸的侧向作用力，在该力的作用下，使凹岸产生冲刷(不通)等。

(二)恒定总流动量方程的应用

在矩形断渠槽中设有一溢流坝如图 5-16 所示，当某一流量 Q 通过时，上游水深为 h，下游水深为 h_t。设槽宽为 b，筑坝处附近槽底水平，试求水流作用于坝面上的动水总压力。

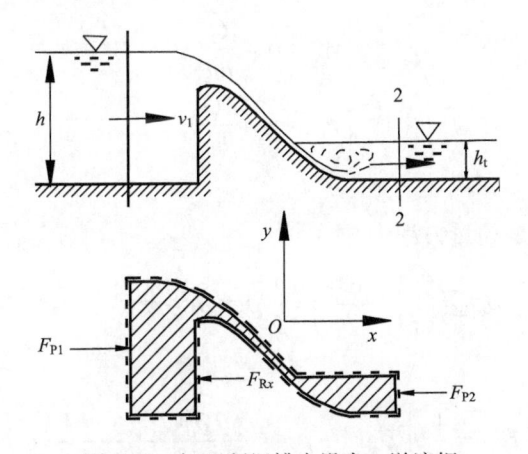

图 5-16 矩形断渠槽中设有一溢流坝

水流流经坝体附近时，流线弯曲较剧烈，坝面上动水压强分布不符合静水压强分布规律且是未知的，因而不能按静水压力计算方法来确定坝面上的动水总压力。

水流流经溢流坝时，其速度发生变化，因而动量也会有所改变，动量之所以变化是由于坝体对水流施加了作用力的结果。既然坝施力于水流，水流也必然有一个大小相同、方向相反的反作用力作用于坝体。显然该力即为作用于溢流坝上的动水总压力的水平分力 P_x。

在靠近溢流坝上、下游渐变流处选取过水断面 1-1 的平均流速为 v_1，2-2 断面平均流速为 v_2，以 1-1 与 2-2 断面及沿坝面(包括上下游部分河床边界)与水流自由表面所围成的空间(图 5-16 中虚线所示)作为控制体，并把 1-1 和 2-2 断面取在符合渐变流条件的位置，以便于计算该二断面的动水压力。

若上下游河床均为平底，1-1 和 2-2 断面流速与 x 轴方向平行，该两断面上水流仅有沿 x 方向的流动，应用动量方程时只研究沿 x 轴方向的动量变化。

作用于控制体上的外力在 x 轴方向的投影，包括 1-1 断面上的动水压力 F_{P1}，2-2 断面上的动水压力 F_{P2}，坝体对水流的反作用力（在水平方向）F_{Rx}，F_{Rx} 包含了水流与坝面摩擦力在 x 方向的投影。液体的重力在 x 方向投影为零。因为

$$\begin{cases} F_{P1} = \frac{1}{2}\rho g b h^2, F_{P2} = \frac{1}{2}\rho g b h_1^2 \\ \sum F_x = F_{P1} - F_{P2} - F_{Rx} = \frac{1}{2}\rho g b \left(h^2 - h_1^2\right) - F_{Rx} \end{cases} \quad (5\text{-}86)$$

所以沿 x 轴方向动量方程为

$$\rho Q(\beta_2 v_{2x} - \beta_1 v_{1x}) = \sum F_x \quad (5\text{-}87)$$

其中

$$\begin{cases} v_{1x} = v_1 = \dfrac{Q}{bh} \\ v_{2x} = v_t = \dfrac{Q}{bh_1} \end{cases} \quad (5\text{-}88)$$

令 $\beta_1 = \beta_2 = \beta$，于是动量方程为

$$\beta \rho Q^2 \left(\frac{1}{bh_1} - \frac{1}{bh}\right) = \frac{1}{2}\rho g b \left(h^2 - h_1^2\right) - F_{Rx} \quad (5\text{-}89)$$

可得

$$F_{Rx} = \frac{1}{2}b\left[\rho g h^2 - \rho g h_1^2 - \frac{2\beta \rho Q^2}{b^2}\left(\frac{1}{h_1} - \frac{1}{h}\right)\right] \quad (5\text{-}90)$$

F_{Rx} 的大小即为水流对坝体在水平方向的总作用力，它包括了上游坝面和下游坝面水平作用力的总和。

第三节 明渠恒定均匀流与非均匀流

土地工程建设过程中，引水工程、灌溉工程、排碱沟工程等众多分支工程都应用到明渠。明渠是一种人工修建或自然形成的渠槽，当液体通过渠槽而流动时，形成与大气相接触的自由表面，表面上各点压强均为大气压强。所以，这种渠槽中的水流称为明渠水流或无压流。输水渠道、无压隧洞、渡槽、涵洞以及天然河道中的水流都属于明渠水流。

一、明渠均匀流与非均匀流的特征

当明渠中水流的运动要素不随时间而变时,称为明渠恒定流,否则称为明渠非恒定流。明渠恒定流中,如果流线是一簇平行直线,则水深、断面平均流速及流速分布均沿程不变,称为明渠恒定均匀流;如果流线不是平行直线,则称为明渠恒定非均匀流。

(一)明渠均匀流特征

1. 水力特征

均匀流动是指水流运动要素沿程不变的流动,明渠均匀流就是明渠中的水深、断面平均流速、流速分布等均保持沿程不变的流动,其流线为一组与渠底平行无弯曲的直线。

在明渠均匀流中,由于水深沿程不变,水面线与渠底线平行;又由于流速水头沿程不变,总水头线与水面线平行。也就是说,明渠均匀流的总水头线坡度、测压管水头线(即水面线)坡度和渠底坡度彼此相等,即

$$J = J_P = i \tag{5-91}$$

式中,J 为总水头线坡度或水力坡度;J_P 为测压管水头线坡度;i 为渠底坡度。

明渠均匀流既然是等速直线流动,没有加速度和减速度,则作用在水体上的力必然是平衡的。在图 5-17 所示的均匀流动中取出断面 1-1 和断面 2-2 之间的水体进行分析,作用在水体上的力有重力 G、阻力 F、两端断面上的水压力 P_1、P_2,根据力的平衡原理,在水流方向上有

$$P_1 + G\sin\theta - F - P_2 = 0 \tag{5-92}$$

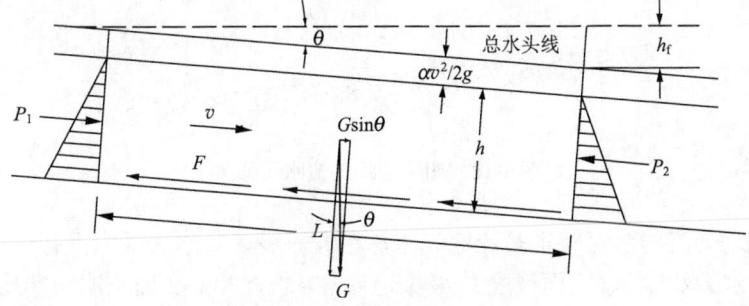

图 5-17 明渠均匀流水头损失

因为是均匀流动,其压强符合静水压强分布规律,水深沿程又不变,故水的总压力 P_1 和 P_2 大小相等,方向相反,相互抵消。因此从上式得 $G\sin\theta=F$,表明明渠均匀流中阻碍水流运动的摩擦阻力 F 与使水流运动的重力在水流方向上的分

力 $G\sin\theta$ 相平衡。同时还说明了反映水流推力的 $\sin\theta=i$ 和反映对水流摩擦阻力的粗糙系数 n 必须沿程不变才能维持明渠均匀流。

2. 形成条件

由于明渠均匀流具有三个坡度相等及两力相平衡的水力特征,它的形成就需要一定的条件,即明渠中的水流必须是恒定流动;流量保持不变,沿程没有水流分出或汇入;明渠必须是长而直的顺坡($i>0$)棱柱形渠道,即要求坡度 i 沿程不变,且没有建筑物的局部干扰。

人工明渠一般都尽量使其顺直,基本上能按照均匀流的形成条件来设计。天然河道中一般不容易形成均匀流,但对于某些顺直整齐的河段,可近似按均匀流计算。因此,明渠均匀流理论是进一步研究明渠非均匀流的基础。

(二)明渠非均匀流特征

人工渠道或天然河道中的水流绝大多数是非均匀流。明渠非均匀流的特点是明渠的底坡线、水面线、总水头线彼此互不平行,如图 5-18 所示。产生明渠非均匀流的原因很多,明渠横断面的几何形状或尺寸沿流程改变,粗糙度或底坡沿流程改变,或在明渠中修建人工建筑物(闸、桥梁、涵洞),都能使明渠水流发生非均匀流动。

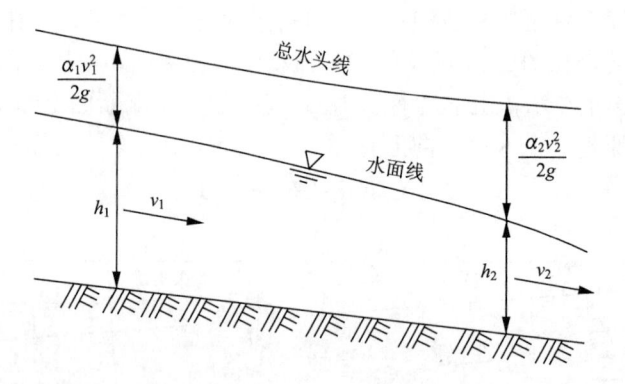

图 5-18 明渠非均匀流水头损失

明渠均匀流的水流特征是流速、水深沿程不变,且水面线为平行于底坡的直线。故其水力坡度 J、水面坡度 J_P 及渠道底坡 i 彼此相等。而在明渠非均匀流中,水流重力在流动方向上的分力(推力)与阻力不平衡,流速和水深沿程都要发生变化,水面线一般为曲面(称为水面曲线)。

二、水力最佳断面及允许流速

(一) 水力最佳断面

从均匀流的公式可以看出，明渠的输水能力(流量)取决于过水断面的形状、尺寸、底坡和粗糙系数的大小。设计渠道时，底坡一般依地形条件或其他技术上的要求而定；粗糙系数则主要取决于渠槽选用的建筑材料。在底坡及粗糙系数已定的前提下，渠道的过水能力则决定于渠道的横断面形状及尺寸。从经济观点上来说，总是希望所选定的横断面形状在通过已知的设计流量时面积最小，或者是过水面积一定时通过的流量最大。符合这种条件的断面，其工程量最小，称为水力最佳断面。

把曼宁公式 $C=\dfrac{1}{n}R^{\frac{1}{6}}$ 代入明渠均匀流的基本公式，可得

$$Q=AC\sqrt{Ri}=\frac{1}{n}Ai^{\frac{1}{2}}R^{\frac{2}{3}}=\frac{1}{n}\frac{A^{\frac{5}{3}}i^{\frac{1}{2}}}{\chi^{\frac{2}{3}}} \tag{5-93}$$

由式(5-93)可知，当渠道的底坡 i，粗糙系数 n 及过水断面积 A 一定时，湿周 χ 愈小(或水力半径 R 愈大)通过流量 Q 愈大；或者当 i、n、Q 一定时，湿周 χ 愈小(或水力半径 R 愈大)所需的过水断面面积 A 也愈小。

由几何学可知，面积一定时圆形断面的湿周最小，水力半径最大；因为半圆形的过水断面与圆形断面的水力半径相同，所以，在明渠的各种断面形状中，半圆形断面是水力最佳的。但半圆形断面不易施工，对于无衬护的土渠，两侧边坡往往达不到稳定要求；因此，半圆形断面难于被普遍采用，只有在钢筋混凝土或钢丝水泥做成的渡槽等建筑物中才采用类似半圆形的断面。

土地工程中采用最多的是梯形断面，其边坡系数 m 由边坡稳定要求确定。在 m 已定的情况下，同样的过水面积 A，湿周的大小因底宽与水深的比值 b/h 而异。根据水力最佳断面的条件：

$$\begin{cases} A=\text{常数} \\ \chi=\text{最小值} \end{cases} \tag{5-94}$$

即

$$\begin{cases} \dfrac{\mathrm{d}A}{\mathrm{d}h}=0 \\ \dfrac{\mathrm{d}\chi}{\mathrm{d}h}=0, \dfrac{\mathrm{d}^2\chi}{\mathrm{d}h^2}>0 \end{cases} \tag{5-95}$$

而

$$\begin{cases} A=(b+mh)h \\ \chi = b+2h\sqrt{1+m^2} \end{cases} \tag{5-96}$$

分别写出 A、χ 对 h 的一阶导数并使之为零：

$$\begin{cases} \dfrac{dA}{dh} = (b+mh)+h\left(\dfrac{db}{dh}+m\right)=0 \\ \dfrac{d\chi}{dh} = \dfrac{db}{dh}+2\sqrt{1+m^2}=0 \end{cases} \tag{5-97}$$

式(5-97)中消去 $\dfrac{db}{dh}$ 后，解得

$$\frac{b}{h}=\beta_m=2(\sqrt{1+m^2}-m)=f(m) \tag{5-98}$$

式(5-98)表明，梯形水力最佳断面的 $\dfrac{b}{h}$ 值仅与边坡系数 m 有关。

因为

$$R=\frac{A}{\chi}=\frac{(b+mh)h}{b+2h\sqrt{1+m^2}}=\frac{(\beta+m)h^2}{(\beta+2\sqrt{1+m^2})h} \tag{5-99}$$

所以用 β_m 代替上式中的 β 值，整理后得

$$R_m=\frac{h_m}{2} \tag{5-100}$$

即梯形水力最佳断面的水力半径等于水深的一半。

矩形断面可以看成为 $m=0$ 的梯形断面。以 $m=0$ 代入以上各式可求得矩形水力最佳断面的 β_m 和 R_m 值：

$$\begin{cases} \beta_m = \dfrac{b_m}{h_m}=2, \quad 即 b_m=2h_m \\ R_m = \dfrac{h_m}{2} \end{cases} \tag{5-101}$$

不难证明，矩形或梯形水力最佳断面实际上是半圆的外切多边形断面(图5-19)。

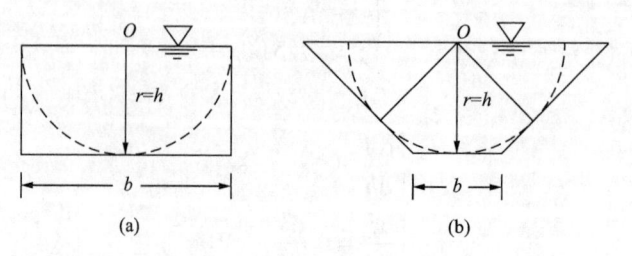

图 5-19 水力断面对比

在一般土渠中，边坡系数 $m>1$，则按式(5-98)求得梯形水力最佳断面通常都是窄而深的断面。这种断面虽然工程量最小，但不便于施工及维护，所以无衬护的大型土渠不宜采用梯形水力最佳断面。

(二)明渠的允许流速

一条设计合理的渠道，除了考虑过水断面的水力最佳断面及经济因素外，还应使渠道的设计流速不应大到使渠床遭受冲刷，也不可小到使水中悬浮的泥沙发生淤积，而应是不冲、不淤的流速。因此在土地工程水利设计中，要求渠道的断面平均流速 v 在不冲、不淤的允许流速范围内，即

$$[v]_{max}>v>[v]_{min} \tag{5-102}$$

式中，$[v]_{max}$ 为渠道免遭冲刷的最大允许流速，简称不冲允许流速；$[v]_{min}$ 为渠道免受淤积的最小允许流速，简称不淤允许流速。

渠道的不冲允许流速(即最大允许流速) $[v]_{max}$ 的大小取决于土质情况、渠道的衬砌材料以及渠道的通过流量等因素。表 5-2 和表 5-3 为中国水力部门调查和总结的各种渠道免遭冲刷的最大允许流速，可供设计明渠时选用。

表 5-2　坚硬岩石和人工护面渠道的不冲允许流速　　(单位：m^3/s)

岩石或护面种类	渠道流量		
	<1	1~10	>10
软质沉积岩（泥灰岩、页岩、软砾岩）	2.5	3	3.5
中等硬质水或岩（致密砾岩、多空石灰、灰质砂岩岩等）	3.5	4.25	5
硬质水成岩（白云砂岩、硬质石灰岩）	5	6	7
结晶岩、火成岩	8	9	10
单层块石铺砌	2.5	3.5	4
双层块石铺砌	3.5	4.5	5
混凝土护面（水流中不含砂和砾石）	6	8	10

注：为了防止植物在渠道中滋生、淤泥或沙的沉积，渠道中的水流断面平均流速应分别大于其不冲允许流速(即最大允许流速) $[v]_{min}$，$[v]_{min}$ 为 0.6 或 0.4m/s。

三、明渠均匀流的水力计算

明渠均匀流的水力计算，主要有以下三种基本问题，现以最常见的梯形断面渠道为例分述如下。

表 5-3　土质渠道的不冲允许流速

均质黏性土质	不冲允许流速/(m/s)		说明
轻壤土	0.6~0.8		
中壤土	0.65~0.85		
重壤土	0.70~1.0		
黏土	0.75~0.95		(1)均质黏性土质渠道中各种土质的干容重为12.740~16.660N/m²;
均质无黏性土质	粒径/mm	不冲允许流速/(m/s)	(2)表中所列为水力半径 $R=1.0$m 的情况，如 $R \neq 1.0$m 时，则应将表中数值乘以 R^a 才得到相应的不冲允许流速值，对于砂、砾石、卵石、疏松的土壤、黏土，$a=1/3$~$1/4$，对于密实的壤土、黏土，$a=1/4$~$1/5$
极细砂	0.05~0.1	0.35~0.45	
细砂和中砂	0.25~0.5	0.45~0.60	
粗砂	0.5~2.0	0.60~0.75	
细砾石	2.0~5.0	0.75~0.90	
中砾石	5.0~10.0	0.90~1.10	
粗砾石	10.0~20.0	1.10~1.30	
小卵石	20.0~40.0	1.30~1.80	
中卵石	40.0~60.0	1.80~2.20	

(一)验算渠道的输水能力

验算渠道的输水能力这类问题主要是对已建成渠道进行校核性的水力计算，特别是验算其输水能力问题。从明渠均匀流的基本关系式看出，各水力要素间存在着的函数关系为

$$Q = AC\sqrt{Ri} = f(m, b, h, n, i) \tag{5-103}$$

当渠道已定，已知渠道断面的形式及尺寸，并已知渠道的土壤或护面材料以及渠底坡度，即已知 m、b、h、n 和 i，可求其输水能力 Q。

在这种情况下，可根据已知值求出 A、R 及 C 后，便直接按式 $Q = AC\sqrt{Ri}$ 求出流量 Q。

(二)决定渠道底坡

决定渠道底坡这类问题在渠道的设计中会遇到，进行计算时，一般已知土壤或护面材料、设计流量以及断面的几何尺寸，即已知 n、Q 和 m、b、h 各量，求所需要的底坡 i。

在这种情况下，先算出流量模数 $K = AC\sqrt{R}$，再按式 $Q = AC\sqrt{Ri}$ 直接求出渠道底坡 i。即

$$i = \frac{Q^2}{K^2} \tag{5-104}$$

(三) 决定渠道断面尺寸

在设计一条新渠道时，一般已知流量 Q、渠道底坡 i、边坡系数 m 及粗糙系数 n，求渠道断面尺寸 b 和 h。

从基本关系式 $Q = AC\sqrt{Ri} = f(m,b,h,n,i)$ 可知，这六个量中仅知四个量，需求两个未知量 (b 和 h)，可能有许多组 b 和 h 的数值能满足这个方程式。为了使这个问题的解能够确定，必须根据工程要求及经济条件，先定出渠道底宽 b，或水深 h，或者宽深比 $\beta = b/h$。有时还可先选定渠道的最大允许流速 $[v]_{max}$，以下分四种情况说明。

(1) 水深 h 已定，求相应的底宽 b。

给底宽 b 几个不同值，算出相应的 $K = AC\sqrt{R}$，并做 $K = f(b)$ 曲线 (图 5-20)。再从给定的 Q 和 i，算出 $K = Q/\sqrt{i}$。由图 5-21 中找出对应于这个 K 值的 b 值，即为所求的底宽 b。

(2) 底宽 b 已定，求相应的水深 h。

仿照上述解法，作 $K = f(h)$ 曲线 (图 5-21)，然后找出对应于 $K = Q/\sqrt{i}$ 的 h 值，即为所求的水深 h。

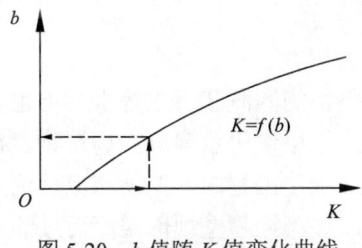

图 5-20 b 值随 K 值变化曲线

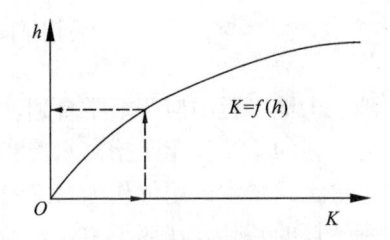

图 5-21 h 值随 K 值变化曲线

需要指出，以上得到的两种过水断面形式不一定恰好就是水力最佳的。

(3) 给定宽深比 β，求相应的 b 和 h。

与上述两种情况相似，此处给定 β 值这一补充条件后，问题的解是可以确定的。对于小型渠道，一般按水力最优设计，即 $\beta = \beta_h = 2(\sqrt{1+m^2} - m)$；对于大型土渠的计算，则要考虑到经济条件；对通航渠道则按特殊要求设计。

(4) 从最大允许流速 $[v]_{max}$ 出发，求相应的 b 和 h。

当允许流速成为设计渠道的控制条件时，就需要采用这一计算方法计算。

首先，找出梯形过水断面各要素间的几何关系，有

$$\begin{cases} A = (b+mh)hA = (b+mh)h \\ R = \dfrac{A}{\chi} = \dfrac{A}{b+2h\sqrt{1+m^2}} \end{cases} \quad (5\text{-}105)$$

其次，按允许流速直接算出 $A=Q/[v]_{\max}$ 和按均匀流条件算出 $R=(nv_{\max}/i^{\frac{1}{2}})^{\frac{3}{2}}$ 的值，其中谢才系数 C 按曼宁公式计算。把 A 与 R 值代入上式后，便可求得过水断面的尺寸 b 和 h。

四、导流明渠在工程中的应用

明渠导流为河水通过专门修建的渠道导向下游的施工导流方式。多用于河床外导流，适用于河谷岸坡较缓，有较宽阔滩地或有溪沟、老河道等可利用的地形，且导流流量较大的情况。与隧洞导流比较，因明渠的过流能力较大，施工较方便，造价相对较低，在地形条件和枢纽布置允许时，用明渠导流的较多。

布置导流明渠时必须考虑：①轴线位置，在地形上尽量利用垭口、溪沟、旧河道等，并力求布置在河湾凸岸的滩地；②明渠进水口要使水流顺畅，距围堰一定距离，防止冲刷坡脚；③进出口高程要根据流量、通航、过木、冲刷或淤积等条件综合比较确定；④明渠断面形式可采用矩形、梯形或复式断面，坡度大于临界坡度，并尽量减小渠道糙率，当渠底为软基时要防止渗漏。

第四节　堰　　流

堰在土地工程中应用非常普遍，大、中、小型的灌溉和蓄水等水利工程都离不开它，堰的主要作用是抬高水位和宣泄流量，常用作引水灌溉的构筑物。在灌溉渠道等工程中常采用堰作为量水设备；在交通土建工程中，宽顶堰流理论是桥涵水利计算的基础。在明渠中设置障壁(堰)后，缓流经障壁顶部溢流而过的水流现象称为堰流。

一、堰流基本公式

堰流的基本公式主要用于解决土地工程项目设计、建设中相关水力学的基本问题。土地工程中，常见堰的类型主要包括薄壁堰、实用断面堰和宽顶堰。三者的水流特点是有差别的，差别主要由堰流的边界条件不同而引起的。但是，由于在计算时都可以不计或无沿程水头损失，在一定程度上，它们也是有共性的：堰流具有同一结构的基本公式，但在某些系数数值上是有所差别的。

以图 5-22 为例，以通过堰顶的水平面为基准面，对堰前断面 0-0 及堰顶断面 1-1 应用能量方程式。其中 0-0 断面为渐变流；而 1-1 断面流线弯曲程度很大，水流为急变流，过水断面上测压管水头不为常数，用 $z_1+\dfrac{P_1}{r}$ 表示 1-1 断面上测压管水头平均值。由此得

(a) 薄壁堰流

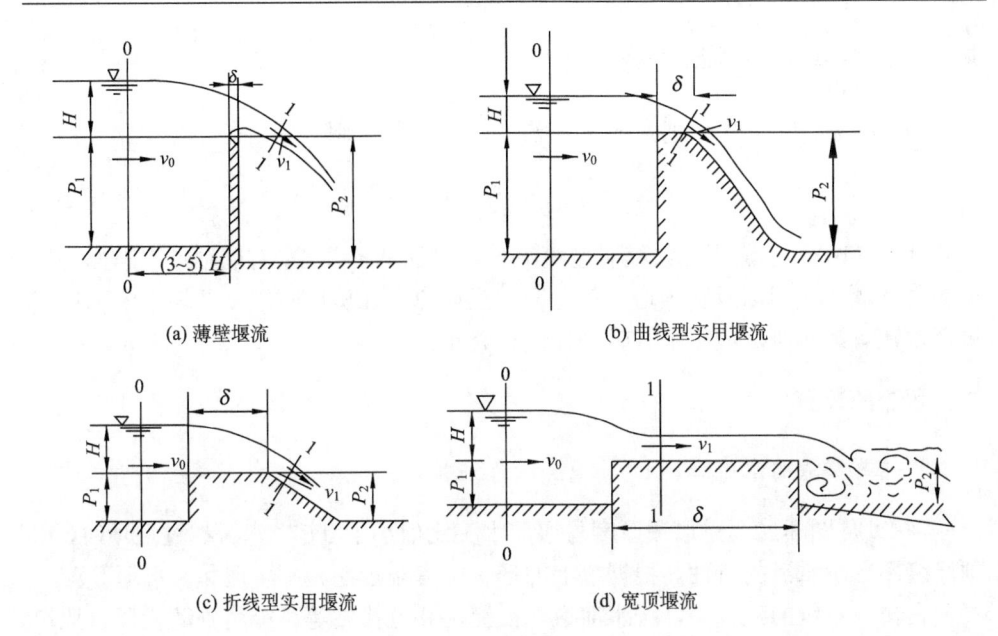

(b) 曲线型实用堰流

(c) 折线型实用堰流

(d) 宽顶堰流

图 5-22 堰流的类型

$$H + \frac{\alpha_0 v_0^2}{2g} = \left(z_1 + \frac{P_1}{r}\right) + (\alpha_1 + \zeta)\frac{v_1^2}{2g} \tag{5-106}$$

式中，H 为堰顶水头；v_0、v_1 为 0-0、1-1 断面平均流速；α_0、α_1 为 0-0、1-1 断面动能修正系数；ζ 为局部水头损失系数。

设 $H_0 = H + \dfrac{\alpha_0 v_0^2}{2g}$ 为堰顶总水头，其中 $\dfrac{\alpha_0 v_0^2}{2g}$ 为行近水头。又令 $\xi H_0 = \left(z_1 + \dfrac{P_1}{r}\right)$，$\zeta$ 为某一修正系数，则上式变为

$$H_0 - \xi H_0 = (\alpha_1 + \zeta)\frac{v_1^2}{2g} \tag{5-107}$$

由此得

$$v_1 = \frac{1}{\sqrt{\alpha_1 + \zeta}}\sqrt{2gH_0(1-\xi)} \tag{5-108}$$

若堰顶过水断面 1-1 宽度为 b，水舌厚度用 kH_0 表示，k 为反映堰顶水流垂直收缩程度的系数，则过水断面 1-1 面积为 kbH_0，过堰流量为

$$Q = v_1 k H_0 b = \frac{1}{\sqrt{\alpha_1 + \zeta}}\sqrt{2gH_0(1-\xi)}\,kH_0 b = \varphi k\sqrt{(1-\xi)}\,b\sqrt{2g}\,H_0^{\frac{3}{2}} \tag{5-109}$$

式中，$\varphi = \dfrac{1}{\sqrt{\alpha_1 + \xi}}$ 为流速系数。

设 $m = \varphi k\sqrt{(1-\xi)}$，则 m 称为堰流的流量系数，则

$$Q = mb\sqrt{2g}H_0^{\frac{3}{2}} \tag{5-110}$$

式(5-110)为水流无侧收缩时堰流流量计算的基本公式，对堰顶过水断面为矩形的薄壁堰、实用堰及宽顶堰流都适合。当堰流存在侧向收缩以及堰下游水位对过堰水流有影响时，应用上式时必须进行修正。

二、堰流的计算

（一）薄壁堰的水力计算

薄壁堰[图 5-22(a)]堰顶厚度与堰前水头比值小于 0.67。水流越过堰顶时，堰顶厚度不影响水流的特性。根据堰上的形状，有矩形堰、三角堰和梯形堰等。

在排水系统的建设中，排水河道、截流沟和抽排站等可能用到薄壁堰。堰口形状为矩形的薄壁堰，叫做矩形堰。薄壁堰流的水头与流量的关系稳定，因此常用作实验室或野外土地工程实践中测量的一种工具。根据堰口形状的不同，薄壁堰可分为三角形、矩形和梯形薄壁堰。三角形薄壁堰常用于测量较小的流量，矩形和梯形薄壁堰常用于测量较大的流量。

1. 矩形薄壁堰

矩形薄壁堰流在无侧向收缩、自由出流时，水流最稳定，测量精度也较高。所以采用矩形薄壁堰测流量时，应注意以下几点。

(1)矩形薄壁堰应与上游渠道等宽。

(2)下游水位应低于堰顶。

(3)堰顶水头不宜过小（一般应使 $H>2.5cm$），否则溢流水舌在表面张力作用下，出流会很不稳定。

(4)水舌下面的空间应与大气相通。否则，溢流水舌会把其下面空气带走而形成局部真空，使出流不稳定。

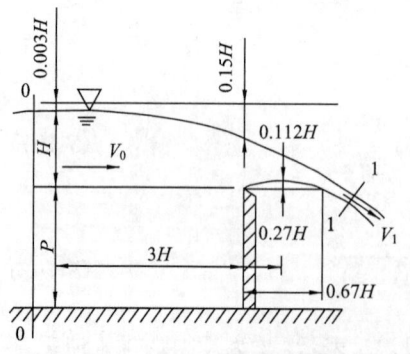

图 5-23 无侧向收缩矩形薄壁堰自由出流的水舌形状

图 5-23 是实验室中测得的无侧向收缩、非淹没矩形薄壁堰自由出流的水舌形状。

无侧向收缩、非淹没矩形薄壁堰的流量可按式(5-110)计算。为方便直接由测出的堰顶水头 H 来计算流量，式(5-110)可改写为

$$Q = m_0 b \sqrt{2g} H^{\frac{3}{2}} \tag{5-111}$$

式中，b 为堰顶过流断面宽度；H 为堰顶水头；m_0 为考虑了行进流速影响的流量系数，需由实验决定。

下面介绍两个计算 m_0 的经验公式。

(1) 雷伯克(Rehbock)公式：

$$m_0 = 0.403 + \frac{0.0007}{H} + 0.053 \frac{H}{P_1} \tag{5-112}$$

式中，堰高 P_1 和堰顶水头 H 必须以米代入。此式的适用范围为：$H \geqslant 0.025\text{m}$，$H/P_1 \leqslant 2$ 及 $P_1 \geqslant 0.3\text{m}$。

(2) 巴赞(Bazin)公式：

$$m_0 = \left(0.405 + \frac{0.0027}{H}\right)\left[1 + 0.55\left(\frac{H}{H + P_1}\right)^2\right] \tag{5-113}$$

式中，堰高 P_1 和堰顶水头 H 必须以米代入。此式的适用范围为：$H = 0.05\sim1.24\text{m}$，$b = 0.2\sim2.0\text{m}$ 及 $0.25m < P_1 < 1.13\text{m}$。

2. 三角形薄壁堰

堰口形状为三角形的薄壁堰，成为三角形堰。当流量较小(如 $Q < 0.1\text{m}^3/\text{s}$)时，若用矩形薄壁堰来测量，则堰上水头 H 太小，测量误差较大，为此改用三角形薄壁堰。对于堰口两侧边对称的直角三角形薄壁堰(图 5-24)自由出流的流量可按下列经验公式来计算。

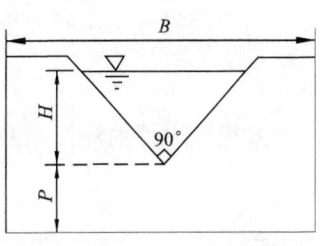

图 5-24 直角三角形薄壁堰

(1) 汤姆逊(Thompsom)公式：

$$Q = 1.4 H^{2.5} \tag{5-114}$$

式中，H 必须以米代入，Q 以 m^3/s 计。此式的适用范围为堰顶夹角 $\theta = 90°$，$H = 0.05\sim0.25\text{m}$。

(2) 金格公式：

$$Q = 1.343 H^{2.47} \tag{5-115}$$

式中，H 必须以米代入，Q 以 m^3/s 计。此式的适用范围为堰顶夹角 $\theta = 90°$，$H = 0.25\sim0.55\text{m}$。

(3) 沼知-黑川-渊泽公式：

$$Q = CH^{2.5} \tag{5-116}$$

式中，流量系数 C 可按下式计算：

$$C = 1.354 + \frac{0.004}{H} + \left(0.14 + \frac{0.2}{\sqrt{R}}\right)\left(\frac{H}{B} - 0.09\right)^2 \quad (5\text{-}117)$$

式中，堰顶水头 H、上游堰高 P_1 和堰上游引渠宽 B 必须以米代入，Q 以 m^3/s 计。此式适用范围为 $0.5\,m \leqslant B \leqslant 1.2\,m$，$0.1\,m \leqslant P_1 \leqslant 0.75\,m$，$0.07\,m \leqslant H \leqslant 0.26\,m$，$H \leqslant B/3$。

(二) 实用断面堰的水力计算

实用断面堰[图 5-22(b) 和 (c)]：堰顶厚度与堰前水头比值介于 0.67～2.5。堰顶厚度影响水舌的形状。它的纵剖面可以是曲线，也可以是折线形。

实用断面堰流量的计算公式为

$$Q = mb\sqrt{2g}H_0^{\frac{3}{2}} \quad (5\text{-}118)$$

实用断面堰的流量系数不但与堰上水头有关，而且与实用断面堰的具体曲线类型有关。一般曲线型的实用断面堰可取 $m_0 = 0.45$，折线型实用堰可取 $m_0 = 0.35 \sim 0.42$。

对于淹没式实用断面堰的流量公式为

$$Q = \sigma_s mb\sqrt{2g}H_0^{\frac{3}{2}} \quad (5\text{-}119)$$

实用断面堰的淹没系数 σ_s 与淹没程度有关，见表 5-4。

表 5-4 实用堰的淹没系数

h_s/H	0.05	0.20	0.30	0.40	0.50	0.60
σ_s	0.997	0.985	0.972	0.957	0.935	0.906
h_s/H	0.70	0.80	0.90	0.95	0.975	0.995
σ_s	0.856	0.776	0.621	0.470	0.319	0.100

当堰宽小于堰上游渠道时，过堰水流发生侧向收缩，造成泄流能力降低。侧向收缩影响用侧向收缩系数 ε 表示，堰的流量为

$$Q = m\varepsilon b\sqrt{2g}H_0^{\frac{3}{2}} \quad (5\text{-}120)$$

其中侧向收缩系数一般取值 $\varepsilon = 0.85 \sim 0.95$。

(三) 宽顶堰

宽顶堰式[图 5-22(c)]：堰顶厚度与堰前水头比值介于 2.5～10，堰顶厚度对水流的影响比较明显。堰流的特点是可以忽略沿程水头损失。

在土地工程项目建设中，小桥桥孔的过水，无压短涵管的过水，水利工程中的节制闸、分洪闸、泄水闸、灌溉工程中的进水闸、分水闸、排水闸等，当闸门全开时都具有宽顶堰的水力性质，因此研究宽顶堰理论与土地工程技术密切相关。

宽顶堰流是实际工程中很常见的水流现象。一般可分为两种，一种是具有底坎(堰坎)，在垂直方向发生收缩而形成的有坎宽顶堰流，如图5-25(a)和(b)所示；另一种是没有底坎，如水流流经桥墩之间[见图5-25(c)]、隧道或涵洞入口，以及水流经施工围堰束窄了的河床[图5-25(d)]时，水流由于边界宽度变小而产生侧向收缩，流速增大，动能增大，势能相应减小，导致进口处水面跌落，产生宽顶堰的水流状态，称为无坎宽顶堰流。

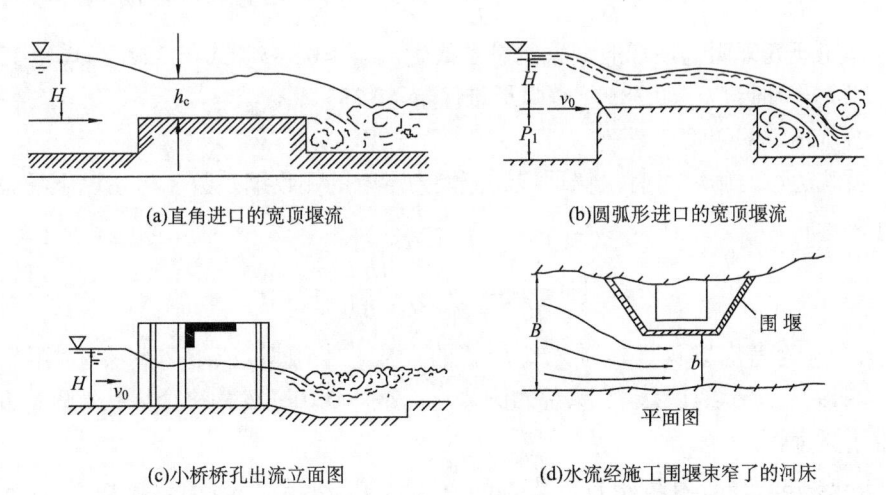

(a)直角进口的宽顶堰流　　(b)圆弧形进口的宽顶堰流

(c)小桥桥孔出流立面图　　(d)水流经施工围堰束窄了的河床

图 5-25　有坝宽顶堰流

在有坎宽顶堰流中，当进口前沿较宽时常设有闸墩及边墩，过堰水流会产生侧向收缩。另外，若上游水头一定，下游水位升高至某一程度时，宽顶堰会由自由出流变为淹没出流，下泄流量减少。因此，有坎宽顶堰的流量应当采用考虑侧收缩及淹没影响来计算，即

$$Q = \sigma_s \varepsilon m n b \sqrt{2g} H_0^{\frac{3}{2}} \tag{5-121}$$

1) 宽顶堰的流量系数

宽顶堰的流量系数 m 取决于堰的进口形式和堰的相对高度 $\dfrac{P_1}{H}$，可按下列经验公式计算。

(1) 对于堰坎进口处为直角的宽顶堰[图5-25(a)]，有

$$m = 0.32 + 0.01\frac{3 - P_1/H}{0.46 + 0.75 P_1/H} \tag{5-122}$$

式(5-122)适用于 $0 \leqslant \frac{P_1}{H} \leqslant 3$。当 $\frac{P_1}{H} > 3$ 时，按 $\frac{P_1}{H} = 3$ 计算，即 $m = 0.32$。

(2) 对于堰顶进口为圆弧形的宽顶堰[图5-25(b)]，有

$$m = 0.36 + 0.01\frac{3 - \dfrac{P_1}{H}}{1.2 + 1.5\dfrac{P_1}{H}} \tag{5-123}$$

式(5-123)适用于 $0 \leqslant \frac{P_1}{H} \leqslant 3$。当 $\frac{P_1}{H} > 3$ 时，按 $\frac{P_1}{H} = 3$ 计算，即 $m = 0.36$。

理论研究证明宽顶堰的最大流量系数为 $m_{max} = 0.385$。式(5-122)和式(5-123)中，当 $P_1 = 0$ 时，$m = 0.385$，圆弧形进口 $m = 0.385$。

2) 宽顶堰的侧收缩系数

反映边墩与闸墩对有坎宽顶堰过流能力影响的侧收缩系数 ε 可用以下经验公式计算：

$$\varepsilon = 1 - \frac{\alpha_0}{\sqrt[3]{0.2 + P_1/H}} \sqrt[4]{\frac{b}{B}\left(1 - \frac{b}{B}\right)} \tag{5-124}$$

式中，α_0 为考虑墩头及堰顶入口形状的系数，当闸墩(或边墩)头部为矩形，$\alpha_0 = 0.19$，当闸墩(或边墩)头部为圆弧形，$\alpha_0 = 0.10$；b 为每个堰孔宽度；B 为上游引渠宽。

式(5-124)的应用条件为：$\frac{b}{B} > 0.2$，$\frac{P_1}{H} < 3$；当 $\frac{b}{B} < 0.2$ 时，应取 $\frac{b}{B} = 0.2$；当 $\frac{P_1}{H} > 3$，取 $\frac{P_1}{H} = 3$。

对于单孔宽顶堰(无闸墩)，可直接用式(5-124)计算 ε 值；对于多孔宽顶堰(有闸墩和边墩)，ε 取边孔与中孔加权平均值。

$$\varepsilon = \frac{(n-1)\varepsilon' + \varepsilon''}{n} \tag{5-125}$$

式中，ε' 为中孔侧收缩系数，用式(5-124)计算时，取 $B = b + d$，其中 d 为闸墩厚度；ε'' 为边孔侧收缩系数，用式(5-124)计算时，取 $B = b + 2\Delta$，其中 Δ 为边墩边缘与堰上游同侧水边线间的距离。

3) 宽顶堰的淹没影响

实验证明，当宽顶堰下游水位超过堰顶的高度即 $h_s \geqslant (0.75 \sim 0.85) H_0$(括号内的系数值与堰出口下游断面扩大情况有关)时，堰顶将发生淹没水跃，形成淹没出流，过堰水流受到下游水的阻碍，流量减小。所以淹没条件为(计算时一般取平均值)

$$h_s > 0.8H_0 \tag{5-126}$$

淹没出流对流量的影响可用淹没系数 $\sigma_s \leqslant 1$ 来反映，流量公式采用式(5-121)。淹没系数 σ_s 随 $\dfrac{h_s}{H_0}$ 增大而减小，表 5-5 为试验得到的淹没系数。

表 5-5 宽顶堰淹没系数 σ_s

h_s/H	0.80	0.81	0.82	0.83	0.84	0.85	0.86	0.87	0.88
σ_s	1.00	0.995	0.99	0.98	0.97	0.96	0.95	0.93	0.90
h_s/H	0.89	0.90	0.91	0.92	0.93	0.94	0.95	0.96	0.97	0.98
σ_s	0.87	0.84	0.82	0.78	0.74	0.70	0.65	0.59	0.50	0.40

对于由侧向收缩影响而形成的无底坎(平底)宽顶堰流，其流量公式与有坎宽顶堰流公式形式基本相同，只是在计算中一般不单独考虑侧向收缩的影响，而把它包含于流量系数中一并考虑，即令 $m' = m\varepsilon$。于是，无坎宽顶堰流流量计算公式为

$$Q = \sigma_s m' n b \sqrt{2g} H_0^{\frac{3}{2}} \tag{5-127}$$

式中，m' 为包含侧收缩影响的流量系数。

单孔堰的 m' 可根据翼墙形式(图 5-26)及平面收缩程度 $\dfrac{b}{B}$ 值查表 5-6。多孔堰的 m' 取中孔与边孔流量系数的加权平均值。无坎宽顶堰淹没条件为仍用式(5-124)，淹没系数 σ_s 近似地由表 5-5 查用。

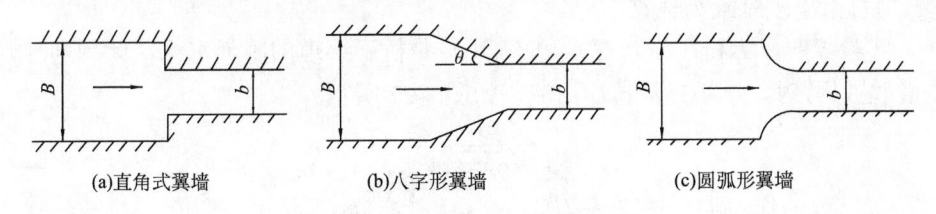

(a)直角式翼墙　　　　(b)八字形翼墙　　　　(c)圆弧形翼墙

图 5-26　无坝宽顶堰翼墙形式

(四)小桥孔径的水力计算

在土地整治工程项目中通常要进行的市政工程中，除了需要建设城市道路外，有时还需要建设桥梁等。而小桥、无压短涵管、灌溉系统的节制闸等的孔径计算，基本上都是利用宽顶堰理论，原则上计算方法相同。以下以小桥孔径计算方法作为说明。

表 5-6 无坎宽顶堰的流量系数

$\dfrac{b}{B}$	直角式翼墙	八字形翼墙 cotθ			圆弧形翼墙 $\dfrac{r}{b}$		
		0.5	1.0	2.0	0.2	0.3	≥0.5
0	0.320	0.343	0.350	0.353	0.349	0.354	0.360
0.1	0.322	0.344	0.351	0.354	0.350	0.355	0.361
0.2	0.324	0.346	0.352	0.355	0.351	0.356	0.362
0.3	0.327	0.348	0.354	0.357	0.353	0.357	0.363
0.4	0.330	0.350	0.356	0.358	0.355	0.359	0.364
0.5	0.334	0.352	0.358	0.360	0.357	0.361	0.366
0.6	0.340	0.356	0.361	0.363	0.360	0.363	0.368
0.7	0.346	0.360	0.364	0.366	0.363	0.366	0.370
0.8	0.355	0.365	0.369	0.370	0.368	0.371	0.373
0.9	0.367	0.373	0.375	0.386	0.375	0.376	0.378
1.0	0.385	0.385	0.385	0.385	0.385	0.385	0.385

小桥的底板一般与渠道的底板齐平(即 $P_1 = P_2 = 0$),由于路基及墩台使液流束窄产生侧收缩,故属无坎宽顶堰流,随下游水深变化小桥孔径过流也有自由出流和淹没出流两种形式。

1) 自由出流时水力计算

实验表明,当桥下游水深 $h < 1.3 h_k$ (h_k 是桥下渠道的临界水深,此判别准则是经验数据)时,小桥过流自由出流,如图 5-27 所示。

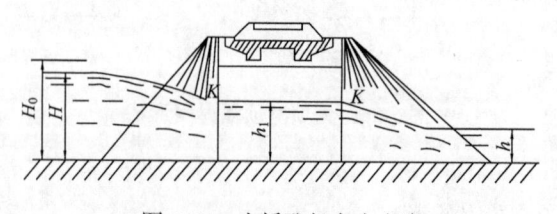

图 5-27 小桥孔径自由出流

对 0-0 断面和 1-1 断面之间水流能量方程为

$$H + \frac{\alpha_0 v_0^2}{2g} = h_1 + \frac{\alpha_1 v_1^2}{2g} + \frac{\xi v_1^2}{2g} \tag{5-128}$$

可得

$$v_1 = \varphi\sqrt{2g(H_0 - h_1)} \tag{5-129}$$

若桥下矩形过水断面宽度为 b，当水流发生侧向收缩时，有效水流宽度为 εb，则

$$Q = \varepsilon b h_1 \varphi\sqrt{2g(H_0 - h_1)} \tag{5-130}$$

式 (5-130) 为小桥桥孔自由出流的计算公式，其中 h_1 为 1-1 断面水深，$h_1 = \psi h_k$，其中 ψ 为垂向收缩系数（平滑进口 $\psi = 0.80 \sim 0.85$；非平滑进口 $\psi = 0.75 \sim 0.85$），$h_k = \sqrt[3]{\dfrac{\alpha Q^2}{(\varepsilon b)^2 g}}$；$\varphi$ 为流速系数，$\varphi = \dfrac{1}{\sqrt{\alpha_1 + \xi}}$；$H_0$ 为 0-0 断面总水头，$H_0 = H + \dfrac{\alpha_0 v_0^2}{2g}$；$\varepsilon$ 为侧向收缩系数。φ 与 ε 经验值列于表 5-7。

表 5-7　桥孔径的侧向收缩系数 ε 和流速系数 φ

桥台形状	侧向收缩系数 ε	流速系数 φ
单孔，有锥体填土（锥体护坡）	0.90	0.90
单孔，有八字翼墙	0.85	0.90
多孔或无锥体填土，多孔或桥台伸出锥体之外	0.80	0.85
拱脚浸水的拱桥	0.75	0.80

2) 淹没出流时水力计算

当桥下游水深 $h \geqslant 1.3 h_k$（h_k 是桥下渠道的临界水深，此判别准则一般是经验数据）时，小桥过流淹没出流，如图 5-28 所示。此时，忽略水流在桥出口过程中的流速变化造成水深的变化，即 $h = h_1$。淹没出流的水力计算公式为

$$v_1 = \varphi\sqrt{2g(H_0 - h)} \tag{5-131}$$

$$Q = \varepsilon b h \varphi\sqrt{2g(H_0 - h_1)} \tag{5-132}$$

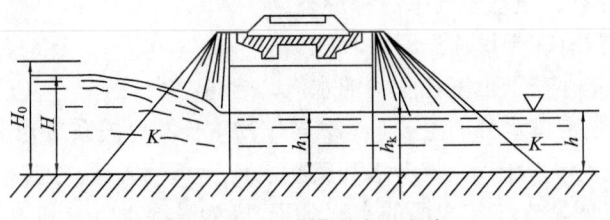

图 5-28　小桥桥孔淹没出流

第六章　孔隙介质水运动原理

　　孔隙介质是指由固体颗粒组成的骨架和由骨架分隔成大量密集成群的微小空隙构成的介质。孔隙介质主要包括土壤、岩石等多孔介质与裂隙介质，对在其中发生的水分运动过程，简称为孔隙介质中的水分运动。孔隙介质中水分运动原理和规律的研究在土地工程方面具有重要的理论意义和广泛的实用前景，对农林种植、作物生产、施肥、水土保持、水资源净化与调控及土壤资源保护都有重要的意义(Wang et al., 2013, 2014)。

第一节　土壤水运动

　　土壤水动力学是以土壤中水分的能态为基础，研究土壤水传输、运移规律及其应用的科学，即研究田间水循环条件下，土壤、植物、大气相互作用、相互影响的科学。本章着重介绍土壤水的形态和能态、水分运动的基本原理、水分入渗以及蒸发条件下土壤水分的运动等，为土地工程建设提供基本依托。

一、土壤水的形态和能态

　　土壤水具有自由水的主要特征，但因其处于土壤这一多孔介质中，其特性必然受土壤特征的影响，因此处于土壤不同位置的水不仅具有不同的形态和能态，而且具有不同的物理特性。此外，由于土、水的相互作用，土壤水的数量和能态密切相关，而土壤水的数量和能态的关系则决定了土壤水分循环的速率和方向。

　　(一)土壤水的形态

1. 土壤水的三种形态

土壤水有固态、液态和气态三种形态。
(1)固态水只有在土壤冻结时才存在。
(2)气态水是存于土壤孔隙中的水汽，含量很少。
(3)液态水是土壤水分的主要形态，与作物生长发育关系最为密切。液态水按其运动特性又可分为吸附水(吸湿水和膜状水)、毛管水、重力水等。①吸附水：指被风干土壤所吸附在土粒表面的水汽分子。因为吸湿水所受到的分子引力很大，最大可达一万个大气压，所以植物不能利用此水，又称此水为紧束缚水。土壤质地越细，土粒的表面能越大，吸湿系数也越大。②毛管水：指由毛管孔隙中水分弯月面的毛管力所保持的水分。毛管水全部可供植物吸收利用，有溶解养分的能力，受毛管力的影响也可以上下左右移动，不断满足作物的需要。所以，毛管水是对作物最有效的土壤水分。③重力水：进入土壤的水分超过土壤所能保持的田间持水量时，超出的水分因受重力作用沿较大的孔隙向下渗透，这种受重力作用而下渗的水分即称为重力水。

在地下水位较高的地方，重力水最后转入地下水。在地下水位很低的地区，重力水在不断下渗的过程中将逐渐转化为毛管悬着水或膜状水而被保留在土层的深处。植物能完全吸收重力水，但由于重力水很快就流失，因此利用率很低。在土壤中或很深的母质层中，具有不透水层时，重力水就会在此层之上的土壤孔隙中聚积起来，形成水层，这就是地下水。在干旱条件下，土壤水分蒸发快，如地下水位过高，会使水溶性盐类向上集中，使含盐量增加到有害程度，即所谓的盐渍化；在湿润地区，如地下水位过高，会造成土壤过湿，植物不能良好生长，有机残体不能分解，导致土壤沼泽化。

2. 土壤水的有效性

土壤中的水分，并不能全部被植物的根系吸收利用。土壤水的有效性是指土壤水能被植物吸收利用及其难易程度。不能被植物吸收利用的水称为无效水；能被植物吸收利用的水称为有效水。其中因其吸收难易程度不同又可分为速效水(或易效水)和迟效水(或难效水)。土壤水的有效性实际上是用生物学的观点来划分土壤水的类型。

1) 萎蔫系数

通常把土壤萎蔫系数看做土壤有效水的下限，当植物因无法吸水而发生永久萎蔫时的土壤含水量称为萎蔫系数或萎蔫点。它因土壤质地、作物和气候等不同而不同。一般土壤质地愈黏重，萎蔫系数愈大。低于萎蔫系数的水分，作物无法吸收利用，所以属于无效水。这时的土水势约相当于根的吸水力(平均为1.5 MPa)或根水势(平均为–1.5 MPa)。

2) 土壤有效水

农田土壤某一深度内保持吸湿水、膜状水和毛管悬着水的最大水量，一般把田间持水量视为土壤有效水的上限。所以田间持水量与萎蔫系数之差为土壤有效最大含水量。随着质地由砂变黏，土壤田间持水量和萎蔫系数也随之增高，但增高的比例不同、黏土的田间持水量虽高，但萎蔫系数也高，所以其有效水最大含量并不一定比壤土高。因而在相同条件下，壤土的抗旱能力反而比黏土强。

3. 土壤含水量的表示方法

1) 质量含水量(θ_m)

质量含水量也称为重量含水量，是指土壤中所含水分的质量(m_w)占烘干土质量(m_s)的百分率：

$$\theta_m = \frac{m_w}{m_s} \tag{6-1}$$

通常所说的烘干土是指在 105℃烘干的土壤。因土壤质地、容重、有机质含量的不同，土壤含水量的上限(饱和含水量)差异很大。对于矿质土壤，其质量含水量一般在 25%～60%。黏性土饱和含水量一般高于沙质土，在有机质土壤如泥炭土或腐殖土中，饱和含水量甚至会超过 100%(秦耀东，2003)。

2) 容积含水量(θ_v)

容积含水量指土壤中水所占的容积(V_w)与土壤容积(V)的比值，或单位体积土壤中水所占的容积：

$$\theta_v = \frac{V_w}{V} \tag{6-2}$$

一般而言，砂质土壤饱和容积含水量在 30%～50%，黏质土壤饱和容积含水量可达 60%。如已知土壤的容重(ρ_b)和水的密度(ρ_w)，也可以通过以下关系获得土壤容积含水量：

$$\theta_v = \theta_m \times \frac{\rho_b}{\rho_w} \tag{6-3}$$

3) 饱和度(s)

饱和度是指土壤水的容积(V_w)与土壤孔隙总容积(V_w+V_g)的比值(V_g 为土壤孔隙中空气所占体积)，可用下式表示：

$$s = \frac{V_w}{V_w + V_g} \tag{6-4}$$

对于非膨胀性土壤饱和容积含水量与土壤孔隙度相等，饱和度也可以表示为

$$s = \frac{\theta}{\theta_s} \tag{6-5}$$

式中，θ 为土壤实际含水量；θ_s 指饱和容积含水量或土壤孔隙度。由式(6-5)可知，饱和度的变化范围在 0～1。

4) 相对含水量

相对含水量指土壤含水量占田间持水量的百分数，它可以说明土壤毛管悬着水的饱和程度、有效性和水、气的比例等，是农业上常用的土壤含水量的表示方法。

$$土壤相对含水量 = \frac{土壤含水量}{田间持水量} \tag{6-6}$$

5) 土壤水贮量

土壤水贮量即一定面积或厚度土壤中含水量的绝对数量,在土壤物理、农田水力学、水文学等学科中经常用到这一术语和指标,有两种表示方式。

(1) 水层厚度(D_w): 在一定土层厚度(h)、一定面积上土壤中所含水量相当于相同面积水层的厚度,可与降水量相比。

$$D_w = h \times \theta_v \tag{6-7}$$

D_w的单位是长度单位,其方便之处在于适合表示任何面积土壤一定厚度的含水量,与大气降水量、土壤蒸发量等可直接比较计算。

(2) 绝对水体积(容量):一定面积一定厚度土壤中所含水量的体积。在数量上,它可简单由D_w与所指定面积相乘即可,但要注意二者单位的一致性。在灌排计算中常用到这一参数,以确定灌水量和排水量。若以1m土深计,每公顷含水容量($V_{方/公顷}$)与水深之间的换算关系为

$$V_{方/公顷} = 10 D_w \tag{6-8}$$

(二) 土壤水的能态

土壤水和自然界其他物体一样,含有不同数量和形式的能,处于一定的能量状态,能自发地从能量较高的地方向能量较低的地方移动。土水势是表示土壤水能量状态常用的名称。土水势就是土壤水在各种力的作用下势能的变化。

1. 基质势(ψ_m)

在不饱和情况下,土壤水受土壤吸附力和毛管力的制约,其水势自然低于纯自由水参比标准的水势。假定纯水的势能为零,则土水势是负值。这种由吸附力和毛管力所制约的土水势称为基质势(ψ_m)。土壤含水量越低,基质势也就越低。反之,土壤含水量愈高,基质势愈高。至土壤水完全饱和,基质势达到最大值,与参比标准相等,即等于零。

2. 压力势(ψ_p)

压力势(ψ_p)是指在土壤水饱和的情况下,由于受压力而产生土水势变化。在不饱和土壤中的土壤水的压力势一般与参比标准相同,等于零。但在饱和的土壤中孔隙都充满水,并连续成水柱。在土表的土壤水与大气接触,仍受大气压力,压力势为零。而土体内部的土壤水除承受大气压力外,还要承受其上部水柱的静水压力,其压力势大于参比标准,为正值。在饱和土壤愈深层的土壤水,所受的压力愈高,正值愈大。此外,有时被土壤水包围的孤立的气泡,它周围的水可产生一定的压力,成为气压势,这在目前的土壤水研究中还较少考虑。

对于水分饱和的土壤,在水面以下深度为h,体积为V的土壤水的压力势(ψ_p)为

$$\psi_p = \rho_w \times g \times h \times V \tag{6-9}$$

式中，ρ_w 为水的密度；g 为重力加速度。

3. 重力势（ψ_g）

重力势（ψ_g）是指由重力作用而引起的土水势的变化。所有土壤水都受重力作用，与参比标准的高度相比，高于参比标准的土壤水，其所受重力作用大于参比标准，故重力势为正值，高度愈高则重力势的正值愈大，反之亦然。

参比标准高度一般根据研究需要而定，可设在地表或地下水面。在参考平面上取原点，选定垂直坐标 z，土壤中坐标为 z、质量为 M 的土壤水分所具有的重力势（ψ_g）为

$$\psi_g = \pm Mgz \tag{6-10}$$

当 z 坐标向上时为正，式（6-10）取正号；当 z 坐标向上时为负，式（6-10）取负号。也就是说，位于参考平面以上的各点的重力势为正值，而位于参考平面以下的各点的重力势为负值。

另外，土水势还包括温度势，溶质势等分势。土壤水势是以上各分势之和，又称总水势（ψ_t），用数学表达为

$$\psi_t = \psi_m + \psi_p + \psi_g + \cdots \tag{6-11}$$

在不同的含水状况下，决定土水势大小的分势不同，同时在根据各分势计算 ψ_t 时，必须分析土壤含水状况，且应注意参比标准及各分势的正负符号。

(三) 土壤水分特征曲线

基质势（土壤水吸力）随土壤含水量而变化，其关系称为土壤水分特征曲线 (soil water characteristic curve)，反映了土壤水和土壤基质间的相互作用以及土壤持水能力，在高吸力时以吸附作用为主，在低吸力时以毛管作用为主。

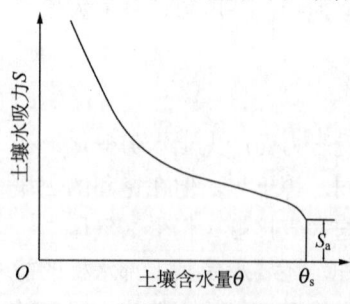

1. 土壤水分特征曲线及其影响因素

土壤中不同大小孔隙中的水处于不同的能量状态。在一定的能量状况下，小于某一等效孔径的土壤孔隙被水所充满，大于此孔径的土壤孔隙不能吸持水分，因此土壤水的能量与数量存在一定的数量关系。在一定的温度条件下，这种关系仅与土壤本身的特性有关，是土壤最重要的水力特性之一，称为土壤水分特征曲线，是以土壤含水量为横坐标、以土壤水吸力为纵坐标绘制的相关曲线（图6-1）。

图 6-1 土壤水分特征曲线示意图

依据毛细管理论，土壤水分特征曲线实际反映的是土壤孔隙状况和含水量之间的关系。因此，一切影响土壤孔隙状况和水分特征的因素都会对土壤水分特征

曲线产生影响。

1) 土壤质地

土壤水分特征曲线受土壤质地的强烈影响。一般来说，黏粒含量越高的土壤，在任一吸力下保持的水分也越多，曲线的坡度也较平缓。而砂质土中则恰好相反。

2) 土壤结构

土壤结构也影响土壤水分特征曲线的性状，尤其在低吸力范围内。在结构良好的土壤中，土壤团聚体所包含的孔隙结构是土壤持水的主要场所，土壤团聚体结构的变化必然引起土壤水分特征曲线的变化。

2. 土壤水分特征曲线模型

由于土壤水分特征曲线的影响因素复杂，至今没有从理论上建立土壤含水量和土壤基质势之间的关系，通常用经验公式来描述，目前常用的公式为

$$\frac{\theta - \theta_r}{\theta_s - \theta_r} = \left(\frac{h_d}{h}\right)^N \tag{6-12}$$

$$\frac{\theta - \theta_r}{\theta_s - \theta_r} = \left[\frac{1}{1 + (\alpha h)^n}\right]^m \tag{6-13}$$

式(6-12)是 Brooks-Corey 提出的土壤水分特征曲线表达式，其中 θ_s 是饱和土壤含水量；θ_r 是滞留土壤含水量；h_d 是进气吸力；h 为土壤吸力；N 为形状系数。当土壤处于饱和状态时，土壤吸力等于进气吸力，因此式(6-12)描述了脱水过程的土壤水分特征曲线。进气吸力也不是严格测定的进气吸力，而是通过曲线拟合所得到的表观进气吸力。

式(6-13)是 van Genuchten 提出的描述土壤水分特征曲线公式，其中 α 是与进气吸力相关的参数；n 和 m 是形状系数。当土壤含水量处于饱和状态时，土壤水吸力为零，因此式(6-13)描述了土壤吸湿过程中的土壤水分特征曲线。同时由于式(6-13)能够配合大部分土壤水分特征曲线的形状，因此得到了广泛应用。

二、土壤水分运动基本原理

土壤中的水分很少是静止的，土壤水分运动主要是以液态水流动为主。在一定条件下，土壤水分也可以气态形式运动。土壤水分运动遵循的规律是物质和能量的守恒定律。

土壤水分运动的内在动力是水势梯度，即土壤水从水势高处向水势低处运动。在平衡条件下，土壤系统内部各点水势处处相等，土壤水处于相对静止状态。只要土壤系统内存在水势不等的点，系统就不会平衡，土壤内就会有水分运动。

(一)饱和土壤中的水流

水在土壤中流动时,由于它的黏性,将与多孔介质之间发生作用,导致土壤在水流动中必然有能量损失。土壤水运动过程中的能量损失规律是达西(1856)首先在测定砂柱渗漏率过程中发现的,称为达西定律(Darcy's law)。通过土壤的水流通量 J_w 与土壤水势梯度呈正比,即

$$J_w = -K_s \frac{\Delta\psi}{\Delta L} \tag{6-14}$$

式中,K_s 是饱和导水率,是一个与水流状况无关,仅与土壤特性有关的参数;$\frac{\Delta\psi}{\Delta L}$ 为水力梯度,负号表示水流运动方向与水势梯度方向相反。

后人将达西定律外推时发现,达西定律不仅适用于均质土壤,而且也适用于非均质土壤。对于均质土壤,土壤各向同性,各个方向上的导水率相等。对于三维空间的水分运动,达西定律可写为

$$J_w = -K_s \nabla\psi \tag{6-15}$$

式中,$\nabla\psi$ 是水力梯度矢量;∇ 为拉普拉斯算子,又称矢量微分算子,表示为

$$\nabla = i\frac{\partial}{\partial x} + j\frac{\partial}{\partial y} + k\frac{\partial}{\partial z} \tag{6-16}$$

对于非均质土壤,土壤在各个方向上的导水率是不同的,达西定律用下式表示:

$$J_w = -K_{sx}\frac{\partial\psi}{\partial x}i - K_{sy}\frac{\partial\psi}{\partial y}j - K_{sz}\frac{\partial\psi}{\partial z}k \tag{6-17}$$

式中,K_{sx}、K_{sy}、K_{sz} 分别为 x、y、z 三个方向上的饱和导水率。

达西定律是以砂土为研究对象建立的,随后将达西定律应用到其他质地的土壤中,发现达西定律并不是对所有多孔介质中的流体流动普遍有效,而是只适用于层流状况。达西定律在绝大多数情况下是可以运用于土壤水流运动的,但在粗砂或黏土介质中必须慎用。

(二)非饱和土壤中的水流

1. 白金汉-达西定律

1907 年,Edgar Buckingham 通过修正达西定律式(6-14)以描述非饱和土壤中的水流,该修正基于以下 3 个主要假设:①土壤是非膨胀、等温的,且不含任何溶质成分、气体压力势为零;②土水势由基质势和重力势组成;③非饱和土壤导水率是土壤含水量或基质吸力的函数。垂直方向上一维非饱和土壤的白金汉-达西定律可表示为

$$J_\mathrm{w} = -K(\theta)\frac{\partial\psi}{\partial z} = -K(\theta)\frac{\partial(\psi_\mathrm{m}+z)}{\partial z} = -K(\theta)\left(\frac{\partial\psi_\mathrm{m}}{\partial z}+1\right) \qquad (6\text{-}18)$$

式中，$\psi=\psi_\mathrm{m}+z$，ψ_m 为基质势，z 为重力势，方向向上为正；$K(\theta)$ 表示土壤非饱和导水率，也可以表示为土壤含水量的函数；$h=-\psi_\mathrm{m}$ 基质吸力；J_w 表示水流通量。

同样，对于各向同性的土壤，其三维空间下的白金汉-达西定律可表示为

$$J_\mathrm{w} = -K(\theta)\nabla\psi \qquad (6\text{-}19)$$

如果土壤各向异性，则三个方向上的非饱和导水率函数一般是不同的，白金汉-达西定律的表达式应为

$$J_\mathrm{w} = -K_x(\theta)\frac{\partial\psi_\mathrm{m}}{\partial x}i - K_y(\theta)\frac{\partial\psi_\mathrm{m}}{\partial y}j - \left(K_z(\theta)\frac{\partial\psi_\mathrm{m}}{\partial z}\pm 1\right)k \qquad (6\text{-}20)$$

式中，$K_x(\theta)$、$K_y(\theta)$、$K_z(\theta)$ 分别为 x、y、z 三个方向上的非饱和导水率，式中的正负号与垂向坐标轴方向的选取有关，如坐标轴方向向上为正，则取正号，反之则取负号。

2. Richards 方程

目前的水分运动方程大都是指 Richards 方程。Richards 方程是基于白金汉-达西定律和连续方程建立的，将式(6-20)代入连续方程：

$$\frac{\partial\theta}{\partial t} + \left(\frac{\partial J_{\mathrm{w}x}}{\partial x} + \frac{\partial J_{\mathrm{w}y}}{\partial y} + \frac{\partial J_{\mathrm{w}z}}{\partial z}\right) + r_\mathrm{w} = 0 \qquad (6\text{-}21)$$

$$\frac{\partial\theta}{\partial t} + \nabla\cdot J_\mathrm{w} + r_\mathrm{w} = 0 \qquad (6\text{-}22)$$

可得三维空间的 Richards 方程的表达式为

$$\frac{\partial\theta}{\partial t} = \frac{\partial}{\partial x}\left[K_x(\theta)\frac{\partial\psi_\mathrm{m}}{\partial x}\right] + \frac{\partial}{\partial y}\left[K_y(\theta)\frac{\partial\psi_\mathrm{m}}{\partial y}\right] + \frac{\partial}{\partial z}\left[K_z(\theta)\frac{\partial\psi_\mathrm{m}}{\partial z}\right] \pm \frac{\partial K_z(\theta)}{\partial z} - r_\mathrm{w}$$
$$(6\text{-}23)$$

式中的正负号与垂向坐标轴方向的选取有关。对于各向同性介质，$K(\theta)=K_x(\theta)=K_y(\theta)=K_z(\theta)$，Richards 方程可表示为

$$\frac{\partial\theta}{\partial t} = \frac{\partial}{\partial x}\left[K(\theta)\frac{\partial\psi_\mathrm{m}}{\partial x}\right] + \frac{\partial}{\partial y}\left[K(\theta)\frac{\partial\psi_\mathrm{m}}{\partial y}\right] + \frac{\partial}{\partial z}\left[K(\theta)\frac{\partial\psi_\mathrm{m}}{\partial z}\right] \pm \frac{\partial K(\theta)}{\partial z} - r_\mathrm{w}$$
$$(6\text{-}24)$$

在无植物情况下，$r_\mathrm{w}=0$，则

$$\frac{\partial \theta}{\partial t} = \frac{\partial}{\partial x}\left[K(\theta)\frac{\partial \psi_m}{\partial x}\right] + \frac{\partial}{\partial y}\left[K(\theta)\frac{\partial \psi_m}{\partial y}\right] + \frac{\partial}{\partial z}\left[K(\theta)\frac{\partial \psi_m}{\partial z}\right] \pm \frac{\partial K(\theta)}{\partial z} \quad (6\text{-}25)$$

由于土壤水分运动的滞后性，土壤水分吸水和脱水曲线不重合，所以如果土壤水分特征曲线只是单一的吸水或脱水曲线，则 Richards 方程只能用于土壤水分吸湿或脱湿的单一过程。

针对具体问题，根据研究问题的特点，Richards 方程可有多种表达形式。现就其常用的形式做简单说明。在下面的分析中，垂直坐标均取垂直向上为正。

1) 以基质势为因变量的 Richards 方程

在此引入比水容量 $C(\psi_m)$ 的概念，即单位基质势的增加所引起的土壤含水量的变化，表示为

$$C(\psi_m) = \frac{d\theta}{d\psi_m} \quad (6\text{-}26)$$

比水容量和非饱和导水率既可表示为土壤含水量的函数 $C(\theta)$、$K(\theta)$，也可表示为基质势的函数 $C(\psi_m)$、$K(\psi_m)$。将式(6-25)代入式(6-26)中，替换土壤含水量，就可得到以基质势为因变量的 Richards 方程：

$$C(\psi_m)\frac{\partial \psi_m}{\partial t} = \frac{\partial}{\partial x}\left[K(\psi_m)\frac{\partial \psi_m}{\partial x}\right] + \frac{\partial}{\partial y}\left[K(\psi_m)\frac{\partial \psi_m}{\partial y}\right] + \frac{\partial}{\partial z}\left[K(\psi_m)\frac{\partial \psi_m}{\partial z}\right] \pm \frac{\partial K(\psi_m)}{\partial z}$$
$$(6\text{-}27)$$

2) 以含水量为因变量的 Richards 方程

为了转变为以 θ 为因变量的方程，在此引入土壤水分扩散率 $D(\theta)$ 的概念，定义土壤水分扩散率为导水率 $K(\theta)$ 和比水容量 $C(\theta)$ 的比值，即

$$D(\theta) = \frac{K(\theta)}{C(\theta)} = K(\theta) \cdot \frac{d\psi_m}{d\theta} \quad (6\text{-}28)$$

同样，土壤水分扩散率既可表示为土壤含水量的函数 $D(\theta)$，也可表示为基质势的函数 $D(\psi_m)$。将式(6-27)代入式(6-28)中替换基质势，就可得到以含水量为因变量的 Richards 方程：

$$\frac{\partial \theta}{\partial t} = \frac{\partial}{\partial x}\left[D(\theta)\frac{\partial \theta}{\partial x}\right] + \frac{\partial}{\partial y}\left[D(\theta)\frac{\partial \theta}{\partial y}\right] + \frac{\partial}{\partial z}\left[D(\theta)\frac{\partial \theta}{\partial z}\right] \pm \frac{\partial K(\theta)}{\partial z} \quad (6\text{-}29)$$

对于一维垂直入渗问题：

$$\frac{\partial \theta}{\partial t} = \frac{\partial}{\partial z}\left[D(\theta)\frac{\partial \theta}{\partial z}\right] \pm \frac{\partial K(\theta)}{\partial z} \quad (6\text{-}30)$$

对于一维水平吸渗问题：

$$\frac{\partial \theta}{\partial t} = \frac{\partial}{\partial x}\left[D(\theta)\frac{\partial \theta}{\partial x}\right] \tag{6-31}$$

三、土壤水分入渗

(一)土壤水分入渗原理

入渗是在灌溉或降水条件下,水分通过土壤表面垂直或水平进入土壤的过程。土壤入渗过程主要受到供水强度和土壤入渗能力的影响。供水强度属于外部因素,主要由降水强度和灌溉强度决定,而土壤入渗能力主要受到土壤自身特性的影响。土壤入渗能力常用土壤入渗率和累积入渗量来表示。土壤入渗率是指单位时间、单位面积土壤表面入渗的水量,常用单位有 mm/s、cm/min、cm/d。累积入渗量是在一定时段内,单位面积土壤入渗的总水量,常用水深来表示,单位为 cm 或 mm。

供水强度和土壤入渗能力将决定和影响土壤的入渗特性。土壤入渗能力随入渗过程的进行而逐渐减少。特别干燥的土壤,初始入渗率很大,随着入渗过程的进行,土壤入渗率逐渐减小,到某一时刻后,入渗速率稳定在一个比较固定的水平上,即达到了土壤稳定入渗率(图 6-2)。其大小与土壤饱和导水率接近。

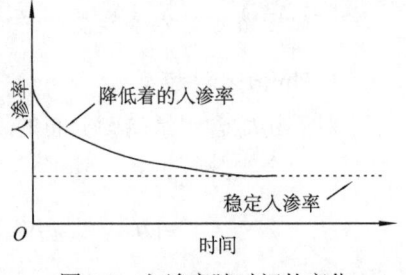

图 6-2 入渗率随时间的变化

虽然土壤入渗过程受到各种因素的影响,根据土壤水分运动的白金汉-达西定律,可以把各种影响因素的作用归于水势梯度和非饱和土壤导水率。土壤水势梯度反应土壤水受力情况,而土壤非饱和导水率反映了土壤水运动特性。因此可根据水分所受作用力和运动特性,将土壤入渗过程分为 3 个阶段。

(1)渗润阶段:入渗水分主要受分子力的作用,水分被土壤颗粒吸附,并成为薄膜水。开始入渗时,如土壤处于干燥状况,这一阶段表现地更为明显。当土壤含水量大于最大分子持水量时,这一阶段逐渐消失。

(2)渗漏阶段:入渗的水分主要在毛细管力和重力作用下,在土壤空隙中做不稳定流动,并逐步填充土壤孔隙,直到全部孔隙被水填满,达到饱和状态。

(3)渗透阶段:当土壤孔隙被水分充满达到饱和后,水分在重力作用下呈稳定流动。在积水入渗过程中,由于土壤水分受力特性和运动特性发生变化,导致土壤剖面水分分布的差异。图 6-3 描述了入渗过程中典型的水分剖面,把土壤水分剖面分成 4 个区,即饱和区、过渡区、传导区和湿润区,4 个区是相互联系的。

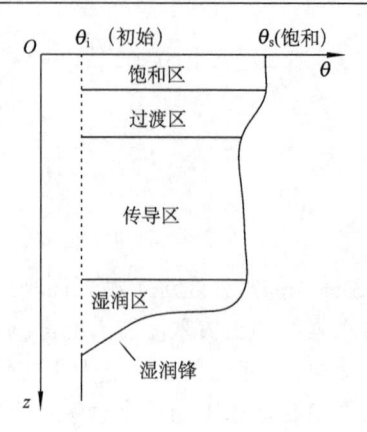

图 6-3　入渗土壤水分剖面

(二) 土壤水分入渗模型

1. Philip 入渗模型

对于初始含水量均匀分布的均质土壤的一维垂直入渗问题，Philip 于 1968 年得到了一个级数解析式，其形式为

$$z(\theta, t) = \phi_1 t^{1/2} + \phi_2 t + \phi_3 t^{3/2} + \cdots = \sum_0^\infty \phi_n(\theta) t^{n/2} \tag{6-32}$$

式中，$z(\theta, t)$ 是垂直坐标；$\phi_n = \phi_n(\theta)$ 仅是含水量的函数。

对式(6-32)含水量求积分可得到累积入渗量 $I(t)$，其表达式为

$$I(t) = \int_{\theta_i}^{\theta_0} z(\theta, t) \mathrm{d}\theta + K(\theta_i) t = S t^{0.5} + (A_2 + K_i) t + A_3 t^{1.5} + \cdots \tag{6-33}$$

式中，S 为吸渗率。其他参数表示为

$$A_n = \int_{\theta_i}^{\theta_0} \phi_n \, \mathrm{d}\theta \tag{6-34}$$

式(6-34)中对时间求导，可得到入渗率 $i(t)$ 的表达式为

$$i(t) = \frac{1}{2} S t^{-0.5} + (A_2 + K_i) + \frac{3}{2} A_3 t^{0.5} + \cdots \tag{6-35}$$

通常，取式(6-34)和式(6-35)的前两项：

$$I(t) = S t^{0.5} + At \, 和 \, i(t) = \frac{1}{2} S t^{-0.5} + A \tag{6-36}$$

式中，$A=A_2+K_i$，习惯上称为稳渗率，但只有在时间很长时 A 才趋近于稳渗率或饱和导水率，式(6-36)即为著名的 Philip 两项入渗公式。应注意的是，当 $t\to\infty$ 时，

计算结果比实际值偏大。因此，Philip 入渗公式只适用于入渗时间不长的情况。

2. Green-Ampt 入渗模型

1911 年，Green 和 Ampt 提出基于毛细管理论的入渗模型。其基本假设是：①土壤初始含水量均匀分布，入渗过程是积水入渗；②入渗过程中存在明显湿润锋，且湿润锋面为水平；③湿润锋面后为湿润区，土壤含水量为饱和含水量，导水率为饱和导水率，湿润锋面前为干燥区，土壤含水量为初始含水量；④湿润锋处的土水势是一常数。

假设土壤表面积水为 H_0，湿润锋处的平均基质吸力为 S_f，湿润锋位置为 z_f，取坐标向下为正，根据 Green-Ampt 入渗模型，则表面入渗速率可表示为

$$i(t) = K_s \left(1 + \frac{(\theta_s - \theta_i) S_f}{I} \right) \tag{6-37}$$

对式(6-37)积分可得

$$I = K_s t + S_f (\theta_s - \theta_i) \ln \left(1 + \frac{I}{(\theta_s - \theta_i) S_f} \right) \tag{6-38}$$

式(6-37)和式(6-38)是 Green-Ampt 入渗模型的主要表达式。

入渗时间相当长时，式(6-37)右端第二项与第一项相比可忽略不计，于是可得

$$i \approx K_s \tag{6-39}$$

以上 Green-Ampt 模型假定湿润区土壤水参数保持不变，实际上是一种线性化处理的结果。Mein 和 Larson 于 1973 年改进了 Green-Ampt 入渗模型，提出了定雨强条件下的降水入渗计算方法。定雨强条件下，降水初期降水强度小于土壤入渗能力，地表无积水；随着降水过程的进行，土壤入渗能力逐渐降低，当土壤入渗能力小于降水强度时，地表开始积水。因此，降水条件下的土壤入渗过程分为积水入渗和非积水入渗，要计算定雨强条件下的土壤入渗量，首先需要确定地表开始积水的时间 t_p，Mein-Larson 给出的 t_p 计算公式为

$$t_p = \frac{(\theta_s - \theta_i)}{R} \frac{K_s S_f}{R - K_s} \tag{6-40}$$

式中，K_s、θ_s、θ_i 分别为饱和导水率、饱和含水量和初始含水量；R 是降水强度，S_f 为湿润锋平均基质吸力。积水前土壤入渗率等于降水强度，积水后土壤入渗率为

$$i(t) = K_s \left(1 + \frac{(\theta_s - \theta_i) S_f}{I} \right) \tag{6-41}$$

累积入渗量为

$$I = K_s (t + t_p + t_s) + S_f (\theta_s - \theta_i) \ln \left(1 + \frac{I}{(\theta_s - \theta_i) S_f} \right) \tag{6-42}$$

式中，t_s 为积水状态下累积入渗量为 I_0 时的虚拟入渗时间，I_0 与 t_s 有如下关系：

$$I_0 = K_s t_s + S_f(\theta_s - \theta_i)\ln\left(1 + \frac{I_0}{(\theta_s - \theta_i)S_f}\right) \tag{6-43}$$

Green-Ampt 入渗模型的一个基本假设条件是入渗过程中湿润锋面始终为一个干湿截然分开的界面，即湿润区为饱和含水量 θ_s，湿润锋前为初始湿度 θ_i。也有其他学者相继对 Green-Ampt 入渗模型的参数的确定方法及模型准确性等问题进行了研究，从而进一步推动了 Green-Ampt 入渗模型的应用。

四、蒸发条件下的土壤水分运动

(一) 土壤蒸发

1. 土壤蒸发概念

在自然界中，水分由地表汽化直接进入大气称之为蒸发；通过植物气孔散逸而进入大气称之为蒸腾，由于二者难以区分，通常将二者合起来称之为蒸散。蒸散过程是陆地水分循环的主要组成部分，陆地上降水总量的 70% 是通过蒸散过程而重新进入大气。农业活动中，灌溉的目的正是为了补偿作物根系层土壤因蒸散而损失的水分。

2. 土壤蒸发强度表示

1) 蒸发强度

蒸发作用的强弱通常以蒸发强度表示，即单位时间内单位面积上所蒸发的水量，单位为 mm/d。自然条件下土壤蒸发及其强度主要取决于两方面的因素。一是受辐射、气温、湿度和风速等气象因素的影响，是为蒸发的外界驱动因素。这些因素既决定了水分蒸发过程中能量的供给又影响到蒸发表面水汽向大气的扩散过程，综合起来称为大气蒸发能力。二是受到土壤中含水量的大小和分布的影响，即土壤的供水能力。当土壤供水充分时，由大气蒸发能力决定的最大可能蒸发强度称为潜在蒸发强度。

2) 蒸发过程

根据大气蒸发能力和土壤供水能力所起的作用和土壤蒸发所呈现的特点及规律，通常将蒸发过程分为表土蒸发强度保持稳定阶段(*AB* 阶段)、表土蒸发强度随土壤含水量变化阶段(*BC* 阶段)和水汽扩散阶段(*CD* 阶段)(图6-4)。

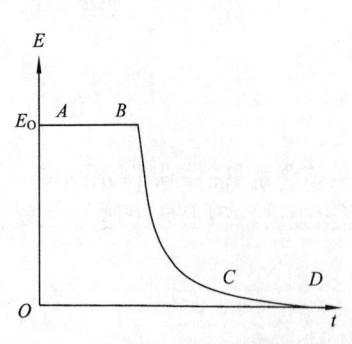

图 6-4　土壤蒸发过程示意图

对于蒸发的第一阶段，边界条件可以表示为

$$E = E_o, \quad \theta \leqslant \theta_k \tag{6-44}$$

式中，E 表示土壤蒸发强度；E_o 表示水面蒸发强度；θ_k 为蒸发第一阶段到第二阶段的临界含水量。

对于蒸发的第二阶段，地表蒸发强度随地表含水量降低而减小，为方便分析常近似为线性关系：

$$\frac{E}{E_o} = a\theta + b, \quad \theta_E < \theta < \theta_k \tag{6-45}$$

式中，θ_E 为风干含水量；a、b 为经验参数。

对于蒸发的第三阶段，当不考虑蒸发面下移及干土层中的水汽扩散时，可将地表边界近似为第一类边界条件，即

$$\theta = \theta_E, \quad z = 0 \tag{6-46}$$

在蒸发强烈时，表土很快变干，可以认为含水量瞬时降低为某一风干含水量，故不必经过前两个蒸发阶段直接按第一类边界条件处理，即

$$\theta = \theta_E, z = 0, \quad t > 0 \tag{6-47}$$

(二) 定水位条件下均质土壤的稳定蒸发

存在某一均质土壤，设其地下水埋深为 H。当蒸发稳定时，该土壤地表处的蒸发强度和任一深度断面处的土壤水通量相等，同时也是潜水层的蒸发强度(图6-5)。土壤含水量 θ 和土壤水吸力 h 是定量研究和反映土壤水分条件两个最基本的参数。在一定深度土层土壤含水量与水吸力的分布间接预示了土壤水分的运移方向与运移速率。在定水位潜水蒸发中，以潜水面处定为 z 坐标原点，向上为正，则其稳定蒸发强度随时间变化规律可表示为

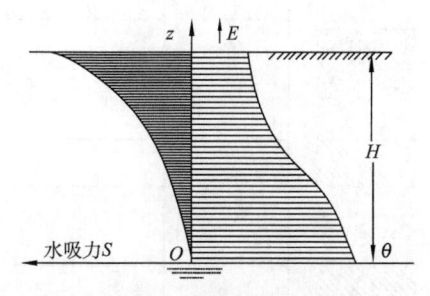

图6-5 均质土壤温度蒸发时含水量和水吸力分布示意图

$$\begin{cases} E = -D(\theta)\dfrac{\mathrm{d}\theta}{\mathrm{d}z} - K(\theta) \\ \theta = \theta_s, \quad z = 0 \end{cases} \tag{6-48}$$

式中，E 表示土壤蒸发强度；$D(\theta)$ 表示土壤扩散率；$K(\theta)$ 表示土壤导水率；θ_s 表示土壤饱和含水量。

潜水蒸发量的大小及其变化规律的研究对于浅层地下水资源的评价十分重要。潜水蒸发是由液态水在非饱和土壤中向上运移和水汽从土面向大气散发两个过程组成。在稳定蒸发时，对于一定的地下水位埋深 H，蒸发强度 E 和地表含水

量 θ_H（或土壤水吸力 S_H）存在一定的关系：

$$H = \int_{\theta_H}^{\theta_a} \frac{D(\theta)}{K(\theta) + E} d\theta \qquad (6-49)$$

当潜水埋深 H 一定时，稳定蒸发强度 E 将随着地表处土壤水吸力 S_H 的增大而增加。然而地表土壤水吸力增加又会使得表层土壤导水率降低。因此，随着 S_H 的增大，稳定蒸发强度 E 增加的速率是呈减小的趋势。当地表处土壤风干，即地表处土壤水吸力 S_H 趋于无穷大时，稳定蒸发强度 E 将达到最大值。由于地表稳定蒸发强度与潜水蒸发强度相等，故通常将这一稳定蒸发强度的最大值 E_{max} 定义为潜水极限蒸发强度。一般可表示为

$$E_{max} = AH^{-m} \qquad (6-50)$$

式中，A、m 是土壤特征参数，与水分条件无关。分析认为，当潜水蒸发强度不受外界蒸发能力限制时，潜水极限蒸发强度 E_{max} 取决于土壤的输水能力，而土壤的输水能力仅决定于土壤特性和地下水位埋深。

(三) 定水位条件下层状土壤的稳定蒸发

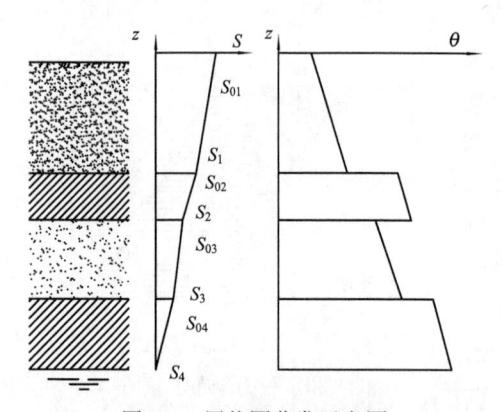

图 6-6 层状图蒸发示意图

对于非均质层状土条件下稳定潜水蒸发的研究同样可以利用均质土稳定蒸发计算公式来分析各层土壤剖面上负压和含水量的分布（图 6-6）。假设在稳定运动条件下，非均质土壤水分运动有以下四个特点。

(1) 大气蒸发能力足够大，蒸发主要受到土壤输水能力控制，各层土壤水通量与地表水汽蒸发量相等，即

$$E = q_1 = q_2 = q_3 = \cdots = q_i = \cdots \qquad (6-51)$$

(2) 相邻两层土壤界面处土壤水吸力相等。第 i 层土壤上边界处吸力以 h_{01} 表示，下边界以 h_i 表示，层号自上而下顺编，有

$$h_1 = h_{02}, h_2 = h_{03}, \cdots, h_i = h_{0(i+1)}, \cdots \qquad (6-52)$$

在两层上交界面上虽然负压相等，但含水量并不相等。

(3) 每层土壤本身均质。

(4) 各层土壤的导水率 $K(\theta)$ 均以同一经验公式表示。

需要指出的是，上述分析方法是在非饱和导水率以经验方程 $K(S) = a_1/S^m$ 为基础来推求层状土壤的稳定蒸发问题。对于 $K(S)$ 不以上述形式表达时，同样可以

进行层状土壤的稳定蒸发计算。对于任一层土壤，有

$$d = \int_S^{S_0} \frac{1}{1 + E/K(S)} dS \tag{6-53}$$

式中，$K(S)$ 为该层土壤的非饱和导水率；d 为土层厚度；S 和 S_0 分别为下边界和上边界处的土壤水吸力。当 E、d 和 $K(S)$ 已知时，根据式(6-53)可由 S 计算 S_0，进而以此方法逐层计算，最终求出层状土地的潜水蒸发大小和强度(图 6-7)。

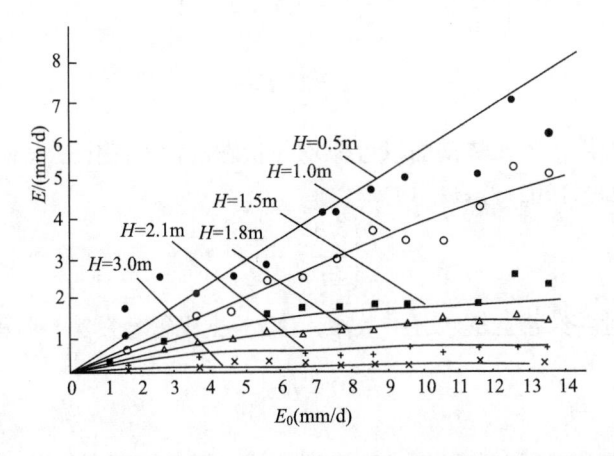

图 6-7　沙壤土的蒸发强度、土壤水势及水面蒸发强度的关系

式(6-53)及图 6-7 适用于存在 $K = a/(h^n + d)$ 关系式的情况。这些计算式可用来计算各种土壤层次排列情况下的蒸发量和不同部位不同厚度黏土的阻水阻盐作用，特别是在利用土地工程措施治理盐碱地时，具有重要的指导作用。

(四)蒸发条件下土壤水分的非稳定运动

稳定蒸发在自然条件下并不常见，只在地下水位较浅、同时有侧向潜流补给时才有可能发生。大多数情况下则是表现为土壤因水分持续蒸发而不断变干的过程。对于蒸发的三个不同阶段，由于所受控制条件的改变和水分因素的差异，其蒸发过程的分析和水分运动过程的描述也不相同。

1. 表土蒸发强度保持稳定阶段的土壤水分运动求解

对于表土蒸发强度保持稳定阶段(第一阶段)，蒸发强度主要由外界气象条件控制。当此条件维持不变时，蒸发强度 E 为常数。以均质土壤作为研究对象，假设其初始含水量 θ_i 均匀分布，D 为土壤水分扩散率，D_i 为 θ_i 所对应的土壤水分扩散率，且

$$D = D_i e^{-\beta(\theta_i - \theta)} \tag{6-54}$$

在上述条件下，土壤含水量的分布及随时间的变化取决于蒸发强度 E、土壤总厚度 L、初始含水量 θ_i，以及由土壤特性所决定的 $D(\theta)$，对于求解蒸发第一阶段的历时问题的定解方程可表述为

$$\begin{cases} \dfrac{\partial \theta}{\partial t} = \dfrac{\partial}{\partial z}\left(D\dfrac{\partial \theta}{\partial z}\right) \\ \theta = \theta_i, \quad t=0, 0 \leqslant z \leqslant L \\ D\dfrac{\partial \theta}{\partial z} = E, \quad z=0, t>0 \\ \dfrac{\partial \theta}{\partial z} = 0, \quad z=L, t \geqslant 0 \end{cases} \quad (6\text{-}55)$$

由于蒸发作用，当土壤剖面以近似均匀状态进行干燥化过程时，对于上述方程的求解 Gardner(1962) 假设：

$$\begin{cases} \dfrac{\partial \theta}{\partial t} = -\dfrac{E}{L} \end{cases} \quad (6\text{-}56)$$

以此假设为基础并结合土壤水分扩散率，Gardner 求得蒸发第一阶段的历时为

$$t = \left(\theta_i - \bar{\theta}_0\right)\dfrac{L}{E} \quad (6\text{-}57)$$

大气蒸发能力越强，蒸发第一阶段持续的时间越短。在外界条件相似的情况下，黏质土壤较沙质土壤蒸发的第一阶段历时要长，这是因为在同样的水吸力条件下，黏质土壤保持的水分更多。

2. 表土蒸发强度随地表含水量递减阶段土壤水分运动的近似解

在蒸发的第二阶段，地表蒸发强度 E 受土壤供水限制，将随地表含水量的降低而减小，并可近似为直线关系。对于半无限长均质土柱，初始含水量 θ_i 假定为均匀分布，其定解问题可表述为

$$\begin{cases} \dfrac{\partial \theta}{\partial t} = \dfrac{\partial}{\partial z}\left(D\dfrac{\partial \theta}{\partial z}\right) - \dfrac{\partial K(\theta)}{\partial z} \\ \theta = \theta_i, \; z \geqslant 0, \; t=0 \\ D\dfrac{\partial \theta}{\partial z} = E = a\theta + b, \quad z=0, \; t>0 \\ \dfrac{\partial \theta}{\partial z} = 0, \; z = \infty, t \geqslant 0 \end{cases} \quad (6\text{-}58)$$

式中，z 的坐标取向下为正。欲对上述方程解析求解，必须进行线性化。对于推导过程不做介绍，在此只给出含水量 θ 和蒸发强度 E 随时间 t 和深度 z 变化的表达式：

$$\theta = \theta_i - \left(\theta_i + \frac{b}{a}\right)\eta(z,t) \tag{6-59}$$

$$E = E_i\left[1 - \pi(0,t)\right] \tag{6-60}$$

式中，$\eta(0,t)$ 为 $z=0$ 时随 t 变化的值；E_i 为初始（$t=0$）的表土蒸发强度，$E_i = a\theta_i + b$。在蒸发的第二阶段，η 值随时间增大而增大，含水量和表层蒸发强度随时间增长而不断减小。

3. 表土瞬时变干时土壤水分运动的求解

大气蒸发能力无限大时，可以认为地表能够快速干燥化，含水量由初始值 θ_i 瞬时的降低为某一风干含水量 θ_c。这种情况下可近似的认为蒸发过程不经过第一与第二阶段，而直接进入第三阶段，地表为第一类边界。对于这一类蒸发问题，常见的解析方法主要包括 Gardner 解析解和线性化求解方法。

在不考虑存在重力项的条件下，起始时土层内各点含水量相同，且在蒸发过程中表层土壤含水量瞬时降低至某一含水量。Gardner（1959）对半无限土层的水分蒸发问题提出了一种半解析求解方法。在初始含水量为 θ_i，表层含水量瞬时降至 θ_c 的情况下，表层瞬时变干的土壤水分运动的定解方程可表示为

$$\begin{cases} \dfrac{\partial \theta}{\partial t} = \dfrac{\partial}{\partial z}\left(D(\theta)\dfrac{\partial \theta}{\partial z}\right) \\ \theta = \theta_i, \ t = 0, \ z \geqslant 0 \\ \theta = \theta_c, \ z = 0, \ t > 0 \\ \theta = \theta_i, \ z = \infty, \ t > 0 \end{cases} \tag{6-61}$$

对上式进行 Boltzmann 变换后，利用迭代法对其进行迭代解析，得出表土蒸发强度 E 的表达式为

$$E = (\theta_i - \theta_c)\sqrt{\frac{\overline{D}}{\pi t}} \tag{6-62}$$

相应的地表累计蒸发量 W_E 为

$$W_E = 2(\theta_i - \theta_c)\sqrt{\frac{\overline{D}t}{\pi}} \tag{6-63}$$

式中，$\overline{D}$ 为土壤水分扩散率的加权平均。式（6-62）和式（6-63）表明蒸发强度 E 和 $\sqrt{t}$ 成反比，累积蒸发量 W_E 和 $\sqrt{t}$ 成正比。

表土瞬时变干时，土壤水分运动的线性化解即是将土壤水分运动参数 $D(\theta)$ 及 $K(\theta)$ 近似为常数。对其定解方程的解析通常分为两种形式，即考虑重力项的线性化解和忽略重力项的线性化解。对于瞬时变干的线性化解析方法不再另作论述。

五、壤中流与土壤水分利用

壤中流生成于土壤的非饱和土层。在自然界中，由于人类的生产活动和自然因素的综合作用，土壤常自地表而下形成各个层次，一般是上层疏松，自上而下逐渐密实，上层渗透系数大，愈向下层渗透系数愈小。因此，渗透系数小的下一层相对于渗透系数大的上一层来说，成为弱透水层或相对不透水层。降水到达下垫层以后一部分水量沿坡面产生地表径流，另一部分渗入土壤，随着这一过程的继续，土壤含水量达到并超过田间持水率，由于水分不能为毛管力所保持，而受重力的支配，沿着大孔隙向下渗透，即形成重力水。当重力水渗透到弱透水层或相对不透水层时，一部分水量继续向下渗透，另一部分水量则在两层的交界面处积聚，沿相对不透水层侧向流动，从山体边坡或土层断裂处流出，形成壤中出流。

壤中流是指土壤水分在土壤孔隙中的运动，包括水分在土壤中的垂直入渗和水平侧渗。自然条件下地表接受降水或灌溉后，部分或所有地表水将通过渗漏而进入土壤内部形成垂直壤中流，土壤水在土壤内部侧向流动形成水平或斜向壤中流。壤中流是流域径流的重要组成部分，对流域水土资源保持、植被根层养分流失等都有重要的影响。同时，壤中流作为水分在土壤中再分配与水分循环的一个重要环节，对整个流域径流产生及洪水预报、流域水文循环的分析和研究都具有重要作用。

在中国黄土高原地区，地表径流和壤中流往往是同时发生的，并且都是由降水引起的。所以在黄土高原地区，壤中流调控体系的实质就是科学的调控降水在地表及土壤中的运动方式和过程，对径流、蓄流和用流工程进行优化组合。

第二节　地下水运动

地下水广义上是指赋存于地表以下土壤与岩石空隙中的水；狭义上是指赋存于地表以下土壤与岩石空隙中的重力水，侧重于浅层、饱和的地下水流。地下水是参与自然界水循环过程中处于地下隐伏径流阶段的循环水，在各种因素的作用下处于不断的运动之中，从而使水量和水质发生变化，并产生地质作用，从而对土地工程项目的实施产生深刻的影响。

一、地下水系统

地表以下一定深度上，岩石中的空隙被重力水所充满，形成地下水面。地下水面以上称为包气带，地下水面以下称为饱水带。地下水系统由地下水含水系统和地下水流动系统组成。地下水含水系统是指由隔水层或相对隔水层圈闭的、具有统一水力联系的含水岩系。地下水流动系统是指由源到汇的流面群构成的、具有统一时空演变过程的地下水体。

(一)地下水含水系统

地下水含水系统指由隔水或相对隔水岩层圈闭的，具有统一水力联系的含水岩系。含水系统发育主要受到地质结构的控制，故松散沉积物构成的含水系统与坚硬基岩构成的含水系统有一系列不同的特征。

1. 松散沉积物构成的含水系统

含水系统内部一般不存在完全隔水的岩层，仅有黏土、亚黏土层等构成的相对隔水层，并包含若干由相对隔水层分隔开的含水层。含水层之间既可以通过"天窗"，也可以通过相对隔水层越流产生广泛的水力联系。

2. 基岩构成的含水系统

基岩构成的含水系统，总是发育于一定的地质构造之中，如褶皱、断层。固结良好的基岩往往包含有厚而稳定的泥质岩层，构成隔水层。有时，一个独立的含水层就构成一个含水系统。岩相变化导致隔水层尖灭，或者导水断层使若干含水层发生联系时，则数个含水层构成一个含水系统。

(二)地下水流动系统

地下水流动系统是由源到汇的流面群构成的，具有统一时空演变过程的地下水体。地下水流动系统的实质是以地下水流网为工具，以水势场及介质场为分析基础，将渗流场、化学场与温度场统一于新的地下水流动系统概念框架之中。

1. 地下水流动系统的水动力特征

驱动地下水运动的主要能量是重力势能，重力势能来源于地下水的补给。当大气降水或地表水转变为地下水时，便将相应的重力势能加之于地下水。即使地面的入渗条件相同，不同地形部位重力势能的积累仍有所不同。地形低洼处地下水面达到或接近地表，地下水位的抬升增加地下水排泄(转化为大气水与地表水)，从而阻止地下水位不断抬高。因此，地形低洼处通常是低势区，即势汇。地形高处，地下水位持续抬升，重力势能积累，构成势源。由于这个缘故，通常地形控制着重力势能的分布。

2. 地下水流动系统的水化学特征

地下水流动系统中，呈现地下水化学成分时空演变的有序性。水量与地下水流动的信息都间接地体现在地下水水化学上。所以，根据地下水的水化学场，可以回溯历史上的地下水流动系统。同一含水层或含水系统的水，可分属于不同的流动系统或不同级次流动系统，水动力特征、水化学特征也不相同(图6-8)。

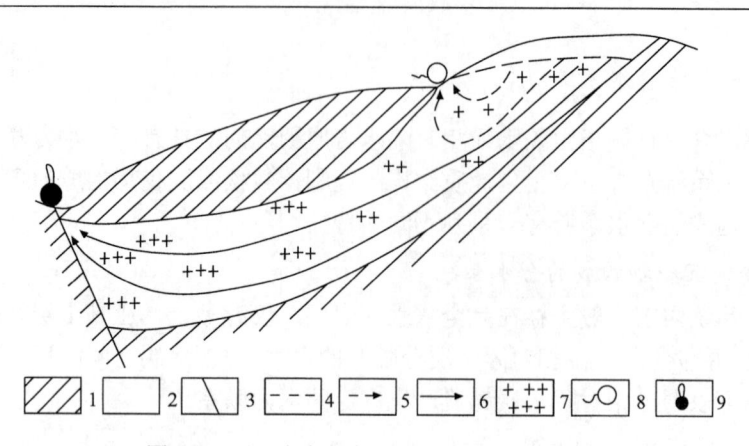

图 6-8　同一含水层中不同流动系统水质不同

1. 隔水层；2. 透水层；3. 断层；4. 地下水位；5. 局部流动系统流线；6. 区域流动系统流线；7. 矿化度：1个+代表低矿化，2个+代表中等矿化，3个+代表高矿化；8. 淡水泉；9. 咸水泉

在同一介质场中，不同流动系统以及同一流动系统不同级次系统的界线两侧，地下水水质有可能发生突变。因为界线两侧的水来自不同地方，流经的岩层不同，流程长短与流速快慢也各不相同（图6-9）。

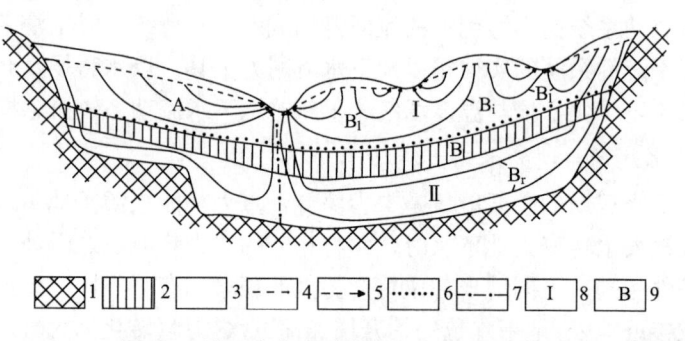

图 6-9　地下水含水系统与地下水流动系统

1. 隔水基底；2. 相对隔水层（弱透水层）；3. 透水层；4. 地下水位；5. 流线；6. 子含水系统边界；7. 流动系统边界；8. 子含水系统代号；9. 子流动系统代号，B_r、B_i、B_l 分别为B流动系统的区域的中间的与局部的子流动系统

不同流动系统水流相向处、水动力圈闭带与相背分流处和准滞流带恰好是流束膨胀、流速迟缓之处，有利于各种溶解物、悬浮物、乳状物质、胶体物质在此积聚。

地下水流动系统中，水化学存在垂直分带和水平分带。不同部位发生的主要化学作用不同：①溶滤作用存在于整个流程；②局部系统、中间及区域系统的浅部属于氧化环境，深部属于还原环境；③上升水流处因减压将产生脱碳酸作用；

④黏性土易发生阳离子交替吸附作用；⑤不同系统的汇合处，发生混合作用；⑥干旱半干旱地区的排泄区，发生蒸发浓缩作用。系统的排泄区是地下水水质复杂变化的地段(图6-10)。

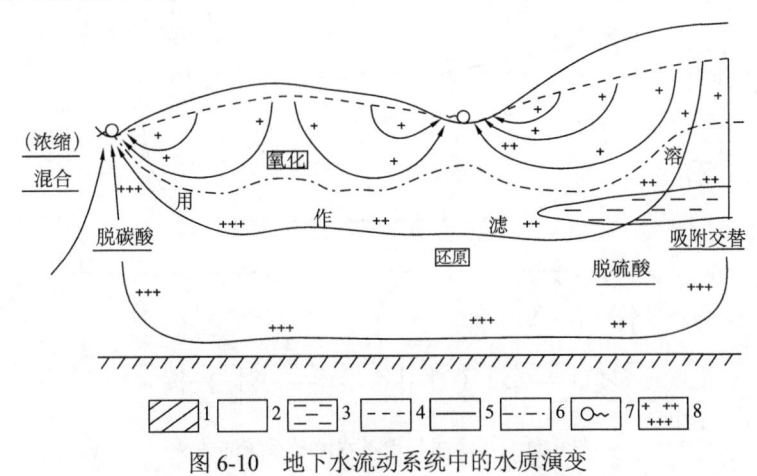

图 6-10 地下水流动系统中的水质演变

1. 隔水层；2. 透水层；3. 黏土层；4. 地下水位；5. 流线；6. 氧化、还原带界限；7. 泉；8. 矿化度：1个+代表低矿化度，2个+代表中等矿化度，3个+代表高矿化度

3. 地下水流动系统的水温度场特征

在来自地壳深部大地热流的影响下，年常温带以下的等温线通常上低下高，呈水平分布。但由于地下水流动系统的存在，补给区因入渗影响而水温偏低，排泄区因上升水流带来深部地热而地温偏高，地温梯度变大。补给区的下降，等温线间距变大；排泄区上抬，等温线间隔变小。对无地势异常区，可根据地下水温度的分布判定地下水流动系统，对没有地热异常的地区，也可根据地下水温度的分布判定地下水流动系统(图6-11)。

二、地下水流运动

地下水流运动是指对饱水带机械能差异的响应。一般而言，地下水从机械能高的点流向机械能低的点。在一定条件下，地下水的运动变化也会引起沼泽化、盐渍化、滑坡、地面沉降等不利自然现象，研究地下水流运动、补给与排泄、动态与均衡的规律，对有效利用和节约使用地下水、对土地工程项目的顺利实施，都具有重要意义。

(一) 地下水流运动基本规律

地下水在岩土空隙中的运动称为渗流，发生渗流的区域称为渗流场。通常，由于空隙的通道狭小，水流所受阻力很大，地下水的流速十分缓慢。

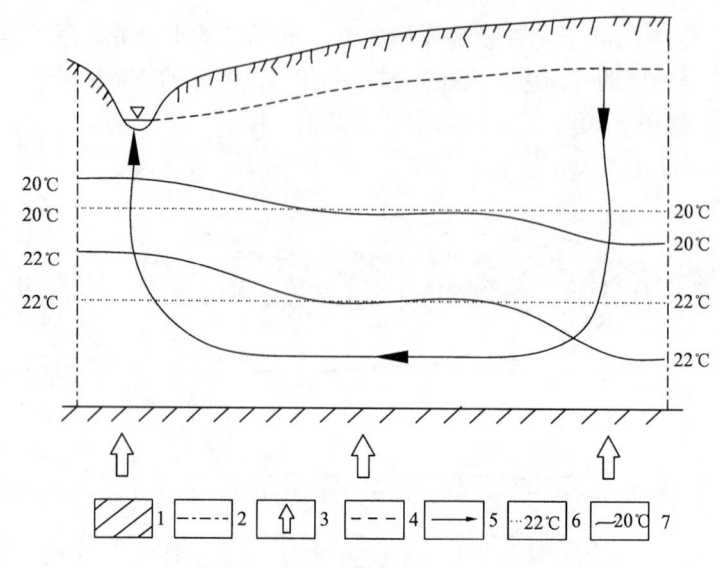

图 6-11 等温线与地下水流动系统的关系

1. 隔水底板；2. 水力零通量面；3. 大地热流；4. 地下水位；5. 流线；6. 理想等温线；7. 在地下水流动系统影响下改变后的等温线

水质点作有秩序的、互不混杂的流动，叫做层流。水的质点作无秩序的、互相混杂的流动，叫做紊流。水在狭小空隙中的流动往往呈层流运动，在宽大的空隙中流动时，往往会发生紊流。

水在渗流场内运动过程中，各个运动要素（水位、流速、流向等）不随时间改变的水流运动称为稳定流；这些要素随时间而改变的运动称为非稳定流。

由于地下水具有的动能相对于势能可以忽略不计。因而，地下水的总势能是其运动的主要驱动力。一般用下面的公式来表示：

$$H \approx z + \frac{p}{\rho g} \tag{6-64}$$

式中，H 为总势能；z 为重力势能；$\frac{p}{\rho g}$ 为压力势能；p 为压强；ρ 为水的密度；g 为重力加速度。

（二）地下水补给、排泄与径流

地下水积极参与水循环，与外界交换水量、能量、热量和盐量。补给、排泄与径流决定着地下水水量和水质的时空分布。根据地下水循环位置，可分为补给区、径流区、排泄区。

1. 地下水的补给

补给是指含水层或含水系统从外界获得水量的过程。地下水补给来源主要有大气降水、地表水、凝结水、相邻含水层之间的补给以及人工补给等。

1) 大气降水对地下水的补给

(1) 降水入渗补给量。降水落到地面，一部分蒸发返回大气层，一部分形成地表径流，另一部分渗入地下。后者中相当一部分滞留于包气带中，构成土壤水；补足包气带水分亏损后其余部分的水才能下渗补给含水层，成为补给地下水的入渗补给量(G)。即

$$G = P - R - E - \Delta S \tag{6-65}$$

$$\alpha = G/P \tag{6-66}$$

$$\beta = R/P \tag{6-67}$$

式中，G 为年降水入渗补给含水层的水量，亦称降水入渗补给量，mm；P 为年降水量，mm；R 为年地表径流量，mm；E 为年蒸发量，mm；ΔS 为水量变化量，mm，包括地表水蓄水变量、包气带水分滞留量(水分亏损量)；α 为降水入渗系数，是某一地区单位面积上降水入渗补给地下水的量与总降水量的比值；β 为地表径流系数。

(2) 大气降水入渗补给量的确定。

① 平原区大气降水入渗补给量为

$$Q_p = \alpha \cdot P \cdot F \cdot 10^3 \tag{6-68}$$

式中，Q_p 为降水入渗补给地下水量，m³/a；P 为年降水量，mm；α 为降水入渗系数；F 为补给区面积，km²。

确定 α 的常用方法主要有以下两种。

a. 利用地中渗透仪测定：$\alpha = G/P$

b. 利用天然潜水位变化幅度(ΔH)确定：$\alpha = G/P = \mu \Delta H / P$

② 山区降水入渗补给量的确定。可通过测定地下水的排泄量反求其补给量，包括河川基流量(泉流量)、潜流量、开采量、蒸发量等，可以通过基流切割法确定河川基流量。山区入渗系数为

$$\alpha = Q_g / F \cdot P \cdot 10^3 \tag{6-69}$$

式中，Q_g 为年地下水排泄量，m³/a；其余同上。

2) 地表水对地下水的补给

地表水补给地下水的计算公式为

$$Q_{sr} = K \cdot I \cdot A \cdot T \cdot \sin\theta \tag{6-70}$$

式中，K 为渗透系数；I 为水力梯度；A 为过水断面面积；T 为补给时间；θ 为河

水流向与地下水流向之间的夹角；补给量 Q_{sr} 与 A、I、T、K 成正比关系。可以看出，地表水补给地下水时，补给量的大小取决于以下因素。

(1)透水河床的长度和浸水周界的乘积(相当于过水断面)：过水断面大，补给量就大。

(2)河床的透水性：亦即河床岩性的渗透系数，渗透系数大，补给量就大。

(3)河水位与地下水的高差：影响水力梯度，水力梯度大补给量就大。

(4)河水过水时间：过水时间长有利于河水补给地下水。

(5)河水流向与地下水流向之间的夹角。

3)地下水的其他补给来源

除了以上两种主要的地下水补给方式外，地下水的补给还有以下来源：①凝结水的补给；②含水层之间的补给；③灌溉渗漏：灌溉渠系、灌溉田间渗漏补给；④工业及生活废污水的渗漏补给；⑤水库渗漏；⑥人工补给地下水等。其中，人工补给地下水的目的主要有：①补充与储存地下水资源，抬升地下水位；②储存热源、冷源；③控制地面沉降；④防止海水倒灌、咸水入侵等。人工补给地下水的方式有：①地面；②河渠；③坑池蓄水渗补；④井孔灌注。

2. 地下水的排泄

地下水的排泄是指含水层或含水层系统失去水量的过程。排泄方式有点状、线状和面状，包括泉、向江河泄流、蒸发、蒸腾、径流及人工开采(井、渠、坑等)。排泄区是含水层中的地下水向外部排泄的范围。地下水通过泉(点状排泄)、向河流泄流(线状排泄)及蒸发(面状排泄)等形式向外界排泄。还有越流、地下水的开采。

1)泉

泉是地下水的天然露头，在地形面与含水层或含水通道相交点地下水出露成泉。泉的常见区段为山区丘陵及山前地带的沟谷与坡脚。泉的类型根据含水层性质分为两大类：上升泉和下降泉，前者由承压含水层补给，后者由潜水或上层滞水补给。泉水的衰减方程可用下式表示：

$$Q = Q_0^{-\alpha t} \tag{6-71}$$

$$\alpha = \pi^2 K \cdot h / 4\mu \cdot L \tag{6-72}$$

式中，Q 为泉水流量，m^3/d；Q_0 为泉水最大流量，m^3/d；α 为泉水衰减系数；μ 为给水度；L 为泉域长度，km；t 为时间，d。

2)泄流

当河流切割含水层时，地下水沿河呈带状排泄，称作地下水的泄流。可采用断面测流法、水文分割法和地下水动力学法确定。

3)蒸发

地下水蒸发是潜水以气体形式通过包气带向大气排泄水量的过程。潜水蒸发是潜水进入支持毛细水带,最后转化为气态形式进入大气的过程。可引起水中及土壤中积盐,产生盐渍化。潜水蒸发经验公式(阿维里扬诺夫公式)为

$$\varepsilon = \varepsilon_0 \left(1 - \frac{z}{z_o}\right)^n \tag{6-73}$$

$$\varepsilon = \mu \Delta H \tag{6-74}$$

式中,ε为地下水(潜水)消耗于蒸发与蒸腾的强度,mm/d;ε_0为$z=0$时水面蒸发强度,mm/d;z为地下水位埋深,m;z_0为地下水位临界埋深,$1 \leqslant z_0 \leqslant 5$;$n$为指数,一般$1 \leqslant n \leqslant 3$;$\mu$为水位变动带给水度;$\Delta H$为由于蒸发蒸腾而产生的地下水位下降值,mm/d。干旱气候下松散沉积物构成的平原与盆地中,蒸发与蒸腾往往是地下水主要的排泄方式。

4)径流排泄

径流排泄主要指向相邻含水层的排泄,通常可采用达西公式确定。能否发生径流排泄,取决于两个含水层的水头差。

5)人工开采

目前,许多地区人工开采地下水已经成为地下水的主要排泄途径。

3. 地下水径流

除某些特殊环境之外,地下水经常处在不断径流之中。地下水由补给处流向排泄处的作用过程称作径流。径流是连接补给与排泄的中间环节,从而影响含水层或含水系统水量和水质的时空分布。通过径流,地下水的水量和盐量由补给区传送到排泄区,达到重新分配。

地下水径流的指标如下。

(1)径流方向:地下水的径流方向总趋势是由补给区流向排泄区;由高水位流向低水位。在最简单的情况下,含水层自一个集中的补给区流向集中的排泄区,具有单一径流方向。实际上含水层大多具有较复杂的径流。

(2)径流强度:含水层的径流强度,也就是地下水的流动速度。其大小与含水层的透水性,补给区与排泄区之间的水位差成正比;与补给区到排泄区之间的距离成反比。对承压水层来说,取决于蓄水构造的开与封闭程度。

(3)地下径流量:地下径流量可以用地下径流模数(或称地下径流率)和地下径流系数来表示,地下径流模数(M)表示每平方公里含水层面积上的径流量,其物理意义与表达式和河川径流模数完全一致,其值的大小,可以反映某一地区地下径流量的丰欠程度,所以是评价地下水资源的一个重要参数。

(4)地下径流系数是指同一地区同一时期内的径流深度与形成该时期径流的

降水量之比。其值介于 0~1(在干旱地区，径流系数较小，甚至近于 0，在湿润地区则较大)。

4. 土壤的盐碱化

在比较干旱的气候条件下，由细粒土组成的平原、盆地中，埋藏不深的潜水强烈蒸发，盐分累积于土壤表层，导致土壤的盐渍化。耕层累盐达到一定程度，作物生长明显受到抑制，重盐渍土上甚至寸草不生。天然条件下，土壤盐分的运移存在着方向相反的两个过程：一个是积盐过程，地下水通过毛细上升蒸发，盐分累积于土壤层中，另一个是脱盐过程，水分通过包气带下渗，将土壤中的盐分溶解并淋洗到地下水中排走。

(三)地下水动态与均衡

1. 地下水动态与均衡的概念

地下水动态是指含水层(含水系统)地下水与环境相互作用下，含水层中的地下水水位、水量、水温、水化学成分等要素随时间的变化。地下水动态要素是随时间变化的地下水水位(水头)、水量、水温、化学成分等总称。某一时段内某一地段内地下水水量(盐量、热量、能量)的收支状况称作地下水均衡。动态是均衡的外部表现；均衡是动态的内在根源。

2. 地下水动态

1) 地下水动态的形成机制

地下水动态是含水层对环境施加的激励所产生的响应，即含水层将输入信息变换后产生的输出信息。间断性的降水，通过含水层的变换而转化成为比较连续的地下水位/泉流量变化。这是信号滞后、延迟和迭加的结果。

2) 影响地下水动态的因素

影响地下水动态的因素就是影响地下水转化、补给、排泄和径流交替的各类自然因素与人为因素。其中自然因素可概括为气象气候、水文、地质、植被和人类活动等几类。

(1)气象气候因素。气候对地下水动态的影响是起主导作用的因素，尤其是对潜水、浅层水更为突出。①降水的数量及其时间分布，影响潜水的补给，从而使潜水含水层水量增加，水位抬升，水质变淡。②气温、湿度、风速等与其他条件结合，影响着潜水的蒸发排泄，使潜水水量变少，水位降低，水质变咸。③气候要素周期性地发生昼夜、季节与多年变化，因此潜水动态也存在着昼夜变化、季节变化及多年变化。

(2)水文因素。水文因素对地下水动态的影响主要是在有水力联系的地表水体周围，其中以河流的影响较大，在河水渗漏补给地下水抬升地下水位时，其影响程度随距离的增大而减弱,影响滞后时间则随距离的增大而延长。河水对地下水动态的影响一般为数百米至数公里,范围以外,主要受气候影响。

(3)地质因素。地质因素是影响信息输入变换的因素。地质因素中除了火山爆发、地震、滑坡等少数突变因素外,大多数因素变化极其缓慢,可视为相对稳定的因素。其影响主要体现在对地下水补给、排泄与径流条件的变化上,反映在对地下水文要素的变幅和滞后时间等特征方面的影响。

(4)植被因素。地表植被生物因素,特别是森林覆盖对地下水动态的影响不容忽视。其影响反映在不同的两个方面:其一,森林覆盖不仅创造了水分积聚和改善降水渗入补给地下水的有利条件,而且也影响入渗补给期的长短,可以增加地下水的补给量;其二,通过植物根系可以吸取大量地下水,消耗于叶面蒸腾。因而对浅埋藏的潜水动态产生了季节性的和多年的变化影响。

(5)人类活动。通过增加新的补给来源或新的排泄去路,均会较大程度地改变地下水的天然动态。例如,钻孔采水、矿坑或渠道排除地下水后,人工采排成为地下水新的排泄去路。当含水系统原来的均衡遭到破坏时,天然排泄量的一部分或全部转为人工排泄量,天然排泄不再存在,天然排泄数量减少,可能增加新的补给量(董起广等,2016)。

3. 地下水均衡

1)地下水均衡要素

地下水均衡是指以地下水体为对象,某一地域在某时域内地下水量的收支均衡状况。所涉及的均衡要素如下。

(1)均衡区进行地下水均衡分析计算,首先要选择和界定恰当的均衡单元。均衡单元的分布范围称为均衡区。

(2)均衡期进行均衡计算还要确定计算时段,称为均衡期。

(3)收支项就地下水而言,凡在均衡期内进入均衡区内的各类补给量和侧向汇入的地下径流均属均衡收入项;凡自均衡区泄出的各类排泄量和侧向泄出的地下径流均属均衡支出项。

(4)调蓄项对某均衡区在一定均衡期内,地下水量在所有的补给收入项和排泄支出项下存在差额,均衡期始末的水量差值表现为地下水贮存量的变化。如总收入项大于总支出项时,地下水贮存量增加,称为正均衡或正调蓄;反之,总收入项小于总支出项则地下水贮存量减少,称为负均衡或负调蓄。

2)水均衡方程

(1)水均衡方程。陆地上某一地区(面积为 F)天然状态下总的水均衡,其收入项(A)一般包括大气降水量(P)、地表水流入量(R_1)、地下水流入量(G_1)、水汽凝结量(Z_1);支出项(B)一般为地表水流出量(R_2)、地下水流出量(G_2)、蒸发量(Z_2);

均衡期水的调蓄项变化为 ΔW。则水均衡方程式为

$$收入项总量(A) - 支出总量(B) = 调蓄项变化量(\Delta W) \quad (6-75)$$

$$(P + R_1 + G_1 + Z_1) - (R_2 + G_2 + Z_2) = \Delta W \quad (6-76)$$

式中，ΔW 包括地表水变化量(ΔW_s)、包气带水变化量(ΔW_a)、潜水变化量(ΔW_u)、承压水变化量(ΔW_c)；若定义 μ 为含水层的给水度或饱和差；Δh 为均衡期潜水位变化值(上升为正、下降为负)；μ^* 为承压含水层的弹性释水系数；Δh_c 为承压水测压水位变化值。因此，水均衡方程也可写成

$$(P + R_1 + G_1 + Z_1) - (R_2 + G_2 + Z_2) = \Delta W_s + \Delta W_a + \Delta W_u + \Delta W_c \quad (6-77)$$

$$\Delta W_u = \mu \Delta h F \quad (6-78)$$

$$\Delta W_c = \mu^* \Delta h_c F \quad (6-79)$$

(2) 地下水均衡方程式。潜水的收入项(A)包括降水入渗补给量(Q_{pr})、地表水渗漏补给量(Q_{sr})、凝结水补给量(Q_{zr})、上游断面潜流量(Q_{gr})、下伏承压含水层越流补给量(Q_{lr})；支出项(B)包括潜水蒸发量(Q_e，包括土面蒸发量 Q_{es} 和叶面蒸发量 Q_{et})、潜水以泉方式排泄量(Q_{sp})、潜水以泄流方式排泄量(Q_{sd})、下游断面潜水流出量(Q_{gd})。则潜水均衡方程式的一般形式为

$$A - B = \mu \Delta h F \quad (6-80)$$

$$\mu \Delta h F = (Q_{pr} + Q_{sr} + Q_{zr} + Q_{gr} + Q_{lr}) - (Q_e + Q_{sp} + Q_{sd} + Q_{gd}) \quad (6-81)$$

(3) 人类活动下的地下水均衡方程式。人类活动下，地下水的收入项增加了灌溉入渗补给量(Q_{ir})、其他方式人工补给量(Q_{ar})；支出项包括排水沟渠排泄量(Q_{cd})、人工开采量(Q_p)、矿山排水量(Q_{md})。地下水均衡方程为

$$\begin{aligned}&(Q_{pr} + Q_{sr} + Q_{zr} + Q_{gr} + Q_{lr} + Q_{ir} + Q_{ar}) - (Q_e + Q_{sp} + Q_{sd} + Q_{gd}\\&+ Q_{cd} + Q_{md} + Q_p) = \mu \Delta h F\end{aligned} \quad (6-82)$$

3) 地下水盐分均衡

研究盐分均衡的目的是预测天然条件下或人为影响下，某个地区盐分储量的变化。一个地区的盐分储量包括地表水体、包气带及含水层的盐分储量。因此，可以研究总的盐均衡，也可以分别研究各部分的盐均衡。某些情况下，盐均衡的研究有很大实际意义。例如，对于盐渍化地区，可以用定量评价排盐洗盐效果，预测土壤脱盐进程，改进排水排盐设施(韩霁昌等，2009a，2009b)。总的盐分均衡方程式为

$$\Delta S = S_1 + S_2 + S_3 - S_4 - S_5 \quad (6-83)$$

式中，ΔS 为均衡期盐分储量变化，为地表水体、包气带及含水层中盐分储量变化的总和；S_1 为大气降水携来的盐量；S_2 为地表水流入携来的盐量；S_3 为地下水流入携来的盐量；S_4 为地表水流出带走的盐量；S_5 为地下水流出带走的盐量。盐量

均以吨/公顷或吨/平方公里为单位表示。将某一水量,乘以总矿化度,除以均衡区面积,即得相应的盐量。

三、地下水化学过程

地下水是一种复杂的溶液,赋存于岩石圈中的地下水,不断与岩土发生化学反应,并在与大气圈、水圈和生物圈进行水量交换的同时,交换化学成分,土地工程项目的实施会对地下水的化学过程造成直接和间接的影响。

(一)地下水化学特征

地下水水质是地下水的物理、化学和生物物质之总称。开展地下水水质评价是土地工程项目实施的基本要求。土地工程中常需要对地下水质进行测定,其所涉及的主要水质标准有《生活饮用水卫生标准 GB 5749—2006》《地表水环境质量标准 GB 3838—2002》《地下水质量标准 GB/T14848—1993》《农田灌溉水质标准 GB 5084—2005》和《渔业水质标准 GB 11607—1989》等。地下水中的主要成分有

1. 地下水中的气体成分

地下水中的气体成分主要有 O_2、N_2、CO_2、CH_4 和 H_2S 等,一般以前三种为主。

(1) O_2、N_2:地下水中的 O_2、N_2 主要来源于大气,它们随着大气降水和地表水补给于地下水。O_2 的化学性质较 N_2 活泼,在氧化环境下,O_2 的含量较多;在还原环境下,O_2 将会耗尽,而只留下 N_2。

(2) CO_2:CO_2 有两个来源,少部分随着大气降水和地表水补给;大部分来源于土壤。有机质残骸的发酵作用于植物根系的呼吸作用,使土壤中源源不断的产生 CO_2,并进入地下水。

(3) CH_4、H_2S:表明还原环境,有有机质存在,其中 H_2S 为 SO_4^{2-} 的还原产物。

2. 地下水中的主要离子成分

主要包括氯离子(Cl^-)、硫酸根离子(SO_4^{2-})、重碳酸根离子(HCO_3^-)、碳酸根离子(CO_3^{2-})、钙离子(Ca^{2+})、镁离子(Mg^{2+})、钠离子(Na^+)以及钾离子(K^+)等。

(1)氯离子在地下水中分布广泛,但在低矿化度水中,一般含量仅数毫克每升到数十毫克每升,高矿化度水中可达到数克每升到 100g/L。氯离子具有不为植物和细菌摄取、不被土壤颗粒表面吸附、溶解度大,在水中最为稳定、随矿化度增大,其含量增大等特性。

(2)硫酸根离子的含量与矿化度含量密切相关,在高矿化度水中,硫酸根离子含量可达数克每升乃至数十克每升;在低矿化度水中,含量在数毫克每升到数百毫克每升;在中等矿化度的水中,硫酸根离子往往成为含量最高的离子。

(3)重碳酸根离子与碳酸根离子含量一般最大为数百毫克每升,一般来源于含碳酸盐的沉积岩与变质岩以及铝硅酸盐矿物的风化溶解。

(4)钠离子在低矿化度的水中含量较低,但在较高矿化度的水中则是主要的阳离子,其含量可达数十克每升,一般来自沉积岩中岩盐及其他钠盐的溶解,以及海水等。

(5)钾离子在地下水中的含量相对较少,主要是其大量参与形成不溶于水的次生矿物如水云母、蒙脱石等,且易于被植物所摄取。钾离子的来源以及在地下水的分布特点与钠离子相似。

(6)钙离子是低矿化度地下水中的主要阳离子,其含量一般最大为数百毫克每升;在高矿化度水中,含量会增大。

(7)镁离子在地下水中的含量较钙离子低,主要来源于含镁的碳酸盐类沉积岩以及岩浆岩、变质岩中含镁矿物质的风化溶解。

3. 地下水中的其他离子

此外,地下水中还含有一些次要离子、微量组分、胶体、有机质和少量微生物等。

(1)次要离子:包括 H^+、Fe^{2+}、Fe^{3+}、Mn^{2+}、NH_4^+、OH^-、NO^{2-}、NO^-、CO_3^{2-}、SiO_3^{2-}、PO_4^{3-} 等。

(2)微量组分:Br、I、F、B、Sr 等。

(3)胶体:$Fe(OH)_3$、$Al(OH)_3$、H_2SiO_3。

(4)有机质:可增加地下水的酸度,有利于还原反应的进行。

(5)微生物:①氧化环境:硫细菌、铁细菌等;②还原环境:脱硫酸细菌等;③污染水:致病细菌。

4. 地下水化学成分表达式

地下水化学特点常以库尔洛夫式表示。以类似数学分式形式表示单个水样化学成分的含量和组成的方法,表示式为

$$微量元素(g/L) 气体成分(g/L) 矿化度(g/L) \frac{阴离子(mmol\% > 10\%者由大到小列入)}{阳离子(mmol\% > 10\%者由大到小列入)}$$

(6-84)

必要时分式中可将 mmol%<10%(以前使用 meq%)者列入用,表示分式后端可列出水温(℃)和涌水量(L/s)。

(二)地下水化学成分的形成作用

水文地球化学作用(hydrogeochemical process)是在一定地球化学环境下,影

响地下水化学成分形成、迁移和变化的作用。

1. 溶滤作用

溶滤作用是指地下水与岩土相互作用、岩土中一部分物质转入到地下水中的作用。地下水与岩石相互作用使岩石中一部分可溶成分转入水中，而不破坏矿物结晶格架的作用。水解作用是地下水与岩石相互作用成岩矿物的晶格中发生阳离子被水中氢离子取代的过程。

矿物盐类与水溶液接触，发生两种作用，一是溶解作用，离子由结晶格架转入水中；另一种是结晶作用，离子由液体中固着于晶体格架中。当溶液达到饱和时溶液中该盐类的含量称为溶解度。温度上升时，溶解度增大。

2. 蒸发浓缩作用

蒸发浓缩作用是地下水通过蒸发排泄而引起水中成分的浓缩，使水中盐分浓度增大、矿化度增高的现象。当地下水位埋藏不深，蒸发成为地下水的主要排泄方式。蒸发浓缩作用发生的必备条件包括：①干旱半干旱的气候；②低平地势控制下的地下水位埋深小；③松散岩土颗粒细小，毛细作用强；④一般发生于地下水流动系统的排泄处；⑤具有时间和空间的尺度。干旱或半干旱浓缩作用的规模取决于地下水流动系统的空间尺度以及其持续的时间尺度。

由于蒸发作用只排走水分，盐分仍保留在地下水中，随着时间延续，地下水溶液逐渐浓缩，矿化度不断增大。同时，随着地下水矿化度上升，溶解度较小的盐类在水中相继达到饱和而沉淀析出，易溶盐类(如 NaCl)的离子逐渐成为水中主要成分。

3. 脱碳酸作用

脱碳酸作用是在温度升高、压力降低的情况下 CO_2 自水中逸出而 HCO_3^- 含量则因形成碳酸盐沉淀减少的过程。典型的例子是来自深部地下水的泉口的钙化。

$$Ca^{2+}/Mg^{2+} + 2HCO_3^- \longrightarrow CO_2\uparrow + H_2O + Ca/MgCO_3\downarrow \tag{6-85}$$

4. 脱硫酸作用

脱硫酸作用是在封闭缺氧的还原环境中，在有机物和脱硫酸细菌作用下，硫酸盐被分解成 H_2S 和 HCO_3^- 的生物化学过程。

$$SO_4^{2-} + 2C + 2H_2 \longrightarrow H_2S + 2HCO_3^- \tag{6-86}$$

封闭的地质构造为其有利环境，油水中有 H_2S，为找油标志。脱硝(氮)作用是水中氮氧化物在去氮菌作用下分解亚硝酸盐和硝酸盐、最后排出自由氮的过程，使水中富含 N_2 和 CO_2。硝化作用是有机质分解产生的酸在硝化菌作用下使铵氧化生成亚硝酸盐和硝酸盐的过程。

5. 阳离子交替吸附作用

岩土颗粒表面带有负电荷，能够吸附阳离子。一定条件下，颗粒将吸附地下水中某些阳离子，而将其原来吸附的部分阳离子转为地下水中的组分。阳离子交替吸附作用是地下水与岩石相互作用，岩石颗粒表面吸附的阳离子被水中阳离子置换，并使水化学成分发生改变的过程。

不同阳离子吸附于岩土表面的能力不同，按吸附能力自大到小的排序：$H^+ > Fe^{3+} > Al^{3+} > Ca^{2+} > Mg^{2+} > K^+ > Na^+$。离子价越高，离子半径越大，水化离子半径越小，吸附能力越大，但 H^+ 例外。当含 Ca^{2+} 为主的地下水，进入主要吸附有 Na^+ 的岩土时，水中的 Ca^{2+} 便置换岩土所吸附的一部分 Na^+，使地下水中 Na^+ 增多而 Ca^{2+} 减少。阳离子交替吸附作用取决于岩土的吸附能力、岩土的比表面积、离子的相对浓度。

6. 混合作用

混合作用是指两种或两种以上不同成分水之间的混合，使原有水的化学成分发生改变的作用。混合水的矿化度与化学类型取决于参与混合的两种水的成分及其混合比例。两种水的混合可能产生或不产生明显的化学反应，如

$$Ca(HCO_3)_2 + Na_2SO_4 \longrightarrow CaSO_4 \downarrow + 2NaHCO_3 \tag{6-87}$$

(三) 地下水化学分析

当获得地下水水样后，需要确定水样中化学组分的浓度，了解地下水水质或污染物的运移规律，这些涉及水化学分析的知识。由于目的不同，分析方法也不同，如果只考虑水样中主要离子组分，通常用简分析或常规分析(routine analysis)；除了主要离子成分，还要考虑微量元素，则一般常用全分析(specialized analysis)。通常用图解法来表示离子组分，如 Piper 三线图、饼图、Stiff 模式和 Schoeller 半对数图等。

简分析涉及测量标准组的浓度，这些测试为评价水的使用(如人类的消耗或各种工农业的使用等)提供基础。实验室测得的组分浓度通常用 mg/kg 或 mg/L 表示，其他浓度(如 Ca、Mg、Na 等)为总浓度。除了组分的浓度外，简分析也包括一些其他项目的测定，如 pH、总溶解固体(TDS)和电导率。当检测目的与地下水的污染或相关研究问题有关，涉及水质安全方面的情况时，往往要进行全分析。如示踪金属、放射性同位素、有机化合物、各种含氮的粒子和环境同位素等。

1. 地下水化学成分分析内容

(1) 简分析：物理性质(温度、颜色、透明度、嗅味、味道等)的分析；定量分析的指标的有 HCO_3^-、SO_4^{2-}、Cl^-、CO_3^{2-}、Ca^{2+}、Mg^{2+}、Na^+、K^+、总硬度、pH；定性分析的项目不固定，通常有 NO^{3-}、NO^{2-}、NH^{4+}、Fe^{2+}、Fe^{3+}、H_2S、

耗氧量等。

(2) 全分析：通常在简分析的基础上选择有代表性的水样进行分析，定量分析的化学成分有 HCO_3^-、SO_4^{2-}、Cl^-、CO_3^{2-}、NO^{3-}、NO^{2-}、Ca^{2+}、Mg^{2+}、Na^+、K^+、NH_4^{+}、Fe^{2+}、Fe^{3+}、Mn^{2+}；H_2S、CO_2、耗氧量；总硬度、pH 及干涸残余物。

(3) 专项分析：根据具体任务确定分析项目，如细菌类、放射性、I^-等。

2. 地下水化学分类与图示方法

1) 舒卡列夫分类

地下水化学类型的舒卡列夫分类是根据地下水中 6 种主要离子(Na^+、Ca^{2+}、Mg^{2+}、HCO_3^-、SO_4^{2-}、Cl^-，K^+合并于 Na^+)及矿化度划分的(表 6-1)。

表 6-1 舒卡列夫分类一览表

阳离子	阴离子						
	HCO_3^-	$HCO_3^- + SO_4^{2-}$	$HCO_3^- + SO_4^{2-} + Cl^-$	$HCO_3^- + Cl^-$	SO_4^{2-}	$SO_4^{2-} + Cl^-$	Cl^-
Ca^{2+}	1	8	15	22	29	36	43▲
$Ca^{2+}+Mg^{2+}$	2	9	16	23	30	37	44
Mg^{2+}	3	10	17▲	24▲	31	38▲	45
$Ca^{2+}+Na^+$	4	11	18	25	32	39	46
$Na^++Ca^{2+}+Mg^{2+}$	5	12	19	26	33	40	47
$Na^+ + Mg^{2+}$	6	13	20▲	27	34	41	48
Na^+	7	14	21	28	35	42	49

注：▲代表未发现。

具体步骤如下。

第一步，根据水质分析结果，将 6 种主要离子中含量大于 25%(mmol/l)的阴离子和阳离子进行组合，可组合出 49 型水，并将每型用一个阿拉伯数字作为代号。

第二步，按矿化度(M)的大小划分为 4 组。

A 组：M≤1.5g/L；B 组：1.5<M≤10g/L；C 组：10<M≤40g/L；D 组：M>40g/L。

第三步，将地下水化学类型用阿拉伯数字(1~49)与字母(A、B、C 或 D)组合在一起的表达式表示。

2) 派珀三线图解

任一水样的阴阳离子的相对含量在两个三角形中以带标号的圆圈表示，引线在菱形中的交点处以圆圈表示，其大小与矿化度成正比，见图 6-12 和图 6-13。

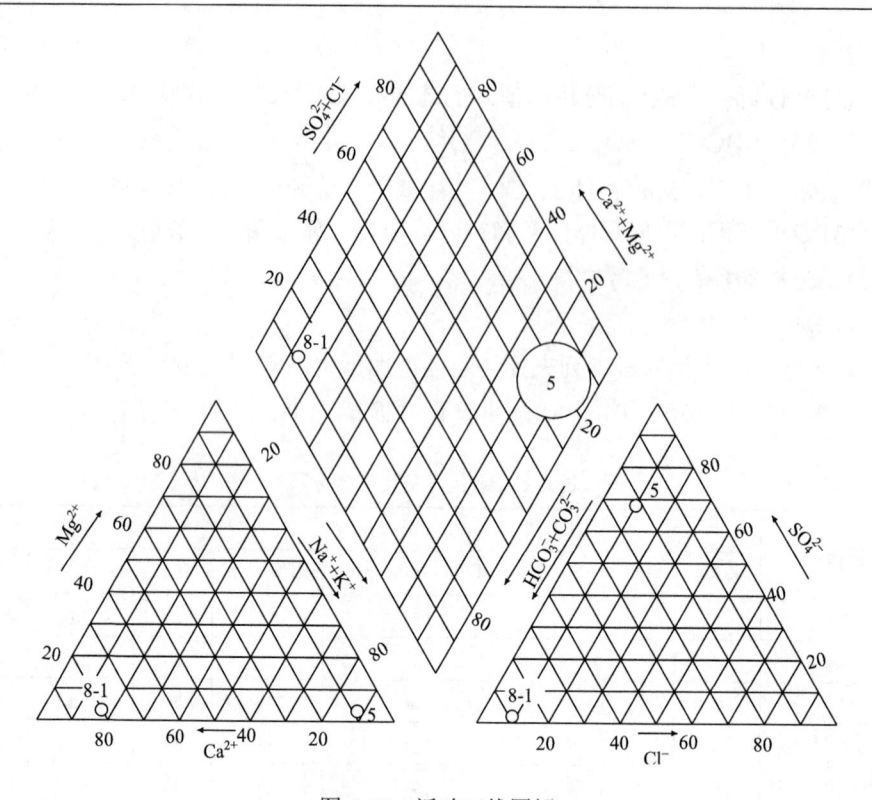

图 6-12 派珀三线图解

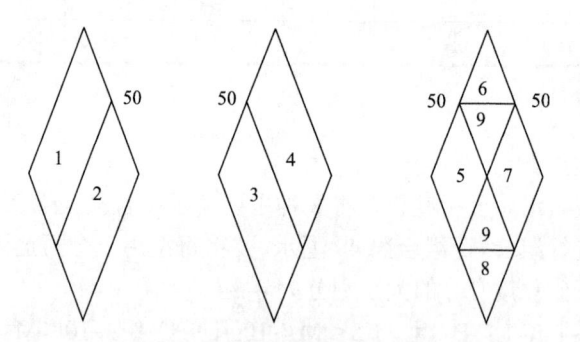

图 6-13 派珀三线图解分类

1. 碱土金属离子>碱金属离子；2. 碱土金属离子<碱金属离子；3. 弱酸>强酸；4. 弱酸<强酸；5. 碳酸盐硬度>50%；6. 非碳酸盐硬度>50%；7. 碱金属离子、强酸为主；8. 碱土金属离子、弱酸为主；9. 任一对阴阳离子含量≤50%

3）阿廖金分类

6 种离子，按阴离子最高含量分三类（C、S、Cl），按阳离子最高含量分三个组，每组 3 型，共 27 种水、4 种不同类型。

阿廖金分类法是由俄国学者 Aleken 提出的，按水体中阴阳离子的优势成分和阴阳离子间的比例关系确定水质化学类型的一种方法。该方法的具体操作步骤如下。

第一步，列出各个计算分区中具有代表性水样的 HCO_3^-、SO_4^{2-}、Cl^- 等 3 个阴离子和 Ca^{2+}、Mg^{2+}、Na^+ 等 3 个阳离子的浓度含量（均以毫克当量表示）。

第二步，根据各水样中含量最多的阴离子将这些水样分为三类：重碳酸类（以 C 表示）、硫酸类（以 S 表示）、氯化类（以 Cl 表示），它们的矿化度依次增加，水质依次变差。

第三步，在每类中再根据水样中含量最多的阳离子进一步分为钙质（Ca）、镁质（Mg）、钠质（Na）三组。

第四步，按各水样中阴阳离子含量的比例关系分为以下四个类型。

Ⅰ型：$HCO_3^- > Ca^{2+}+Mg^{2+}$，在 S 类与 Cl 类的 Ca 及 Mg 组中均无此型。

Ⅱ型：$HCO_3^- < Ca^{2+}+Mg^{2+} < HCO_3^- + SO_4^{2-}$，多数浅层地下水属于此型。

Ⅲ型：$HCO_3^- + SO_4^{2-} < Ca^{2+}+Mg^{2+}$，或 $Cl^- > Na^+$，此型为高矿化水。

Ⅳ型：$HCO_3^- = 0$，此型为酸性水，C 类各组及 S 和 Cl 类的 Na 组中无此型。

阿廖金分类图见图 6-14。

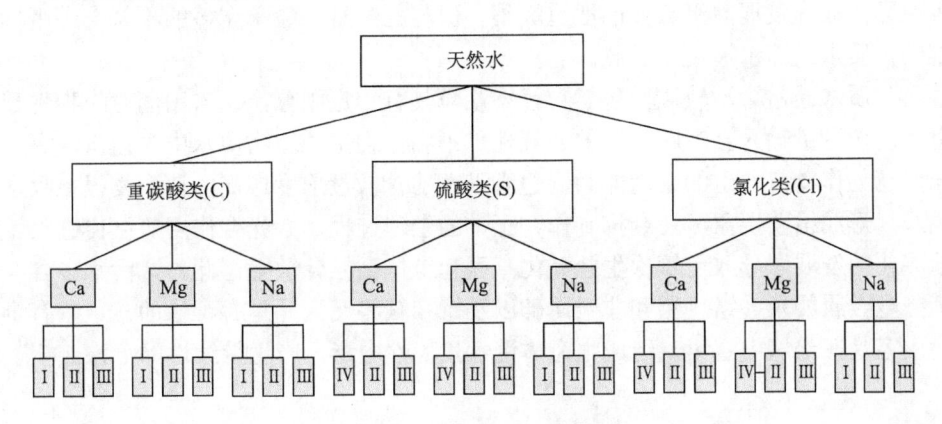

图 6-14　阿廖金分类图示

第Ⅰ型水：$HCO_3^- > Ca^{2+}+Mg^{2+}$。这一型水是含有大量 Na^+ 与 K^+ 的火成岩地区形成的。水中主要含 HCO_3^- 并且含较多 Na^+，这一型水多半是低矿化度的硬度小、水质好。

第Ⅱ型水：$HCO_3^- < Ca^{2+}+Mg^{2+} < HCO_3^- + SO_4^{2-}$，硬度大于碱度。从成因来看，本型水与各种沉积岩有关，主要是混合水。大多属低矿化度和中矿化度的河水。湖水和地下水属于这一类型（有 SO_4^{2-} 硬度）。

第Ⅲ型水：$HCO_3^- + SO_4^{2-} < Ca^{2+}+Mg^{2+}$ 或者为 $Cl^- > Na^+$。从成因来看，这型水

也是混合水，由于离子交换使水的成分激烈地变化。成因是天然水中的 Na^+ 被土壤底泥或含水层中的 Ca^{2+} 或 Mg^{2+} 所交换。大洋水、海水、海湾水，残留水和许多高矿化度的地下水水属于此种类型(有氯化物硬度)。

第Ⅳ型水：$HCO_3^- = 0$，即本型水为酸性水。在重碳酸类水中不包括此型，只有硫酸盐与氯化物类水中的 Ca^{2+} 组与 Mg^{2+} 组中才有这一型水。天然水中一般无此类型(pH<4.0)。水的上述类型的差异是水体所处自然地理环境造成的，一般来讲，它们有一定的地理分布规律。

第五步，根据各水样的类、组和型，确定出各水样的阿廖金分类的表达式。表达式以类为基号，组为上脚号，型为下脚号，如 C 类 Ca 组Ⅱ型可表示为 C_{II}^{Ca}，又如 Cl 类 Mg 组Ⅳ型表示为 Cl_{IV}^{Mg}。此外，有时还可标上矿化度(精确度至 0.1g/L)，表达式为 $C_{II0.4}^{Ca}$。

四、水质对土体的影响

土地工程中水质对土体的影响以灌溉水质对于农用地土体的影响最为显著。灌溉对于保证农业稳产与丰收的作用是无需质疑的。灌溉水质应对土体无毒无害，满足作物生长需求。但是，由于灌溉水资源严重不足，水资源的地域分布不均衡等原因，成为发展灌溉事业的严重障碍，但与此同时，越来越多的不符合灌溉标准的劣质水及污水被用于灌溉。

劣质水通常含沙较高，虽然粒径小沙粒具有一定肥分，送入田间对作物生长有利，但过量输入会影响土壤的通气性，不利作物生长。劣质水中含盐量较高，虽然有的作物有一定的耐盐能力，但灌溉水的含盐量浓度过高，使作物根系吸水困难，形成枯萎现象，还会抑制作物正常的生理过程，如光合作用等；促进土壤盐碱化的发展，导致土壤次生盐碱化；引起土体黏粒分散等。此外，污水中含有某些重金属如汞、铬、铅和非金属砷以及氰和氟等元素，是有毒性的，这些有毒物质容易在土壤中富集，造成生命体慢性累积性中毒，产生持续性的危害。

第七章 胶体与界面化学

土地工程在开展非农用地转化为农业用地、建设用地整备、污损土地改良改造及低效土地提升的科学研究及工程实践中，项目工程技术研究及项目设计是前提，特别是在污损土地的改良与改造方面，应了解项目区域土地及土壤的理化性质和微观结构，积累原始资料，以便针对不同类型的污染和土地损毁特点，有效处理典型污染物，改良损毁土地的肥效等，这些过程都与土壤胶体性质密切相关。

第一节 胶体分散体系的动力性质

把一种或几种物质分散在另一种物质中就构成分散体系，被分散的物质称为分散相，另一种物质称为分散介质。分散相粒子半径在 1～100nm 的体系，目测是均匀的，但实际是多相不均匀体系。也有将 1～1000nm 的粒子归入胶体范畴。研究土地工程土体胶体的动力特性，对分析土体微观粒子的运动规律，更好服务于土地工程项目因地制宜的实施具有重要意义。

一、布朗运动

(一) 布朗运动

1827 年植物学家布朗 (Brown) 用显微镜观察到悬浮在液面上的花粉粉末不断地作不规则的运动。后来又发现许多其他物质如煤、化石、金属等的粉末也都有类似的现象。人们称微粒的这种运动为布朗运动。1903 年发明的超显微镜，为研究布朗运动提供了物质条件。用超显微镜可以观察到溶胶粒子不断地作不规则"之"字形的运动，从而能够测出在一定时间内粒子的平均位移。通过大量观察，得出结论：粒子越小，布朗运动越激烈。其运动激烈的程度不随时间而改变，但随温度的升高而增加。

(二) 布朗运动的本质

1905 年和 1906 年爱因斯坦 (Einstein) 和斯莫鲁霍夫斯基 (Smoluchowski) 分别阐述了布朗运动的本质。布朗运动是分散介质分子以不同大小和不同方向的力对胶体粒子不断撞击而产生的，由于受到的力不平衡，所以连续以不同方向、不同速度作不规则运动。随着粒子增大，撞击的次数增多，而作用力抵消的可能性亦大。当半径大于 5 μm 时，布朗运动消失。

爱因斯坦认为，溶胶粒子的布朗运动与分子运动类似，平均动能为 3/2kT。并假设粒子是球形的，运用分子运动论的一些基本概念和公式，得到布朗运动的公式为

$$\bar{x} = \sqrt{\frac{RT}{N_A} \frac{t}{3\pi\eta r}} \tag{7-1}$$

式中，$\bar{x}$ 是在观察时间 t 内粒子沿 x 轴方向的平均位移；r 为胶粒的半径；η 为介质的黏度；N_A 为阿伏伽德罗常量。这个公式把粒子的位移与粒子的大小、介质黏度、温度以及观察时间等联系起来，也称爱因斯坦公式。

二、胶粒的扩散

（一）扩散和菲克定律

土地工程学与热力学密切相关，在忽略重力等外力影响时，一个平衡相的组成和密度从宏观上应当处处相等，因为在这种状态时体系的熵值处于最大值——热力学稳定状态。如果由于某种原因，在已知浓度的溶液或分散体系中，加入溶质或溶胶，或者是添加介质，而使其浓度分配不均，那么溶质分子或分散相粒子就会因布朗运动由高浓度区域向低浓度区域迁移(migration)，这种现象称为扩散(diffusion)。图 7-1 所示为浓度为 c_2 和 $c_1=c_2-dc$ 的液体被厚度为 dx 的多孔塞隔离的情况，由于 $c_2>c_1$，则溶质（或分散相）就会从左室透过多孔塞向右方迁移。若 m 为流经截面积为 A 的物质的质量，则 m/A 的时间变化率定义为流量 J：

$$J = \frac{d(m/A)}{dt} \tag{7-2}$$

即流量为单位时间流过单位面积的物质的质量。显然，J 与浓度梯度 dc/dx 的关系为

$$J \propto \frac{dc}{dx} \tag{7-3}$$

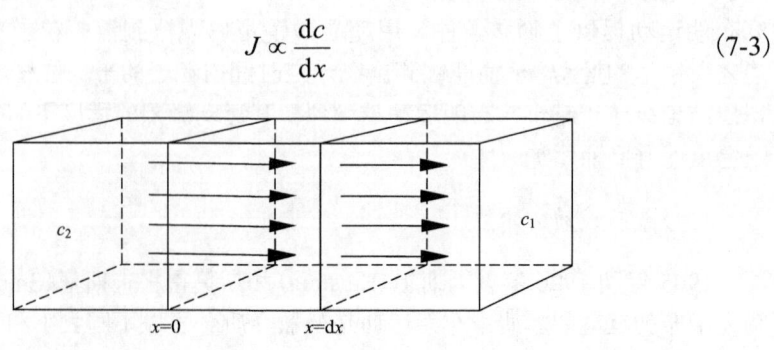

图 7-1 局部区域浓度差引起扩散

根据菲克第一扩散定律式(7-3)，可得到描述指定点浓度的时间变化率的菲克第二扩散定律：

$$\frac{\mathrm{d}c}{\mathrm{d}x} = D\frac{\mathrm{d}^2 c}{\mathrm{d}x^2} \tag{7-4}$$

式(7-4)是个微分方程，其解代表体系的浓度与时间和地点的函数关系。实验表明，小分子 D 的数量级为 $10^{-5}\mathrm{m}^2/\mathrm{s}$，而胶体粒子 D 的数量级为 $10^{-7}\mathrm{m}^2/\mathrm{s}$。

(二)扩散理论在盐碱地治理中的应用

在土地工程中，扩散理论的应用相当广泛，如卤泊滩盐碱地的治理中，在降水或灌溉和蒸发时，土壤中盐分浓度变化，利用盐分由高浓度向低浓度运移扩散的原理，提出了盐碱地治理的对流-弥散效应的机理(图 7-2 和图 7-3)，成功解决卤泊滩重度盐碱化问题，并应用此原理在陕西蒲城、大荔、华阴、华县和宁夏等地推广应用，综合效益非常显著(韩霁昌等，2009c，2009d，2013，2014a)。

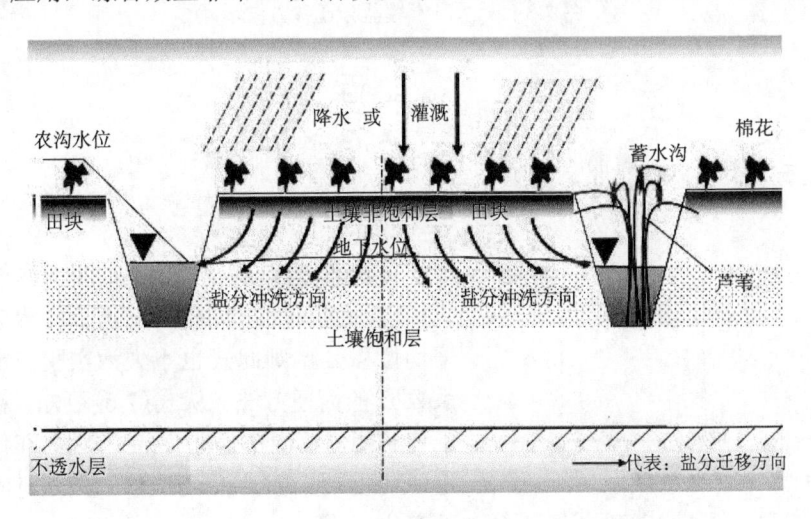

图 7-2　降水或灌溉时土壤盐分迁移方向示意图

(三)爱因斯坦-布朗位移方程

1. 粒子运移

所谓布朗位移，即忽略掉粒子实际走过的轨迹，只计算始终两点的位移，描述位移 $\overline{\varDelta}$ 的方程可直接由随机运动的统计学求出，也可以由菲克定律推出，本书采取后一种更直观的方法。在图 7-4 中，$c_1 > c_2$，若令垂直于单位截面 AB 的平均位移在 t 时间内为 $\overline{\varDelta}$，由于粒子会由左至右，也可由右至左通过单位截面 AB，则净量为

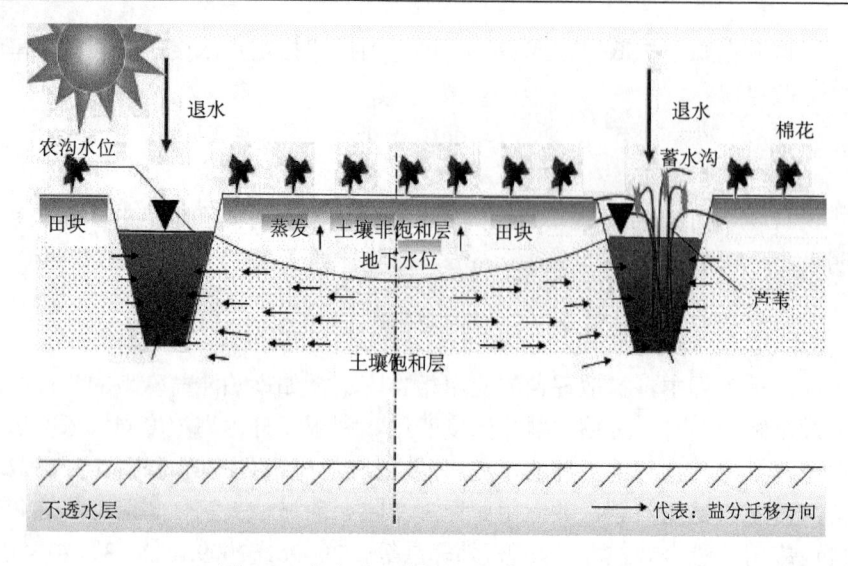

图 7-3　蓄水时土壤盐分迁移方向示意图

$$m = \frac{(c_1 - c_2)\overline{\Delta}^2}{2} \tag{7-5}$$

由于 $\overline{\Delta}$ 很小，再对照菲克第一定律有

$$\overline{\Delta} = \sqrt{2Dt} \tag{7-6}$$

式(7-6)即是爱因斯坦-布朗平均位移公式。在土地工程实验中测知在时间 t 内的粒子平均位移 $\overline{\Delta}$，则此式也不失为实验测定扩散系数 D 的简便方法。从式(7-6)可知，粒子的平均布朗位移由 D 和 t 决定，因此在体系固定后(即 D 固定)，布朗位移 $\overline{\Delta}$ 是随时间间隔而变化。

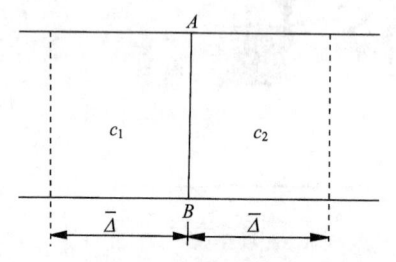

图 7-4　微粒子在介质中布朗平均位移

将式(7-6)整理得 $\dfrac{\overline{\Delta}^2}{t} = 2D$ 为常量，那么布朗运动的平均速率 $\dfrac{\overline{\Delta}}{t} = \dfrac{2D}{\overline{\Delta}}$，即布朗运动的平均速率反比于平均位移，平均位移越大，则平均位移速率越低；相反平均位移越小，平均位移速率越高。从而得出土地工程微观粒子运动的一个非常重要的定律：粒子的平均位移越大，其运动的平均位移速率越低；粒子的平均位移越小，其运动的平均位移速率越高。

2. 粒子半径及质量

对照菲克第一扩散定律，则有

$$D = \frac{kT}{f} = \frac{RT}{N_A f} \tag{7-7}$$

和

$$\frac{f}{f_0} = \frac{RT/D}{RT/D_0} = \frac{D_0}{D} \tag{7-8}$$

与 $\frac{f}{f_0}$ 一样，$\frac{D_0}{D}$ 也反映了粒子的不对称性和水化度，其中 D_0 是球形未溶剂化粒子的扩散系数。

有了简单的 $D = \frac{kT}{f}$ 关系式后，再结合式(7-8)，求解粒子的质量 m 就方便多了。沉降研究求出的是 $\frac{m}{f}$，通过爱因斯坦-布朗位移实验可求出 D，再由 $f = \frac{kT}{D}$ 求出 f，那么就可计算出粒子的质量 m，这可以应用于土地工程中求解粒子的质量。

另一个将爱因斯坦-布朗位移方程与斯托克斯公式结合起来的结果为

$$N_A = \frac{2RT \cdot t}{6\pi \eta r \overline{\Delta}^2} \tag{7-9}$$

同样，也可通过爱因斯坦-布朗位移实验求出粒子的半径 r 及质量 m。将式(7-9)重新整理得

$$r = \frac{2RT \cdot t}{6\pi \eta \cdot N_A \cdot \overline{\Delta}^2} \tag{7-10}$$

$$m = \frac{4\pi}{3} \cdot r^3 \cdot \rho_2 \tag{7-11}$$

$$M = m \cdot N_A = \frac{4\pi}{3} \cdot r^3 \cdot N_A \tag{7-12}$$

利用公式(7-12)可以方便的得到土地工程中粒子的半径和质量，还能得到该物质的摩尔质量，从而定性的确定该粒子的化学组成，在土地工程的微观研究上更进一步。

三、沉降

(一)沉降基本概念

在土地工程的微观领域，粒子受力的公式为

$$F = F_g - F_b = V(\rho_2 - \rho_1)g \tag{7-13}$$

其假设粒子为一个任意形状、体积为 V、质量为 m、密度为 ρ_2，处于密度为 ρ_1 的

介质中。作用在粒子上有重力($F_g=V\rho_2 g$)和浮力($F_b=Vg\rho_1$),很显然,重力和浮力这两个力方向相反,故粒子所受净力 F 为这两者之差。

式(7-13)可以准确计算出在土地工程中微观粒子所受力的大小,为土体承载力的计算提供依据。粒子在介质中的运动方向取决于 ρ_1 和 ρ_2 的大小。若 $\rho_1>\rho_2$,则粒子上浮,部分浮出水平面;若 $\rho_1=\rho_2$,则粒子可静止于介质中任一部位;若 $\rho_1<\rho_2$,则粒子会向下加速运动即沉降(sedimentation)。由于本书讨论的是土地工程中粒子的沉降问题,故认为 $\rho_1<\rho_2$,那么粒子便要不断加速下沉,但随粒子向下运动速率的增大,与运动速率 v 相伴而生的介质中的流体摩擦阻力也相应增大,且成正比,即

$$F \propto v \quad \text{或} \quad F_v = f \cdot v \tag{7-14}$$

式中,比例系数 f 称为粒子在给定介质中的阻力因子(friction factor),单位是 kg/s。随着粒子沉降速率的增大,沉降阻力也不断增大,当沉降力等于沉降阻力时,沉降粒子受力平衡,运动速率不再增大。此时,粒子达到稳定的运动(沉静)状态,即

$$m\left(1-\frac{\rho_1}{\rho_2}\right)g = f \cdot v \tag{7-15}$$

$$v = \frac{m}{f}\left(1-\frac{\rho_1}{\rho_2}\right)g \tag{7-16}$$

$$\frac{m}{f} = \frac{v}{\left(1-\frac{\rho_1}{\rho_2}\right)g} \tag{7-17}$$

在土地工程中,关于粒子的沉降问题,对式(7-15)~式(7-17)的应用,以下三点应特别注意。

(1)在 $F=F_v$ 时,粒子受力平衡,以恒定速率下沉,这个速率就是式(7-16)所表达的稳定速率 v_0。

(2)沉降稳定速率与作用粒子的形状无关,只取决于 m 及 f、ρ_2、ρ_1 的大小。

(3)m 和 ρ_2 分别为未溶剂化的干粒子的质量和密度。

在土地工程中沉降理论的应用相当广泛,如为使污染物更好的沉淀,达到有效快速清理污染物的目的,可增加粒子在介质中的运移速度 v,同时减小介质的摩擦阻力 F_v,在污损土地的改良与改造中使污染物更好的沉降,使淤泥排出,既达到净化介质,又能将淤泥二次利用。

(二)斯托克斯公式

斯托克斯(Stokes)公式是目前世界上公认的广泛应用于沉降领域的成熟公

式，即

$$F_v = 6\pi\eta r v \tag{7-18}$$

式中，η 为液体黏度。对照式(7-18)得

$$f = 6\pi\eta r \tag{7-19}$$

由此可知，式(7-19)仅是式(7-18)的特例，即当粒子为球形时。由斯托克斯公式可知，F_v 正比于 v、r 和 η，这些参数可由下式计算：

$$v = \frac{2r^2(\rho_2 - \rho_1)g}{9\eta} \tag{7-20}$$

$$r = \left[\frac{9\eta v}{2(\rho_2 - \rho_1)g}\right]^{\frac{1}{2}} \tag{7-21}$$

$$m = \frac{4}{3}\pi r^3 \rho_2 = \frac{4}{3}\pi\rho_2 \left[\frac{9\eta v}{2(\rho_2 - \rho_1)g}\right]^{\frac{3}{2}} \tag{7-22}$$

$$f = 6\pi\eta r = 6\pi\eta\left[\frac{9\eta v}{2(\rho_2 - \rho_1)g}\right]^{\frac{1}{2}} \tag{7-23}$$

在土地工程中，运用式(7-20)需注意下面四点。

(1) $v \propto r^2$，即粒子越大，稳定沉降速率越大。

(2) $v \propto (\rho_2 - \rho_1)$，即密度越大的粒子沉降越快。

(3) $v \propto \dfrac{1}{\eta}$，介质黏度越大，粒子沉降越慢。

(4) 如能测定下降粒子的速率 v，则可以按此式求得介质黏度，这正是降球式黏度计的工作原理。降球式黏度计在土地工程上的应用也相当广泛，黏度作为溶液的基本常数，对土地工程中各溶剂的研究意义重大，运用降球式黏度计可求得任一介质的黏度状况。

(三) 沉降实验

在土地工程中，研究污染物沉降问题的简单仪器有两类，分别为沉降天平和魏格纳(Wigner)沉降仪，下面简单介绍它们的工作原理，从土地工程上说明它们各自的用途。

1. 沉降天平(重量法)

图 7-5 是沉降天平的示意图。在量筒中放入被测的混合均匀分散体系，量筒中很薄的小玻璃盘与扭力天平相连，它距液面的高度为 h。随测量时间的延长，粒子逐渐落于小容器中，则扭力天平所增加的质量 m 就是时间为 t 的沉降量，可

以用 m-t 图表示所测粒子质量与沉降时间的关系。

2. Wigner 沉降仪(密度法)

如图 7-6 所示，Wigner 沉降仪由粗细两个套管组成，中间有旋钮。左边粗管放入分散体系，右边细管放入介质，由于两者存在密度差，若欲平衡必然存在一个液面高度差 h。但随时间的推移，左边粒子的沉降使其上方液体密度降低，因此平衡液面差 h 降低，h 的变化代表了沉降量变化。由实验数据可绘出 h-t 图，表示所测粒子沉降量与沉降时间的关系。

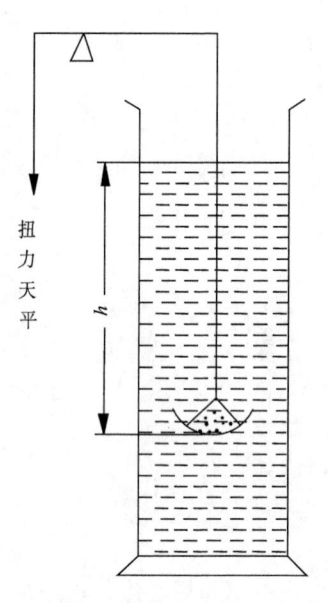

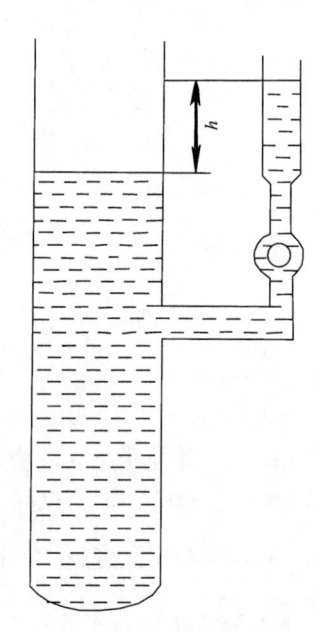

图 7-5　沉降天平示意图　　　　图 7-6　Wigner 沉降仪示意图

在单分散体系中，如果在时间间隔 Δt 中，下移距离为 Δh，那么粒子沉降速率 v 可表示为

$$v = \frac{\Delta h}{\Delta t} \tag{7-24}$$

然而，多分散体系就复杂多了，因为不同大小的粒子沉降速率是不同的，因此沉降层与介质层的界限不是分明的，而是发散的，故不能应用 $\dfrac{\Delta h}{\Delta t}$ 来确定粒子的迁移速率。用沉降天平所得到的沉降物质量是累积速率所决定的累积沉降量，如图 7-7 所示。图中横坐标时间轴中的 t_1，t_2，t_3，…分别为对应粒子半径为 r_1，r_2，r_3，…的沉降时间，因此对应的沉降量，如 $(m_2'-m_1')$ 应为半径为 $r_1 \sim r_2$ 这部分粒子的沉降量。

图7-7 多分散体系沉降曲线

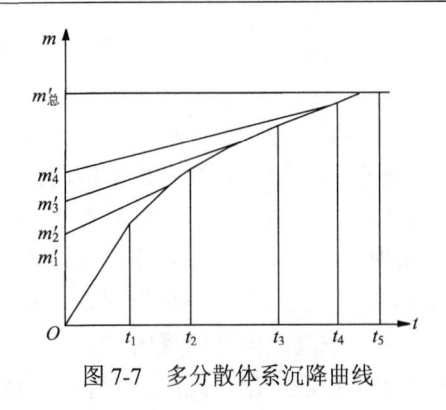

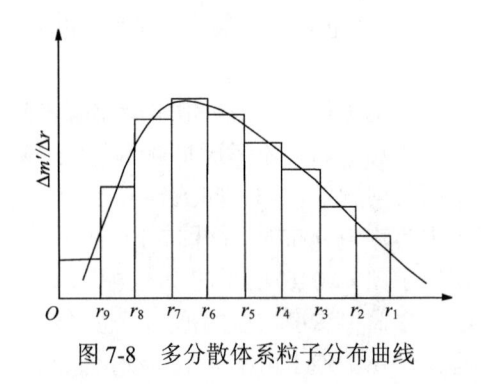

图7-8 多分散体系粒子分布曲线

土地工程中粒子分布曲线如图 7-8 所示，横坐标为粒子半径，纵坐标为 $\dfrac{\Delta m'}{\Delta r}$，如图 7-8 所示。每一个 Δr 间隔全可绘成一个矩形，矩形的面积为 $\Delta m'$，连接每个矩形上边的中点连线就是粒子尺寸的分布曲线。这样就可以用另一种方法来做土地工程中分散相粒子尺寸分布曲线。

对应图 7-7，粒子质量 m 的微分方程为

$$m = m' + t \cdot \frac{\mathrm{d}m}{\mathrm{d}t} \tag{7-25}$$

利用式(7-25)作图 7-9，从图 7-9 可以看到，对应 t 的曲线点切线 $m'n'$ 与纵坐标上交于 m'，而曲线上的点对应的纵坐标为 m，而 $t \cdot \dfrac{\mathrm{d}m}{\mathrm{d}t}$ 恰为 m-m'，这一结果与式(7-25)是完全吻合的。这就完全证实前文所提，对应沉降时间 t_1，t_2，t_3，…的沉降量 m'_1，m'_2，m'_3，…是曲线上对应点的切线与纵坐标的交点。利用图 7-9 沉降曲线数据分析图可以明确粒子在不同时间的沉降量，这正是土壤中沉降法测土壤粒度组成的原理所在。

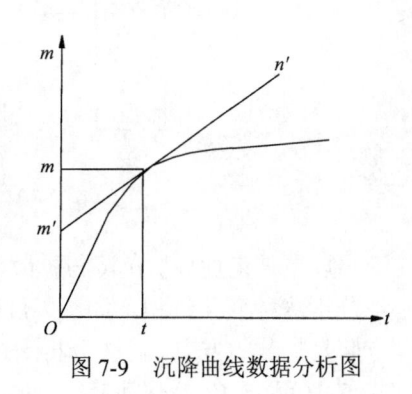

图 7-9 沉降曲线数据分析图

四、沉降与扩散间的平衡

（一）沉降与扩散

由以上分析可知，在土地工程的分散体系中，沉降与扩散是两个相反的过程。沉降使土地这个大的分散相粒子趋于集中，扩散却使之均匀散开，这两种趋势随着时间的推移而变化，两者趋势的大小既取决于土壤中粒子的尺寸大小，也取决于沉降加速度的快慢，即该土壤体系所处的场是重力场还是离心场。由公式(7-20)可知沉

降速率 v 既正比于 r^2 又正比于加速度 g，显然对于 r 大的粒子和沉降加速场 a 大的环境以沉降为主。

土地工程沉降与扩散平衡实验表明即便是离心场，对于胶体粒子，当离心加速度 $\geq 10^5 g$ 时可不考虑扩散问题；而离心场加速度为 $10^4 g$ 时需要考虑扩散与沉降平衡的问题。例如，向图7-10所示的量筒中放入均匀分散的溶胶，分散粒子在体系中是均匀分布的，即图7-10(a)所示情况。在静置过程中，由于粒子要沉降，就出现了图7-10(b)所示的由上至下，粒子浓度越来越大的情况。与此同时，随着粒子在量筒中浓度梯度的形成，也必然发生粒子由高浓度区向低浓度区扩散的反过程，即粒子趋于由下向上运动，但此时沉降率大于扩散速率，因此从表观上看总的结果仍然是粒子向下迁移。随着时间的推移及扩散速率的不断提高，最终形成如图7-10(c)所示的平衡状态，此时粒子不再运动，这是从表观上分析土地工程中介质粒子运动的结果，实际上是上下运动趋势相等的结果。就如同化学平衡一样，当达到平衡时，反应物与生成物浓度不再变化，而实际上正、逆两反应仍都在进行，只是速率大小相等方向相反而已。在污损土地的改良与改造中，可以充分利用"浓度差"来达到整治的效果。

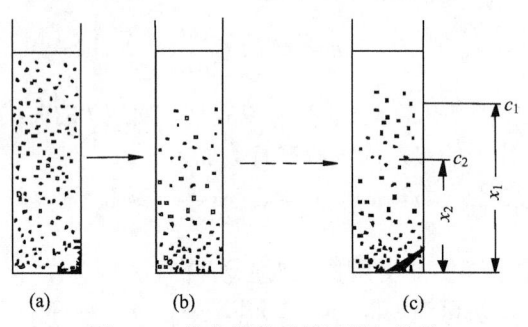

图7-10 均分散体系的沉降与扩散

以上是定性分析沉降与扩散两过程随时间的变化及最终平衡的问题，而定量地分析这种变化过程，如图7-11所示，$-x$ 方向是重力场或离心场的方向，而 $+x$ 方向是扩散的方向。首先分析通过截面积为 A 的扩散流量 J_d 和沉降流量 J_s。应用式(7-16)和式(7-7)化简后得

$$\frac{J_s}{J_d} = \frac{c\dfrac{m}{f}\left(\dfrac{\rho_2-\rho_1}{\rho_2}\right)g}{-\dfrac{kT}{f}\dfrac{dc}{dx}} = \frac{V(\rho_2-\rho_1)gc}{-kT\dfrac{dc}{dx}} \tag{7-26}$$

按照式(7-26)分析量筒中均匀分散溶胶,可以得出下面的结果。

(1) 在刚开始时,不存在浓度梯度,即 $\dfrac{dc}{dx}=0$,以沉降为主,此时污染物迅速沉降。

(2) 随着沉降的发生,$\dfrac{dc}{dx}$ 增加,而 c 降低,$\dfrac{J_s}{J_d}$ 减小,直至 $\dfrac{J_s}{J_d}=1$,达到平衡状态,此时污染物不再下沉。

(3) 如果开始的状态是将干粒子放于筒底,缓缓地加入分散介质,此时 $J_s=0$,而 J_d 却很大,以扩散为主,但随着扩散的发生,$\dfrac{dc}{dx}$ 降低,而相反的沉降过程也要发生,直至 $\dfrac{J_s}{J_d}=1$,也达到平衡状态,最终污染物的沉降与扩散是要达到一个平衡状态的,利用这一理论可有效的分离污染物质。

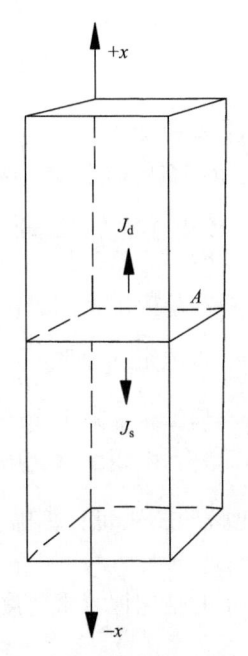

图 7-11 粒子通过截面积为 A 的扩散流量与沉降流量分析图

(二) 沉降平衡

1. 发生在重力场中的沉降平衡

$$-D\dfrac{dc}{dx}=c\dfrac{m}{f}\left(1-\dfrac{\rho_1}{\rho_2}\right) \tag{7-27}$$

$$-\dfrac{dc}{c}=\dfrac{m}{kT}\left(1-\dfrac{\rho_1}{\rho_2}\right)g\,dx \tag{7-28}$$

由图 7-11 可知,在 x 分别为 x_1 和 x_2 时,粒子的质量浓度分别为 c_1 和 c_2,以此为积分限对式(7-28)积分得

$$-\ln\left(\dfrac{c_2}{c_1}\right)=\dfrac{m}{kT}\left(1-\dfrac{\rho_1}{\rho_2}\right)(x_2-x_1)g \tag{7-29}$$

2. 发生在离心场中的沉降平衡

$$-D\dfrac{dc}{dx}=c\dfrac{m}{f}\left(1-\dfrac{\rho_1}{\rho_2}\right)w^2 x \tag{7-30}$$

同样,分别以 x_1 和 x_2,c_1 和 c_2 为积分限,对式(7-30)进行积分得

$$\ln\left(\frac{c_2}{c_1}\right) = -\frac{m}{2kT}\left(1-\frac{\rho_1}{\rho_2}\right)w^2(x_2^2 - x_1^2) \qquad (7\text{-}31)$$

从式(7-29)和式(7-31)可知，在土地工程中的沉降平衡实验中可求出粒子摩尔质量 M（定性描述）或粒子的质量 m；而通过沉降实验，由式(7-15)和式 $m\left(1-\frac{\rho_1}{\rho_2}\right)\omega^2 x = f\frac{\mathrm{d}x}{\mathrm{d}t}$ 求出 $\frac{m}{f}$，这样由 m 和 $\frac{m}{f}$ 即可计算阻力因子 f。沉降平衡与沉降分析实验应用相同的仪器，但要注意它们是截然不同的实验，沉降实验中的粒子仍在以恒定的速率 $\frac{\mathrm{d}x}{\mathrm{d}t}$ 在沉降，而在沉降平衡实验中粒子处于平衡状态，其沉降速率为零。这两个实验组合对土地工程中大分子物质的研究很有意义，如团聚体的研究。由团聚体的质量 m 和密度 ρ_2 很容易计算出团聚体分子的当量球半径 r_0，由 $f_0 = 6\pi\eta r_0$ 可计算出 f_0。再由实验求出的 f 值，计算出 $\frac{f}{f_0}$，并由此查阅团聚体分子的轴比 $\left(\frac{a}{b}\right)$ 水化度 $\left(\frac{f}{f_0}\right)$ 图，查出对应 $\frac{f}{f_0}$ 值的粒子的特征值（即轴比和水化度），可进一步对土壤进行分析。

另外，若讨论的问题是土壤中的气体分子而非悬浮粒子，那么可以用压力比代替浓度比，再由空气中空气分子的介质就是真空，故 $\rho_1 = 0$，则式(7-29)可改为

$$\ln\left(\frac{p_2}{p_1}\right) = \frac{mg(x_2-x_1)}{kT} = \frac{Mg(x_2-x_1)}{RT} \qquad (7\text{-}32)$$

这就是大气压力 p 随高度 h（即式中 x）变化的 Perrin 公式，其对在不同海拔的地方进行土地工程项目建设有指导意义。

3. 多分散体系的沉降平衡

在土地工程中，当把一些泥土（由不同大小的颗粒组成）与水充分搅拌均匀形成多分散的悬浊液，并倒入足够大的大量筒中放置一定时间，就会形成如图 7-12 所示的大粒子在下而小粒子在上的依次分布状态。因为粒子质量越大，其沉降速度越快，并最先沉于量筒底部，和式(7-29)描述相吻合。由式(7-26)分析 $\frac{J_s}{J_d} \propto m$，对于大粒子，$J_s \gg J_d$，以沉降为主，对于极小的粒子 $J_s \ll J_d$，以扩散为主，只有处于适中尺寸的粒子才存在明显的沉降平

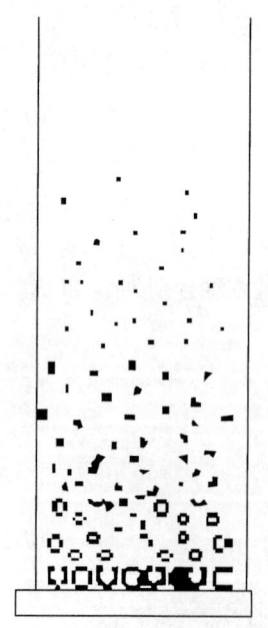

图 7-12 多分散体系的沉降平衡

衡问题。

有研究者曾用三种不同直径的银溶胶,通过显微镜观测到表 7-1 列出的记录。比较布朗运动与沉降作用数据可知,$r<0.1\mu m$ 的微小银粒子,布朗运动明显强于沉降作用,以扩散为主,因此粒子在体系中基本是均匀分布的;而 $r>10\mu m$ 的银粒子,布朗作用明显弱于沉降作用,以沉降为主,粒子基本沉降于容器底部。只有处于中间状态的粒子两个作用才可相互匹敌。利用银颗粒的研究方法也可以研究类似污染物颗粒的运动方式。

表 7-1 银颗粒在 1s 内的运动距离

粒子直径/μm	布朗位移/μm	沉降距离/μm
0.1	10.0	0.0676
1	3.1	6.76
10	4.0	676.0

五、渗透压

渗透压的研究对于土地工程中土壤水分运移分析及工程项目的合理实施意义重大。在物理化学中有稀溶液的依数性,即蒸气压降低,沸点升高,凝固点下降和产生渗透压。所谓依数性,是指这些特性与溶质的本性(性质、形状、组成等)无关,而与溶剂的本性和溶质的粒子数目有关。讨论依数性的前提是溶液很稀,溶质不挥发且不离散,这些结果可以用如下公式表明。

蒸气压降低:

$$\Delta p = p_1^0 x_2 \tag{7-33}$$

式中,p_1^0 为同温度下纯溶剂的饱和蒸汽压;x_2 为溶质的摩尔分数。

沸点上升:

$$\Delta T_b = \frac{R(T_b^0)^2}{\Delta H_v^0} \tag{7-34}$$

沸点下降:

$$\Delta T_f = -\frac{R(T_b^0)^2 m_2}{\Delta H_f^0 \frac{1000}{M}} = K_f M_2 \tag{7-35}$$

产生的渗透压:

$$\pi v_1 = n_2 RT \tag{7-36}$$

式(7-33)~式(7-36)中,下标 2 代表溶质;1 代表溶剂;b 代表沸腾;f 代表凝结;

v 代表蒸发。

(一)理想溶液的渗透压

首先要了解理想溶液的渗透压,在恒温和恒压的条件下,相平衡的条件是 $\mu_i^\alpha = \mu_i^\beta = \mu_i^\gamma = \cdots$,即组分 i 在 α, β, γ, $\cdots$各平衡相中具有相同的化学位。它对于各相和各组分的性质没有任何限定,不仅可以用于气-液、液-液、液-固和气-固相平衡中,也适用于图 7-13 所示的溶液和纯溶剂被一个半透膜所隔开的平衡体系中,半透膜是渗透压问题的核心。

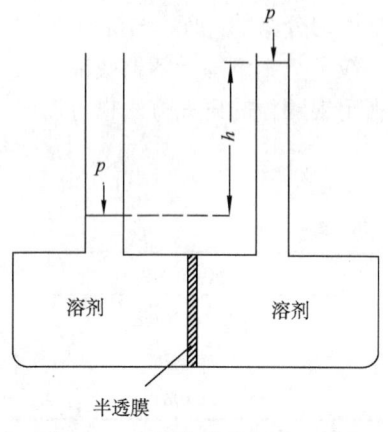

图 7-13 产生渗透压装置示意图

按照拉乌尔(Raoult)定律,溶液中溶剂的蒸汽压 p_1 小于纯溶剂的蒸汽压 p_1^0,即 $p_1 = p_1^0 x_1$,而化学位 $\mu_1 = \mu_1^\ominus + RT \ln x_1$。左室为纯溶剂($x_1$=1),故左室的化学位为 $\mu_1^\ominus$;右室 x_1<1,故 $\mu_1 < \mu_1^\ominus$,因此溶剂便由左室向右室迁移,直至右室液柱上升高度为 h 时,膜两边方达平衡;另一种方法是开始时在右室中加压力(也是由液柱高度形式表示),则这个静压头就平衡了溶剂由左室向右室浸逸的趋势,将这个静压头称为渗透压,并用 π 表示,$\pi = \rho_1 g h$,这样溶剂(以下标 1 表示)的平衡条件为

$$\mu_{1左} = \mu_{1右}$$

$$\mu_1 = \mu_1^\ominus + RT \ln \alpha_1 + \int_{p_1^0}^{p_1^0 + \pi} V_{m1} \, dp \tag{7-37}$$

如果认为作为凝聚相的溶剂是不可压缩的,即 V_{m1} 为常数,则上式的积分结果为

$$\ln \alpha_1 = \frac{\pi V_{m1}}{RT} \tag{7-38}$$

考虑到溶剂的化学位,则有

$$\mu_1 = \mu_1^\ominus + RT \ln \alpha_1 = \mu_1^\ominus - \pi V_{m1} \tag{7-39}$$

式(7-39)就是渗透压与化学位的关系式。式(7-38)是 α_1 与 π 的基本关系式,是通用式,因为没对溶液作任何规定。如果溶液是理想的,以摩尔分数 x_1 代替 α_1,另考虑到 x_2 很小(稀溶液),将 $\ln \alpha_1$ 按级数展开并只保留一项得 $\ln \alpha_1 \approx -x_2$,那么

$$\pi = CRT \tag{7-40}$$

式(7-40)就是理想溶液渗透压公式,是以其发现人 van't Hoff 的名字命名的公式,其中 C 是物质的量浓度。其在形式上与理想气体状态方程很相似。关于在土地工

程中渗透压公式的应用,有以下几点前提。

(1) 式(7-39)仅应用于理想溶液和稀溶液,这可以从通用式(7-38)、式(7-40)推导中的假设条件可知。

(2) 尽管式(7-39)出自于原始假设:在半透膜两边,一边为纯溶剂,另一边为稀溶液,公式依然可以应用于膜两边均为稀溶液的情况。只要膜两边溶液浓度不等,那么两边溶剂的化学位就不等,因此也存在渗透压。若两边浓度分别为 C_1 和 C_2,则有

$$\pi = (C_2 - C_1)RT \tag{7-41}$$

(3) 渗透压实验对溶质的相对分子质量 M_2 有一定要求。将式(7-41)进行整理可得

$$n = \frac{n_2 RT}{V_1} = \frac{m_2 RT}{M_2 V_1} \quad \pi \propto \frac{1}{M_2} \tag{7-42}$$

由此可知溶质的相对分子质量越大,渗透压越小,测量精度越低,故 M_2 不能太大,一般 $M \leqslant 10^6$;从实验角度上分析 M_2 也不能太小,否则会出现膜的透过性问题,因此通常要求 $M \geqslant 10^4$。

(4) 对于强电解质,由于电解质完全电离而使溶液中的"数"增大,那么渗透压数值相应增大,因此式(7-41)需修正为

$$\pi = v_i CRT \tag{7-43}$$

式中,v_i 是电解质分子所电离出的离子数。

由于渗透压是稀溶液的依数性之一,即与溶液中溶质的粒子数目有关,因此式(7-43)仅适用于那些非离解性的分子(如糖分子),对弱电解质和高分子物质则不适用。渗透压的求解是土壤水分的基本参数之一,这点在第三章已说明,对保持农田合理灌溉有重要的指导意义。

(二) 非理想溶液的渗透压

非理想溶液渗透压的公式为

$$C + \pi = CRT\left(\frac{1}{M} + BC\right) \tag{7-44}$$

式中,B 为第二维里系数,它反映了溶液的非理想行为。在真实气体 Virial 方程中,$B=b-a/(RT)$,这里 a 和 b 分别代表分子间力和气体分子本身的体积修正项。真实溶液方程中的 B 也反映了分子大小及分子间引力作用(包括大分子链段间,大分子与溶剂分子间的相互作用)所引起的真实溶液与理想溶液间的偏差来源。对理想溶液,由于 $B=0$,则式(7-44)可以还原为理想溶液的渗透压公式(7-43)。

由式(7-44)可知,以 $\pi/(CRT)$ 对 C 作图,必为直线,且斜率=B,截距=$1/M_2$。

图7-14展示出了这种直线关系,其中图7-14(a)是不同相对分子质量的醋酸纤维素在丙酮溶液中的情况(Bartovics,1943)。它们具有相同的斜率,即 B 值相同,说明它们在丙酮溶液中具有相同的真实行为,但截距不同,说明它们有不同的相对分子质量。图7-14(b)是相同溶质硝化纤维溶于丙酮、甲醇和硝基苯三种不同溶剂中的情况。三根直线有相同的截距是因为同一种溶质的相对分子质量一样,但不同的斜率,且出现负斜率(硝基苯溶剂),说明同一溶质在不同溶剂中的真实行为是不同的。影响 B 值的因素很多,如分子间作用力,在真实气体中只有气体分子间力,而在溶液中分子间力就复杂多了,不仅存在溶剂-溶质分子间力,还存在溶质-溶质、溶剂-溶剂分子间力。从分子大小考虑胶体分散体系中分散相粒子在 $10^{-6} \sim 10^{-9}$ m,比气体分子大得多。就大分子溶液而言,分子间力可以从溶剂的能力分析。对于良溶剂,大分子与溶剂间作用力很大,则大分子更趋于伸展的状态,此时大分子的链段间以斥力为主,则 B 值为正。对于不良溶剂,大分子与溶剂分子间力很小,则大分子更趋于团聚状态,此时大分子的链段间以引力为主,B 值为负。当 $B=0$,此时大分子链段间的引力与斥力达平衡,大分子溶液表现出理想溶液的行为。

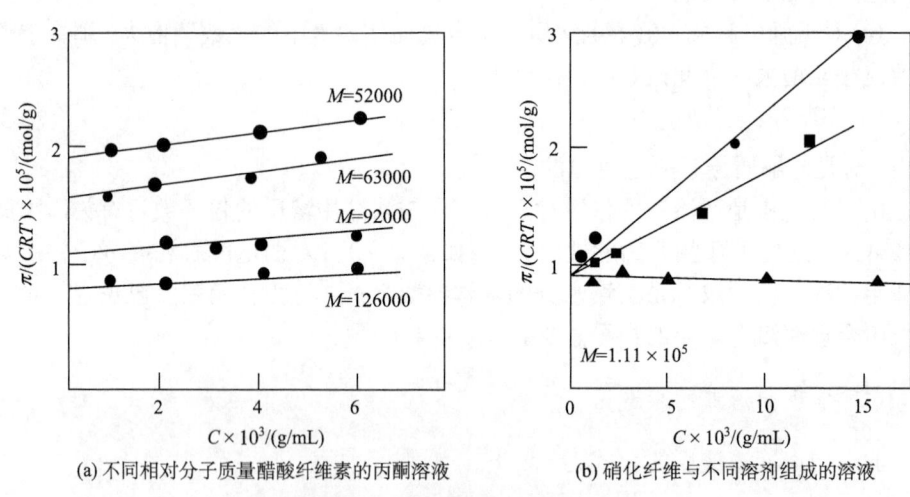

(a) 不同相对分子质量醋酸纤维素的丙酮溶液

(b) 硝化纤维与不同溶剂组成的溶液

图 7-14 两种试样的 $\pi/(CRT)$-C 图

(三)渗透压实验

图7-15给出了渗透压实验的简单装置。一端连有毛细管用于显示渗透压数据。另一端开口较粗且装有支撑板和膜的内管,被封闭在含纯溶剂的外管之中,内管中放入待测溶液。整个装置再放入恒温水浴内。实验本身并不困难,但在应用与土地工程实际中时有些问题应予注意(张玉亭,2008)。

1. 适当的溶剂

溶剂必须充分地尽可能多地溶解溶质以产生足够大的渗透压。渗透压实验是在不同的溶液浓度下测量不同的渗透压，然后按式(7-44)作 π/CRT-C 图，并外延至 $C=0$ 处，即由直线的截距求出 M，从而避免了溶液非理想性的影响。另外溶液的黏度要尽可能的低，以减少平衡所需的时间。

2. 避免污染

污染主要源于溶剂和分散相本身。按照依数性原理，π 与溶液中所含的粒子数目有关，杂质的存在尤其是低分子量杂质，哪怕极其微量，也会使粒子数目发生剧烈变化，因为这些低分子量粒子(可能是分子或离子)也可能被半透膜所阻挡而产生远比被测物质本身的渗透压更大的渗透压，从而使 $\overline{M}_n$ 的测定产生极大的偏差。

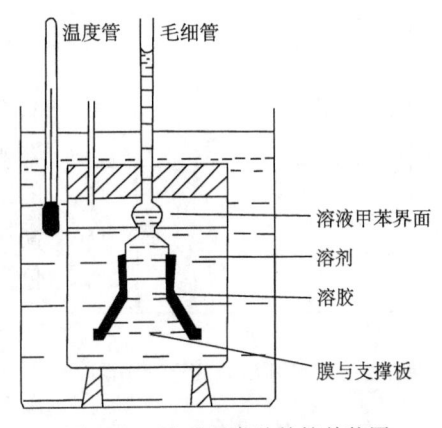

图 7-15 渗透压实验的简单装置

3. 合适的半透膜是渗透压实验的关键部件

至今尚不能实现一种半透膜能应用于任意组合的一对化学物质。但对于包括大分子物质在内的分散体系，分散介质能通过而分散相不能透过的半透膜还是比较容易找到的。除了作为允许溶剂透过而不允许分散相粒子透过的这种半透性之外，在土地工程行业中选择合适的半透膜非常重要，对于半透膜还有如下要求：①膜足够薄以尽快地建立渗透平衡。②膜要有足够的强度以承受膜两边所存在的压力差，为此一般紧靠膜处有一多孔的支撑板。③整张膜上不允许存在孔径过大的漏洞。④膜通常会展示出具有"不对称压"趋势，即膜两边均为溶剂时，也存在压力差，因此在渗透压实验数据中必须剔除这种额外压力的影响，方法是渗透压实验前先用纯溶剂测出这个压力，这类实验通常称为空白实验。⑤工业应用的膜需要有高的介质通量，还需要能制成片状或中空纤维状以扩大膜面积。⑥价格便宜。

4. 恒温实验

整个实验在恒温下进行，因此实验的内外管放在大的恒温水浴之中，这是因为渗透平衡及公式(7-43)和公式(7-44)是在恒温条件下推出的。

5. 适宜的毛细管内径

毛细管内径不能太粗，否则随溶剂的渗入会改变内管溶液的浓度进而改变 π 值；从另一方面说，内径又不能太细，否则会对温度过分敏感，另外还要将因毛细作用而引起的毛细上升的高度值从实验数据中剔除。

6. 渗透平衡的建立

由渗透压公式的推导可知，最终是渗透平衡状态，当膜两边的化学位相等时，两边的渗透速率相等，表观上渗透不再进行。这可能是个很慢的过程，为解决这一问题，采用了所谓"趋近平衡法"。即在毛细管中预先放入溶剂，使其高度值为 h_v，液柱压力或许大于或许小于 π 值，然后测定在不同时间高度 h 的变化，会发现高度总是趋于一个平衡值，这个平衡值就是渗透压 π，如图 7-16 所示。

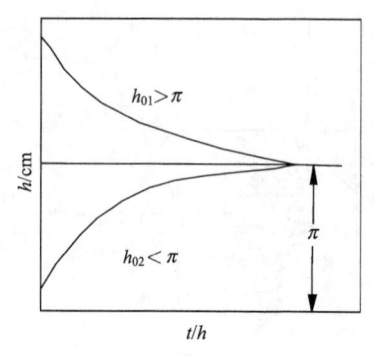

图 7-16 渗透压实验的趋于平衡

第二节 界面吸附

土壤、水分和空气等各相物质在自然状态下不断发生着界面吸附现象。土地整治工程中有关土壤的养分、水分和污染修复等问题离不开对于此现象的研究。此节主要介绍土地工程中气液固三相之间的界面吸附相关原理，为土壤改良，污染土壤修复和土壤水等方面的科学研究和工程项目提供理论指导。

一、液-气与液-液界面吸附

在一个非均匀的体系中，至少存在着两个性质不同的相。两相共存必然有界面。可见，界面是体系不均匀性的结果。一般指两相接触的约几个分子厚度的过渡区，若其中一相为气体，则这种界面通常称为表面。

(一) 弯曲界面现象

1. 弯曲界面上的压力差-拉普拉斯公式

土地工程中研究土壤水特性的压力差-拉普拉斯公式为

$$\Delta P = \gamma \left(\frac{1}{r_1} + \frac{1}{r_2} \right) \tag{7-45}$$

式(7-45)就是著名的拉普拉斯(Laplace)公式，包括下面几种常见的情况。

(1) 平面：$r_1 = r_2 = \infty$，则 $\Delta P = 0$，即平面上下不存在压力差。

(2) 球面：$r_1 = r_2 = r$，则 $\Delta P = \dfrac{2\gamma}{r}$，这里必须注意曲率半径 r 的正负。凸液面，如液滴和玻璃管中的凸弯液液面，$r>0$，故 $\Delta P = P_l - P_g > 0$；凹液面，如液体中的气泡、玻璃管中的凹弯液液面，$r<0$，故 $\Delta P = P_l - P_g < 0$；对肥皂泡，由于内外两

个表面，则 $\Delta P = \dfrac{4\gamma}{r}$。

(3) 圆柱面：$r_1 = \infty$，则 $\Delta P = \dfrac{\gamma}{r}$，其中是柱面的圆形底面的半径。

2. 表面张力的测定

在两相(特别是气-液)界面上，处处存在着一种张力，它垂直于表面的边界，指向液体方向并与表面相切。测定表面张力是土壤学中一项重要的实验指标。在表面张力的测定中有吊片法、吊环法、等密度法、滴重法、最大气泡压力法和毛细管法。这里主要介绍毛细管法。如果液体润湿毛细管内壁，弯液面呈凹形，此时曲率半径 $r<0$，即液体内的压力小于气体的压力，则液体必上升一个高度 h，以平衡这个压力差，这个现象称为毛细上升，如图 7-17 所示。相反，若液体不湿润管壁，弯液面呈凸形，$P_内>P_气$，即 $\Delta P>0$，此时液体应下降一个高度以平衡这个压力差，这个现象称为毛细下降。

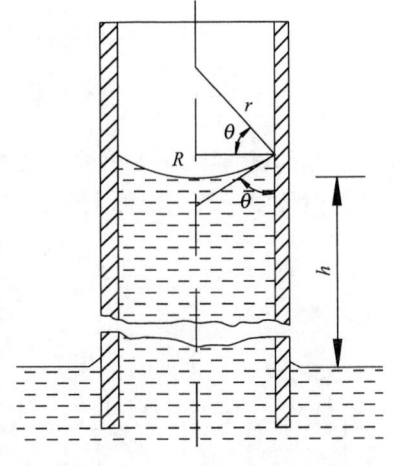

图 7-17　毛细现象示意图

在土壤内部毛细现象很普遍，是水分迁移的重要方式。地下水正是借助土壤孔隙上升进入到土壤中，地下水矿化度越高，盐分随水上升至根层或地表，极易引起土壤的次生盐渍化。在盐碱地的整治中主要是对地下水的处理，把地下水位控制在临界深度以下。

如图 7-17 所示的弯液面的曲率半径 r 一般不等于毛细管内径 R，除非弯液面是半球面，即接触角 $\theta=0$，那么在弯液面顶点 O 处应存在如下平衡：$(\Delta P)_O$ 等于以 O 为顶点的液柱压强 P_O，即

$$\dfrac{2\gamma}{r} = \Delta\rho \cdot g \cdot h \tag{7-46}$$

$$rh = \dfrac{2\gamma}{\Delta\rho \cdot g} = a^2 \tag{7-47}$$

$$\gamma = \dfrac{1}{2}\Delta\rho \cdot g \cdot h \cdot r \tag{7-48}$$

式(7-47)中 a^2 为毛细管常数。由式(7-48)可知，只要测出毛细管上升高度 h 及曲率半径 r，就可以准确的计算出 γ，然而 r 不易测知。

从另一角度分析，与弯液面相切的向上的表面张力将液体拉升一个高度 h，以液体重力平衡这个表面张力垂直分量，即

$$2\pi Rr\cos\theta = (\pi R^2 h)\Delta\rho \cdot g \tag{7-49}$$

对比式(7-49)在 $\theta = 0$ 时，可知 $Rh \approx rh$，则有

$$\gamma \approx \frac{1}{2}\Delta\rho g Rh \tag{7-50}$$

另外，在计算液柱质量时忽略了液柱顶端弯液面处冠状部分液体的质量，即 $\gamma \approx \frac{1}{3}\Delta\rho g R\left(\frac{R}{3}+h\right)$。当然，此修正式的应用条件依然为弯液面是半球面。在毛细管法测的试验中，h 是较难测准的量，可取两只半径分别为 R_1 和 R_2 的毛细管于同样的液体中，管内液体上升高度分别为 h_1 和 h_2，则

$$\gamma = \frac{(h_2-h_1)\Delta P g R_1 R_2}{2(R_1-R_2)} = \frac{\Delta\rho g R_1 R_2 \Delta h}{2\Delta R} \tag{7-51}$$

(二)界面上的吸附现象

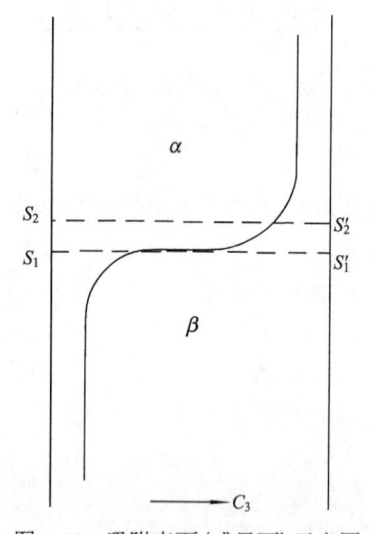

物质的浓度在界面(或表面)上发生变化的过程和现象称为吸附。吸附是污染物处理的一个重要手段，有效的吸附能提高污染物处理的效率，达到节约成本，无二次污染的目的。

1. 吉布斯吸附公式

吸附发生的界面如图 7-18 所示。

溶质的表面吸附理论公式就是吉布斯(Gibbs)在 1875 年用热力学方法导出的描述表面张力 γ、溶液浓度 C 和表面过剩量 Γ 间关系的吉布斯吸附公式。吉布斯公式是从相平衡推导出来的吸附方程，这个公式的推导对相平衡体系没有任何特定的要求，因此可应用于任何物质在任何界面或表面的吸附过程。由于公式源于相平衡，必须满足平衡条件，即公式中的各个量之间是平衡量间的关系：

图 7-18 吸附表面(或界面)示意图

$$-\mathrm{d}\gamma = \sum_i \frac{n_s^i}{A}\mathrm{d}\mu_i = \sum_i \Gamma_i \mathrm{d}\mu_i \tag{7-52}$$

式中，μ_i 是各组分 i 化学位；$\Gamma_i = \frac{n_s^i}{A}$ 称为 i 组分的表面过剩。

然而，在处理界面问题选取一个参照面，最好选定在此参照面上某一个组分的表面过剩量为零(即等于它在体相中的量)，对于只有两个组分的体系，式(7-52)可写为

$$-\mathrm{d}\gamma = \Gamma_1 \mathrm{d}\mu_1 + \Gamma_2 \mathrm{d}\mu_2 \tag{7-53}$$

其中组分 1 代表溶剂，组分 2 代表溶质。吉布斯公式可用于在土壤吸附的研究中测得的气体或溶质在气固或液固相结合界面上的吸附量，推算这些界面张力的变化。

2. 气体在液面上的吸附

吉布斯公式源于相平衡，而且没有指定是任何相间的平衡，故也可以应用于气体在液面上的吸附平衡问题。

在低压时，$f_2 = p_2$，则有

$$\Gamma_2 = -\frac{1}{RT}\left(\frac{\mathrm{d}\gamma}{\mathrm{d}(\ln P_2)}\right)_T = -\frac{P_2}{RT}\left(\frac{\mathrm{d}\gamma}{\mathrm{d}(\ln P_2)}\right) \tag{7-54}$$

式(7-54)就是应用于气体在液面吸附的方程，应用条件是气体压力较低。在土地工程中，可以用于治理污染性气体，用合适的液体吸附有毒、有害气体。

3. 无机电解质在表面吸附

无机电解质的吸附也可以用吉布斯吸附方程：

$$-\mathrm{d}\gamma = \Gamma_2 \mathrm{d}\mu_2 = \Gamma_2 \cdot RT \mathrm{d}(\ln a_2)$$

电解质活度 a_2 若为 0-1 价电解质：

$$a_2 = a_+ \cdot a_- = (C_+ f_+)(C_- f_-)$$

式中，a_+ 和 a_- 分别为正负离子的活度；f_+ 和 f_- 分别为正负离子的活度系数。当电解质的浓度很低时，$f_+ = f_- = 1$，则有 $a_2 = C_+ C_- = C^2$。这里 C^2 为电解质的浓度，于是

$$\Gamma_2 = -\frac{C}{2RT}\left(\frac{\mathrm{d}\gamma}{\mathrm{d}C}\right)_T \tag{7-55}$$

式(7-55)就是电解质表面的吉布斯公式，由于 $\mathrm{d}\gamma/\mathrm{d}C > 0$ 故 $\Gamma_2 < 0$，即表面负吸附。在盐碱地整治的土壤内部，无机盐与土壤或者水分的界面上，往往浓度或低于其自身的浓度正是表面负吸附现象。

二、气-固界面吸附

(一) 固体表面

1. 固体表面与液体表面比较

固体表面与液体表面一样，也存在不平衡力场，而且由于固体分子间距较液体更小，故不平衡力场更为强烈，表面张力会更大，因此它们有向内收缩的趋势，如石蜡方块受热后棱角会变得更圆滑。内缩趋势，是因为固体不像液体那样具有流动性。液面上的吸附力场是均匀的，而固面上的力场是不均匀的，固体表面是

凹凸不平粗糙的。那些表面凸起处、边角棱处、裂缝处和残损处具有更高的能量，因此表面活性是极不均匀的。吸附先发生在表面活性极强的部位，固体表面带电量是不均匀的，甚至带不同电性的电荷。如泥浆的片状颗粒中，平面带负电而边部带正电荷。

2. 固体的表面结构与活性

任何一个表面的形成均需两步完成：第一步是将物质分开，裸露出新的表面分子、原子或离子；第二步是表面分子、原子或离子的重新排列而达到平衡的稳定状态。对于液体而言，完成的时间在千分之一秒内，因为液体分子具有可流动性。但固体表面的第二步却极为缓慢，固体分子的不可流动性使其表面几乎维持被分割时所保留的形态。这表现为以下几个方面。

(1) 固体表面的粗糙度。与液体的分子流动性而使表面呈现分子水平上的光滑表面不同，固体表面是凹凸不平的，因此其实际表面积远大于其理想的几何表面积，定义粗糙度 ω 为

$$\omega = \frac{真实表面积}{理想几何表面积} \geqslant 1$$

表 7-2 为几种固体的表面粗糙度。

表 7-2　几种固体表面粗糙度

表面	ω	表面	ω
一次清洁玻璃球	1.6	银箔	5
二次清洁玻璃球	2.2	腐蚀过的银箔	15
充分清洁玻璃球	5.4	电抛光的钢材	1.13

(2) 表面晶型的无定型化。一个新形成的表面，如 NaCl 表面，由于 Cl^- 半径大，在固体表面上阳离子的作用下易于变形而极化，极化后的阴离子会比未极化的 Na^+ 以较快的速度外移，而使晶体表面的晶格变形，位移的结果使表面自由能降低而达稳定状态。

(3) 面氧化层的形成。对于金属表面，还存在表面氧化的问题，所形成的氧化层厚度一般在 1~10nm。土壤中含有着大量的铝铁氧化物及其水的复合物。

由于固体表面的复杂结构，其表面相的能量和性质随体相本性的不同而不同，即表面活性的差异。粗糙的固体表面具有更高的能量，或表现出更高的活性，使其有更大能力吸附其他物质分子，以降低表面能量。固体物质随其粉碎程度的增加，不但比表面急剧增大，而且表面活性部位的含量也在急剧加大。表面活性部位的增加，不但可以降低反应条件(如温度和压力等)，甚至诱发新的化学反应。

土壤施固态肥时都是避免结块影响养分的吸收。

(二) 吸附概述

降低表面活性的方式有两种。在恒温恒压条件下：

$$G = A \cdot \gamma \qquad dG = A d\gamma + \gamma dA \tag{7-56}$$

因此，欲降低表面能 G 必须降低表面张力 γ 或减小表面积 A。对于液体，在没有外来物质改变 γ 时，只有减小表面积 A，这正是液滴维持球形的原因。固体的吸附作用是一个表面能降低的自发过程。吸附剂多为固体粉末或多孔物质，这些物质均具有较大的比表面，以实现更大的吸附能力。固体对于气体的吸附能力是用吸附量 Γ 来衡量的，吸附量 Γ 定义为单位固体质量 W 或单位固体面积 A 所吸附的吸附质气体的体积 V(换算为标准状态下的体积)或物质的量 n：

$$\Gamma = \frac{V}{W} \quad \text{或} \quad \Gamma = \frac{n}{W} \tag{7-57}$$

和

$$\Gamma = \frac{V}{A} = \frac{V}{WA_{SP}} \quad \text{或} \quad \Gamma = \frac{n}{A} = \frac{n}{WA_{SP}} \tag{7-58}$$

1. 吸附剂与吸附质的性质

吸附剂的物理状态和多孔性是影响吸附剂性质主要因素。一般地，无定形固体较晶体表面粗糙，具有更大的真实比表面；多孔固体比无孔的固体具有更大的比表面。常见的吸附剂有活性炭、硅胶($SiO_2 \cdot xH_2O$)和腐殖质团聚体等。在物理吸附中，由于吸附力为分子间力，吸附过程与气体的液化过程相似，因此物质的沸点越高，越易液化，则越易被吸附。化学吸附中，只有与吸附剂物质发生化学反应的吸附质气体才有可能与吸附剂分子间形成类似化学键的吸附键。在污损土地的修复上，只要掌握好吸附剂的使用，把握好吸附质的环境条件，则污染物的治理效率将会更高。

2. 气体的压力和温度

压力对吸附的影响可以从吸附平衡角度分析，吸附是气体分子在固面集中的过程，而被吸附的气体分子如有足够的能量是可以离开固面的，这个过程称为解吸，吸附平衡是指吸附与解吸间的动态平衡。体系压力增加，会使更多的气体分子碰撞固面并被吸附，因此吸附平衡可建立在更多气体分子被吸附的平衡状态，故在吸附饱和之前吸附量 Γ 随气体压力 P 增大而增加。温度对吸附量有极大影响，一般说温度上升，吸附量反而下降。所以在土地工程中对污染物的吸附，一定要特别注意处理时的温度，尽量使达到最大吸附量。

(三) 物理吸附与化学吸附

按照吸附剂与吸附质分子间力的性质和数值大小可将吸附分为物理吸附和化学吸附。物理吸附的作用力是吸附质与吸附剂的分子间力，即范德瓦耳斯力，而化学吸附的吸附力相当于化学键力。

1. 物理吸附的吸附力

在实践中经常用到活性炭吸附异味，这就是典型的物理吸附，物理吸附的原理就是分子间引力的作用。

吸附质与吸附剂的分子间力，即范德华力包括下面几种。

(1) 非极性分子被非极性吸附剂所吸附，此时的分子间力为起吸引作用的色散力和起排斥作用的 Born 力组成，其位能 (φ_a) 可用兰纳德-琼斯(Lennard-Jones)公式表示：

$$\varphi_a = -C \cdot r^{-6} + B \cdot r^{-12} \tag{7-59}$$

式中，r 是分子间距；C 为吸引能常数；B 为排斥能常数。很明显，在两非极性分子相距很大时，以吸引为主，而 r 很小时以排斥为主，当然在某个特定距离时，两者可能相等。式(7-59)中排斥取正，吸引取负。另外，考虑到每个吸附质分子会与吸附剂内外表面所有分子或原子均有上述数值，因此总的吸引位能应是上式的总和，即

$$\varphi_a = \sum \varphi_i = -C \cdot r^{-6} + B \cdot r^{-12} \tag{7-60}$$

(2) 产生诱导偶极的吸附质分子与离子型(即极性)吸附剂之间，除了上述色散力之外，还应当有离子电场与吸附质诱导偶极间的诱导力(即电场力)作用。

(3) 极性吸附质分子在非极性吸附剂表面上的吸附除了色散力之外，还有极性吸附质分子与被诱导了的吸附剂原子的诱导力。

(4) 极性吸附质分子在极性吸附剂表面上的吸附，除了考虑色散力之外，还需考虑吸附质与吸附剂两偶极分子之间的静电场力。

在考虑上述几种作用时，必须注意诱导作用或诱导静电作用通常远小于色散作用，因此物理吸附中分子间吸附能通常是由分子间色散力决定的。

2. 物理吸附与化学吸附的比较

物理吸附和化学吸附根本的区别是吸附力的不同。物理吸附是分子间力作用的结果，而分子间力是普遍存在的，故物理吸附无选择性可言；吸附质分子在吸附剂表面的凝聚，相当于液化过程，故吸附热近似液化热；物理吸附速率快且极易达到吸附平衡状态，吸附可形成单层，或在被吸附的吸附质上靠分子间力再次吸附而形成多层吸附；物理吸附过程是可逆的，吸附过程的逆过程为解吸。在物

理吸附和解吸中，由于在整个吸附和解吸的全过程中体系与环境均无变化，故是可逆过程。相反，化学吸附分子间的作用力是化学键力，即发生类似化学反应那样的旧键断裂和新键形成的过程，故有选择性；化学反应就要克服活化能，故吸附速率较慢；吸附热类似化学反应热，是单层吸附，单层以上的吸附只能是已吸附气体分子与再被吸附气体分子间的物理吸附；另外，吸附与解吸过程是不可逆的。物理吸附和化学吸附的比较见表7-3。

表 7-3 物理吸附和化学吸附的比较

性质	物理吸附	化学吸附
吸附力	范德华力	化学键力
吸附热	近似液化热	近似反应热
选择性	无	有
吸附层数	单层或多层	单层
吸附速率	快，无须克服活化能	慢，须克服活化能
可逆性	可逆	不可逆
吸附温度	吸附质沸点附近或以下	远高于吸附质沸点
吸满单层的压力	$P/P_0 \approx 0.1$	$P/P_0 \ll 0.1$

3. 吸附热

物理吸附是气体在固面凝聚的过程，吸附所放出的热近似于气体的液化热，数量级 10～35kJ/mol，化学吸附热值可达 900kJ/mol。但化学吸附热绝不等于化学反应热，吸附化学键决不等于化学反应键。在土壤研究中关系最大的是等量吸附热。

由于固体表面活性的不均匀性，吸附过程总是先发生在那些最活性部位，而后依次在次活性部位吸附，因此每摩尔气体被吸附所放出的热量表示的吸附热随吸附量或固体表面的覆盖率的增加反而会减少。用等吸附量或等固体覆盖率表示等量吸附热 ΔH，显然 $\Delta H = f(\theta)$。覆盖率 θ 的定义为

$$\theta = \frac{\text{固面已被吸附质覆盖的面积}}{\text{固面总面积}} = \frac{\text{吸附量} \Gamma}{\text{饱和吸附量} \Gamma_\infty} \tag{7-61}$$

等量吸附热可以通过量热器测定，也可以用蒸发过程的克拉贝龙-克劳修斯公式计算，不同的是 ΔH 为吸附热效应 ΔH_θ，而非蒸发热 ΔH_v：

$$\ln \frac{P_1}{P_2} = \frac{-\Delta H_\theta}{R}\left(\frac{1}{T_2} - \frac{1}{T_1}\right) \tag{7-62}$$

从而计算得 ΔH_θ。

三、固-液界面

(一) 润湿与接触角

润湿过程是最常见的物理化学现象之一。润湿是固面上的一种流体(气体或液体)被另一种液体所取代的过程,通常所遇到的后一种液体是水和水溶液。润湿过程中,涉及气相、液相和固相三相。

润湿过程分为三类,即在日常生活中经常遇到的沾湿、浸湿和铺展。

1. 沾湿

当将一滴水滴到土块上时,液体与固体接触过程中,固-液界面逐渐取代液-气界面和气-固界面(图7-19),这一过程称为沾湿。在恒温和恒压条件下沾湿过程中的自由能变化:

$$\Delta G_{T,P} = \gamma_{gl} + \gamma_{gs} - \gamma_{ls} = -W_a \tag{7-63}$$

式中,γ 为界面张力;$-W_a$ 为黏附功,其值相当于把单位面积的液-固界面分开成为气-液和气-固界面的最大功。

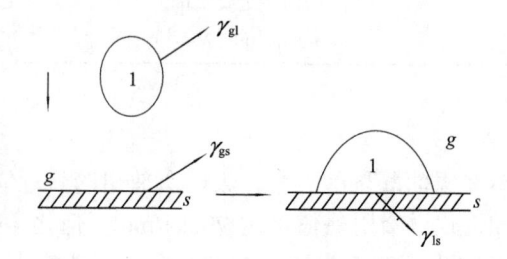

图 7-19 固-液界面取代液-气界面和气-固界面的过程

2. 浸湿

固体浸入液体中的润湿过程,即浸湿。在恒温和恒压条件下,浸湿过程中自由能变化:

$$\Delta G_{T,P} = \gamma_{gs} - \gamma_{ls} = -W_i \tag{7-64}$$

式中,$-W_i$ 为浸湿功。只有当 $\gamma_{gs} - \gamma_{ls} > 0$,$\Delta G_{T,P} < 0$ 时,过程才是自发的。

3. 铺展

液体在固面上的铺展系数 S 定义及铺展条件为

$$S = \gamma_{gs} - (\gamma_{gl} + \gamma_{ls}) \geqslant 0 \tag{7-65}$$

只有当液固分子间力大于或等于液体分子间力时,液体才能在固面上铺展。

(二)接触角与杨氏方程

当液滴处于质地均匀、绝对平滑的理想固面上达到平衡时，于气、液、固三相交界处有三种表面张力作用。这三种表面张力之间有如下关系，方能达到平衡(即 θ 角固定不变)：

$$\gamma_{ls} + \gamma_{gl}\cos\theta = \gamma_{gs} \tag{7-66}$$

式(7-66)称为润湿方程，是 1805 年由托马斯·杨(Thomas Young)给出，故又称为杨氏方程。式中 θ 称为润湿角或接触角。其定义是在气、液、固三相交界处，气-液界面切线与液-固界面切线的夹角。图 7-20 所示的移液管中弯液面处的接触角对于理解其定义不无裨益。

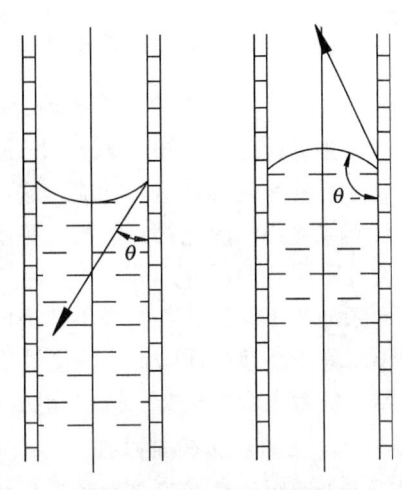

图 7-20 毛细管中凹弯液面和凸弯液面上的接触角

$\cos\theta$ 值或 θ 值可以用来判断液体是否可润湿固体，若 $\cos\theta>0$ 或 $\theta<90°$ 为润湿；若 $\cos\theta<0$ 或 $\theta>90°$，即 $\gamma_{gs}<\gamma_{ls}$，为不润湿；$\theta=180°$ 为完全不润湿；$\theta=0$ 为完全润湿或铺展。表 7-4 给出水在一些物质上的接触角。

表 7-4　水在不同物质表面上的接触角

项目	石英	孔雀石	方铅矿	石墨	滑石	硫	石蜡
$\theta/(°)$	0	17	47	55~60	69	78	106

需要特别指出的是，杨氏方程只适用于 $\theta \geqslant 0$ 的情况，或者说它不适用于铺展情况($S \geqslant 0$)。若将杨氏方程代入铺展条件，则有

$$S = \gamma_{gs} - (\gamma_{gl} + \gamma_{ls}) \geqslant 0 \tag{7-67}$$

从而

$$\frac{\gamma_{gs} - \gamma_{ls}}{\gamma_{gl}} \geqslant 1 \text{ 即 } \cos\theta \geqslant 1$$

显然这是不可能的，或者说 θ 是不存在的。土地工程中土壤水的研究非常重要，水能否在固面润湿也可以从 θ 值判断：$\theta<90°$ 为润湿，$\theta>90°$ 为不润湿。水在固面铺展的条件为 $S = \gamma_{os} - (\gamma_{ow} + \gamma_{ws}) \geqslant 0$。由此即可大致判定水分在固面的存在状态。

(三)与润湿有关的重要现象

1. 表面活性剂分子在固面上的吸附作用

由杨氏方程可知,要改变固面的润湿性能或 θ 角,需要改变表面和界面张力,表面活性剂就具有这种功能。这可以从固体和液体两方面加以分析。土壤中金属及其氧化物、硫化物、无机盐等固体表面具有较高的表面能,这种高能表面能自发地吸附表面活性剂分子,使之在固面上定向排列,定位方式是亲水基指向固面,而亲油基指向外。其结果不但降低了固体表面的过剩能量,而且因为固面为一层憎水基团所包围而降低了润湿性能。能降低高能表面润湿性的表面活性物质很多,常见的有重金属皂类、高级脂肪酸、有机铵盐、有机硅化物。

2. 土壤胶体的亲水性

土壤胶体是介于亲水胶体与疏水胶体之间的胶体。土壤胶体颗粒具有亲水性胶体的性质是因为它的水合作用,其对电解质的敏感性等性质则是疏水的性质。

土壤黏粒主要能以两种方式发生水合作用。首先是黏粒晶格表面的水合作用。黏粒晶格表面上氧原子,可以与水分子的羟基形成氢键。第二是交换性阳离子的水合作用。黏粒表面上的交换性阳离子在有水存在时发生水合,由于阳离子不能脱出带负电荷的表面,所以其水合水分子也将牢固地保持在黏粒表面上。

在大多数土壤胶体体系中,还存在有含水氧化物,尤其是铝的含水氧化物。游离氧化硅也经常存在。这些氧化物也含有氧原子与羟基组成的表面,而且在其表面上有双电层。因此,水与他们相互作用的机理同水与黏粒的相互作用机理(熊毅,1990)。

(四)液-固界面吸附的类型

按照溶液的极性,液-固界面吸附可分为从非电解质溶液吸附和从电解质溶液中吸附。

1. 从非电解质溶液中吸附

如果溶液是由两种或两种以上有机液体混合而成,某一种组分被吸附剂固体所吸附的量定义为

$$\Gamma = \frac{C_{io} - C_{ie}}{m}V = \frac{C_{io} - C_{ie}}{mA_{sp}}V \tag{7-68}$$

式中,C_{io} 和 C_{ie} 分别为该组分原始和平衡质量浓度;m 为固体的质量;A_{sp} 为固体单位质量的比表面积;V 为溶液的体积。式(7-68)中的吸附量是单位面积吸附剂上的被吸附物质的质量。若溶液的总物质的量为 n,x_{io} 和 x_{ie} 分别为被吸附组分的原始和平衡物质的量分数,则吸附量还可表示为

$$\varGamma = \frac{n(x_{io} - x_{ie})}{m} \tag{7-69}$$

此时，吸附量分别是单位质量和单位面积吸附剂所吸附的吸附质的量。

2. 从电解质(水)溶液中吸附离子

土壤作为固体吸附剂有选择性地从溶液中吸附一种离子的吸附现象，有以下特点。

(1)吸附剂通常为极性分子或离子组成的固体，故这种吸附称为极性吸附。带电固面靠静电吸附作用吸附异电离子，受排斥的为同电离子，从而因静电作用，离子在溶液中形成特定分布方式——双电层。

(2)通常被吸附离子的半径越大，则吸附量越大。这可以从两方面考虑，一方面是半径越大，则离子的极性越强；另一方面是半径大，则水化能力低，水化离子的电荷密度越高。因此，离子有下面的吸附顺序。

一价阳离子：$Li^+ < Na^+ < K^+ < Rb^+ < Cs^+$

二价阳离子：$Mg^{2+} < Ca^{2+} < Sr^{2+} < Ba^{2+}$

一价阴离子：$Cl^- < Br^- < NO_3^- < I^- < SCN^-$

(3)异电离子价数越高，其吸附能力越强，这是由静电引力决定的，故有$K^+ < Ca^{2+} < Al^{3+} < Th^{4+}$。

(4)若溶液中一种离子可以和固体晶格中一种带相反电荷的离子形成难溶盐或难电离的化合物时，则此种离子就会被强烈吸附。

3. 离子交换吸附

离子交换吸附是固体吸附剂从溶液中吸附一定量的离子，同时又向溶液释放了从固体中置换下来的相同符号且电量相等的另一种离子。自然条件下，土壤胶体带负电荷，胶体表面通常吸附着多种阳离子，这种吸附所涉及的作用力主要是土壤的表面负电荷与阳离子之间的静电作用力。农业中施加氮肥主要是土壤对其中铵根离子的吸附。土壤胶体静电吸附的阳离子可被溶液中另一种阳离子交换而从胶体表面解吸。

$$土壤胶体\text{-}2Na^+ + Ca^{2+} \longrightarrow 沸石土壤胶体 \cdot Ca^{2+} + 2Na^+$$

土壤对阴离子的静电吸附是由于土壤胶体表面带有正电荷引起的。产生静电吸附的阴离子主要是Cl^-、NO_3^-、ClO_4^-等，这种吸附作用是由胶体表面与阴离子之间的静电引力所控制。土壤肥力的胶体性质主要表现在吸收性能和团聚作用，土壤的吸收性能主要来自胶体的电荷。工矿企业中的废水废渣中的重金属在土壤中的吸附是胶体物质铁、铝、锰的氧化物及其水合物形成的羟基和部分层状硅酸盐矿物的Al—OH基和Si—OH基，重金属污染土地的治理中关键在于克服此结合力。

第三节 胶体稳定性

研究项目区土壤的基本理化性质对土地工程项目的设计、实施和控制项目成本均具有重要意义。胶体作为土壤中最活跃的物质，其从土体物质中的释放，土层间的迁移和沉淀层的累积均对土壤的理化性质有重要影响。土壤细颗粒稳定性还可以用来评估和预测土壤的侵蚀和流失程度。因此，研究土壤胶体行为对土壤发生和环境保护都有重要意义。

一、动电现象

在土地工程的污损土地改良改造工程中，污染土地的物理改良改造技术中的电动力学技术即通过向土壤两侧施加直流电压形成电场梯度，土壤中的污染物在电解、扩散、电迁移、电泳、电渗透等的共同作用下，土壤溶液中的离子向电极附近富集，再经过处理而去除。动电现象又称电动现象，就是将运动与电场联系在一起的现象(魏样等，2015)。

（一）电泳和电渗

在外加电场作用下，胶体粒子在分散介质中定向移动的现象称为电泳；在外加电场作用下，分散介质的定向移动现象称为电渗。由于胶粒带电，而溶胶是电中性的，则介质带与胶粒是相反的电荷。在外电场作用下，胶粒和介质分别向带相反电荷的电极移动，就产生了电泳和电渗的电动现象，这是因电而动。

（二）流动电位和沉降电位

动电现象的另一大类，即在电场作用下带电胶粒与介质的运动而产生的电场，包括流动电位和沉降电位。与电渗现象相反的作法是加压力使液体流过毛细管或多孔性物质，则在毛细管或多孔性物质两端产生电位差，即流动电位，是电渗的反过程。沉降电位是带电粒子相对于静止液体做运动而产生的电位，它是电泳的反过程。

在直流电场中，正粒子向阳极迁移，负粒子向阴极迁移，在土壤中，由于孔隙的作用，迁移的路径长而且曲折。土壤中的胶体粒子包括细小的土壤颗粒、腐殖质和微生物等，在土壤中存在电泳的现象。此外，在电动力学技术的应用当中，电极表面还易发生电解，从而形成酸性迁移带，而酸性迁移带有利于氢离子和土壤表面的重金属离子发生置换，有助于沉淀的重金属重新离解为离子，进行迁移。但同时，酸性带也影响土壤表面的离子交换容量、吸附能力等。

二、带电离子间的相互排斥和吸引作用

不同的土壤类型具有不同的理化性质，研究其理化性质，可根据土壤实际情况，对土壤的酸碱度和肥力等进行调整。可变电荷土壤可在专性吸附硫酸根时释放羟基，并中和酸雨中的一部分氢离子，减缓土壤酸化的速度，这样的土壤对酸碱度有较强的调节作用。若土壤不具有缓冲性，则土壤溶液的 pH 将因环境条件的变化而不断剧烈变动，对植物的生长不利。在工程实践中，应通过技术手段，对其酸碱度进行改良。

(一)带电离子间的相互排斥作用

双电层理论中，带电表面所带电荷与其双电层中紧密层和扩散层的电荷电量相同而符号相反。然而作为带电粒子和其双电层的整体，即胶团而言，是不带电的，因此电中性的胶团之间不存在排斥作用。只有两个带电粒子相互靠近到双电层互相搭接时，由于搭接处的电荷与电位是同号的，才产生互相排斥力。

1. 双电层的相互搭接

图 7-21 所示是最简单的情况，间距为 $D=2d$，带同号电荷的一对平行板双电层相互搭接。图中虚线表示原来的双电层而实线表示搭接双电层。显然，与不互相交盖的双电层比较，电位降曲线发生了明显变形。

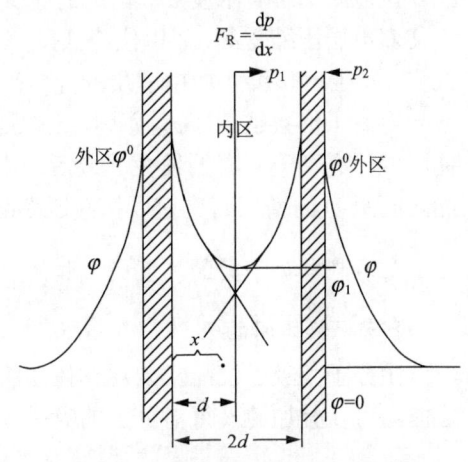

图 7-21 两带相同电荷的板状粒子间双电层相互搭接

平板间互相排斥时单位面积上的排斥力 F_R 可以表示为

$$F_R = 2kTn_0 \left[\cosh\left(\frac{ze\varphi_d}{kT}\right) - 1 \right] \tag{7-70}$$

如果板间距较大，那么双电层的扩散电位可以应用 Gouy-Chapman 方程式，而且两个电位具有简单的加和性，则交盖后扩散层在两板中间点处的电位 φ_d 可表示为

$$\varphi_d = 2\left(\frac{4kT\gamma^0}{ze}\right)\exp(-kd) \tag{7-71}$$

将式(7-71)代入式(7-70)，得

$$F_R \approx 64n_0 kT(\gamma^0)^2 \exp\left(-\frac{D}{\kappa^{-1}}\right)^2 \tag{7-72}$$

由此可知电解质浓度 n_0 增加，指数前一项增大，但指数项降低，且后者较前者影响更大，故电解质浓度加大，排斥力 F_R 减少，分散体系稳定性变差。

2. 平板粒子间的排斥位能

描述分散体系稳定性的是排斥与吸引位能，这要比用力描述更方便。能量又是力和距离的乘积，因此排斥位能表达式 φ_R 可表示为

$$\varphi_R = \frac{64n_0 kT}{\kappa}(\gamma^0)^2 \exp\left(-\frac{D}{\kappa^{-1}}\right) \tag{7-73}$$

式(7-73)仍充分反映了电解质浓度(体现在 n_0 及 κ^{-1} 上)对于排斥位能的影响：排斥位能随电解质浓度(n_0)增加而减少。从物理概念上分析，电解质浓度的增加，会使双电层压缩变薄，ζ 电位降低，静电排斥力降低，从而排斥位能降低。另外，式(7-73)也反映了外加电解质的异电离子价数的影响，由于 κ 正比于离子价数，故异电离子价数越高，φ_R 越小，这就是说加入含高价异电离子的电解质，斥力位能降低，有利于絮凝的发生。最后，由式(7-73)可以看出，平板粒子间的斥力位能随间距 D 的增加而迅速以指数速率减少。

(二)带电离子间的相互吸引作用

1. 宏观物体间的吸引

由分子间吸引位能求宏观物体间的吸引位能，一个关键是认为分子间的吸引位能是可以叠加的。每对分子的吸引位能和物体的吸引位能为

$$\varphi_{Aa} = -\frac{1}{2}\left(\frac{\rho N_A^2}{M}\right)\beta \int_{V_{a1}} \int_{V_{a2}} \frac{dV_{a1} \, dV_{a2}}{x_a^6} \tag{7-74}$$

由于体积是线性尺寸三次方关系，而距离为负六次方关系，因此当物体的线性尺寸与物体间距以相同的比率变化时吸引位能不变。

2. 介质对粒子间吸引位能的影响

以上的讨论并没有考虑介质分子对于粒子间力的影响，或者说仅适用于真空中粒子间的相互作用。由于介质分子也会与分散相分子有相互作用，则必然因此而影响粒子间的相互作用。粒子不论在真空中还是介质中，永远存在吸引位能，而且介质的存在还会降低分散相粒子间的吸引位能，想获得稳定的分散相，就应寻求与分散相物质相近的介质。

三、胶体对离子的吸附与交换

由于胶粒颗粒度小,具有巨大的表面能,因此有吸附分散介质中的离子,以降低其表面能的趋势。

(一)胶体对阳离子的吸附与交换

盐结壳、盐积层、超盐积层和盐磐是在气候、地形、地质、水文和水文地质等各种自然环境条件和人为活动因素综合作用下,盐类相对富集的结果,是现代积盐过程和残余积盐过程的产物。土壤碱化层的形成则为交换性钠含量高的特殊淀积黏化层,是土壤碱化过程的结果,即是土壤吸附性钠离子增加过程的结果。因而,盐碱地的形成与土壤胶体吸附钠离子有直接关系,研究盐碱地的形成机理,对于应用土地工程技术,改良盐碱地有重要意义。

1. 盐基饱和度

土壤阳离子交换量直接反映了土壤的保肥、供肥性能和缓冲能力。土壤胶体上吸附的交换性阳离子可以分为两种类型:一类是致酸离子;另一类为盐基离子。当土壤吸附的阳离子仅部分为盐基离子时,其余部分为致酸离子时,土壤呈盐基不饱和状态,称为盐基不饱和土壤。盐基不饱和土壤通常呈酸性反应。交换性盐基占阳离子交换量的百分数,即为盐基饱和度。通常土壤的盐基饱和度越大,土壤的 pH 也越高;湿润的南方地区,土壤盐基饱和度较小,土壤的 pH 也低。土壤的盐基饱和度常用作判断土壤肥力水平的重要指标。盐基饱和度低于 50% 的土壤被认为是不肥沃的土壤。由于离子交换作用而保存于土壤中的养分,可以通过离子交换作用回到溶液中,供植物吸收利用。

2. 土壤胶体对阳离子的专性吸附

土壤中的氧化物及其水合物对重金属离子的专性吸附作用,可以起着控制土壤溶液中金属离子浓度的重要作用。专性吸附在制约土壤中某些重金属离子的浓度并从而控制其对植物的有效性或毒性方面起着重要作用。土壤的专性吸附可以对水体中的重金属污染起到一定的净化作用,并对金属离子从土壤溶液向植物体内的迁移和累积起到一定的缓冲和调节作用。阳离子的专性吸附研究对于植物营养、化学、指导合理施肥等有重要意义。对于应用于土地工程项目后期生土熟化及低标准土地提升工程的实施有重要的指导意义。

(二)胶体对阴离子的吸附与交换

许多阴离子在植物营养、环境保护甚至矿质形成、演变等方面具有相当重要的作用,而大多数的土壤胶体是带有负电荷的,在很多情况下,阴离子会出现负吸附。阴离子的负吸附指电解质溶液加入土壤后阴离子浓度相对增大的现象。带负电荷越多的土壤胶体，对阴离子的排斥作用越强，负吸附作用越明显。

四、分散体系稳定性的 DLVO 理论

（一）DLVO 理论

DLVO 理论可描述土地工程中憎液溶胶的稳定性。在布朗运动、温差对流以及机械搅动等作用下，分散相粒子便有机会彼此靠近到某种距离内，于是其间便存在因分子间力而产生的吸引位能 φ_A 和因粒子双电层的相互搭接而产生的排斥位能 φ_R，此时由两粒子组成体系的净位能 φ_N 为

$$\varphi_N = \varphi_R + \varphi_A = |\varphi_R| < |\varphi_A| \tag{7-75}$$

如果 $\varphi_N<0$，即 $|\varphi_N|<|\varphi_A|$，则两粒子会聚集在一起形成称为絮凝体的动力学单位，分散体系的稳定性被破坏。相反，若 $\varphi_N>0$，即 $|\varphi_R|>|\varphi_A|$，那么接近到一定程度的两粒子会重新分开，此过程称为弹性碰撞。

研究土地工程中分散体系稳定性的最方便的方法，就是分析体系的净位能 φ_N 随两粒子间距 D 而变化的位能曲线，如图 7-22 所示（Vold,1983）。需指出，尽管 φ_R 和 φ_A 均是 D 的函数，但是函数关系不同，前者与 D 有负指数关系，后者是 D^{-2} 的关系，因此 φ_N 随 D 的变化是十分剧烈的。下面分析 φ_N-D 曲线。

(1) 当 D 很大时，由于两粒子的双电层没有搭接，故只有引力存在。当 D 减少时，$|\varphi_A|$ 增加，因此曲线存在第二极小

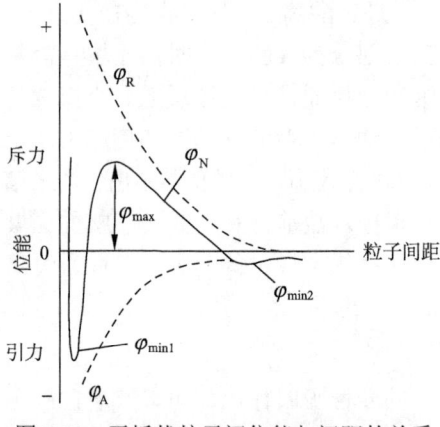

图 7-22 平板状粒子间位能与间距的关系

值 φ_{min2}，随 D 进一步减少，由于扩散层搭接，φ_R 渐起作用，因此曲线上行；当 D 进一步减小时，经过极大值后，随引力位能增加，曲线开始逐渐下行并经过第一极小值 φ_{min1}；当 D 极小时，粒子非常靠近至紧密层搭接而产生极大的静电斥力（称为 Born 斥力），曲线又上行，φ_N 大于零。

(2) 曲线中的极大值 φ_{max} 对于体系絮凝与否起关键作用，只有当粒子热运动能大于 φ_{max} 粒子才有可能跃过此能垒，距离才进一步缩小，发生絮凝；否则若运动能小于 φ_{max} 粒子无力跃过能垒而重新分开，即弹性碰撞。因此，φ_{max} 对应了化学反应中的活化能。一般而言当 φ_{max} 大于 $15kT$ 时，粒子对很难跃过此能垒，因而不可能发生絮凝。

(3)粒子对一旦跃过能垒便滑入第一极小值 φ_{min1}，此处能量最低，或能阱很深，因此是热力学稳定状态，絮凝体结构紧密，不易破坏，这种絮凝称为不可逆絮凝或永久絮凝。在 D 较大的地方，也存在另一个很浅的能阱，即第二极小值 φ_{min2}，通常只有大粒子才有可能在此处絮凝，而且絮凝体结构松散，稍给能量絮凝体便分解，这种絮凝称为可逆絮凝。对于小粒子(粒径<10^{-8}m)基本不在第二极小值处絮凝。

(4)φ_N-D 曲线可为在土地工程中施肥管理提供依据，以合理的施肥量达到农作物生长最佳效果。

(二)分散体系稳定性的主要影响因素

两平板粒子间的净位能 φ_N 可表示为

$$\varphi_N = \frac{64n_0 \cdot k \cdot T(\gamma^0)^2}{\kappa} \exp(-\kappa D) - \frac{A}{12\pi} D^{-2} \tag{7-76}$$

分析式(7-76)可知，决定 φ_N 大小的除间距 D 外，还有下面一些因素。

(1)Hamaker 常数 A。A 的值取决于分散相与介质的物质本性，由式(7-76)可知，A 增加，φ_N 减少。当无引力存在，此时体系必十分稳定；当 $A=2\times10^{-12}$ J 时，曲线的极大值消失，则任何粒子相碰均可引起絮凝，此时的体系最不稳定。所以可通过 A 值来判断土壤体系的稳定状态,这在农业上对施肥的意义重大, Hamaker 常数 A 提供了废料有效性的参考值。

(2)表面电位 φ^0。φ^0 的影响体现在式(7-76)中的 γ^0 上，φ^0 增加，那么 γ^0 增加，进而使 φ_N 增加，体系越稳定。从土地工程的物理概念上分析，φ^0 值提高意味着表面带电量增多，粒子间斥力增大，有利于体系稳定。所以，在农业施肥上，注意废料施入后检测 CEC 及电位变化，以便能最大限度地维持土壤胶体系统的稳定性，使肥效达到最大化。

(3)κ 值。由式(7-76)可知，κ 增加，φ_N 减小。溶液中电解质浓度和异电离子价数的增加，会使 φ_N 减少，体系变得逐渐不稳定从土地工程的物理概念上分析，电解质浓度和异电离子价数增大，会压缩扩散层，从而降低 ζ 电位，斥力减小，导致体系稳定性下降。图 7-23 为不同 κ 值时的位能曲线。所以，在农业施肥上应特别注意土壤溶胶体系的电解质浓度和异电离子价数，保证其不能太大而降低体系额稳定性，从而降低肥料的肥效。

结合各项影响因素，大致归纳起来有以下几点实验因素：决定 A 的分散相和介质的物质本性；决定 φ^0 值的电位决定离子的浓度；决定 κ 值的电解质浓度和异电离子价数。综上所述，Hamaker 常数 A、表面电位 φ^0 及 κ 值是确定肥料肥效的定性因子，可通过调节影响它们的各个因素来达到提高肥效，合理施肥的目的。

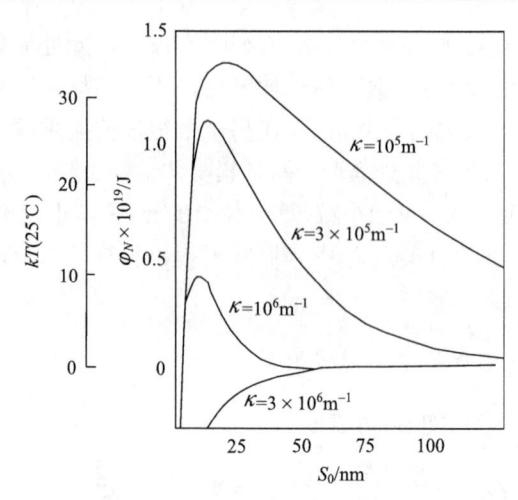

图 7-23　不同 κ 值时的位能曲线

五、絮凝过程动力学

土地工程中，研究动力学过程的一般目的：一是求任一时刻的反应速率；二是求该反应的活化能；三是探知反应机理；四是速率常数的计算。将絮凝分为慢絮凝和快絮凝两类。任何粒子间的碰撞均会引起絮凝称为快絮凝；如只有碰撞能量高过能峰的粒子对才能絮凝，称为慢絮凝。从絮凝速率分析，快絮凝比慢絮凝快得多。

(一) 快絮凝过程

在位能曲线的讨论中，了解到两粒子间的净位能 φ_N 的大小与 κ 有关，而 κ 又与溶液中电解质浓度 C 有关，通常是 C 增加，φ_N 减少，当 C 增加到一定程度时，位能曲线的极大值消失，此时任何粒子对的碰撞均为有效碰撞并成为絮凝体，电解质浓度再进一步增大也不会对絮凝情况有任何影响了。因此，这种快絮凝速率就完全取决于粒子的碰撞频率或扩散速率。这一理论是 Smoluchowski 于 1917 年创立的，并由此导出了快絮凝的速率公式。

单位时间通过半径为 r 的一个球面 $A=4\pi r^2$ 的扩散流过的粒子数 J_A 为

$$J_A = -DA\frac{dN}{dr} = -4\pi r^2 D \frac{dN}{dr} \tag{7-77}$$

实际上，按初步假定的中心粒子是静止的，但这个粒子也在运动中，因此粒子对的扩散系数应为 $2D$，这样式 (7-77) 变为

$$J_A = -8\pi r^2 \cdot D \frac{dN}{dr} \tag{7-78}$$

这个方程是能积分的，积分限为 $r=2R$ 处 $N=0$，而在 $r=\infty$ 处 $N=N_0$，得到的积分结果为

$$\text{碰撞频率} = -16\pi RDN_0 \tag{7-79}$$

上述推导结果是以一个粒子为中心粒子，对于这个中心粒子的碰撞频率，而实际上每个粒子都可以是中心，因此总的碰撞频率应等于一个粒子的碰撞频率乘以 N_0 再除以 2，这里之所以除以 2 是因为两个粒子的碰撞只能算为一次。于是得到快絮凝速率方程为

$$\frac{dN}{dt} = -(8\pi RD)N_0^2 = -k_r N_0^2 \tag{7-80}$$

式中，k_r 是快絮凝过程的二级速率常数。实际上这一方程只适用于过程初期，溶胶中粒子浓度为 N_0，随絮凝的进行 N_0 要减少，如果以 N 代表任何时刻溶胶中粒子的数量浓度，则有通用公式

$$\frac{dN}{dt} = -k_r N^2 \tag{7-81}$$

对于球形粒子，则快絮凝速率常数 k_r 可表示为

$$k_r = 8\pi RD = \frac{4kT}{3\eta} \tag{7-82}$$

式(7-82)说明 k_r 正比于温度 T 而反比于黏度 η。从物理概念分析，温度上升加剧粒子的布朗运动，因此碰撞频率上升，k_r 增加；相反溶液黏度 η 增加会使粒子运动阻力加大，k_r 减少。

在土地工程中污损土地的改良与改造上，通过快絮凝理论能迅速使污染物发生絮凝反应，从而将污染物除去，使土地质量得到提升。

(二)慢絮凝过程

若位能曲线有峰值存在，则只有部分粒子对的碰撞能量大于此峰值的碰撞才是有效碰撞，才能发生絮凝，而其他碰撞为弹性碰撞，不能发生絮凝。这种慢絮凝的动力学公式依然可以沿用式(7-81)的形式，只是速率常数换成慢絮凝速率常数 k_s，即

$$\frac{dN}{dt} = -k_s \cdot N^2 \tag{7-83}$$

显然，$k_r > k_s$，故有

$$W = \frac{k_r}{k_s} \geqslant 1 \tag{7-84}$$

式中，W 称为稳定比率(stability ratio)，对于快絮凝，$W=1$；对慢絮凝，$W>1$。W

的表达式为

$$W = \frac{k_r}{k_s} = 2R\int_{2R}^{\infty} \exp\left(\frac{\varphi}{kT}\right) r^{-2} \, dr \tag{7-85}$$

$$W \approx \frac{2\sqrt{\pi}R}{r_{max}^2 p} \exp\left(-\frac{\varphi_{max}}{kT}\right) \propto \exp\left(-\frac{\varphi_{max}}{kT}\right) \tag{7-86}$$

式中，r_{max} 为峰值处的 r 值，而

$$p = \left[-\frac{\frac{\partial^2 \varphi}{\partial r^2}}{2kT}\right]^{\frac{1}{2}} \tag{7-87}$$

将式(7-85)和式(7-86)结合起来有

$$k_s \propto k_r \cdot \exp\left(-\frac{\varphi_m}{kT}\right) \tag{7-88}$$

$$\lg W = k_1 \lg C + k_2 \tag{7-89}$$

式中，C 是离子浓度（单位为 mol/L）；k_1 和 k_2 为常数。25℃水溶液的表达式为

$$\lg W = k_2 - 2015 \times 10^9 R \frac{(\gamma^0)^2}{z^2} \lg C \tag{7-90}$$

式中，z 为离子价数；γ^0 是与 φ^0 有关的由式 $\gamma = \dfrac{\exp\left(\dfrac{ze\varphi^0}{2kT}\right)-1}{\exp\left(\dfrac{ze\varphi^0}{2kT}\right)+1}$ 定义的量；r 是粒子半径。由此可知，随电解质浓度 C 的提高，W 要降低，即电解质浓度的增加降低了峰值，也降低了 k_r 与 k_s 的差别；另外作 $\lg W$-$\lg C$ 图应为一直线，由直线的斜率可求 γ_0，进而求胶粒的表面电位 φ^0。

图 7-24 在土地工程中的应用意义重大，根据电解质浓度 C 与稳定比率 W 的关系，可得到临界浓度，从而知道当电解质浓度为多大时土壤体系中的物质能转化为快絮凝反应，从而定量算出临界浓度来加快污染物的处理，这对污染物降解处理意义重大。

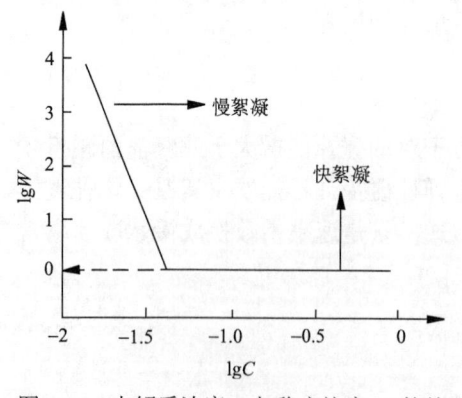

图 7-24 电解质浓度 C 与稳定比率 W 的关系

六、胶体与污染物运移

　　胶体能促使地下环境中污染物的运移。胶体的沉积、释放和运移等动力学过程受许多因素的控制，如胶体的表面性质（亲水或疏水）、胶体的稳定性、水溶液的化学组分、离子强度、pH 和水的流速等。当表征和预测污染物在地下环境（非饱和介质和饱和介质）中的运移时，大多数研究都把非饱和介质（主要指土壤）和饱和介质（含水层）分别看作是一个三相系统（水、气和固体基质）和两相系统（水和固体基质）。在这个三相（或两相）系统中，反应性污染物在移动的水相和不可动的固相间发生分离。由于反应性污染物趋向于吸附到不可动的固相上，其运移速率要比水流慢得多，所以强烈吸附性的污染物在土壤中实际上可以看做是不可动的，对地下水系统的威胁也不大。

　　胶体促使下的污染物运移要具有环境上的意义，必须满足 4 个重要条件：①可移动的胶体颗粒浓度必须足够大。②胶体颗粒必须能在多孔介质的未污染带运移得足够远。③污染物必须能强烈地吸附到可移动的胶体颗粒上，而其解吸过程只能是缓慢的。④污染物必须有很强的毒性，这样即使在地下水中有微弱的含量也是不能容许的。

第八章 遥感与测控

土地工程需要进行大量空间信息的获取、存储、分析、管理与应用，以便对工程进展进行实时掌控和效果实时评价。遥感技术能够大范围、及时、全天候地获取项目区域的多种信息。掌握测量技术，可以实现对项目区的精确定位，辅助施工，提升土地工程的科学化水平和管理能力。

第一节 遥感技术

遥感作为一门新兴的技术手段，研究对象以地物为主，经过信息的传输和处理分析，识别物体的属性及其分布规律。相对于其他技术方法，遥感具有时效性好、信息量大、覆盖范围广等优点。遥感技术在土地工程中也多有应用，无论是项目前期测绘地形用以规划、项目中期动态监测，或者是进行农作物产量估产以评价整治效果，遥感都发挥了积极的作用。

一、遥感的物理基础

（一）电磁波

1. 电磁波

电磁波是通过电场和磁场之间相互作用而传播的。根据麦克斯韦电磁场原理，场是一种能量存在形式，变化的电场能够在其周围形成新的磁场，同理，变化的磁场也会在其周围形成电场。因此，变化的电场和磁场通过相互激发、交替出现向外传播，形成电磁波。电磁波的传播不同于声波，不需要传播介质，在真空中电磁波会向各个方向传播。电磁波的传播本质是能量的传播，因此，电磁波又称为电磁辐射。

波动的特征可以通过波动方程来描述，单一波长的电磁波可表示为

$$\psi = A\sin\left[(\omega t - kx) + \varphi\right] \tag{8-1}$$

式中，ψ 为电场强度的波函数；A 为振幅；$\omega=2\pi/t$ 为角频率；t、x 分别为时空变量；φ 为初相位。波函数图解见图 8-1，C 是传播正方向。基于以上的介绍，电磁波以波动的形式在空间中传播，电磁波具有波动的特征。同时，电磁波还具有粒子（光子）的特征。在传播中电磁波主要表现为波动性，而当与物质接触时则主要表现为粒子性，即所谓的波粒二象性。遥感中传感器接收到的是目标物在单位时

间辐射(发射和反射)的能量,正是由于波的粒子性,某时刻传感器接收到的电磁辐射能量才具有统计性,这也是遥感成像的基础。

2. 电磁波谱

将各种电磁波按照波长(或频率)长短,依次排列而制成的图标叫做电磁波谱。在电磁波谱中,波长最长的是无线电波,其次是红外线、可见光、紫外线、X 射线和 γ 射线,完整的电磁波谱可以形成一个完整、连续的波谱图。电磁波波长之所以不同,是由于产生电磁波的波源不同。电磁波谱中不同波长的电磁波间存在很大性质差异(如传播方向、穿透性、可见性和颜色等)。例如,微波可穿透云、雾、烟和雨等;红外线可以克服夜障;而可见光可被人眼直接感觉到,形成人类视觉系统。

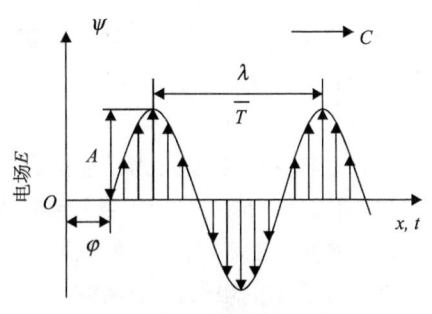

图 8-1 波函数图解

3. 辐射源

温度高于 0K 的物体,都具有发射与其自身性质相适应的电磁波的能力,发射能量的大小除取决于温度之外,还与其发射率(又称比辐射率 ϵ)高低有关。电磁辐射源可分为自然和人工两类,两者间不存在本质区别,同电磁波谱一样,物质发生的电磁波谱也是连续的。

1) 自然辐射源

自然辐射源主要为太阳辐射和地物的热辐射,太阳辐射是可见光及近红外遥感的主要辐射源(表 8-1),地球是远红外遥感的主要辐射源。

表 8-1 太阳辐射各波段能量所占比例

波长 λ	波段	能量占比/%	波长 λ	波段	能量占比/%
<10nm	X,γ 射线	0.02	0.76~1.5μm	近红外	36.80
10~200nm	远紫外		1.5~5.6μm	中红外	12.00
0.2~0.31μm	中紫外	1.95	5.6~1000μm	远红外	0.41
0.31~0.38μm	近紫外	5.32	>1000μm	微波	
0.38~0.76μm	可见光	43.5			

地球表面平均温度为 27℃(热力学温度为 300K),辐射波谱曲线峰值波长为 9.66μm,波长集中在 9~10μm,属于远红外波段。当对地面目标物进行遥感探测时,传感器接收到小于 3μm 的波长,主要是地物反射的太阳辐射能量,地球自身的热辐射能量极弱,可以忽略不计。当波长大于 6μm 时,主要是地物本身的辐射

能量。当波长为 3~6μm 时，则两者都需要考虑。因此，在实际拍摄中，为了避免太阳辐射的影响，拍摄时间一般选在清晨。每年通过地面散射的能量约 1×10^{21}J。

2) 人工辐射源

人工辐射源是指人为发射的具有一定波长的波束。主动遥感采用人工辐射源进行工作，工作时先由遥感平台的人工辐射源向目标物发射一定形式的电磁波，电磁波经过目标物的吸收和反射后再被传感器接收和记录，形成遥感影像。主动遥感一般使用的电磁波是微波波段和激光，多用脉冲信号，也有用连续波束。普通雷达、侧视雷达，合成孔径雷达、红外雷达、激光雷达等都属于主动遥感系统。目前应用最重要的有微波辐射源和激光辐射源。

(二) 遥感电磁波辐射原理

遥感之所以能够根据收集到的电磁波来判断地物目标和自然现象，是因为一切物体，由于其种类、特征和环境条件的不同，而具有完全不同的电磁波反射或辐射特征。自然界物体的电磁辐射遵循以下物理定律。

1. 普朗克辐射定律

普朗克辐射定律是热辐射理论中最基本的定律，它表明黑体辐射只取决于温度与波长，而与发射角、内部特征无关。黑体辐射能量随波长的分布函数可表示为

$$M(\lambda,T) = \frac{2\pi hc^2}{\lambda^5} \frac{1}{e^{hc/kT\lambda} - 1} \tag{8-2}$$

式中，h 为普朗克常数，取值 6.626×10^{-34} J/s；k 为玻耳兹曼常数，取值 1.3806×10^{-23} J/K；c 为光速，取值 2.998×10^8 m/s；λ 为波长，m；T 为热力学温度，K。

2. 斯蒂芬-玻耳兹曼定律

任一物体辐射能量的大小是物体表面温度的函数，斯蒂芬-玻耳兹曼定律表达了物体的这一特性。此定律将黑体的总辐射出射度与温度的定量关系表示为

$$M(T) = \sigma T^4 \tag{8-3}$$

式中，$M(T)$ 为黑体表面发射的总能量，即总辐射出射度，W/m²；σ 为斯蒂芬-玻耳兹曼常数，取值 5.6697×10^{-8} W/(m²·K⁴)；T 为发射体的热力学温度，即黑体温度，K。斯蒂芬-玻耳兹曼定律表明，物体发射的总能量与物体热力学温度的四次方成正比。因此，随着温度的增加，辐射能增加迅速。当黑体温度增高一倍时，其总辐射出射度将增加为原来的 16 倍。

3. 维恩位移定律

维恩位移定律描述了物体辐射最大能量的峰值波长与温度的定量关系，表示为

$$\lambda_{\max} = A/T \tag{8-4}$$

式中，$\lambda_{\max}$ 为辐射强度最大的波长，μm；A 为常数，取值为 2898μm/K；T 为热力学温度，K。维恩位移定律表明，黑体最大辐射度强度所对应的波长 $\lambda_{\max}$ 与黑体的热力学温度 T 成反比。

4. 基尔霍夫定律

基尔霍夫定律可表述为：在任一给定温度下，物体单位面积上的出射度 $M(\lambda, T)$ 和吸收率 $\alpha(\lambda, T)$ 之比，对于任何地物都是一个常数，并等于该温度下同面积黑体辐射出射度 $M_b(\lambda, T)$，即

$$M(\lambda, T)/\alpha(\lambda, T) = M_b(\lambda, T) \tag{8-5}$$

式(8-5)说明，在一定的温度下，任何物体的辐射出射度与其吸收率的比值是一个普适常数，即黑体的辐射出射度。这个比值是温度、波长的函数，与物体本身的性质无关。

5. 遥感系统工作原理

遥感数据的获取是利用遥感平台的行进和旋转等操作，通过搭载在平台上的传感器对目标扫描而获得二维遥感数据，工作原理见图 8-2。

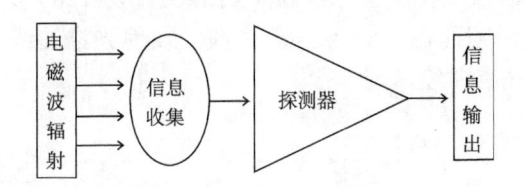

图 8-2 遥感系统工作原理

二、遥感信息

遥感图像数据储存的信息量巨大，但可以归类为波谱信息、空间信息和时间信息三类。

（一）波谱信息

波谱信息即对目标辐射值的记录。遥感图像中每个像元的亮度值代表该像元中地物的平均辐射值，它随地物的成分、纹理、状态、表面特征以及电磁波段的不同而变化。

图 8-3 是电磁波谱图，电磁波包括了无线电波、微波、光（包括红外线、可见光和紫外线）、X 射线和 γ 射线等。不同类型的地物，其电磁波响应的特性不同，因此地物波谱特征是遥感识别地物的基础。在土地工程中，主要关注的是植物、

土壤的光谱特征。

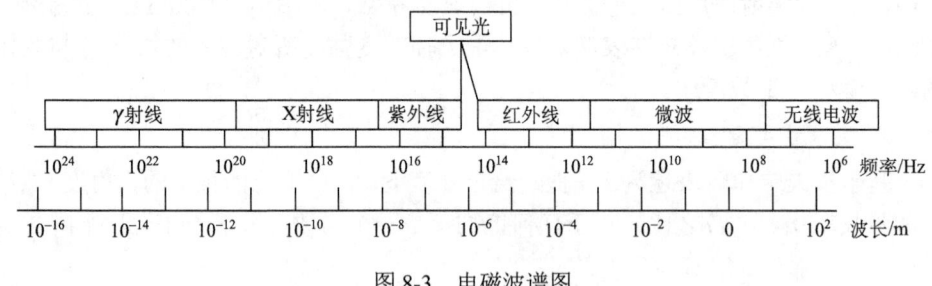

图 8-3　电磁波谱图

1. 植物光谱特征

在可见光谱段内，植物的光谱特性主要受叶片色素的支配，其中叶绿素起着最重要的作用。由于色素对该谱段能量的吸收强烈，叶片的反射和透射均很低。$0.4\sim0.45\mu m$ 谱段是叶绿素的强吸收带，$0.425\sim0.49\mu m$ 谱段是类胡萝卜素（包括胡萝卜素和叶黄素等色素）的强吸收带。$0.55\mu m$ 附近是叶绿素的绿色强反射区，因此在 $0.49\sim0.6\mu m$ 谱段，叶片反射光谱曲线具有波峰的形态和中等的反射率数值。$0.61\sim0.66\mu m$ 谱段是藻胆素中藻蓝蛋白的主要吸收带，$0.65\sim0.7\mu m$ 谱段是叶绿素的强吸收带，因此在 $0.6\sim0.7\mu m$ 谱段，反射光谱曲线具有波谷的形态。图 8-4 是植物反射光谱曲线。

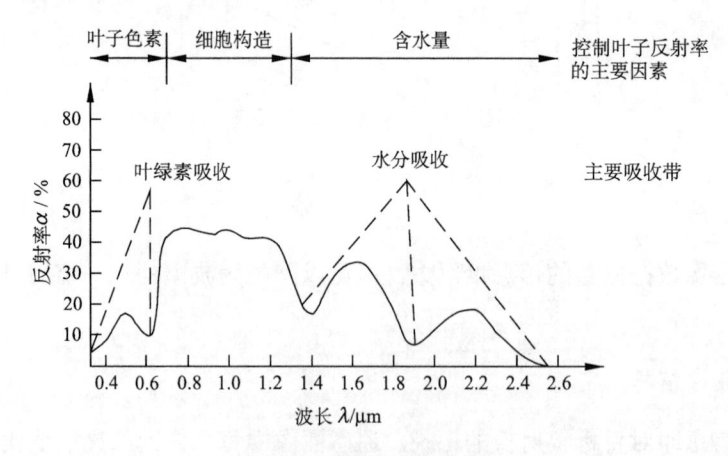

图 8-4　植物反射光谱曲线

对农作物的遥感估产就是建立作物光谱与产量之间联系的一种技术，它通过光谱来获取作物的生长信息。在实际工作中，常用绿度或植被指数（由多光谱数据、经线性或非线性组合构成的对植被有一定指示意义的各种数值）作为评价作物生长状况的标准。根据传感器从地物中获得的光谱特征进行估产具有宏观、快速、准确和动态的优点。

2. 土壤光谱特征

自然状态下，土壤表面的反射率没有明显的峰值和谷值。一般来说，土质越细反射率越高，有机质和含水量越高反射率越低。土类与肥力也对土壤反射率有影响，但由于其波谱曲线较平滑，所以在不同光谱段的遥感影像上土壤亮度区别并不明显。农作物、土壤、水体光谱反射曲线之间具有明显差异。水在近红外和中红外波段，几乎吸收全部的入射能量，具有突出的低反射特征，与其他地物反差很大，易于识别。土壤的光谱反射曲线在可见光和近红外区域是缓慢上升的，两波段的差异明显小于农作物。因此可以用可见光和近红外两波段的差值大小来区分农作物和土壤。

(二) 空间信息

空间信息主要指反应观测目标的空间频率信息、边缘和线性信息、结构或纹理信息以及几何位置信息等。遥感图像在测绘中主要被用来测绘地形图、制作正射影像图和经专业判读后编绘各种专题图。航空摄影测量就是对地形测绘的一个重要补充，它通过建立地面点与其在像片上对应点之间的数学模型关系，从而达到计算地面点空间坐标的目的。其中，最中心的步骤是建立同一个点在像空间坐标系与地面测量坐标系之间的共线方程式（图8-5）。

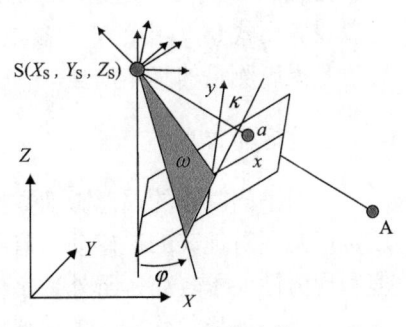

图 8-5 空间变换

在图 8-5 中，坐标系 $(x、y、z)$ 为以像片为基准的像空间坐标系，坐标系 $(X、Y、Z)$ 为地面测量坐标系。A 为实际地面点，a 为其在像片上对应的点。为了确定航空摄影瞬间摄影中心与像片在地面设定的空间坐标系中位置和姿态，涉及 9 个参数。

(1) 内方位元素 x_0、y_0、f：确定摄影中心与像片之间相关位置的参数。

(2) 外方位元素：3 个相对位置元素和三个角元素。相对位置参数 X_S、Y_S、Z_S 确定摄影中心在地面测量坐标系中的位置；角元素 φ、ω、κ：确定像空间坐标系的空间姿态。则共线方程式为

$$\begin{cases} x = -f \cdot \dfrac{a_1(X-X_S)+b_1(Y-Y_S)+c_1(Z-Z_S)}{a_3(X-X_S)+b_3(Y-Y_S)+c_3(Z-Z_S)} \\ y = -f \cdot \dfrac{a_2(X-X_S)+b_2(Y-Y_S)+c_2(Z-Z_S)}{a_3(X-X_S)+b_3(Y-Y_S)+c_3(Z-Z_S)} \end{cases} \quad (8\text{-}6)$$

在式(8-6)中，x、y 为以像主点为原点的像点坐标，X、Y、Z 为地面点在测量坐标系中的坐标。

$$\begin{cases} a_1 = \cos\varphi\cos\kappa - \sin\varphi\sin\omega\sin\kappa \\ b_1 = \cos\omega\sin\kappa \\ c_1 = \sin\varphi\cos\kappa + \cos\varphi\sin\omega\sin\kappa \\ a_2 = -\cos\varphi\sin\kappa - \sin\varphi\sin\omega\cos\kappa \\ b_2 = \cos\omega\cos\kappa \\ c_2 = -\sin\varphi\sin\kappa + \cos\varphi\sin\omega\cos\kappa \\ a_3 = \sin\varphi\cos\omega \\ b_3 = -\sin\omega \\ c_3 = \cos\varphi\cos\omega \end{cases} \quad (8\text{-}7)$$

由式(8-7)可知，通过一些已知地面点的空间坐标和在像片上的位置信息，就可以反算出式(8-7)中的 6 个参数，进而建立起两种坐标系之间转换的数学模型。这也是摄影测量的基本原理。

(三) 时间信息

利用不同时期的遥感影像数据，定量地分析和确定地表变化的特征与过程，就可以实现对地表的遥感动态监测。目前的土地整治项目对项目区数据信息的精度和现势性要求较高，野外数字化采集数据，方法可靠，精度较高，但外业工作量大，且在地形起伏大、植被覆盖好的地区施测困难。运用遥感技术监测土地整治项目，能够最大程度保证监测的及时性和现势性，有效降低人为因素的干扰，客观反映实际情况，减少地形、地貌、海拔和气候等自然因素的影响，最大限度的节省人力、物力和财力。

(四) 遥感图像的结构与数学表达

如前文所述，遥感图像实质上是一副反应目标地物电磁辐射特性的能量分布图，这种能量分布在空间和时间上基本是连续的。结合近年发展迅猛的微波遥感，任何遥感图像的结构在数学上都可以表示为

$$L(x,y,t,\lambda,P) = \left[1 - R(x,y,t,\lambda,P)\right] \cdot E(\lambda) + R(x,y,t,\lambda,P) \cdot I(x,y,t,\lambda) \quad (8\text{-}8)$$

式中，L 为遥感图像结构表达式；R 为地物反射率；E 为地物发射能力；I 为地物辐照度；λ 为波长；t 为成像时间。式(8-8)中右侧前后相加的两项分别代表地物目标自身发射的电磁辐射量和反射的电磁辐射量。在实际应用中，一般目前最广泛的光学遥感物自身发射的可见光和近红外波段的辐射量极低，完全可以忽略不计，因此式(8-8)可简化为

$$L(x,y,t,\lambda,P) = R(x,y,t,\lambda,P) \cdot I(x,y,t,\lambda) \tag{8-9}$$

式中，$R(x,y,t,\lambda,P)$ 主要反映地物特性；$I(x,y,t,\lambda)$ 取决于光照条件及遥感器特性。

在遥感图像的成像过程中，一景图像总是在特定的波段和极化方向，因此 t，λ，P 这三个参数可以当做常数。这样，式(8-9)的五维函数可进一步简化为二维形式，即特定条件下可用 $g(x,y)$ 代替 $L(x,y,t,\lambda,P)$。

对于函数 $g(x,y)$ 还需要注意，其实际代表的是二维空间内物体反射和发射的辐射能量的分布状况，可称为地面输出函数或像场函数，不是遥感器实际记录的图像数据。传感器接收到的图像数据受大气衰减及传感器性能等多种因素影响，不过两者间存在一定变换关系。

如果用 $f(x,y)$ 表示二维空间的图像函数，则对应变换关系可表示为

$$f(x,y) = F\{g(x,y)\} \tag{8-10}$$

式中，F 代表某种地物由实际景物到图像之间的变换函数。

进一步考虑遥感成像系统中的传输特性 h 时，式(8-10)可改写为

$$f = h \cdot g \tag{8-11}$$

在考虑噪声 n 时，如果噪声是可加性噪声，则式(8-11)可改写为

$$f = h \cdot g + n \tag{8-12}$$

如果噪声为相干噪声，即与像场函数有关，则式(8-11)可改为

$$f = h\{g \cdot n\} \tag{8-13}$$

式(8-10)～式(8-13)中，函数均是常用的遥感图像数学模型。

三、遥感系统的构成

遥感技术是从远处探测、感知物体或事物的技术，即不直接接触物体本身，通过远处的传感器获取目标反射或辐射的电磁波信息，进行提取、加工、分析，从而获取物体特性信息和变化，识别物体的属性及其分布等特征的综合技术。遥感系统主要由飞机平台系统、信息采集系统和地面控制系统等组成(图8-6)。

(一)传感器

传感器装在遥感平台上，用来记录地表反射或发射的电磁辐射，是遥感系统的重要设备。它可以是照相机、多光谱扫描仪、微波辐射计或合成孔径雷达等。

(二)遥感平台

遥感平台是搭载传感器的设备，根据观测高度的不同可主要分为：①地面遥

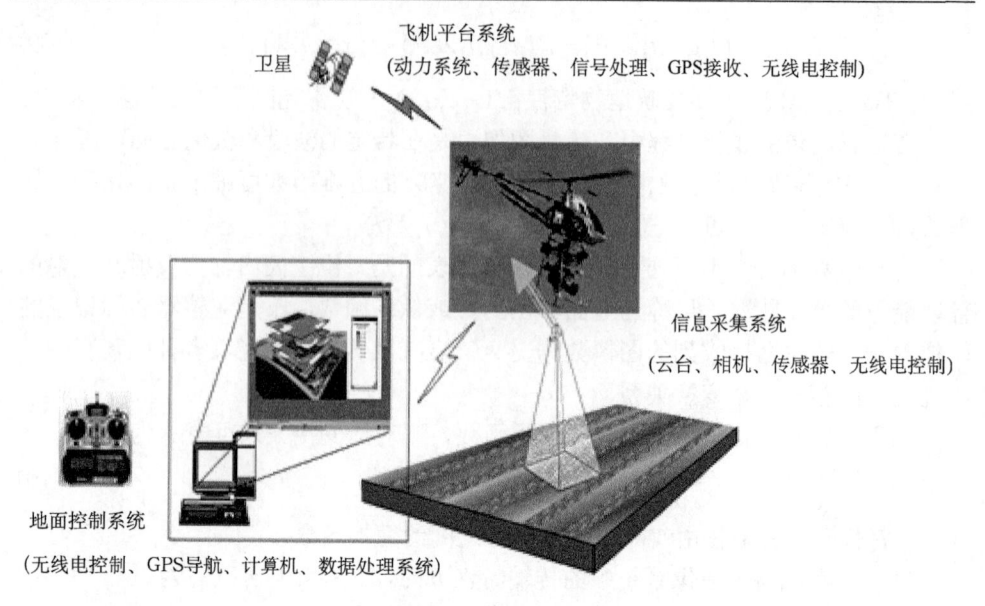

图 8-6 遥感技术系统

感平台,如地面遥感观测站、移动测量车等;②航空遥感平台(空中平台),如各种固定翼和旋翼式飞机、热气球和探空火箭等;③航天遥感平台(空间平台),如各种不同高度的人造地球卫星、载人或不载人的宇宙飞船、航天站和航天飞机等。

(三)信息接收

传感器接收到的目标地物的电磁波信息记录在数字磁性介质或胶片上,胶片由人或回收舱送至地面中心,数字磁性介质上的信息可转换成电信号通过卫星天线传输到地面的卫星接收站。

(四)信息处理

图像处理设备对地面接收到的遥感图像信息进行处理以获取反映地物性质和状态的信息。图像处理设备可分为模拟图像处理设备和数字图像处理设备两类,现代常用的是后一类。判读和成图设备是把经过处理的图像信息提供给判释人员直接判释,或进一步用光学仪器或计算机进行分析,找出特征,与典型地物特征进行比较,以识别目标。地面目标特征测试设备测试典型地物的波谱特征,为判释目标提供依据。

四、遥感数据的获取

按照遥感平台的高度,遥感可分为航天遥感、航空遥感和地面遥感。通过航天遥感手段获取的数据包括 LANDSAT 数据、SPOT 数据、RADARSAT 数据、ASTER 数据、高分辨率卫星数据和其他卫星数据。航天遥感的视野很开阔，观测范围大，且数据采集费用比较廉价。航天遥感对地球进行周期性的、重复的观测，数据稳定性高，具有很好的宏观性。表 8-2 是目前比较常见的商业遥感卫星，图 8-7 是常用商业遥感卫星。

表 8-2 国内外主要遥感卫星一览表

序号	卫星名称	所属国家	主要特点
1	SPOT 卫星系列	法国	较高的分辨率，可测试观测并生成立体像对，在短时间内可重复获取同一地区数据
2	IKONOS 卫星	美国	可采集 1m 分辨率全色和 4m 分辨率多光谱影像，同时可融合成 1m 分辨率的彩色影像
3	QuickBird 卫星	美国	全色波段分辨率为 0.61m，彩色多光谱分辨率为 2.44m
4	NOAA 气象卫星	美国	第三代实用气象卫星
5	WorldView-1	美国	全色波段分辨率为 0.45m
6	WorldView-2	美国	全色波段分辨率为 0.46m，多光谱分辨率为 1.84m，除传统的业内标准谱段外，新增加海岸、黄、红外和近红外等波段
7	GeoEye-1	美国	目前分辨率最高的商业卫星，其全色波段分辨率为 0.41m，多光谱分辨率为 1.65m
8	ALOS	日本	全色波段分辨率为 2.5m，多光谱分辨率为 10m
9	Cartosat-1	印度	全球第一颗专业测图卫星，搭载有前后视两个全色传感器，分辨率分别为 2.18m、2.46m
10	Pleiades-1	法国	分辨率为 0.5m，可提供近于实时的立体像对及三像对接收
11	RADARSAT-1	加拿大	具有 7 种模式、25 种波束，不同入射角，因而具有多种分辨率、不同宽幅和多种信息特征
12	ENVISAT-1	欧空局	具有先进的合成孔径雷达
13	COSMO-SkyMed	意大利	全球第一个由四颗卫星组成的分辨率最高达 1m 的雷达卫星星座，具有雷达干涉测量能力
14	Terra 雷达影像-2	德国	1m 的空间分辨率，多种同步的极化模式，提高地物识别能力
15	RADARSAT-2	加拿大	3m 的空间分辨率，11 种波速模式
16	MODIS	美国	多达 36 个波段
17	EO-1 Hyperion	美国	搭载第一个星载民用成像光谱仪

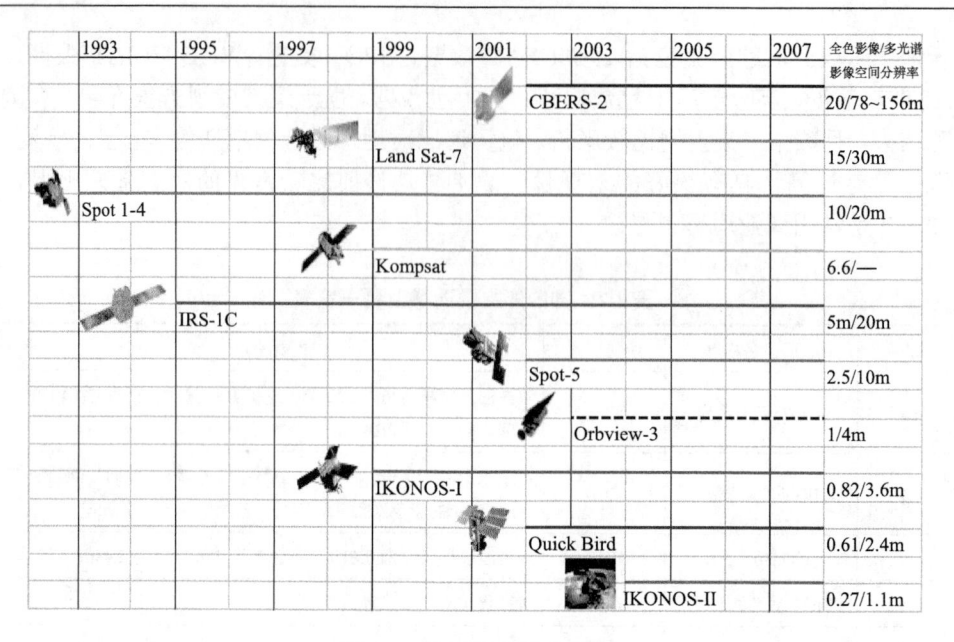

	1993	1995	1997	1999	2001	2003	2005	2007	全色影像/多光谱影像空间分辨率
CBERS-2									20/78~156m
Land Sat-7									15/30m
Spot 1-4									10/20m
Kompsat									6.6/—
IRS-1C									5m/20m
Spot-5									2.5/10m
Orbview-3									1/4m
IKONOS-I									0.82/3.6m
Quick Bird									0.61/2.4m
IKONOS-II									0.27/1.1m

图 8-7　常用商业遥感卫星

　　航空遥感所获取的图像空间分辨率较高，且具有较大的灵活性，适合比较微观的空间结构的研究分析。航天遥感数据则以像片为主，包括黑白航空影像、天然彩色摄影图像、黑白红外摄影、彩红外航片和侧视雷达。

1) 黑白航空影像

　　黑白航空影像一般具有几何变形小、像片倾斜角小、空间分辨率高以及可进行立体观察等特点，其用途极广。特别需要指出的是近年来发展的一项新的测绘技术——航空摄影测量，它突破了地形的限制，使成图周期大大缩短。

2) 天然彩色摄影图像

　　天然彩色摄影图像能较好地显示景物的天然色彩且具有较高的空间分辨率，其信息量比黑白像片丰富得多。但由于蓝光在穿过大气时被严重散射，使彩色航片的色调存在着不饱和、偏蓝绿色及波谱分辨率下降等缺陷。所以目前航空摄影一般都滤去蓝光波段，增加近红外通道，同时采用彩红外胶片成像。

3) 黑白红外摄影

　　黑白红外摄影是在摄影时加用黑白滤光片，滤去全部可见光（或保留可见光的部分波长范围），同时使用增感红外敏感胶片而得。该图像对于那些对近红外波段辐射敏感（强吸收或强反射）的地物，如水体、植被等有较好的显示，具有较高的反差和地面分辨率。

4) 彩红外航片

　　彩红外航片由于在摄影时滤去了蓝光波段，大气散射的影响减小，色调饱和度升高，图像清晰，特别是由于增加了近红外通道，对水体、植被等地物的解像力大为提高，在航空遥感中得到了广泛应用。

5) 侧视雷达

侧视雷达是一种主动式微波传感器，由于发射到地表的微波散射情况随物质种类和地表粗糙度的不同而变化，因此较高空间分辨率的雷达图像上包含地物的许多信息。另外，由于地物中含水量不同造成的导电率不同等情况，在图像上会有所显示，所以雷达图像又可用于经济作物、植物的含水量、长势，以及土壤含水量、古河道富水带的分析研究等。

五、遥感数据的预处理

一般用户拿到的遥感数据并不能直接被使用，还需要进行一定的解析处理。数据预处理的过程主要包括图像几何精校正、波段组合及图像融合、图像镶嵌与裁剪、匀色、反差调整和大气校正等几个环节。

(一) 图像几何精校正

遥感图像的几何校正是指消除遥感图像中几何畸变的过程。几何校正的精度直接取决于地面控制点选取的精度、分布和数量，因此对于地面控制点的选择至关重要。在校正时选取若干个地面控制点(GCP)，建立数学模型，将各控制点从地理空间投影到图像空间上去，也就是建立图像像元坐标(x, y)及其在实际地图上的坐标(X, Y)之间的坐标变换函数(图 8-8)。

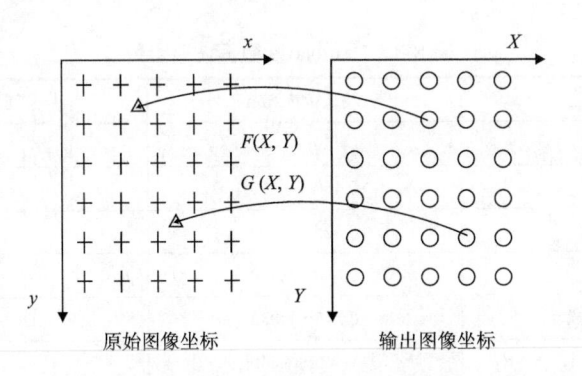

图 8-8 遥感图像的几何校正

地面控制点选好后，再选择不同的校正算子和插值法进行计算。其数学表达式为

$$\begin{cases} x = \sum_{i=0}^{N} \sum_{j=0}^{N-i} a_{ij} X^i Y^j \\ y = \sum_{i=0}^{N} \sum_{j=0}^{N-i} b_{ij} X^i Y^j \end{cases} \tag{8-14}$$

式中，a_{ij}、b_{ij} 为多项式系数；N 是多项式的次数，取决于图像变形的程度、地面控制点的数量和地形位移的大小，一般 2 次即可，或采用 3 次。

$$\begin{cases} x = a_0 + a_1 X + a_2 Y + a_3 X^2 + a_4 XY + a_5 Y^2 + \cdots \\ y = b_0 + b_1 X + b_2 Y + b_3 X^2 + b_4 XY + b_5 Y^2 + \cdots \end{cases} \tag{8-15}$$

当多项式的次数 N 选定后，用所选定的地面控制点坐标，按最小二乘法回归求出多项式的系数，从而建立起校正模型。最后，还对地面控制点进行误差分析，使得其精度满足要求为止。最后将校正好的图像与地形图进行对比，考察校正效果。

(二)波段组合及图像融合

波段组合及图像融合指对卫星数据的全色及多光谱波段进行融合。很多卫星搭载了多波段探测器，对地表信息进行各个波段的扫描。例如，Landsat 7 携带了增强型主题成像传感器(ETM+)，就有 8 个波段的影像数据。2013 年发射的 Landsat 8 卫星在 ETM+传感器的基础上，还新增两个波段：蓝色波段(band 1: 0.433～0.453 μm)主要应用于海岸带观测；短波红外波段(band 9: 1.360～1.390 μm)包括水汽强吸收特征可用于云检测(表 8-3)。

表 8-3　Landsat 8 数据波段参数

波段	波长范围/μm	空间分辨率/m
海岸波段	0.433～0.453	30
蓝波段	0.450～0.515	30
绿波段	0.525～0.600	30
红波段	0.630～0.680	30
近红外波段	0.845～0.885	30
短波红外 1	1.560～1.660	30
短波红外 2	2.100～2.300	30
全色波段	0.500～0.680	15
卷云波段	1.360～1.390	30
热红外 1	10.60～11.19	100
热红外 2	11.50～12.51	100

对多光谱图像利用不同的波段组合能凸显感兴趣的地物,根据经验,一些特定波段组合对于所研究的区域效果明显。例如,标准假彩色合成(5、4、3 波段组合)植被显示为暗色,植被越健康暗色越多,而且还可以区分出植被的种类,这种波段组合方式非常常用,用来监测植被、农作物和湿地(图 8-9);假彩色合成(6、3、2 波段组合)对于没有或少量植被情况下,突出地表的景观,对地质监测有效(图 8-10)。

图 8-9　5、4、3 标准假彩色合成(CIR)(美国科罗拉多)

图 8-10　6、3、2 假彩色合成(美国犹他州峡谷)

进行融合的目的是集成不同遥感数据的优势,更充分地利用和开发这些数据资源。遥感器、时相、分辨率不同的遥感数据,各有自己的特点和局限性,将它们在空间分辨率、地理精度、变化监测能力综合起来,达到应用目的。

(三)图像镶嵌与裁剪

如果工作区跨多景图像,还必须在计算机上进行图像镶嵌,才能获取整体图像。进行图像镶嵌,相邻图幅间要有一定的重叠区域。镶嵌时,除了对各景图像各自进行几何校正外,还需要在接边上进行局部的高精度几何配准处理,并且使用直方图匹配的方法对重叠区内的色调进行调整。当接边线选择好并完成了拼接后,还对接边线两侧做进一步的局部平滑处理。由于用户只对目标区域感兴趣,就需要通过裁剪手段将特定范围"取"出来。

(四)匀色

相邻图像由于成像日期、系统处理条件可能有差异,不仅存在几何畸变问题,而且还存在辐射水平差异导致同名地物在相邻图像上的亮度值不一致等问题。如不进行色调调整就把这种图像镶嵌起来,即使几何配准的精度很高,重叠区复合得很好,但镶嵌后两边的影像色调差异明显,接缝线十分突出,既不美观,也影响对地物影像与专业信息的分析与识别,降低应用效果,因而要求镶嵌完的数据色调基本无差异、美观。

(五)反差调整

对合成好的图像根据人眼的观察特性进行图像增强处理,有效地突出有用信息、抑制其他干扰因素,改善图像的视觉效果,提高重现图像的逼真度,增强信息提取与识别能力。

(六)大气校正

遥感图像在获取过程中,受到如大气吸收与散射、传感器定标、地形等因素的影响,它们会随时间的不同而有所差异。因此,在多时相遥感图像中,除了地物的变化会引起图像中辐射值的变化外,不变的地物在不同时相图像中的辐射值也会有差异。

1. 绝对辐射校正

绝对辐射矫正方法是将遥感图像的 DN(digital number)值转换为真实地表反射率的方法,它需要获取图像过境时的地表测量数据,并考虑地形起伏等因素来校正大气和传感器的影响,因此这类方法一般都很复杂,目前大多数遥感图像都无法满足上述条件。

2. 相对辐射校正

相对辐射校正是将一图像作为参考(或基准)图像,调整另一图像的 DN 值,使得两时相图像上同名的地物具有相同的 DN 值，这个过程也叫多时相遥感图像的光谱归一化。这样就可以通过分析不同时相遥感图像上的辐射值差异来实现变化监测。因此，相对辐射校正就是要使相对稳定的同名地物的辐射值在不同时相遥感图像上一致，从而完成地物动态变化的遥感动态监测。

六、遥感数据的判读

"判读"是对遥感图像上的各种特征进行综合分析、比较、推理和判断的过程，目的是提取感兴趣的信息。目前常用的判读方法有目视判读和计算机分类法。

（一）目视判读

目视判读是遥感信息提取的基础方法，也是目前最为准确和最常用的方法。即使作为发展趋势的计算机自动提取，仍需要以目视判读为基础和以目视判读为标准。进行遥感图像目视判读时必须充分运用地物目标时空分布的规律性，如气候、植被、土壤等景观要素的纬度地带性、经度相关性、高度垂直带性和物候季节性等。

1. 地物特征及其判读标志

如前文所述，探测的目标包含光谱特征、空间特征和时间特征。在遥感影像上，这些特征以不同的灰度变化表现出来，它们之间的关系可以用下面的函数表示：

$$d = f(\Delta\lambda, X, Y, Z, \Delta t) \tag{8-16}$$

不同的地物特征不一样，在影像上也有相异的表现形式。能够用来区分不同目标的表现形式也被称为判读标志。地物的波谱响应曲线与其光谱特性曲线的变化趋势是一致的。地物在多波段图像上特有的这种波谱响应就是地物的光谱特征的判读标志。景物的各种几何形态为其空间特征，它与物体的空间坐标 X、Y、Z 密切相关，这种空间特征在像片上由不同的色调表现出来。它包括通常目视判读中应用的一些判读标志如形状、大小、图形、阴影、位置、纹理和类型等。

2. 影响判读结果的因素

影响目视判读效果的因素主要有三个：地物本身的复杂性、传感器性能的影响和判读者目视能力的差异。①地物本身的复杂性表现在地物种类繁多，由此造成景物特性的复杂变化和判读上的困难。从大的种类之间来看，种类的不同，构成了光谱特征的不同及空间特征的差别，这给判读者区分地物类别带来了好处。但同一大类中有许多亚类、子亚类，它们无论是在空间特征上还是在光谱特征上都很相似或相近，这会给判读带来困难。同一种地物，由于各种内部因素或外部因素的影响使其出现不同的光谱特征或空间特征，有时甚至差别很大。②传感器对判读标志影响最大的是分辨率，分辨率的影响来自几何、辐射、光谱及时间几个方向。③目视能力的强弱跟每个判读者有关,人眼对图像的空间分辨能力、灰阶分辨能力、色阶与色分辨能力天生具有差异。经验丰富者对图像的判读能力更强,也可以借助特殊工具或改进判读方法来针对性提高判读者的目视解读能力。

(二)计算机自动分类法

遥感图像的计算机解译,又称遥感图像的理解,它以计算机系统为支撑环境,利用模式识别技术与人工智能技术相结合,根据遥感图像中目标地物的各种影像特征(颜色、形状、纹理与空间位置),结合专家知识库中目标地物的解译经验和成像规律等知识进行分析和推理,实现对遥感图像的理解,完成对遥感图像的解译。计算机遥感图像的解译是统计模式识别技术在遥感领域中的具体应用。统计模式识别的关键是提取待识别的一组统计特征值,然后按照一定准则做出决策,从而对图像进行识别。遥感图像的计算机分类方法包括监督分类和非监督分类。

1. 监督分类

监督分类指事先有类别的先验知识,根据先验知识选择训练样本,由训练样本得到分类准则。监督分类中常用的具体分类方法包括以下几种。①最小距离分类法:用特征空间中的距离表示像元数据和分类类别特征的相似程度,在距离最小(相似度最大)的类别上对像元数据进行分类的方法。②多级切割分类法:根据设定在各轴上的值域,分割多维特征空间的分类方法。③特征曲线窗口法:特征曲线地物光谱特征参数构成的曲线。以特征曲线为中心取一个条带,构造一个窗口,凡是落在此窗口范围内的地物即被认为是一类,反之则不属于该类。④最大似然比分类法:求出像元数据对于各类别的似然度,把该像元分到似然度最大的类别中去的方法。

2. 非监督分类

非监督分类指事先没有类别的先验知识,纯粹根据图像数据的统计特征和点群分布情况,根据相似性程度自动进行归类,最后再确定每一类的地理属性。非监督分类的常用方法包括以下两种。①分级集群法:采用"距离"评价每个像元在空间分布的相似程度,把它们的分布分割或者合并成不同的集群。每个集群的地理意义需要根据地面调查或者与已知类型的数据比较后方可确定。②动态聚类法:在初始状态给出图像粗糙的分类,然后基于一定原则在类别间重新组合样本,直到分类比较合理为止。

第二节 测量技术

在土地工程实施过程当中,需要用到很多工程技术手段,如土木、灌溉、排水和测量等,而测量手段基本贯穿于土地工程的各个环节。测量是研究地球的形状、大小及表面特性进行的实际测量工作,其主要任务是建立国家或者更大范围的控制测量网,为空间科学技术和精密工程提供基础资料,在土地工程中,为工程建设过程中的每个环节提供基础技术服务。

一、测量技术基础

(一)测量基准

1. 测量的基准面和基准线

在野外测量时,常常需要整置仪器,使仪器垂直轴与通过地面点的铅垂线一致。由此可知,铅垂线是野外测量工作的基准线。铅垂线的方向就是重力的方向。如图8-11所示,K是地球上的一个质点,同时受到地球自转离心力P和地心引力F所产生的合力G及重力。

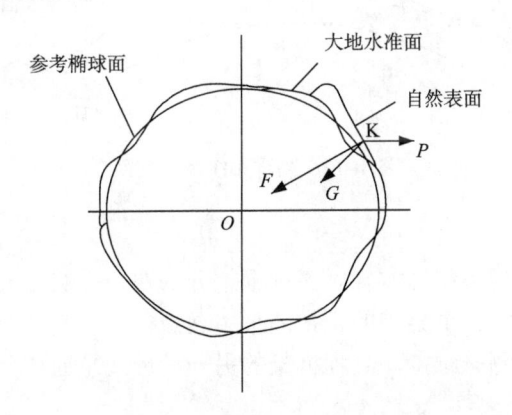

图8-11 大地水准面与铅垂面

水准测量所测得的两点间的高差,即是通过这两点的不同水准面间的铅垂线长度。对于距离的观测值,也存在换算到哪个高程面的问题。所以,水准面就是野外测量工作的基准面。选择大地水准面(海洋处于静止平衡状态时,将它延伸到大陆下面且保持处处与铅垂线正交的包围整个地球的封闭的水准面)作为野外测量的统一基准面,与其相垂直的铅垂线则是野外测量的基准线。

2. 高程系统和高程框架

高程基准定义了陆地上高程测量的起算点,区域性高程基准可以用验潮站的长期平均海面确定,通常定义该平均海面的高程为零。在地面预先设置好固定点,联测其至平均海面的海拔高程,这个固定点就称为水准原点,其高程就是区域性水准测量的起算高程。1954年,中国确定用青岛验潮站计算的黄海平均海水面作为高程基准面。

1) 高程系统

不同的高程基准面对应不同的高程系统，正高系统是以大地水准面和铅垂面定义的高程系统；正常高系统是以似大地水准面为基准面的高程系统；大地高系统是地面上一点沿法线到椭球面的距离定义的高程系统。这三个高程系统高程之间可以进行相互转换。中国常采用的高程系统是正常高系统。由图 8-12 可以看出：$H_大 = H_正 + N$；$H_大 = H_常 + \zeta$。式中，N 为大地水准面差距；ζ 为高程异常。

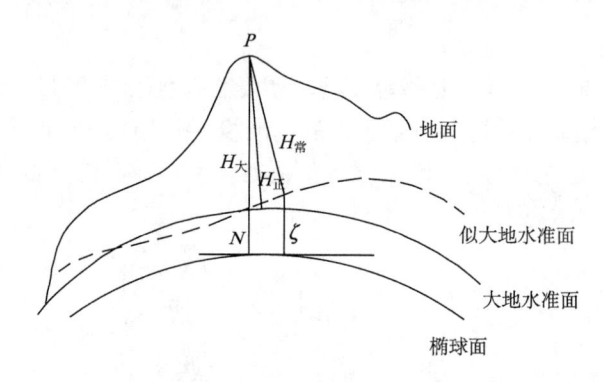

图 8-12　高程系统及其关系

2) 高程框架

高程框架是高程系统的实现。高程框架分为四个等级，分别为国家一、二、三、四等水准控制网。框架点的正常高采用逐级控制，其现势性通过一、二等水准控制网的定期复测来维持。高程框架的另一种形式是通过(似)大地水准面精化来实现的。

3. 时间系统及时间系统框架

在现代测量中，时间也和描述观测点的空间坐标一样，成为研究点位运动过程和规律的一个重要分量。时间系统提供了时间测量的参考标准，包括时刻的参考标准和时间间隔的尺度标准。时间系统也称为时间基准或时间标准。时间系统框架是某一区域或全球范围内，通过守时、授时和时间频率测量技术，实现和维持统一的时间系统。

1) 常用的时间系统

(1) 世界时(universal time，UT)：以地球自转周期为基准，在 1960 年以前一直作为国际时间基准。

(2) 原子时(atomic time，AT)：以位于海平面(大地水准面，等位面)的铯原子内部两个超精细结构能级跃迁辐射的电磁波周期为基准，从 1958 年 1 月 1 日世界的零时开始启用。

(3) 力学时 (dynamic time, DT): 在天文学中, 天体的星历是根据天体动力学理论的运动方程而编算的, 其中所采用的独立变量是时间参数 T, 这个数学变量 T, 便被定义为力学时。

(4) 协调时 (universal time coordinated, UTC): 它并不是一个独立的时间, 而是时间服务工作中把原子时的秒长和世界时的时刻结合起来的一种时间。

(5) GPS 时 (GPS time, GPST): 由 GPS 星载原子钟和地面监控站原子钟组成的一种原子时基准, 与国际原子时保持有 19s 的常数差, 并在 GPS 标准历元 1980 年 1 月 6 日零时与 UTC 保持一致。

2) 时间系统框架

时间系统框架是对时间系统的实现, 描述时间系统框架通常需要以下几方面的内容。

(1) 采用的时间频率基准。不同的时间频率基准, 其建立和维护方法不同。历书时是通过观测月球来维护; 力学时通过观测行星来维护; 原子时是由分布不同地点的一组原子频标来建立, 通过时间频率和比对的方法来维护。

(2) 守时系统。守时系统用于建立和维持时间频率基准, 确定时刻。

(3) 授时系统。授时系统主要是向用户进行授时和时间服务。授时和时间服务可通过电话、网络、无线电、电视、专用电台和卫星等设施和系统进行, 他们具有不同的传递精度, 可满足不同用户的需要。

(4) 覆盖范围。覆盖范围是指区域或是全球。20 世纪 90 年代自美国 GPS 广泛使用以来, 通过与 GPS 信号对比来校正本地时间频率标准或测量仪器的情况越来越普遍, 原有的计量传递系统作用相对减少。

(二) 常用坐标系及其转换

1. 常用坐标系

1) 大地坐标系

大地坐标系以参考椭球面为基准面, 用大地经度 L、纬度 B 和大地高 H 表示地面点位置, 如图 8-13 所示, 地面点 A 向参考椭球面做法线, 则法线与参考椭球的交点 A' 就叫做 A 点的大地位置。设 A 为地面任意一点, 自 A 点向参考椭球表面作法线 $AA'N$, 这条法线叫 A 的大地法线。大地法线与赤道面之间的夹角叫做 A 的大地纬度, 用符号 B 表示。

起始大地子午圈为大地经度起算子午圈。起始大地子午圈所在平面与 A' 点的大地

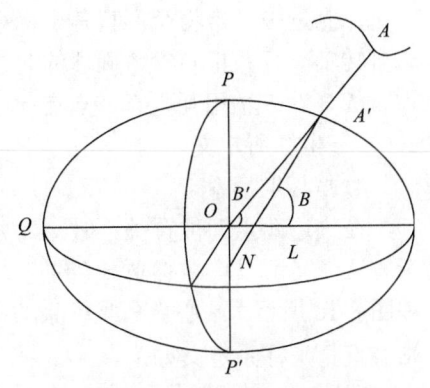

图 8-13 大地坐标系与地心标坐标系

子午面之间的夹角为 A 点的经度,用符号 L 表示。大地坐标系是参心坐标系,其坐标系统的原点位于参考椭球中心。

2)地心坐标系

地心坐标系也是以参考椭球为基准面,地心坐标系与上述的大地坐标系不同之处是,地面点 A 的纬度是以 A' 的向径 $A'O$ 与大地赤道面的交角 B' 表示的,如图 8-13 所示。B' 为地心纬度。

地心坐标系应该满足一下四个条件:①原点位于整个地球的质心;②尺度是广义相对论意义下某一局部地球框架内的尺度;③定向为国际时间局测定的某一历元的协议地极和零子午线,称为地球定向参数;④定向随时间的演变满足地壳无整天运动的约束条件。

3)空间直角坐标系

以地心或参考椭球中心为直角坐标系的原点,椭球旋转轴为 Z 轴,X 轴位于起始子午面与赤道的交线上,赤道面上与 X 轴正交的方向为 Y 轴,指向符合右手规则,便构成了直角坐标系,如图 8-14 所示。

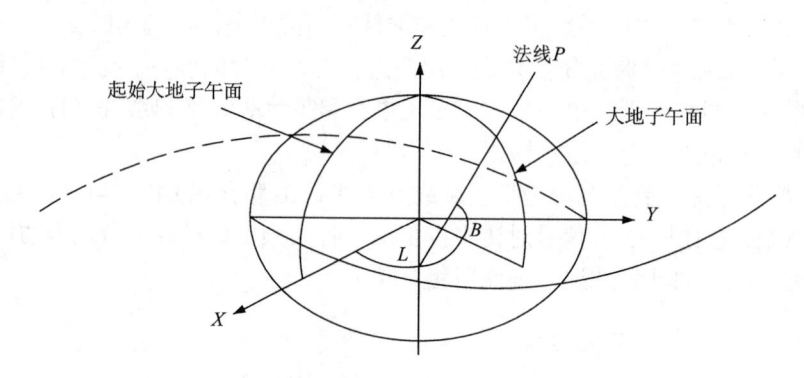

图 8-14 空间直角坐标系

在测量中,常将空间直角坐标系的原点选在地球参考椭球的中心,Z 轴与地球自转轴平行并指向参考椭球的北极,X 轴指向参考椭球的本初(起始)子午线,Y 轴与 X 轴、Z 轴相互垂直。点在此坐标系下的位置由该点在各个坐标轴上的投影 x、y、z 坐标所定义。

4)站心坐标系

在描述两点间位置关系时,为方便直观,一般采取站心坐标系。根据坐标表示方法,又可以将站心坐标系细分为站心直角坐标系和站心极坐标系,如图 8-15 和图 8-16 所示。站心直角坐标系与站心极坐标系可以相互转换。以 R 点为中心的站心直角坐标系定义如下。

第八章 遥感与测控

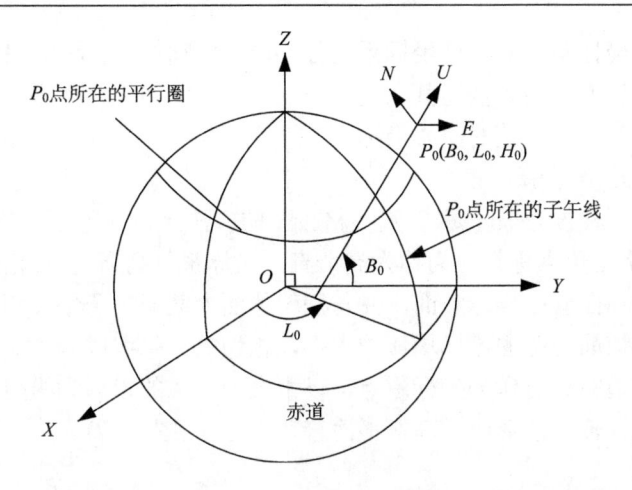

图 8-15 站心直角坐标系

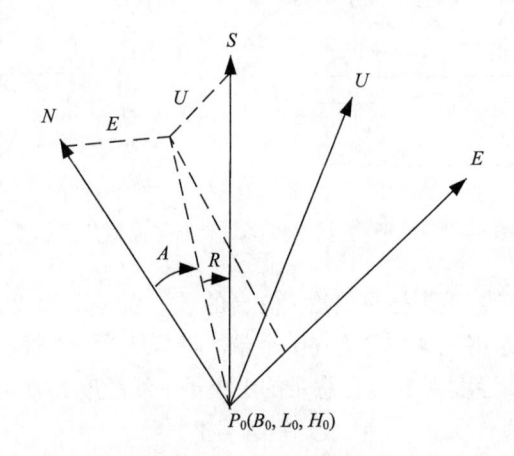

图 8-16 站心极坐标系

(1) 原点位于 P_0。
(2) U 轴与过 P_0 点的参考椭球面的法线重合，指向天顶。
(3) N 轴垂直于 U 轴，指向参考椭球的短半轴。
(4) E 轴垂直于 U 轴和 N 轴，最终形成左手系。
(5) 在站心直角坐标系下点的 N、E、U 坐标为该点在三个坐标轴上的投影长度。

以 P_0 点为中心的站心极坐标系定义如下。
(1) NP_0E 平面为基准面。
(2) 极点位于 P_0。
(3) 极轴为 N 轴。

站心直角坐标系与站心极坐标系进行 GPS 观测时,常采用 GPS 卫星相对于测站的高度角、方位角来描述其在空间中的方位。实际上,如果再加上测站到卫星的距离,就是一个完整的站心坐标。

5) 高斯直角坐标系

采用横切圆柱投影——高斯-克吕格投影的方法来建立平面直角坐标系统,称为高斯-克吕格直角坐标系,简称为高斯直角坐标系。高斯-克吕格投影平面就是假想一个椭圆柱面套在椭球外面,并与椭球体面上某一条子午线相切,同时椭球柱的轴位于赤道面内并通过椭球体的中心,相切的子午线成为中央子午线。以中央子午线和赤道的交点作为坐标原点,以中央子午线的投影为纵坐标轴,以赤道的投影为横坐标轴,便形成了高斯平面直角坐标系(图 8-17)。

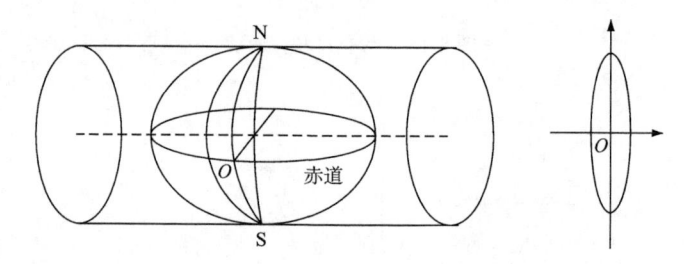

图 8-17 高斯-克吕格投影与高斯平面直角坐标系

投影带从首子午线(英国格林尼治天文台的子午线)起,每 6°经差划为一带(称为六度分带),自西向东将地球划分为 60 个带,带号从首子午线起自西向东编号,第一个 6°的中央子午线经度为 3°,任意带的中央子午线经度 L_0,可按下式计算:

$$L_0 = 6N - 3 \tag{8-17}$$

式中,N 为投影带的编号。

2. 坐标系之间转换

1) 空间直角坐标系与大地坐标系间的转换

将同一坐标参照下的大地坐标 (B,L,H) 转换为空间直角坐标 (X,Y,Z) 的公式为

$$\begin{bmatrix} X \\ Y \\ Z \end{bmatrix} = \begin{bmatrix} (N+H)\cos B \cos L \\ (N+H)\cos B \sin L \\ [N(1-e^2)+H]\sin B \end{bmatrix} \tag{8-18}$$

式中,N 为卯酉圈的半径;a 为参考椭球的长半轴;b 为参考椭球的短半轴;e 为参考椭球的第一偏心率;f 为参考椭球的扁率,$f = \dfrac{a-b}{a}$。

将空间直角坐标(X,Y,Z)转换为大地坐标(B,L,H)的公式为

$$\begin{cases} L = \arctan\left(\dfrac{Y}{X}\right) \\ B = \arctan\left(\dfrac{Z + e'^2 b \sin^3 \theta}{\sqrt{X^2 + Y^2} - e^2 a \cos^3 \theta}\right) \\ H = \dfrac{\sqrt{X^2 + Y^2}}{\cos B} - N \end{cases} \tag{8-19}$$

式中，e'为参考椭球的第二偏心率；$\theta = \arctan\left(\dfrac{Z \cdot a}{\sqrt{X^2 + Y^2} \cdot b}\right)$。

2) 空间直角坐标与站心直角坐标间的转换

在同一坐标参考系下，如果存在i和j两点，i点在空间直角坐标系和大地坐标系下的坐标分别为(X_i, Y_i, Z_i)和(B_i, L_i, H_i)，j点在空间直角坐标系和大地坐标系下的坐标分别为(X_j, Y_j, Z_j)和(B_j, L_j, H_j)，设j点在i点为中心的站心直角坐标系下的坐标为(N_{ij}, E_{ij}, U_{ij})，则由空间直角坐标转换为站心直角坐标的公式为

$$\begin{bmatrix} N_{ij} \\ E_{ij} \\ U_{ij} \end{bmatrix} = T_i \cdot \left(\begin{bmatrix} X_i \\ Y_i \\ Z_i \end{bmatrix} - \begin{bmatrix} X_j \\ Y_j \\ Z_j \end{bmatrix} \right) \tag{8-20}$$

式中，旋转矩阵T_i由B_i、L_i计算。

而由站心直角坐标系转换为空间直角坐标系的公式为

$$\begin{bmatrix} X_j \\ Y_j \\ Z_j \end{bmatrix} = T_i^{-1} \cdot \begin{bmatrix} N_{ij} \\ E_{ij} \\ U_{ij} \end{bmatrix} + \begin{bmatrix} X_i \\ Y_i \\ Z_i \end{bmatrix} \tag{8-21}$$

式中，旋转矩阵T_i^{-1}由B_i、L_i计算。

3) 不同大地坐标系三维转换

不同坐标系的三维转换模型很多，常用的有布尔沙模型(B 模型)和莫洛坚斯基模型(M 模型)。

(1) 布尔沙模型。设任意点在O_1和O_2为原点的两坐标系中坐标分别为X_{1i}，Y_{1i}，Z_{1i}和X_{2i}，Y_{2i}，Z_{2i}，则布尔沙模型为

$$\begin{bmatrix} X_{2i} \\ Y_{2i} \\ Z_{2i} \end{bmatrix} = \begin{bmatrix} \Delta X^B \\ \Delta Y^B \\ \Delta Z^B \end{bmatrix} + (1+m^B) \begin{bmatrix} X_{1i} \\ Y_{1i} \\ Z_{1i} \end{bmatrix} + \begin{bmatrix} 0 & \varepsilon_Z^B & -\varepsilon_Y^B \\ -\varepsilon_Z^B & 0 & \varepsilon_X^B \\ \varepsilon_Y^B & \varepsilon_X^B & 0 \end{bmatrix} \begin{bmatrix} X_{1i} \\ Y_{1i} \\ Z_{1i} \end{bmatrix} \tag{8-22}$$

式中，ΔX^B、ΔY^B、ΔZ^B为平移参数；ε_X^B、ε_Y^B、ε_Z^B为旋转参数；m^B为尺度变

化参数。

(2)莫洛坚斯基模型。该模型的旋转和相似变换中心在地面网的大地原点上，并认为在旋转变化中大地原点的参心向量保证不变。

设有任意点在第一坐标系中的坐标为(X_{1i}, Y_{1i}, Z_{1i})，在第二坐标系中为(X_{2i}, Y_{2i}, Z_{2i})，同时假定在第一坐标系中有参考 K，其坐标为(X_{1k}, Y_{1k}, Z_{1i})，则莫洛坚斯基模型为

$$\begin{bmatrix} X_{2i} \\ Y_{2i} \\ Z_{2i} \end{bmatrix} = \begin{bmatrix} \Delta X^M \\ \Delta Y^M \\ \Delta Z^M \end{bmatrix} + \begin{bmatrix} X_{1i} \\ Y_{1i} \\ Z_{1i} \end{bmatrix} + m^M \begin{bmatrix} X_{1i} - X_{1k} \\ Y_{1i} - Y_{1k} \\ Z_{1i} - Z_{1k} \end{bmatrix} + \begin{bmatrix} 0 & \varepsilon_Z^M & -\varepsilon_Y^M \\ -\varepsilon_Z^M & 0 & \varepsilon_Z^M \\ \varepsilon_Y^M & \varepsilon_X^M & 0 \end{bmatrix} \begin{bmatrix} X_{1i} - X_{1k} \\ Y_{1i} - Y_{1k} \\ Z_{1i} - Z_{1k} \end{bmatrix}$$

(8-23)

式中，ΔX^M、ΔY^M、ΔZ^M、ε_X^M、ε_Y^M、ε_Z^M 和 m^M 为该模型转换参数。在莫洛坚斯基模型中，受旋转和尺度的影响只是 P 点至参考点 K 的坐标差。

理论上，布尔沙模型与莫洛坚斯基模型的转换结果是等价的，但在应用中有差别，布尔沙模型在全球或者较大范围的基准转换时较为常用，在局部网的转换中采用莫洛坚斯基模型比较有利。

4) 球面坐标与平面坐标间的转换

球面坐标与平面坐标间的转换，中国统一采用高斯投影。由高斯平面坐标(x, y)计算大地坐标(B,L)的高斯反算公式为

$$B = B_f + \frac{t_f}{2N_f^2}(-1-\eta_f^2)y^2 + \frac{t_f}{24N_f^4}(5+3t_f^2+6\eta_f^2-6t_f^2\eta_f^2-3\eta_f^4-9t_f^2\eta_f^4)y^4 \cdots$$

(8-24)

$$L = L_0 + \frac{1}{N_f \cos B_f}y + \frac{1}{6N_f^3 \cos B_f}(-1-2t_f^2-\eta_f^2)y^3 + \frac{1}{120N_f^5 \cos B_f}(5+28t_f^2+24t_f^4+6\eta_f^2+8t_f^2\eta_f^2)y^5 \cdots \quad (8-25)$$

式中，下标为 f 的项，需要根据底点纬度 B_f 来计算。

(三)地图投影

1. 地图投影的概念

地球旋转椭球体表面是一个不可展开的曲面。将其球面依据某种条件展开成平面的方法，也就是将地球表面上的点、线、面投影到平面的方法，称为地图投影。地图投影按照一定的数学法则，使地面点的地理坐标(λ, φ)与地图上相对的点平面直角坐标(x, y)建立函数关系。

$$\begin{cases} x = f_1(\lambda,\varphi) \\ y = f_2(\lambda,\varphi) \end{cases} \quad (8\text{-}26)$$

当给定不同的具体条件时,就可以得到不同的投影公式。根据公式将一系列的地理坐标(λ,φ)计算成平面直角坐标(x,y),并展绘于平面上,即可建立经纬线平面表象(经纬网格),构成地图的数学基础。

2. 投影的分类

投影按变形性质和构成方式进行分类。①按投影变形性质分类有等角投影、等面积投影和任意投影;②按投影构成方式分类有几何投影和条件投影。

3. 几种常见的投影

1) 圆锥投影

设想将一个圆锥套在地球椭球体上,把其上的经纬网线投影到圆锥面上,再沿某一条母线将圆锥切开成平面(图 8-18)。

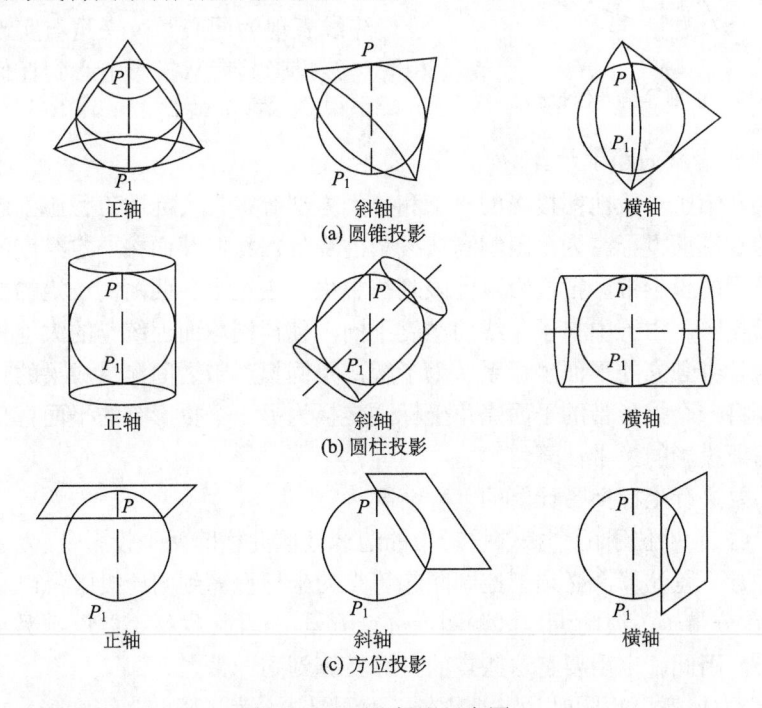

正轴　　　　　斜轴　　　　　横轴
(a) 圆锥投影

正轴　　　　　斜轴　　　　　横轴
(b) 圆柱投影

正轴　　　　　斜轴　　　　　横轴
(c) 方位投影

图 8-18　不同投影示意图

正轴圆锥投影的纬线表现为同心圆弧,经线为放射状的直线束,夹角相等,投影的变形大小随纬度变化,与经度无关,同一条纬线上的变形相等,与圆锥相切、相割的标准纬线没有变形。所以,标准纬线的选择决定了图幅内各部分的变形分布，离标准纬线越远，变形越大。这种投影方式最适合于中纬度地带沿东西伸展区域的地图使用，地球上广大陆地都处于中纬度地带，所以这种投影被广泛使用。

2) 圆柱投影

从几何上看，圆柱投影是圆锥投影的一种特殊情况。正轴圆柱投影的经纬线表现为相互正交的平行直线，其变形规律与圆锥投影相同，变形特点是以赤道为对称轴，南北同名纬线上的变形大小相等，标准纬线上无变形，低纬度地区变形较小。

3) 方位投影

方位投影可视为将一个平面切于或割于地球某一点或者某一部分，在将地球上的经纬线网投到此平面上。正轴方位投影（图8-19）的经线表现为交于一点的放射状直线，纬线表现为同心圆，夹角与实地经度差相等。该投影具有从投影中心到任何一点的方位角保持不变的特点。

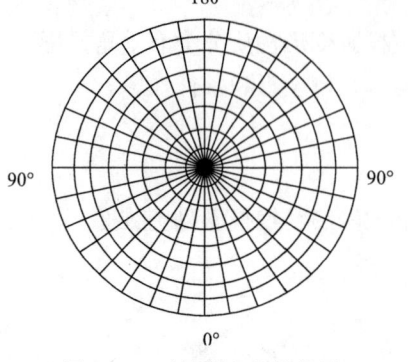

图 8-19　正轴等角方位投影

4. 投影坐标的换带计算

前文介绍了一般地图投影的概念和分类方法等，在实际的工程施工测量中，经常用的是高斯投影。为了限制高斯投影的变形，将椭球面按一定经度的子午线划分成不同的投影带，把投影范围限制在中央子午线东、西两侧一定的狭长带内分别进行投影。由于中央子午线的精度不同，使得椭球面上统一的大地坐标系，分割成为各带独立的平面坐标系。为了解决不同投影带之间测量成果的转换和联系，需要将一个投影带的平面直角坐标，转换为另一个投影带的平面直角坐标，这就是高斯投影的换带计算。

1) 需要进行坐标换带计算的几种情况

(1) 当控制网位于两个相邻投影带的边缘地区并横跨两个投影带，为了能在同一带内进行平差计算，必须把控制网起算点的坐标换算到同一投影带内。

(2) 在分带子午线附近地区测图或进行测量工程时，往往需要用到另一带内的控制成果，因此，也需要将这些点的坐标换算到同一带内。

(3) 当大比例尺测图时，特别是在工程测量中，为了限制投影变形，常要求采用 3°带、1.5°带或者任意投影带，而国家控制点成果通常只有 6°带坐标，这时就产生了 6°带与 3°带或 1.5°带、任意带之间的相互坐标换算问题。

2) 坐标换带的计算方法、流程

利用高斯投影坐标正、反算公式进行换算的实质就是把椭球面上的大地坐标作为过渡坐标。计算程序如下。

(1) 将某投影带内已知点的平面坐标 (x_1, y_1)，按高斯投影坐标反算公式求得其在椭球面上的大地坐标 (B, L)。

(2) 根据纬度 B 和所需要换算的投影带的中央子午线经度 L_0，计算该点在新投影带内的经差 $\left(l = \dfrac{L - L_0}{\rho} \right)$。

(3) 按高斯投影坐标正算公式计算该点在新投影带内的高斯平面坐标 (x_2, y_2)。

(四) 测量误差

在各项测量工作中，由于观测者各自感觉器官的鉴别力不同，加之观测者技术水平、工作态度等的不同会使观测结果产生误差；又由于观测时使用的仪器不同，每种仪器的精度也不相同，也会使测量结果产生误差；在观测过程中，观测环境，如地形、温度、湿度、风力和大气等不同，也会使测量结果产生误差。

1. 误差传播定律

观测中，在评定观测精度时，要设法计算出标准差 σ 的值。为了得出精度，求 σ 的值要求观测个数趋于无穷大，但实际中不可能，实际测量中，观测个数是有限的，为了评定精度指标，一般采用式 (8-27) 进行计算：

$$m = \pm \sqrt{\frac{[\Delta_i]}{n}} \tag{8-27}$$

式中，m 为中误差；[ ] 表示总和；$\Delta_i (i = 1, 2, \cdots, n)$ 为一组同精度观测误差。

通常根据同精度观测值的真误差来评定观测值精度。但是在实际工作中有许多未知量不能直接观测求值，需要由观测值间接计算出来，这时需要将观测值中误差和观测值函数中误差之间的关系规定一个定律，称为误差传播定律。误差传播定律的一般形式为

$$m_z^2 = \left(\frac{\partial f}{\partial x_1} \right)^2 m_1^2 + \left(\frac{\partial f}{\partial x_2} \right)^2 m_2^2 + \cdots + \left(\frac{\partial f}{\partial x_n} \right)^2 m_n^2 \tag{8-28}$$

式中，$x_i (i = 1, 2, \cdots, n)$ 为独立观测值，已知其中误差为 $m(i = 1, 2, \cdots, n)$，$\dfrac{\partial f}{\partial x_i}$ 是函数对各个变量所取的偏导数，以观测值代入算出来的数值，是常数。

2. 测量误差平差模型

解决实际问题，都要选择建立某种函数模型，函数模型是描述观测量与未知量之间的数学函数关系的模型。事实上，测量平差的目的就是为了最优估计函数

模型的未知量。测量平差函数模型分为线性模型和非线性模型两类，通常，测量平差模型是基于线性模型的。

1) 条件平差模型

一般而言，如果有 n 个观测值 L_{n1}，t 个必要观测值，则应列出 $r=n-t$ 个条件方程，即 $F(\tilde{L})=0$，如果条件方程为线性形式，可直接写为

$$A_{rn}\tilde{L}_{n1} + A_0 = 0 \tag{8-29}$$

式中，A_0 为常数。将 $\tilde{L} = L + \Delta$ 代入式(8-29)，并令 $W = AL + A_0$，则式(8-29)为

$$A\Delta + W = 0 \tag{8-30}$$

2) 间接平差模型

在测量平差模型中，如果某平差问题有 n 个观测值，t 个必要观测值，选择 t 个独立量作为平差参数 $\tilde{X}_{t1}$，则每个观测量必定可以表达成这 t 个参数的函数，即为

$$\tilde{L}_{n1} = F(\tilde{X}) \tag{8-31}$$

如果这个表达式是线性的，则一般为

$$\tilde{L}_{n1} = B\tilde{X} + d \quad \text{或} \quad l + \Delta = BX \tag{8-32}$$

式中，$l = L - d$。

3) 附有参数的条件平差函数模型

一般而言，在一些平差问题中，观测值个数为 n，必要观测数为 t，多于观测数 $r=n-t$，在增选 $u(0<u<t)$ 个独立参数，则总共应列出 $c=r+u$ 个条件方程，一般形式为

$$F(\tilde{L}\tilde{X}) = 0 \tag{8-33}$$

如果条件方程是线性的，则其形式为

$$A\tilde{L} + B\tilde{X} + A_0 = 0 \quad \text{或} \quad A\Delta + B\tilde{X} + W = 0 \tag{8-34}$$

式中，$W=AL+A_0$ 就是附有参数的条件平差的函数模型，它的特点是观测值 $\tilde{L}$ 和参数 $\tilde{X}$ 同时作为模型中的未知量参与平差，是一种间接平差与条件平差的混合模型。

4) 附有限制条件的间接平差模型

如果进行间接平差，就要选出 t 个独立量为平差参数，按每一个观测值与所选参数间函数关系，组成 t 个观测方程。如果在平差问题中，不是选 t 个参数，而是选大于 t 个参数，那么除了建立 n 个观测方程外，还要增加 s 个约束条件方程，那么这样的平差为附有限制条件的间接平差。

一般来说，附有限制条件的间接平差的线性函数模型为

$$\begin{cases} \tilde{L} = B\tilde{X} + d & \text{或} \quad l + \Delta = B\tilde{X} \\ C\tilde{X} + W_x = 0 \end{cases} \tag{8-35}$$

二、测量原理及方法

常规测量通常将某点在空间的位置分解为平面位置和高程位置，即分别用两个相对独立的坐标系统——平面坐标系统(经纬度与平面直角坐标)和高程坐标系统表示。平面位置一般通过国家坐标系或地方坐标系表示，而高程位置用相对某一大地水准面的高程系来表示。

(一) 距离测量

距离就是两点之间的水平长度，距离测量就是测量两点之间的水平长度。它可以用于测量中的坐标传算、坐标解算和面积求解等。传统的距离测量的方法主要有：钢尺、皮尺的直接测距法；基于经纬仪、水准仪的间接视距法；基于测距仪、全站仪的光电测距法。随着科学技术的不断发展，新的测距模式也在不断更新，以下为一些测距的方法及原理。

1. 传统测距方法

1) 钢尺测距

钢尺是目前直接距离测量的主要工具。它通常可以分为 20m、30m 和 50m。钢尺测距的方法是：直线定线；分段量距；逐段量取定向桩之间的高差；成果整理。钢尺测距示意图如图 8-20 所示。

图 8-20 钢尺测距示意图

2) 视距量距

视距测量是一种根据几何光学原理用简便的操作方法即能迅速测出两点间距离的方法。视距测量操作快捷方便，一般不受观测地形起伏的影响。但是视距在近似基础上进行计算，因此测距精度较低，其相对误差为 $1/200 \sim 1/300$。

视距测量的原理是根据相似性原理进行的。在等腰三角形或者直角三角形中，一条边和一个角已知，从而能推算另一条边的长

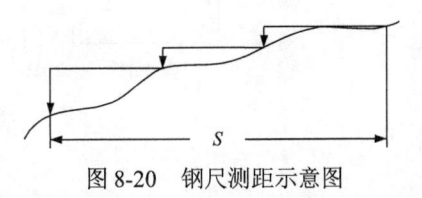

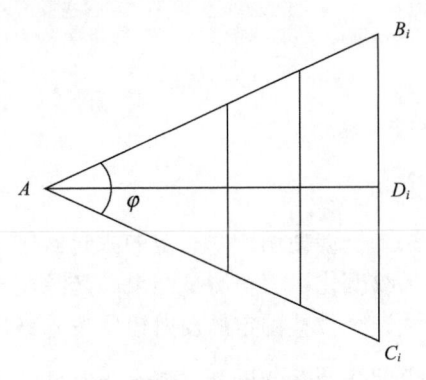

图 8-21 视距测量

度。如图 8-21 所示，装置有固定 φ 角值的视距仪置于 A 点，则 AD_i 之长为

$$AD_i = \frac{B_i C_i}{2} \cot \frac{\varphi}{2} \tag{8-36}$$

即 AD_i 值由 B_iC_i 的长度确定，这种方法称为视距测量(图 8-21)。

3) 电磁波测距

为了克服测程较短、测距精度不高等困难，随着光电技术的发展，人们创造了一种新的测距方法——电磁波测距法。电磁波测距的基本原理是通过测定电磁波(无线电波或光波)在测线两端点间往返传播的时间 t，按下列公式算出距离 D：

$$D = 1/2 ct \tag{8-37}$$

式中，c 为电磁波在大气中的传播速度，它可以根据观测时的气象条件来确定。

2. 新型测距方法

1) 激光三角法

激光三角法的原理是将一束准直好的激光照射在待测物体表面，激光通过被测目标的反射后通过接受光路汇聚到位置敏感器件(PSD)或电耦合器件(CCD)等探测器上，根据被测目标的距离不同，反射光汇聚到探测器不同的位置上，分析处理探测器的输出信号从而得到被测目标的距离，其测量原理如图 8-22 所示。

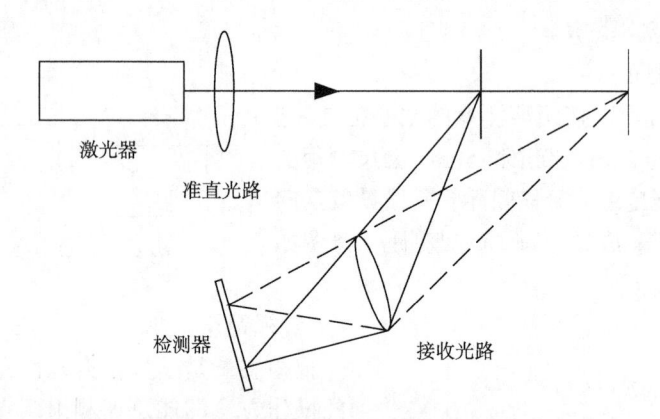

图 8-22 激光三角法测量原理

2) 激光干涉法

激光干涉法是精度很高的测距方法之一，激光干涉使用频率稳定的激光器作为光源，分析测量光和参考光之间产生的干涉条纹变化以获得测量结果。光源发出的光被分光镜分为两束。一束为参考光，到达一个位置固定的反射镜后按原路返回；而另一束照射到目标反射镜上，反射回来的光在分光镜处与参考光汇合，产生干涉(图 8-23)。

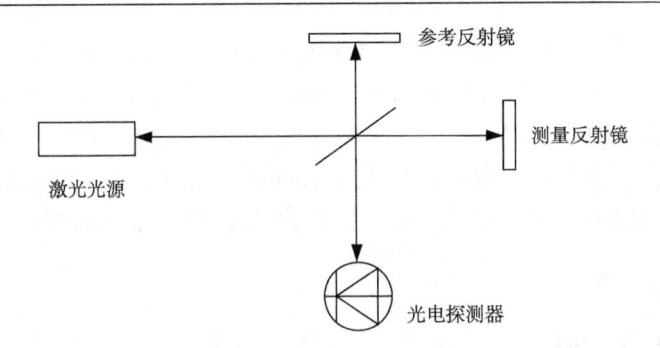

图 8-23　激光干涉器测量原理

3) 脉冲时间飞行法

脉冲直接测量法是一种直接测量的方法，激光脉冲经过校准之后直接照射在目标上，被测目标反射回的脉冲由光电探测器接收。脉冲在出射和返回时分别产生控制信号，使计时模块开始及停止计时，得到激光脉冲在空气中的传播时间。脉冲时间飞行法的测量结构，如图 8-24 所示。

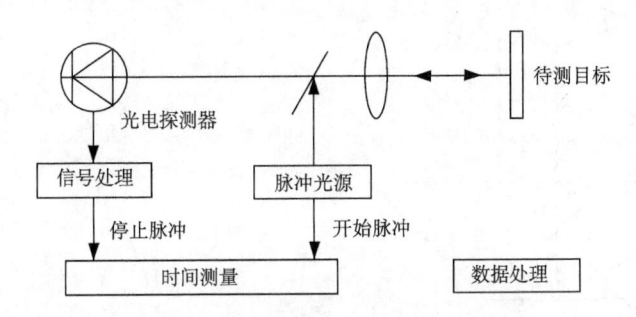

图 8-24　脉冲时间飞行法测量原理

4) 红外测距传感器

红外测距仪是一种精密的测量工具，目前所说的红外线测距仪指的就是激光红外线测距仪，也就是激光测距仪。红外测距仪——用调制的红外光进行精密测距的仪器，测程一般为 1～5km。目前市场最常用的有两种测量工具：手持激光红外线测距仪和望远镜式激光红外测距仪。前者测量距离较短，一般在 200m 内，经度在 2mm 左右，在功能上除了测距外还能测量物体体积；而后者测量距离一般在 600～3000m，经度相对较低约 1m，主要用于野外远程测距。

红外测距仪一般采用两种方式来测量距离：脉冲法和相位法。脉冲法测距的过程是：测距仪发射出的激光经被测量物体的反射后被测距仪接收，测距仪同时记录激光往返的时间。光速和往返时间乘积的一半，就是测距仪和被测量物体之间的距离。脉冲法测量距离的精度一般在±1m 左右。另外，此类测距仪的测量盲区一般是 15m 左右。一般情况下相位式激光测距仪使用连续发射带调制信号的激光束，为了获得测距高精度还需配置合作目标，而目前推出的手持式激光测距仪是脉冲式激光测距仪中又一新型测距仪，采用数字测相脉冲展宽细分技术，无需合作目标即可达到毫米级精度，测程已经超过 100m，且能快速准确地直接显示距离，是短程精度精密工程测量、房屋建筑面积测量中最新型的长度计量标准器具。

（二）角度测量

1. 水平角测量原理

在测定地面点的平面位置时，除了观测距离外，还需要观测水平角。所谓水平角，就是相交两直线之间的夹角在水平面上的投影，如图 8-25 所示。

$\angle AOB$ 为直线 OA 和 OB 的夹角，观测中要观测 $\angle AOB$ 在平面上的投影，即 $\angle A_1O_1B_1$，而不是斜面上的 $\angle AOB$。角度测量主要仪器是经纬仪，分为光学和电子，但是它们的工作原理基本相同，都是利用方向观测法进行，如图 8-26 所示。

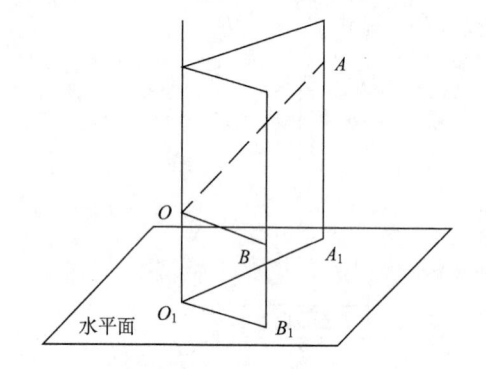

图 8-25　角度测量原理

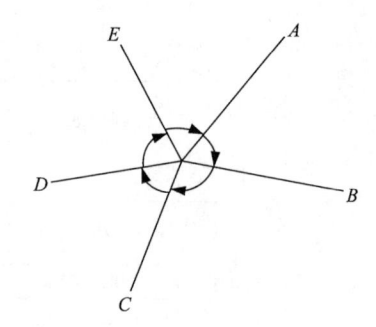

图 8-26　角度测量方法

在中心点分别测量 A、B、C、D、E 的角度，将经纬仪分别依次照准 A、B、C、D、E 进行盘左测量，然后再照准 A、B、C、D、E 进行盘右测量，分别读取盘左和盘右的数值，然后进行平均，所得数值就是各个角度的测量值。

2. 竖直角测量原理

在同一竖直面内视线和水平线之间称为竖直角或垂直角。如图 8-27 所示，视线在水平线之上称为仰角，符号为正；视线在水平线之下称为俯角，符号为负。如果在测点 O 上安装一个带有竖直刻度盘的测角仪，其竖盘中心通过水平视线，设照准目标点 A 时视线的读数为 n，水平视线的读数为 m，则竖直角 α 为

$$\alpha = n - m \tag{8-38}$$

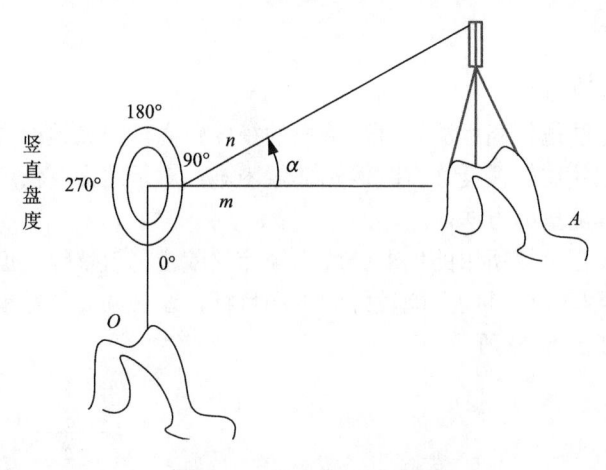

图 8-27　竖直角测量原理

(三) 高程测量

1. 常规水准测量

水准测量是高程测量的方法之一，水准测量的基本测量方法是：若已知高程的 A 点，测出 A 点到 B 点的高程之差，简称高差 h_{AB}。于是，B 点的高程 H_B 为

$$H_B = H_A + h_{AB} \tag{8-39}$$

式中，H_B 就是 B 点的高程。

水准测量的原理如图 8-28 所示，在 A、B 两点分别竖立一根水准尺，在 A、B 两点之间设置一架水准仪。设水准仪的水平视线截在尺子的位置为 M、N，过 A 点作一水平线与过 B 点的铅垂线相交于 C。

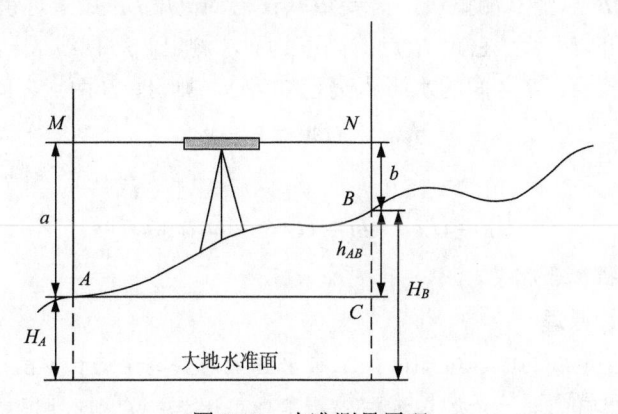

图 8-28　水准测量原理

因为 BC 之长即为 A、B 两点之间的高差 h_{AB}，所以 $h_{AB}=a-b$，这样就可求出 B

点的高程坐标。

2. 三角高程测量

利用前述方法进行高程测量时，测量的精度较高，但在地面高低起伏较大的地区，这种方法就比较缓慢，有时候也非常困难。对于地面高低起伏较大的地区常采用三角高程测量的方法。

进行三角高程测量所用的仪器一般为经纬仪或者平板仪等；但是必须具有能测出竖直角的竖盘。而且为了能较好的观测目标，还必须有望远镜镜头。三角高程测量的原理如图 8-29 所示。

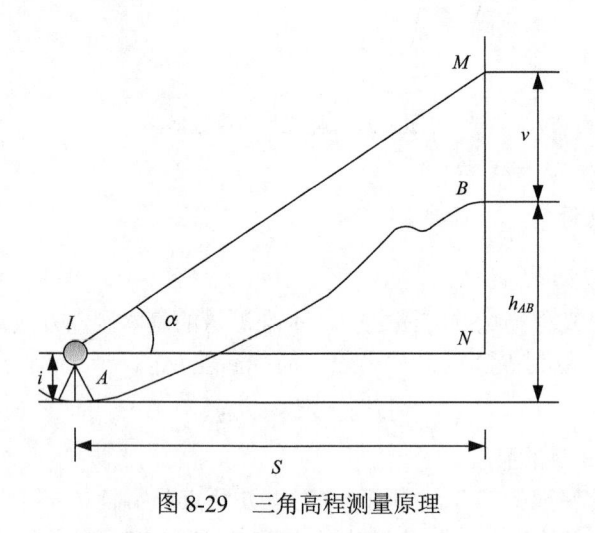

图 8-29 三角高程测量原理

如果已知 A 点的高程 H_A，只要知道 h_{AB}，就能得出 B 点的高程 H_B。在 A 点设置仪器，在 B 点竖立测量尺，需要量取仪器的高度 i，用望远镜中的十字丝照准 B 点标尺上的 M 点，它距 B 点的高度为 v，测出倾斜视线 IM 与水平视线 IN 的夹角 α，如果 A、B 之间的水平距离已知为 S，则 A、B 两点之间的高差为

$$h_{AB} = S\tan\alpha + i - v \tag{8-40}$$

B 点的高程为

$$H_B = H_A + h_{AB} = H_A + S\tan\alpha + i - v \tag{8-41}$$

3. GPS 高程拟合测量

1) GPS 测量原理

由距离交会定点的原理可知，在二维平面上需要两个边长就能确定另一个点，而在三维空间里就需要三条边长确定第三个点。GPS 定位的原理也是基于距离交会定位原理确定点位的。利用固定于地球表面的三个及以上的地面点(控制站)可交会确定出天空卫星位置，反之利用三个及以上卫星的已知空间坐标又可以交会出地面

未知点(接收机天线)的位置，这就是 GPS 定位的基本原理。

如图 8-30 所示，设在地面上有三个已知点(可以更多) P_1、P_2、P_3 和待定点 P，在其上对卫星 S_1 进行同步观测，测得距离 S_{11}、S_{21}、S_{31} 和 S_{P1}，则可由三个距离 S_{11}、S_{21}、S_{31} 确定出卫星 S_1 的位置，同理可确定出卫星 S_2、S_3 的空间位置以及相应的距离 S_{P2}、S_{P3}，则待定点 P 的位置可由三个卫星(位置已知，可以更多)的距离 S_{P1}、S_{P2}、S_{P3} 交会确定。

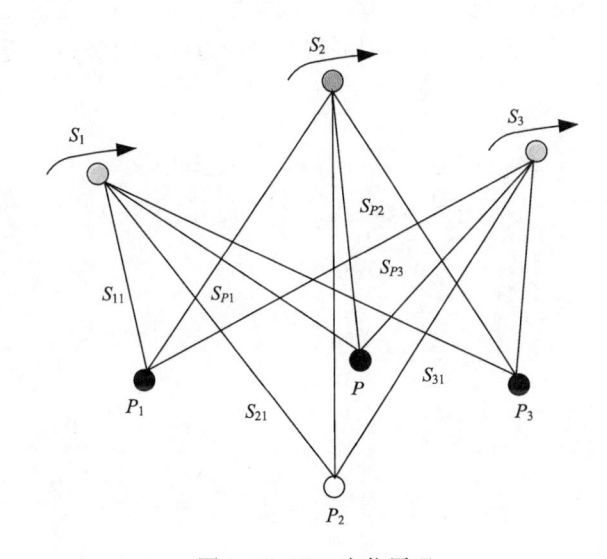

图 8-30　GPS 定位原理

2) GPS 高程拟合

在进行 GPS 高程拟合时，主要是确定大地水准面差距，如果大地水准面差距能确定，就可以利用公式：

$$H = H_g + N \tag{8-42}$$

进行大地高和正高间的相互转换，其中 H 为大地高，H_g 为正高，N 为大地水准面差距。但当其未知时，需要设法确定大地水准面差距的数值。确定大地水准面差距这里采用天文大地法。测定 A、B 两点间垂线偏差改正的天顶角，计算出两点间大地高差 ΔH_{AB}，利用水准测量的方法测定出两点间的正高之差 ΔH_{gAB} 或正常高之差 $\Delta H_{\gamma AB}$。这样就可以得出两点间大地水准面差距的变化 ΔN_{AB} 或高程异常的变化 $\Delta \gamma_{AB}$：

$$\Delta N_{AB} = \Delta H_{AB} - \Delta H_{gAB} \tag{8-43}$$

$$\Delta \gamma_{AB} = \Delta H_{AB} - \Delta H_{\gamma AB} \tag{8-44}$$

用上述方法可以确定其他点上的大地水准面差距或者高程异常。

4. 气压高程测量

气压高程测量指根据大气压力随高程变化的规律，用气压计进行高程测量的方法。在气压高程测量中，大气压力以水银柱高度(mm)表示。温度为0℃时，在纬度45°处的平均海面上大气平均压力约为760mm水银柱(1mmHg=133.322 Pa)，每升高约11m，大气压力减少1mm水银柱。一般气压计读数精度可达0.1mm水银柱，约相当于1m的高差。由于大气压力受气象变化的影响较大，因此，气压高程测量比水准测量和三角高程测量的精度都低，主要用于低精度的高程测量，其优点在于观测时点与点之间不需要通视，使用方便、经济和迅速。

第九章 自然资源平衡

土地工程的建设是以人的意志来改造自然的过程,期间必然会引起一些自然环境问题,同时建设的过程是一个资源趋于动态平衡的过程,即打破旧平衡,建立新平衡的过程,因此将自然平衡原理运用到土地工程中,一方面可以解决工程建设过程中的环境问题,另一方面可以提高工程建设的资源、社会、经济和生态效益。

第一节 自然资源分类及平衡原理

一、自然资源平衡概述

(一)自然资源分类

自然资源是指在一定历史条件下能被人类开发利用以提高自己福利水平或生存能力的,具有某种稀缺性的,受社会约束的各种环境因素和条件的总称。社会化的效用性和相对于人类的稀缺性是其根本属性,两者均因人的需要而成立。自然资源按资源的利用限度进行分类,主要分为可更新资源和不可更新资源。可更新资源主要是指在正常情况下,可通过自然过程再生的资源,如土地资源、水资源、气候资源和生物资源等。不可更新资源主要是指地壳中有固定储量的可得资源,由于它们不能在人类历史尺度上通过自然过程再生,或由于它们再生的速度远远慢于被开采利用的速度,可能会耗竭,如矿产资源等。

(二)自然资源平衡在土地工程中的应用

1. **自然平衡原理在土地工程中的应用**

土地工程主要利用自然资源平衡原理对区域内自然资源进行重新配置,运用的平衡原理主要有能量物质守恒原理、生态原理、经济原理、管理学原理和系统论原理。

2. **自然平衡法则和方法在土地工程中的应用**

自然平衡法则主要包括平衡循环、内部平衡、资源对称和资源自然位置四个法则。自然平衡方法主要包括系统法、要素法、反馈法、时间法、工具法、控制法和过程法。

3. 自然资源的平衡分析在土地工程中的应用

土地工程中应用的自然资源平衡分析主要包括水资源平衡分析、土资源平衡分析、气候资源平衡分析、生物资源平衡分析和矿产资源平衡分析。

二、自然资源平衡原理

自然资源平衡即在自然资源系统内部，在一定时间内保持能量与物质输入、输出动态的相对稳定状态。自然资源稳定是整个自然保持正常的生命并维持系统的重要条件，也是保持资源丰富的必备条件，同时也为人类提供适宜的生存环境和稳定的生物质资源。土地工程主要利用自然资源平衡原理对区域内自然资源进行重新配置，其建设的过程是一个自然资源趋于动态平衡的过程，即打破旧平衡，建立新平衡的过程。

（一）能量物质守恒原理

自然资源平衡中物质和能量的转化和流动同样遵守能量和物质守恒，其原理主要包括能量转化与守恒定律原理、物质循环再生原理等。

1. 能量转化与守恒定律原理

能量和物质既不会凭空产生，也不会凭空消失，它只会从一种形式转化为另一种形式，或者从一个物体转移到其他物体，其总量保持不变。资源开发主要是能量的地理环境转换过程的表达，反映自然资源的互补与替代。

2. 物质循环再生原理

在整个地球的生物圈中，生物借助能量的不停流动，一方面不断地从自然界摄取物质并合成新的物质；另一方面又随时分解为原来的简单物质，即"再生"，重新被生物圈中的生产者植物所吸收利用，进行物质循环。自然资源中组成有机体的要素，在自然环境中都形成了有规律的复杂和稳定系列，通过合成、分解达到物质循环及形成新平衡的过程。

能量流动和物质循环大多数是同时存在的，能量的固定、储存、转移和释放，离不开物质的合成和分解等过程，能量作为动力，使物质能够不断地在生物群落和无机环境之间循环往返（图9-1）。

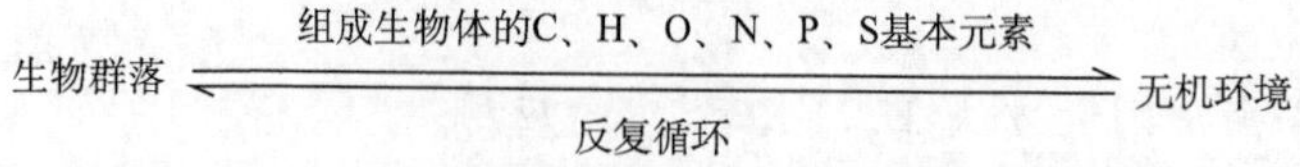

$$\text{生物群落} \;\underset{\text{反复循环}}{\overset{\text{组成生物体的} C、H、O、N、P、S \text{基本元素}}{\rightleftharpoons}}\; \text{无机环境}$$

图 9-1　生物群落与无机环境之间的物质循环流动

(二)生态原理

生态原理主要阐述了生态学中常用的基本原理，运用这些原理对自然资源的平衡进行判别并促使其平衡，主要包括利比希最小因子定律、谢尔福德耐受性定律、有效积温法则和资源比率学说等。在土地工程建设中，为了保持区域生态平衡，这些原理及法则同样适用，而且能更好地指导土地工程建设系统和所涉及的自然资源因子稳定有效的运行。

1. 利比希最小因子定律

一种生物必须有不可缺少的物质提供其生长和繁殖，这些基本的必需物质随种类和不同情况而异。当植物所能利用的量紧密地接近所需的最低量时，就对其生长和繁殖起限制作用，成为限制因子，这就是利比希"最小因子定律"。在自然生态中，主要表达为某一数量最不足的营养物质，由于不能满足生物生长的需要，不仅限制了生物的生长，而且也限制其他处于良好状态下的自然资源的发挥，资源的多少主要取决于自然环境的稳定性。

2. 谢尔福德耐受性定律

谢尔福德耐受性定律是美国生态学家 Shelford 于 1913 年提出的。生物对其生存环境的适应有一个生态学最小量和最大量的界限，生物只有处于这两个限度范围之间才能生存，这个最小到最大的限度称为生物的耐受性范围。生物对环境的适应存在耐性限度的法则称为耐受性定律。具体可定义为：任何一种环境因子对每一种生物都有一个耐受性范围，范围有最大限度和最小限度，一种生物的机能在最适点或接近最适点时发生作用，趋向这两端时就减弱，然后被抑制，这就是耐受性定律。在自然中，任何一个生态因子在数量和质量上不足或过多，即其接近或达到某种资源的耐受限度时，就会促使该种资源减少或者消失。不同资源对生态因子的耐性范围不同，其相互作用不同，在不同的时间和空间，资源的耐性范围也会发生变化。

3. 有效积温法则

有效积温是指自然界中不同的生物生长发育所需要的从外界摄取的热量，使生物能够正常生长发育，增加自然系统的多样性，公式一般表达为

$$K = N(T-C) \quad 或 \quad N = K/(T-C) \tag{9-1}$$

式中，K 为积温常数；N 为发育历期即生长发育所需时间；T 为发育期间的平均温度；C 为起始点温度。

4. 资源比率学说

每个种的限制性资源比率为某一值时表现为强竞争者，故当两种或多种限制性资源的相对利用率改变时，即造成原来稳定的系统也随之改变，故发生了演替，

这一值称为资源比率。资源比率学说在解释生态系统演替中起到了重要作用,认为资源比率的变化最终可导致群落物种组成成分发生变化,即资源比率决定生态系统演替过程,资源(包括养分、水分、光等)控制生物区系,生物反过来改变其赖以生存的环境条件。

5. 变化镶嵌体稳定态学说

一些生态系统的发展不依赖于外源环境干扰,却表现为一种内源自发控制过程,演替包括四个阶段:重组、加积、过渡和稳态,这个学说适用于资源系统内部稳态研究。

6. Logistic 模型原理

Logistic 模型的重要意义主要表现在它是两个相互作用资源增长模型的基础,也是林业、农业等实践领域中确定最大持续产量的主要模型,模型中的两个参数 r, k 已成为生物进化对策理论中的重要概念,公式表达为

$$\frac{\mathrm{d}N}{\mathrm{d}t} = rN\left(1 - \frac{N}{k}\right) \tag{9-2}$$

其积分形式为

$$N = \frac{k}{1 + \mathrm{e}^{a-rt}} \tag{9-3}$$

7. 自然节律原理

在自然地理现象中,一切组成成分随着时间的变化,都不是绝对杂乱无章的,而是遵从着一定的规则。这种非人为的纯自然过程所表现出的在时序上的规律,即为自然节律性。自然节律性具有叠加性、分级性和变异性的特点。

(三)经济原理

1. 自然资源的供给和需求

自然资源的供给分为自然供给和经济供给,其中自然供给是指实际存在于自然界的各种资源的可得数量,是无弹性供给,而自然资源的经济供给是有弹性的供给,在远离资源供给极限时,资源供给弹性较大,随着供给量的增加,优等资源不断投入使用,所余资源的质量越来越差,开发成本成倍地增加。自然资源的需求是无止境的,且需求程度随时代和地区而不同,主要受到人口及生活水平、资源品质、技术进步和产业发展的影响,其有效需求是指有支付能力的需求。一般随价格上升而减小,随价格下降而增加。

2. 价值规律原理

价值规律是商品经济的客观规律,只要存在商品生产和商品交换,价值规律就客观的存在并发生作用,在市场经济条件下,价值规律就像一只无形的手支配

着资源的合理流动和有效配置。价值规律的基本内容：商品价值量是由生产商品的社会必要劳动时间决定的，商品交换要以价值量为基础，实行等价交换。

3. 因地制宜原理

在资源开发利用中，充分考虑自然、资源和社会经济背景，按照自然规律办事，实现资源-生态-经济系统内部各要素间的相互协调。

4. 均等边际原理

均等边际原理是指当利用有限资源时，应将它适当地分配给各种用途，使其在每一种用途中所获得的边际报酬大致相等，这样才能使各种用途的总报酬最高。自然资源价格相对于其他生产要素的比价越低，对自然资源的有效需求就越多；反之，越少。

5. 土地报酬递减原理

边际报酬递减规律又称边际收益递减规律，是指在其他条件不变的情况下，如果一种投入要素连续等量增加，增加到一定产值后，所提供的产品的增量就会下降，即可变要素的边际产量会递减。这就是经济学中著名的边际报酬递减规律，并且是短期生产的一条基本规律。

从土地利用的全过程来看，土地报酬的运动规律在一般条件下，是随着单位土地面积上劳动和资本的追加投入，由递增趋向递减，在递减后，如果出现科学技术或社会制度上的重大变革，使土地利用在生产资源组合上进一步趋于合理，则又会转向递增；而一旦技术水平与管理水平稳定下来，将会再度趋于递减。至于土地肥力及土地生产力的发展变化趋势，在土地合理利用条件下总的趋势则是递增的，但利用不当也会趋于下降和衰退，关键在于科学技术和管理水平的主导作用。应该肯定，随着现代科学技术和管理手段在农业生产和土地利用上的广泛应用，土地的增产潜力是无限的。

6. 成本-效益分析的基本原理

成本-效益分析的基本原理主要表达对经济决策将要付出的社会成本（直接的和间接的）与可获得的效益（直接的和间接的），以尽可能统一的计量单位（货币）分别进行计算，以便从量上进行分析对比，权衡得失。

(四)管理学原理

在自然资源平衡管理中运用好管理学原理，把握好能级原理、效益原理和弹性原理等，对分析、管理和促进自然资源平衡具有重要意义。

1. 能级原理

为了实施有效的资源系统管理，根据资源的功能、分类等因素，建立一个合理的能级结构，按照一定的标准，将管理的对象置于相应的能级结构中，使不同的资源发挥不同的作用,且能很好地保持资源的稳定性和平衡性。

2. 效益原理

在对各资源的管理、开发和利用中,注重对其社会效益、经济效益和生态效益的最大化,应努力提高系统平衡稳定性,从而追求长期、稳定的高效益。

3. 弹性原理

所有的耗散结构系统中,为了同外界进行正常的物质、能量、信息交换以及同外部环境之间保持积极的动态适应关系,都必须考虑各种变化的可能性,使管理系统整体或者内部诸要素、层次在各个环节和阶段上保持适当的弹性,这属于一种相对稳定的动态平衡,弹性原理在管理中要注重不确定性和结果的不可重复性。

(五)系统论原理

资源、生态和经济建设相互密切联系,构成了具有特定功能和结构的整体,任何一个自然资源要素的变动势必会对整体和其他组成要素产生影响。合理运用系统论中常用的整体性原理、层次性原理和目的性原理等,可有效促进自然资源平衡。在土地工程建设中,涉及自然中各类资源较多,各种资源之间构成的系统(农田系统、水域系统和森林系统)及系统之间的平衡都需要上述五种原理的指导,它们对土地工程建设中打破旧平衡,构筑新稳态具有重要作用。

1. 整体性原理

系统是由若干要素组成的具有一定新功能的有机整体,作为系统各个子单元的要素一旦组成系统整体,就具有独立要素所不具有的性质和功能,形成了新的系统的质的规定性,从而表现出整体的性质和功能不等于各个要素的性质和功能的简单加和。

2. 层次性原理

由于组成系统的诸要素的种种差异包括结合方式上的差异,从而使系统组织在地位与作用、结构与功能上表现出等级秩序性,形成了具有质的差异的系统等级,层次概念就反映这种有质的差异的不同系统等级或系统中的高级差异性。

3. 开发性原理

系统具有不断地与外界环境进行物质、能量、信息交换的性质和功能,系统向环境开放是系统得以向上发展的前提,也是系统得以稳定存在的条件。

4. 目的性原理

组织系统在与环境的相互作用中,在一定的范围内,其发展变化不受或少受条件变化或途径经历的影响,坚持表现出某种趋向预先确定的状态的特性。

第二节 自然资源平衡法则

一、平衡层次

在自然资源中,任何平衡系统都同时包含系统与环境、系统与系统和系统内部结构三个层次的平衡,在土地工程中也包括这三个方面的平衡。

(一) 系统与环境

在自然资源中,所有的资源构成大的环境,单一资源则构成独立的系统,环境趋于平衡,对系统的选择是自我调节和优存劣汰,利用自然资源平衡原理对自身内部结构进行调整以取得系统与环境的平衡,系统则是根据改变自然位置来取得自身与环境的平衡。

(二) 系统与系统

在自然资源中存在水系统、土系统、气候系统和生物系统等,主要是组成自然资源各系统之间的相对动态平衡,一般实质是"物质-能量-信息"在输出和输入上的平衡,在自然资源平衡中各系统主要是以生存和可持续发展为基础的平衡,是自然平衡中的基础平衡。

(三) 系统内部

土地工程实施就是将原有的区域系统和环境进行重新布置分配,通过人为设计和干扰构成新的系统与环境,为了该区域自然资源的平衡,区域环境和组成系统将会从系统和环境、系统和系统以及系统内部这三方面进行彼此间的选择和反作用。

二、平衡法则

平衡是自然资源的本质和属性合理存在的必然形式,也是自然资源循环和转换的法则,其主要包括平衡循环、内部平衡、资源对称和资源自然位置四个法则。

(一) 平衡循环

平衡循环也可称为平衡运动,即自然资源从平衡到不平衡,再从不平衡到一个新平衡的螺旋式的循环过程,平衡循环是自然资源的基本运行法则。在自然资源运行中,其自然资源组成的各系统都是在平衡模式下进行转换或者循环,也是在循环中得以发展。

(二)内部平衡

自然资源系统是由不同的资源构成,这些资源独立构成系统,需对自身内部各因子进行平衡,包括静态平衡和动态相对平衡。在土地工程中,主要涉及的资源系统包括水资源、土资源和生物资源等系统自身的平衡,一般对于资源自身系统的平衡取决于系统内资源的周转率和周转时间,一般表达为

$$W = \frac{T_r}{M} \tag{9-4}$$

$$T = \frac{M}{T_r} \tag{9-5}$$

式中,W为资源周转率;T为资源周转时间;T_r为流通率;M为资源总量。资源的周转率和周转时间较短,就表明系统内部容易达到动态平衡。在土地工程中,资源周转率和周转时间对水资源影响较大,水资源的供需平衡比较重要,在本章第三节对水资源平衡将做重点说明。

(三)资源对称

在自然资源中各资源系统间的平衡就表达了资源之间的对称,即说明各资源形成的独立系统间存在相对动态的平衡。各系统间的物质和能量流通和转换都遵循生态系统的林德曼效率,一般表达为

$$L_e = \frac{A_{n+1}}{A_n} \tag{9-6}$$

式中,L_e为资源能量;n为资源营养级;A_{n+1}为$n+1$级资源能量;A_n为n级资源能量。系统间的相对平衡也可通过人为、机械和理论等方法来推动平衡的进程。土地工程中运用各种技术手段、机械力量和设计理论都可将各资源系统进行最佳分配,使资源对称达到最好。

(四)资源自然位置

资源自然位置主要表达独立的资源在自然资源系统中在时间、空间上所具有和占据的位置及与其他资源间的相互功能关系。这是由资源所构成的独立系统与大环境间的平衡性,属于平衡的第一层次,这一平衡理论由生态位理论演化而来。在土地工程中,利用生态位理论可对资源的重要性和配置进行最佳设计,对借助外力建设自然资源平衡具有重要意义。

三、平衡方法

自然资源要达到平衡所采用的方法很多,以下对自然资源平衡中常用的 7 种

方法，即系统方法、要素方法、反馈方法、时间方法、工具方法、控制方法和过程方法。

(一) 系统方法

系统方法是把研究的系统当做一个整体，综合分析各系统与环境、系统与相关系统、系统内部结构三个层面的平衡关系，主要分析环境-系统-结构的关系。一般的公式表达为

$$S = F(r、q、s) \tag{9-7}$$

式中，S 为系统；r 为要素性质；q 为数量；s 为结构稳定度。

(二) 要素方法

自然资源包括各要素的平衡，主要是各系统之间物质、能量、信息的平衡。物质是构成系统和组成资源的最基本因素，能量是自然资源寻求平衡的过程。物质反应系统的结构属性，能量反映系统的功能属性，且要素之间存在平衡关系，公式表达为

$$E = mc^2 \tag{9-8}$$

式中，E 为能量；m 为质量；c 为光速。

信息一般表现为"获取—输入—传输—加工—处理—输出—反馈"，从而揭示自然资源中各要素的性质及规律方法。自然资源平衡中应包括物质、能量和信息之间的动态平衡，即可从要素入手，解释和促进自然资源的平衡。在土地工程中，对各自然资源的平衡要素可以上升为系统层面分析，即土地系统、水系统、气候系统和生物系统等各系统之间物质、能量和信息的流动与平衡。

(三) 反馈方法

在一般研究中，反馈方法称为黑箱方法，主要研究内部结构和机理不能直接观察的系统。研究资源平衡主要注重系统整体性和功能，运用抽象方法和模型方法对反馈信息进行模拟分析，主要流程包括"输入—输出—反馈"。在土地工程中，为了促使各系统自然资源的平衡及系统内部的平衡，可通过设计图及计算机实际模拟对土地工程中所涉及的主要系统或资源进行分配组合，通过分析各资源占比模拟状况，选择区域最佳的资源平衡设置比例，人为调节加速自然资源平衡的产生。

(四) 时间方法

通过区域不同时间段自然资源变化情况的统计分析，分析过去各系统位置、

系统内部结构及系统反馈内容，认识现在资源系统的变化，寻求自然资源平衡的诞生、发展、衰落和再更新的过程。通过对时间段的分析，将系统自然资源配置、系统自身适应能力和平衡能力进行最优化，将有利于未来自然资源平衡目标的实现及长时间将平衡维持在稳态。

(五)工具方法

系统与环境、系统与系统、系统内部结构之间平衡的实现有时借助外部事物，这些都属于工具，如理论、方法、人力及物件等，一般在自然资源平衡实现过程中，运用工具方法流程为"目标—工具—结果"。在土地工程中，利用工具实现平衡主要有人为设计、规划、机械的参与和综合生态学原理、方法，通过正干扰促使自然资源的重新配置，从而达到平衡。

(六)控制方法

控制方法主要是对自然资源中可能发生的不确定事件，抓住机遇和应对风险的过程。系统可通过控制过程实现自身平衡，也可人为利用原理和方法进行控制。控制方法包括"识别—评估—反应—措施—反馈"等环节，对不同系统的控制还应该遵循"相互独立-完全穷尽"的原则，表达为不影响平衡目标实现的主要要素，并尽最大可能找到所有控制措施。

(七)过程方法

过程方法是利用重要理论对系统主要发生过程进行监测和分析，从而实现目标的方法。过程方法主要包括"系统-过程-目标"的流程。过程的实现就是从平衡到不平衡，不平衡达到新平衡的方法，对于过程的控制完全可以实现对系统平衡的控制。在土地工程中，各资源系统的运行过程靠人为可完全控制，对实现一个新的自然资源平衡具有重要意义。

第三节 自然资源平衡分析

在介绍了自然资源平衡中应遵循的原理、法则和方法后，对于自然资源平衡中常涉及的水资源、土资源、气候资源、生物资源和矿产资源平衡中所需的原理、法则和计算方法将在本节详细介绍，这也是对自然资源中可更新资源和不可更新资源平衡的解释说明。

一、水资源平衡分析

水资源供需平衡分析是人类社会经济发展活动对水资源需求所面临的新的应

用基础科学问题，使得水资源供需平衡研究成为国内外自然资源科学领域的重要研究课题。在土地工程中，水资源供需平衡分析与计算也十分重要。

(一)需水量分析原理

1. 需水量分析模式

1)"以需定供"模式

"以需定供"模式基本特征为：水资源开发利用以需求为导向，利用粗放且以供水工程建设为主体，"工程水利"特色十分明显。其资源背景为水资源丰富，且开发难度相对较小，多以引水为主，同时结合防洪和发电，修建一批蓄水工程，是土地工程建设中常常利用的模式。

2)"以供定需"模式

"以供定需"模式基本上和中国水资源利用的第三阶段同步。由于水资源开发利用的难度越加艰巨，开发水资源投资巨大，且许多地方当地水资源已没有开发利用的潜力，外延式的需水增长已受到众多因素的制约，需水增长明显趋缓。水资源规划开始出现"以供定需"模式。

3)"面向可持续发展"模式

在对"以需定供"模式和"以供定需"模式反思的基础上，水资源开发利用方式出现了重大变化，由工程水利向资源水利转变、由传统水利向可持续发展水利转变。水资源规划和需水预测开始出现了"面向可持续发展"的模式。

2. 需水量分析

目前对于水资源的需求进行分析和预测普遍采用的方法为发展指标与用水定额法，其他方法包括机理预测法、个体需水量法、趋势预测法、形态学法、特定环境功能法、弹性分析法和基于统计学的需水分析法。

1)发展指标与用水定额法

工业需水以及生活需水预测大多采用此法。工业需水预测采用万元产值法，生活需水预测采用人均日用水量法；农业用水有时也采用灌溉定额与灌溉面积的方法预测。该方法的局限性在于超长期用水定额的预测缺乏必要的定量手段，在土地工程中，现阶段运用用水定额法对农业用水进行预测和计算。

2)机理预测法

通过用水对象自身消耗水特性及其规律角度预测其需水量，如农业用水。植株的蒸腾蒸发过程的耗水情况，通过彭曼公式或者彭曼蒙迪斯公式计算作物蒸发量，从而预测其不同气候状况下的需水量。机理预测法需要大量的试验数据支撑，长期总结的经验应用到具体情况下也要做修正。

3) 个体需水量法

个体需水量法是对对象的用水情况进行比较分析，综合判定后对其结果加以引用。但是不同地区水资源开发利用情况有很大的差异，水资源赋值也不同，所以个体需水量在时空尺度上变化很大，很难判定不同时空状态个体需水量的关联性。

4) 趋势预测法

趋势预测法基于历史统计的大量数据进行统计分析，选定一定尺度内的数据进行三性审查，确定一个数据样本，对样本进行回归分析并对其趋势进行外延。影响需水的因素有很多方面，并不是所有个体都有很强的需水规律性，该方法的局限在于无法定量反映各因素与水资源需求量间的关系。

5) 形态学法

在需水量分析当中，针对河道生态流量的分析方法，有许多都直接或间接属于形态学观点的范畴。基于河道水力参数来确定河道生态流量的计算方法，都在某种程度上考虑了河道的特性，即水力学方法。其中，以湿周法、R2CROSS 法最具有代表性，R2CROSS 法是根据栖息地要求的水深、河宽和流速等计算河流生态需水量，其计算参数来自于实地调查。

6) 特定环境功能法

特定环境功能法主要研究内容是将河流生态系统的有机组成部分和功能进行划分，如河道基流需水、通航需水、冲沙需水和景观娱乐需水等，对不同的环境要求和生态服务功能，分别计算所要求的水量，根据计算结果取最大值，以满足各种功能的要求。土地工程中对于景观水的测算通常运用这个方法。

7) 弹性分析法

需水增长与其个体发展指标是有密切联系的，同时受诸如水价、收入水平、用水水平等因素的影响。其影响可以通过弹性系数反映，如需水个体的弹性系数、水弹性系数等。所谓需水弹性系数，即需水增长率与其考虑对象增长率的比值，例如，工业需水弹性系数可以描述为工业需水量增长率与工业产值增长率的比值。显然，需水弹性有阶段性、区域性的特点，在不同的发展阶段、不同的地区，其弹性是有差异的。

8) 基于统计学的需水分析法

需水量预测是建立在大量历史数据基础上，运用统计方法及水资源需求量的有关知识，从定量与定性的结合上进行研究。在获得了数据之后，通过分组、有关图表、统计指标等对这些数据进行描述；以概率论和数理统计为依据，对总体的情况进行科学推断；通过建立回归模型对现有的依存关系进行模拟、对未来情况进行预测。

3. 需水量计算

在土地工程中，利用上述各种方法完成对区域需水量的测算，然后从微观层面和宏观层面对需水测算结果进行合理性分析。对微观和宏观层面的分析结果进行整体对比，同时综合土地工程实施区域经济发展的不确定性，采用多情景预测，而后列举不同的方案进行比选，最终选择提出需水预测的成果。于土地工程涉及的行业较多，组成的资源系统也比较多，为了保证不同系统合理有效的运行，水资源是不可或缺的主要自然资源之一。各系统构成不同，即需水量计算方法也会不同。一般从对水资源需求的计算方法可分为以下几个方面。

1) 生活需水

对生活需水量的估算，考虑的因素是用水人口和用水定额，采用定额指标法进行分析，计算公式为

$$W_i = P(1+\varepsilon)^n K_i \tag{9-9}$$

式中，W_i 是生活用水量，m^3；P 是区域人口数，人；ε 是区域人口计划增长率，%；n 是起始年份与某一水平年份的时间间隔，年；K_i 是某水平年份拟定的区域人均用水综合定额，m^3/(人·年)。

2) 工业需水

工业用水分析是一项比较复杂的工作，涉及的因素较多，目前较为客观的计算方法是考虑万元增加值用水量和重复利用率进行估算，计算公式为

$$W_t = \sum_{j=1}^{J}\sum_{k=1}^{K} Y_t(1-\eta_t)q_t \tag{9-10}$$

式中，W_t 是分析水平年工业用水量，万 m^3；Y_t 是分析水平年工业总产值，万元；q_t 是分析水平年下第 j 区第 k 种产业万元产值用水量，m^3/万元；η_t 是分析水平年下第 j 区第 k 种产业的工业用水重复利用率，%。

3) 建筑业和第三产业需水

建筑业需水预测采用建筑业万元增加值用水量法；第三产业需水采用万元增加值用水量法进行分析，计算公式为

$$W_a = Q_a \times E_a \tag{9-11}$$

式中，W_a 是分析水平年建筑业或第三产业需水量，万 m^3；Q_a 是分析水平年建筑业或第三产业万元产值用水量，m^3/万元；E_a 是分析水平年建筑业或第三产业总产值，万元。

4) 农业需水量

农业用水主要指农田灌溉用水，按照 50%，75%，95%三种保证率进行需水预测，计算公式为

$$W_c = \sum_{j=1}^{J}\sum_{k=1}^{K} F_{kj} q_{kj} \tag{9-12}$$

式中，W_c 是分析水平年农业用水量，万 m^3；F_{kj} 是分析水平年第 j 区第 k 种农业产品种植面积，hm^2；q_{kj} 是分析水平年第 j 区第 k 种农业产品的用水定额，m^3/亩。

5)生态需水量

生态需水分析，包括河道内生态环境需水，河道外生态与环境需水，采用定额法，计算公式为

$$W_g = S_g \times q_g \tag{9-13}$$

式中，W_g 是分析水平年环境用水量，万 m^3；S_g 是分析水平年环境面积，hm^2；q_g 是分析水平年单位面积需水定额，m^3/hm^2。

6)总需水量

由于生活、工业、建筑业、第三产业以及生态需水量受区域降水量影响较小，在不同的来水频率条件下，其需水量基本维持在一个相对稳定的水平，且需水量的年内分配比较均匀，所以一般可将生活、工业、建筑业、第三产业以及生态需水量除以年内天数，作为以上各用水对象的逐日需水量。由于农田灌溉需水量受降水影响较大，所以农田灌溉需水量采用经程序逐日调节计算成果得出的灌溉水量作为农田灌溉逐日需水量。最后将区域内各用水对象的逐日需水量进行累加，即得出区域的逐日需水量以及需水过程。

(二)供水量分析原理

供水量指可以直接提取用于工业、农业及生活的水资源量。从水资源可持续发展的角度来说，供水量是指在一定的用水结构和开发利用深度下可被开发利用的最大水资源阈值，是水资源承载力计算的基线。

1. 供水量平衡因子

供水量平衡是指区域供水量在很长一段时间或者很大的区域范围内，持续供给特定区域的水量是持续稳定的。但是影响供水量平衡的因子很多，一般主要的因子有以下几个。

1)水资源条件

水资源时空分布不均，且有连续丰、枯交替的现象，这些因素影响着可供水量的大小。当不考虑需水量时，水资源越多，可供水量越大，反之越小。由于水资源量随着保证率增大而减小，所以可供水量也相应减小。

2)用水条件

不同年份的用水结构、分布、规模等有所不同，以及合理用水等因素会影响可供水量的大小。在以农业用水为主的地区，当保证率较高时，有效降水较小。

需水量随着保证率的提高而增加，因此，一般在水资源比较丰富或供水条件较好的地区，在设计保证率范围内，可供水量随着保证率提高而增加。

3) 工程设施

随着不同的调节运用方式及不同发展水平年工程设施的增加，可供水量相应增加，工程调节能力大，可供水量也大。工程把来水和用水两个矛盾统一起来，而工程设施的多少受国家财力的制约，在供需分析时要选择与供、需水量相适应且经济的工程设施，使可供水量能满足不同水平年的用水需求。一般来说，工程设施的可供水量与相应保证率下的用水量相适应较为经济。

4) 水质条件

不同时间段内的河流、水源工程含沙量或地下水矿化度都将影响可供水量的大小，高矿化度地下水，未经改良和处理，不能供工农业使用，更不能供城乡人畜饮用，在分析计算时要予以扣除。

2. 供水量计算方法

供水量是由可利用水资源、河道外需水量及工程供水能力三者组合条件下工程可提供的水量。通用表达公式为

$$W_{可供} = \min(W_{可用}, W_{能力}, W_{需}) \tag{9-14}$$

式中，$W_{可供}$ 是供水量，亿m^3；$W_{可用}$ 是可利用水资源量，亿m^3；$W_{能力}$ 是工程供水能力，亿m^3；$W_{需}$ 是河道外需水量，亿m^3。

供水量按时间可划分为年度供水量和时段供水量，时段供水量包括区域内蓄水池和河流供水。按来源可划分为地表供水量和地下供水量。各供水量计算方法如下。

1) 年度供水量计算

目前，计算年供水量只考虑有效降水量，即根据区域气象局提供的近年的气象资料，一般按中等干旱年的降水量计算其有效降水量，结合区域的集水面积，并根据区域的经验数据确定天然降水有效利用率，按下式计算区域的年度供水。

$$Q = P \cdot S \cdot n \tag{9-15}$$

式中，Q 是区域有效降水量，m^3；P 是区域年平均降水量，m；S 是区域集水面积，m^2；n 是区域天然降水利用系数。

2) 蓄水池供水

调查区域干旱季节现有蓄水池的供水面积、水深及其利用情况，根据式(9-16)计算：

$$Q = S \cdot h \cdot \eta \tag{9-16}$$

式中，Q 是供水量，m^3；S 是蓄水池面积，m^2；h 是水深，m；η 是保水率，%。

3) 河流供水

调查区域内旱季不断流的河流，其干旱期间的供水量可由实际调查或者由当地水利部门提供，或者在已知区域河流旱季最枯月流量的情况下，根据式(9-17)计算区域河流干旱季节的供水量：

$$Q_{河} = V \cdot T \tag{9-17}$$

式中，$Q_{河}$ 是河流供水量，m^3；V 是平均最枯月流量，m^3/s；T 是抗旱时间，d。

4) 蓄水工程供水量

蓄水工程属于地表水源供水，此类工程供水一般是先用小型水库的水源，当其供水量不足时，再用中型及大型水库供水。

(1) 小型水库供水量计算公式如下：

$$W = nV \tag{9-18}$$

$$n = 1.8 (0 \leqslant P \leqslant 10\%)$$

$$n = 1.5 (10 \leqslant P \leqslant 40\%)$$

$$n = 1.0 (40 \leqslant P \leqslant 60\%)$$

$$n = 0.65 (60 \leqslant P \leqslant 90\%)$$

$$n = 0.5 (90 \leqslant P \leqslant 100\%)$$

式中，W 是小型水库供水量，m^3；V 是小型水库兴利库容，m^3；n 是复蓄次数；P 是规划水平年的降水频率。

(2) 中型水库供水量计算。中型水库可供水量计算采用典型年法，选择不同保证率($P=50\%$、75%、90%、95%和多年平均值)的年份，按水库来水、用水及当时能达到的调节库容，用列表法逐月检修调节计算。以 Q 表示水库月来水量；V_0 表示时段初水库蓄水量；D 表示月需水量；ΔV 表示时段内水库蓄变量。

当 $Q+V_0 \geqslant D$ 时，即水库供水量大于需水量时，可供水量为

$$W = D \quad 或 \quad W = Q + \Delta V \tag{9-19}$$

当 $Q \geqslant D$ 时，则水库来水完全满足需水条件，并有一部分水量调蓄于水库之内或弃水；若 $Q<D$，则水库来水不能满足需水要求，需动用部分库容。

当 $Q+V_0 \leqslant D$ 时，即水库供水量不能满足需水量时，可供水量为

$$W = Q + \Delta V \tag{9-20}$$

全年供水量等于各月供水量之和或全年需水量与缺水量之差。

(3) 大型水库供水量计算。大型水库一般是多年调节水库，求一个区域大型水库的供水量时，需扣除小型水库、中型水库的供水量。大型水库的供水量计算需要用到长系列调节演算方法。大型水库供水量长系列调节计算的水量平衡方程为

$$V_{0(t+1)} = V_{0(t)} + Q_t - W_{e(t)} - W_{i(t)} - W_{s(t)} - q_t \tag{9-21}$$

式中，$V_{0(t+1)}$ 是水库 $t+1$ 时段末调蓄库容；$V_{0(t)}$ 是水库 t 时段初调蓄库容；Q_t 是水库 t 时段来水量；$W_{e(t)}$ 是水库 t 时段水面蒸发量；$W_{i(t)}$ 是水库 t 时段渗漏量；$W_{s(t)}$ 是水库 t 时段供水量；q_t 是水库 t 时段弃水量。

在式(9-21)中，要求水库的调蓄库容不能小于水库死库容，当调蓄库容小于水库死库容时，该时段的有效蓄水量为零。

5) 引提水工程供水量

引提水工程的供水量指通过引水工程直接从江河、湖泊中自流引用的水量；提水工程供水量指通过动力机械设备从江河湖泊中提取的水量。所以，在计算引提水工程供水量时，要综合多要素及多水源。引提水工程供水量计算公式一般表达为

$$W = \sum_{i=1}^{t} \min(T_i, H_i, X_i) \tag{9-22}$$

式中，T_i 是 i 时段取水口的引流量；H_i 是 i 时段工程的引提能力；X_i 是 i 时段个体需水量；t 是计算时段数。

6) 降水入渗补给量

降水入渗补给量是指降水入渗到土壤，它是浅层地下水的主要补给源之一，计算公式为

$$P_\alpha = \frac{P_1 F_1 + P_2 F_2 + \cdots + P_n F_n}{F} \tag{9-23}$$

或者

$$P_\alpha = \frac{1}{F} \sum_{1}^{i} P_i F_i \tag{9-24}$$

$$P_r = P_\alpha \times F \tag{9-25}$$

式中，n 是降水量测定点数，P_r 是多年平均降水入渗补给量；P_α 是多年平均降水量；α 是降水入渗补给系数；F 是计算区面积。

7) 大气水补给量

大气水补给量指任意单位面积大气柱中所含的水汽质量，表示在柱内水汽全部凝结降落后，在气柱底部所形成的水层厚度，也可算是地下水的补给之一，计算公式为

$$W = g^{-1} \int_{p_z}^{p_s} q \, dp \tag{9-26}$$

式中，g 是重力加速度；p_s 是地面气压；p_z 是高度 z 处的气压；q 为比湿。

8) 侧渗补给量计算

侧渗补给量指区域基岩水侧向径流补给量和河床潜流补给量。计算公式如下：

$$Q = 3.65 \times 10^{-6} KIHL \tag{9-27}$$

式中，Q 是侧向补给量；K 是断面含水层系数；I 是断面水力坡度；H 是断面含水层厚度；L 是断面长度。

9) 河渠渗漏补给量计算

一般根据上下游断面的实测流量，应用水量平衡原理求出两个断面间的河道渗漏补给量，再按两个断面间的河段长度和河段长度的比例关系修正该河段的河道渗漏补给量。计算公式为

$$Q_{hq} = (Q_1 - Q_2)\Delta t - BLZ \tag{9-28}$$

式中，Q_{hq} 是河道或者渠道在 Δt 时段的总渗漏量；Q_1、Q_2 是河渠上游断面、下游断面的平均流量；Δt 是计算时段；B 是水面宽度；L 是两断面的距离；Z 是 Δt 时段的水面蒸发深度。

10) 越流补给量计算

当相邻两个含水层之间有足够水头差时，水头高的含水层通过弱水层补给水头较低的含水层，这种现象称之为越流。一般情况下，越流补给强度较小，但由于越流面积大，因此越流总量可能较大。计算公式为

$$h_f = \lambda \frac{l}{d} \cdot \frac{v^2}{2g} \tag{9-29}$$

式中，l 是管长；d 是管径；v 是管内平均速度；$v^2/2g$ 是速度水头；λ 是沿程摩阻系数。

11) 井灌回归补给量计算

井灌回归补给量指井灌区提取地下水灌溉、灌溉水下渗补给地下水的水量。计算公式如下：

$$Q_j = \beta_j \times Q_k \tag{9-30}$$

式中，Q_j 是井灌回归补给量；β_j 是井灌回归系数；Q_k 是井灌地下水实际开采量。

3. 供水量分析模型

供水量的分析可为水资源供需平衡提供数据基础，同时又是对供水来源进行优化调度的重要科学依据，具有十分重要的意义。

1) 整合自回归移动平均模型

整合自回归移动平均模型（ARIMA）又被称为 Box-Jerkins 模型（Box 等，1976)，它是通过分析现象随时间推移而发展变化这一特征，以现象的历史统计数据建立时间模型从而进行趋势外推的分析方法，是传统分析模型的经典方法之一。ARIMA 主要表现为建模简单，趋势拟合效果较好，对区域供水量分析及预测方便快捷等优势。

2) 反向传播神经网络模型

反向传播神经网络(BPNN)是一种按误差反向传播训练的多层前馈网络,是目前广泛应用的神经网络模型之一。它根据不同训练数据集可以训练、学习和生成不同的输入-输出模式映射关系,而无需考虑数据序列的内在映射关系,也不需要提取出具体映射关系的数学表达式。它的学习模式是利用最速下降法,通过反向传播来调整网络的权值和阈值,使构造的网络映射误差平方和最小(侯媛彬等,2007)。

3) 模糊神经网络模型

模糊神经网络模型(ANFIS)将模糊控制的模糊化、模糊推理和反模糊化三个基本过程全部用神经网络来实现,利用神经网络的学习机制自动从输入和输出样本数据中提取规律,构成自适应神经模糊控制器。ANFIS中的模糊隶属度函数以及模糊规则的建立是通过对大量已知数据的学习得到的,而不是基于经验或直觉任意给定的。ANFIS的应用对于那些特性还未完全被人们了解或特性非常复杂的系统(如供水系统)显得尤为实用。ANFIS的建模复杂度较高,参数组合缺乏自适应调节能力。在建模数据较大的基础上,表现出良好的突变预测能力,适用于多供水源的供水量分析。

4) 最小二乘支持向量回归模型

最小二乘支持向量回归模型(LSSVR)是一种利用线性方程组来求解等式约束条件的支持向量机。由于LSSVR模型无需解决复杂的二次规划问题,直接用线性方法(最小二乘法)来求解约束条件,极大地降低了运算复杂度,具有求解方法简单直观、编程简易、求解最优化计算时间较短等优点。因此,LSSVR在实际应用中受到格外关注。LSSVR模型整体上可以跟踪测试集的趋势变化,在数据量较少的情况下,对供水量的变化规律揭示效果较差,但短时间供水量的分析效果比长时间供水量效果好,这也进一步说明了该分析模型对长时间供水量具有不完全表达能力。

(三) 水资源供需平衡分析

1. 水资源供需平衡分析内涵

水资源供需平衡分析指在一定范围内(区域或流域)对不同时期的可供水量和需水量的供求关系的分析。其目的是通过测算区域(流域)不同规划水平年的可供水量和用水量,揭示供需关系的主要矛盾,力争达到水资源供需平衡的目的,实现区域可持续发展。

2. 水资源供需平衡分析方法

水资源平衡的计算涉及土地工程水资源配置的关键技术,一般表达为供水量

和需水量的关系，目前，通用的水资源供需平衡表达公式为

$$\Delta W = W_{供} - W_{需} \tag{9-31}$$

式中，$W_{需}$ 是不同水平年保证需水量，m^3；$W_{供}$ 是相应于 $W_{需}$ 的可供水量，m^3；ΔW 是水量供需平衡值。

1) $\Delta W = 0$

供水与需水平衡，说明水资源的供给目前能够满足现时需水的需要，但水资源的现时承载力已处于临界状态，应根据区域实际情况采取应对措施，进行开源或节流，增加供水潜力，满足未来区域社会、经济发展对水资源的增长需求。

2) $\Delta W > 0$

可供水量大于需水量，表明水资源不是地区发展的制约因素，但是随着区域经济社会的不断发展，这种情况只是暂时的、而不是长远的。

3) $\Delta W < 0$

可供水量小于需水量，这表示区域可能有水，但供水工程能力不足；或者地区水资源开发利用率已较大，没有足够的水源用于生产、生活；还可能存在两者之间缺水的状况。应根据具体情况采用不同的应用措施如增强供水工程建设、合理开发利用本地资源、外区域引水等。

3. 水资源供需平衡模型

水资源供需平衡模型建立后，既能独立运行，满足解决区域水资源供需平衡问题和供水工程论证的需要，又能够与其他模型联合运行，构成水资源规划管理决策支持系统等模型，以完成更加宏观、更加复杂的任务，对区域水资源平衡的预测提供快速便捷的计算。

1) 目标函数

按照水资源可持续发展的要求，区域水资源优化配置模型应包括社会的、经济的和生态环境的多目标模型。为了能清晰的反映出水资源配置的目的，一般选取经济效益、社会效益和环境效益三个目标函数。

(1) 经济效益函数。设基准年为 Y_0，规划水平年为针对 Y_0 设定的各种水资源配置方案(主要由水利工程结构布局、规模与需水结构和特征组合而成)，通过对系统内的各种供水水源进行合理调配，使水资源系统的供水净效益现值最大。

$$\max NB = (1+r)^{-(Y-Y_0)} \sum_{i=1}^{N} \sum_{t=1}^{T} \sum_{k=1}^{M} u(i,t,k) Q(i,t,k) \tag{9-32}$$

式中，NB 是供水净效益现值；i 是计算单元指示变量；t 是计算时段(区域水资源供需分析中通常以月或旬计算)；k 是供水水源种类；$u(i, t, k)$ 是第 i 单元第 t 计算时段第 k 种供水水源单位供水量的供水净效益；$Q(i, t, k)$ 是第 i 单元第 t 计算时段第 k 种供水水源的供水量；r 是水资源经济分析中所取的贴现率。

(2) 社会效益函数。区域内用水个体年内缺水损失费用最小的目标函数表达式为

$$\max \text{SP} = (1+r)^{-(Y-Y_0)} \sum_{i=1}^{N}\sum_{t=1}^{T}\sum_{k=1}^{M} c(i,t,k)\Delta Q(i,t,k) \qquad (9\text{-}33)$$

式中，SP 是区域缺水损失值；$c(i, t, k)$ 是第 i 单元第 t 计算时段第 k 种供水水源单位缺水量的损失费用；$\Delta Q(i, t, k)$ 是第 i 单元第 t 计算时段第 k 种供水水源的缺水量；其余符号含义同前。

(3) 环境效益函数。环境效益目标函数表达式为

$$\max \text{EP} = (1+r)^{-(Y-Y_0)} \sum_{i=1}^{N}\sum_{t=1}^{T}\sum_{k=1}^{M} p(i,t,k)\Delta w(i,t,k) \qquad (9\text{-}34)$$

式中，EP 是区域水环境质量损失值；$p(i, t, k)$ 是第 i 单元第 t 计算时段第 k 种污染因子导致的水环境质量损失费用；$\Delta w(i, t, k)$ 是第 i 单元第 t 计算时段第 k 种污染因子导致水环境质量损失量；其余符号含义同前。

由于要实现的这三个目标，第一个要求最大值，后两个要求最小值，为了统一目标方向，通常把系统缺水损失目标和水污染损失目标乘以-1，这样三个目标就都变成了求最大值，有利于模型的求解。

2) 约束方程

(1) 自来水水量平衡方程为

$$\sum_{j\in \text{MB}_j^k} \text{WBG}_{jik}^t = \text{WSG}_{ki}^t \qquad (9\text{-}35)$$

式中，$\text{WSG}_{ki}^t = \sum_{j\in \text{MSG}_k^t} \text{WSGD}_{kij}^t$，$k=1, 2, 3, \cdots, m$；$i=1, 2, \cdots, n$；$t=1, 2, \cdots, nv$。

(2) 泵站(水库)的水量平衡方程为

$$\text{WB}_{ki}^t = \sum_{k\in \text{MBG}_k^k} \text{WBG}_{kij}^t + \sum_{k\in \text{MBG}_j^t} \text{WZ}_{kij}^t \qquad (9\text{-}36)$$

式中，$j=1, 2, 3, \cdots, md$；$i=1, 2, \cdots, n$；$t=1, 2, \cdots, nv$。

(3) 水资源供需平衡方程为

$$\sum_{k\in \text{MDZ}_k^t} \text{WGD}_{jik}^t + \sum_{j\in \text{MH}_k^t} \text{WH}_{jik}^t + \sum_{j\in \text{MYD}_k^t} \text{WYD}_{jik}^t + \sum_{j\in \text{MZB}_k^t} \text{WZB}_{jik}^t = \text{WX}_{ki}^t \qquad (9\text{-}37)$$

式中，$\text{WX}_{ki}^t = \text{WXS}_{ki}^t + \text{WXG}_{ki}^t + \text{WXN}_{ki}^t + \text{WXSH}_{ki}^t$，$k=1, 2, 3, \cdots, md$；$i=1, 2, \cdots, n$；$t=1, 2, \cdots, nv$。$\text{WSGD}_{jik}^t$ 是第 t 水平年第 k 自来水厂第 i 时段供给第 j 单元的供水量；WH_{jik}^t 是第 t 水平年第 j 污水处理回用设施第 i 时段向第 k 单元供水提供的污水处理回用量；WYG_{jik}^t 是第 t 水平年第 j 引水工程在第 i 时段给第 k 单元

的供水量；WZB^t_{jik} 是第 t 水平年第 j 提水工程在第 i 时段给第 k 单元的供水量；WXS^t_{jik}，WXG^t_{ki}，WXN^t_{ki}，$WXSH^t_{ki}$ 是第 t 水平年第 k 单元第 i 时段的生活、工业、农业和生态环境需水量；md 为计算单元总数；nv 为规划水平年的总数。

3) 边界条件方程

边界约束条件主要是指各种特征参数的约束厂设计能力限制：取水口(泵站)供水能力限制，渠道或管道输水回用设施的设计能力限制，以及自来水力限制，污水处理回用设施的设计能力限制。

(1) 泵站(水库)的供水能力限制：

$$WB^t_{ji} \leqslant WBM^t_{ji} \qquad (9\text{-}38)$$

式中，$j=1, 2, 3, \cdots, md$；$i=1, 2, \cdots, n$；$t=1, 2, \cdots, nv$。

(2) 渠道或管道输水能力限制：

$$WB^t_{ji} \leqslant WSU^t_{ji} \qquad (9\text{-}39)$$

式中，$j=1, 2, 3, \cdots, md$；$i=1, 2, \cdots, n$；$t=1, 2, \cdots, nv$。

(3) 自来水设计能力限制：

$$WSG^t_{ki} \leqslant WSM^t_{ki} \qquad (9\text{-}40)$$

式中，$k=1, 2, 3, \cdots, md$；$i=1, 2, \cdots, n$；$t=1, 2, \cdots, nv$。

(4) 污水处理回用设施能力限制：

$$WH^t_{ji} \leqslant WHM^t_{ji} \qquad (9\text{-}41)$$

式中，$j=1, 2, 3, \cdots, md$；$i=1, 2, \cdots, n$；$t=1, 2, \cdots, nv$。WSM^t_{ki} 是第 t 水平年第 k 水厂在第 i 时段的最大供水量；WBM^t_{ji} 是第 t 水平年第 j 泵站在第 i 时段的最大供水量；WSU^t_{ji} 是第 t 水平年第 j 取水口(泵站)渠道或管道输水在第 i 时段的最大输水能力；WHM^t_{ji} 是第 t 水平年第 j 污水处理回用设施在第 i 时段的最大污水处理回用量。

4) 模型参数确定

(1) 效益系数。效益系数主要指生活用水效益系数、农业用水效益系数以及工业、建筑和第三产业用水效益系数。在计算生活用水效益系数时通常根据优先满足生活用水的原则，赋予其较大的权重，用以表示其效益系数；农业用水效益系数是某一农作物单位面积上因为灌溉而增产的效益乘以水利分摊系数。表示为

$$\alpha = \sigma \times \Delta w \qquad (9\text{-}42)$$

式中，α 是农业用水效益；σ 是水利分摊系数；Δw 是农作物增产效益。

工业、建筑和第三产业用水的效益系数皆采用工业用水定额的倒数乘以用水效益分摊系数，计算公式如下：

$$b = \beta \times (1/w) \tag{9-43}$$

式中，b 是工业、建筑和第三方产业用水效益；β 是水利分摊系数。

(2) 费用系数。费用系数依据不同取水点收取不同的费用，可以水价、水费等不同的形式表现出来。

(3) 供水次序系数。由于区域供水一般都是多水源供水，因此会有供水次序问题。以 n_i 表示第 i 水源的供水次序序号，n_{max} 为水源供水序号的最大值，I 为供水水源总数，则 i 水源供水次序系数 a_i^k 可以由下式确定：

$$a_i^k = (1 + n_{max} - n_i) / \left[\sum_{i=1}^{I} (1 + n_{max} - n_i) \right] \tag{9-44}$$

其中供水次序系数 a_i^k，a_m^k 分别反映 k 子区独立水源 i、公共水源 m 相对于其他水源供水的优先程度。

(4) 用水次序系数。用水次序系数 β_j^k 可表示的是某用水部门相对于其他用水部门优先得到供水的重要性程度。在水量有限的情况下，最先满足的应该是生活饮用水，然后统筹安排生产和生态用水，由此拟定各用水部门用水的先后次序为：生活饮用水、建筑和第三产业用水、生态环境用水、工业用水和农业用水。

5) 模型求解

根据前文提出的要实现的最优目标，将 maxNB 用 $f_1(x)$ 表示，将 –minSP 用 $f_2(x)$ 表示，将 –minEP 用 $f_3(x)$ 表示。有资源优化配置的最终目标是使有限的水资源实现经济、社会和生态环境效益的最大。其模型的一般形式如下：

$$\begin{cases} F(x) = \max\{f_1(x) f_2(x) f_3(x)\} \\ G(x) \leqslant 0 \\ x \geqslant 0 \end{cases} \tag{9-45}$$

式中，x 是决策变量，非负约束；$G(x) \leqslant 0$ 是约束条件集；$f_1(x)$ 是社会效益目标；$f_2(x)$ 是经济效益目标；$f_3(x)$ 是生态环境效益目标。

根据以上所提出的多目标优化模型，利用 Matlab 中的 fgoalattain 工具函数来求解，基本思路是采用目标逼近方法，建立一组期望的设计目标值 $\{f_1(x), f_2(x), \cdots, f_n(x)\}$，令非劣解集到目标集的距离最小，即在期望值附近，引入一个松弛变量 $w_i \times r$，松弛度最小的一个非劣解就是对于目标 F 的最可行解。标准形式为

$$\min_{x \in Q, r \in R} r \tag{9-46}$$

基于这样一种算法，fgoalattain 函数的应用形式为

$$\begin{cases} \min_{x,r} r \\ F(x) - \text{weigh} \times r \leqslant \text{goal} \\ c(x) \leqslant 0 \\ \text{cep}(x) = 0 \\ A \times x \leqslant b \\ \text{Aep} \times x \leqslant \text{beq} \\ lb \leqslant x \leqslant ub \end{cases} \qquad (9\text{-}47)$$

式中，weigh 是权值向量，用来控制逼近过程中的步长；$\text{cep}(x) = 0$ 是非线性等式；$c(x) \leqslant 0$ 是不等式约束；$\text{Aep} \times x \leqslant \text{beq}$ 是线性不等式；$A \times x \leqslant b$ 和 $lb \leqslant x \leqslant ub$ 是不等式约束。

二、土资源平衡分析

土地是人类赖以生存和发展的物质基础，是经济与社会发展的宝贵资源和重要生产要素。伴随着工业的快速发展、城市化水平的不断提高，土地资源供给的有限性与社会需求的快速增长之间有着巨大差距，从而加剧了不同土地类型用途之间的矛盾，导致土地资源供需严重失衡和配置极不合理（雷娜等，2015）。

（一）土方平衡计算

土方平衡就是通过土方平衡图计算出场内高处需要挖出的土方量和低处需要填进的土方量，从而对运进、运出的土方量进行平衡计算。土方量的计算方法有方格网法、横断面法、散点法、DTM 法、三角网法、等高线法和平均高程法。

1. 方格网法

方格网法适用于地形变化比较平缓或台阶宽度较大、能够找到挖填分界线的地块，精确度较高，但计算方法较为复杂，在田块平面图形较为规整时，此方法计算精度较高。其计算土地平整挖填土方量的基本原理是把要平整的土地分成若干方格，测出各方格点的高程，计算出它们的平均高程，根据平均高程和设计坡度，求出填挖边界和各方格点的填挖数，最后计算挖填土方量。计算过程一般包括划分方格网、计算各桩点设计高程、计算零点位置和计算土方工程量四个部分（陈丹，2012；彭琼芬，2010）。计算土地平整土方量时采用方格中心法。一般计算步骤如下。

1）划分方格网

根据地形图划分方格网，尽量使其与测量或施工坐标网重合，根据土地开发整理项目的特点，方格的划分根据实际计算区域大小及要求精确程度进行划分，一般可采用 10m×10m 至 20m×20m 或一个标准田块大小。

2) 计算设计高程

根据实测地面高程，可求出典型田块的平均高程 H_0，公式为

$$H_0 = (\sum h_\text{角} + 2\sum h_\text{边} + 3\sum h_\text{拐} + 4\sum h_\text{中})/4n \tag{9-48}$$

式中，n 是田块方格个数；$\sum h_\text{角}$ 是田块各角点高程之和；$\sum h_\text{边}$ 是田块各边点高程之和；$\sum h_\text{拐}$ 是田块各拐点高程之和；$\sum h_\text{中}$ 是田块各中点高程之和。

对于没有纵坡的田块，田块平均高程即为设计高程，对于需要纵坡的田块，则以田块的平均高程作为田块中间断面的设计高程，按设计的地块纵坡设计沿地长各点的设计高程。将相应设计标高和自然地面标高分别标注在方格的右上角和右下角。将自然地面标高与设计地面标高的差值，即各角点的施工高度(挖或填)，填在方格网左上角，挖方为正，填方为负。

3) 计算零点位置

在方格的挖方点和填方点之间，必定有一个不填不挖的点，即填挖边界点(零点)，把所有相邻的零点连接起来，就是填挖边界线(零线)。零点和零线是计算土方量和施工的重要依据。计算零点位置的方法所依据的是相似三角形的比例关系(图 9-2)。

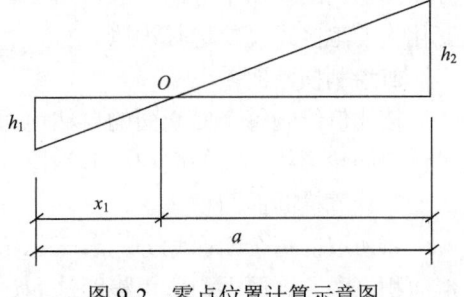

图 9-2 零点位置计算示意图

零点的位置按下式计算：

$$X_1 = h_1 \times a/(h_1 + h_2) \tag{9-49}$$

$$X_2 = h_2 \times a/(h_1 + h_2) \tag{9-50}$$

式中，X_1，X_2 是角点至零点的距离，m；h_1，h_2 是相邻两角点的高程(均用绝对值)，m；a 是方格网的边长，m；先利用公式算出方格网边的零点位置，并标于方格网上，然后连结零点，即得填方区与挖方区的分界线。在实际工作中，为了省略计算，常采用图解法直接求出零点，方法是用直尺在各角点上标出相应比例，用直尺相连，与方格相交点即为零点位置。

4) 计算土方工程量

以零界线为棱边，按方格网地面图形和高程，计算挖(+)、填(−)体积值，即求出每个方格区的总土方量。可用下式近似计算：

$$V_\text{填} = S_\text{填}(\sum h_\text{角填} + 2\sum h_\text{边填} + 3\sum h_\text{拐填} + 4\sum h_\text{中填})/4n \tag{9-51}$$

$$V_\text{挖} = S_\text{挖}(\sum h_\text{角挖} + 2\sum h_\text{边挖} + 3\sum h_\text{拐挖} + 4\sum h_\text{中挖})/4n \tag{9-52}$$

5）汇总

分别将挖方区和填方区所有方格计算的土方量汇总，即得该场地挖方区和填方区的总土方量。

2. 横断面法

横断面法适用于地形起伏变化较大、自然地面复杂、狭长地带的地区，如丘陵、山地沟道等地貌类型的土地平整工程量的计算，计算方法较为简单方便，但精度较低。主要程序包括划分横断面、绘制横断面图形、计算横断面面积、计算土方量和总土方量。

1）划分横断面

沿土地平整区域，取若干相互平行的断面（当精度要求不高时，可利用地形图定出；精度要求高时，应当实地测量）。划分原则为垂直等高线或垂直平整面边长，各断面的间距可以不等，一般可用 20~50m，断面变化小的地区可用大些，断面变化大的地区距离要选择小些。

2）绘制横断面图形

按比例绘制每个横断面的自然地面和设计地面的轮廓线。自然地面轮廓线与设计地面轮廓线之间的面积，即为挖方或填方的断面。

3）计算横断面面积

将所取的每个断面划分为若干三角形和梯形，断面面积为该断面三角形和梯形面积之和，断面面积可用积距法和计算机法进行计算。

4）计算土方量

根据横截面面积计算土方量：

$$V = (A_1 + A_2)S/2 \tag{9-53}$$

式中，V 是相邻两截面间的土方量，m^3；A_1、A_2 是相邻两截面间的挖方(+)、填方(−)的截面积，m^2；S 是相邻两截面间的间距，m。

3. 散点法

散点法适用于地形有起伏，变化比较均匀，不太复杂及凹凸不平的地块。其优点是测量不受限制，可根据地形情况布置测点。实施步骤包括打桩、计算田面平均高程、计算挖填方（平均深度、面积）及挖填土方量。一般计算步骤如下。

1）打桩

在田面的四角四边，田块的最高点、最低点、次高点、次低点以及一切不同高程的各个位置上打桩，作为测点，并测出其高程读数 $H_1 + H_2 + \cdots + H_n$，共计 n 个高程点。

2)计算田面平均高程

田面平均高程 H_a 可以根据所测各点高程得出：

$$H_a = 1/n(H_1 + H_2 + \cdots + H_n) \tag{9-54}$$

各测点高程大于平均高程 H_a 的是挖方，小于 H_a 的是填方。算出各点与 H_a 的差点作为施工时应掌握的挖填深度。

3)挖填方及土量计算

(1)求挖填平均深度。

$$\text{挖方区平均挖深：} h_c = \sum H_f / m - H_a \tag{9-55}$$

$$\text{填方区平均填高：} h_f = H_a - \sum H_c / L \tag{9-56}$$

式中，m 是测点读数大于 H_a 的测点数；L 是测点读数小于 H_a 的测点数；$\sum H_c$ 是测点读数小于 H_a 的各点读数之和；$\sum H_f$ 是测点读数大于 H_a 的各点读数之和。

(2)求挖填方面积。

$$\text{挖方面积：} A_c = A_a \times [h_f / (h_c + h_f)] \tag{9-57}$$

$$\text{填方面积：} A_f = A_a \times [h_c / (h_c + h_f)] \tag{9-58}$$

式中，A_a 是测量地块总面积。

(3)计算挖填土方量。

$$\text{挖方量：} V_c = A_c \times h_c \tag{9-59}$$

$$\text{填方量：} V_f = A_f \times h_f \tag{9-60}$$

(4)土方平衡的计算。

令 $\Delta V = V_c - V_f$：如 $\Delta V = 0$ 或数量很小，则挖、填方平衡，所定挖填分界线适合。当 ΔV 值较大时应进行调整计算。当 ΔV 为正值时，挖方大于填方，应提高设计田面高程(即减小 H_a 值)；当 ΔV 为负值时，填方大于挖方，应降低设计田面高程(即增大 H_a 值)。提高或降低田面高度：$\Delta h = \Delta V / A$。

4. DTM 法

不规则三角网(TIN)是数字地面模型 DTM 表现形式之一，该法利用实测地形碎部点、特征点进行三角构网，对计算区域按三棱柱法计算土方。基于不规则三角形建模是直接利用野外实测的地形特征点(离散点)构造出邻接的三角形，组成不规则三角网结构。

1)三角网的构建

对于不规则三角网的构建可以采用两级建网方式，进行包括地形特征点在内的散点的初级构网。一般来说，传统的 TIN 生成算法主要有边扩展法、点插入法和递归分割法以及它们的改进算法。

所谓边扩展法，指先从点集内选择一点作为起始三角形的一个端点，然后找离它距离最近的点连成一个边，以该边为基础，遵循角度最大原则或距离最小原则找到第三个点，形成起始三角形。由起始三角形的三边依次往外扩展，并进行是否重复的检测，最后将点集内所有的离散点构成三角网，直到所有建立的三角形的边都扩展过为止。在生成三角网后调用局部优化算法，使之最优。

2) 三角网的调整

根据地形特征信息对初级三角网进行网形调整，这样可使得建模流程思路清晰，易于实现。

(1) 地性线的特点及处理方法。所谓地性线就是指能充分表达地形形状的特征线。地性线不应该通过 TIN 中的任何一个三角形的内部，否则三角形就会"进入"或"悬空"于地面，与实际地形不符，导致产生的数字地面模型(DTM)有错。当地性线与一般地形点参加完初级构网后，再用地形特征信息检查地性线是否成为了初级三角网的边，若是，则不再作调整；否则，按图 9-3(b) 作出调整。总之，要务必保证 TIN 所表达的数字地面模型与实际地形相符。

如图 9-3(a) 所示，P_1P_2 为地性线，直接插入了三角形内部，使得建立的 TIN 偏离了实际地形，因此需要对地性线进行处理，重新调整三角网。

图 9-3(b) 是处理后的图形，即以地性线为三角边，向两侧扩展，使其符合实际地形。

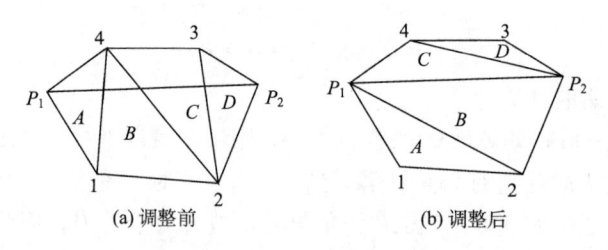

图 9-3　在 TIN 建模过程中对地性线的处理

(2) 地物对构网的影响及处理方法。等高线在遭遇房屋、道路等地物时需要断开，这样在地形图生成 TIN 时，除了要考虑地性线的影响之外，更应该顾及到地物的影响。一般方法是：先按处理地形结构线的类似方法调整网形；然后，用"垂线法"判别闭合特征线影响区域内的三角形重心是否落在多边形内，若是，则消去该三角形(在程序中标记该三角形记录)，否则保留该三角形。经测试后，去掉了所有位于地物内部的三角形，从而在特征线内形成"空白地"。

(3) 陡坎的地形特点及处理方法。遭遇陡坎时，地形会发生剧烈的突变。陡坎处的地形特征表现为：在水平面上同一位置的点有两个高程且高差比较大，坎上坎下两个相邻三角形共享由两个相邻陡坎点连接而成的边。当构造 TIN 时，只有顾及陡坎地形的影响，才能较准确地反映出实际地形。对陡坎的处理如图9-4(a)所示，点1~4为实际测量的陡坎上的点，每个点其实有两个高程值，不符合实际的地形特征。在调整时将各点沿坎下方向平移了1mm，得到5~8各点，其高程值根据地形图量取的坎下比高计算得到。将所有的坎上、坎下点合并连接成一闭合折线，并分别扩充连接三角形，即得到调整后的图9-4(b)。

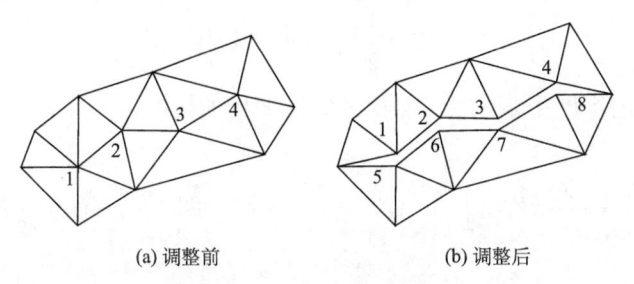

(a) 调整前　　　　　(b) 调整后

图9-4　对陡坎的处理

5. 三角网法

三角网构建好之后，用生成的三角网来计算每个三棱柱的填挖方量，最后累积得到指定范围内填方和挖方分界线。三棱柱体上表面用斜平面拟合，下表面均为水平面或参考面，计算公式为

$$V_3 = Z_1 + Z_2 + Z_3 / 3 \cdot S_3 \tag{9-61}$$

式中，Z_1、Z_2、Z_3为三角形角点填挖高差；S_3为三棱柱底面积，如图9-5所示。

图9-5　土方量计算范围

6. 等高线法

用等高线法可计算任两条等高线之间的土方量，但所选等高线必须闭合。由于两条等高线所围面积可求，两条等高线之间的高差已知，可求出这两条等高线之间的土方量，其计算原理如下。

1) 截锥公式

由棱台体积计算公式得出截锥公式为

$$V_1 = \frac{1}{3} h_{i,i+1} (A_i + \sqrt{A_i A_{i+1}} + A_{i+1}) \tag{9-62}$$

式中，V_1为截锥公式计算的两断面间的体积；$h_{i,i+1}$为两断面的间距(等高距)；A_i、A_{i+1}为两断面面积。截锥公式是有严格立体几何定义的公式，要求两底面平行且相似，各条侧棱延长后交于一点(顶点)，并且两底面的面积与顶点到各自底面的距离(锥高)的平方成比例。实际工程中断面间几何体很难符合这些条件，但其立体概念明确，理论严谨，因此在工程中常被近似地使用。

2) 梯形公式

梯形公式又称平均断面法。它是将两相邻断面面积之和的二分之一乘以断面间距来计算体积,然后以各部分体积的总和来计算工程量,它是一种近似的工程量计算方法。此方法的特点是比较实用且简便迅速,但精度较差。

梯形公式可表达为

$$V_2 = \frac{1}{2} h_{i,i+1}(A_i + A_{i+1}) \tag{9-63}$$

式(9-63)适用于两断面之间面积呈线性变化的情况,由于面积变量呈线性变化,故

$$A_x = A_i + \frac{A_{i+1} - A_i}{x_{i,i+1}} x V_2 = \int_0^{x_{i,i+1}} A_x h x = \int_0^{x_{i,i+1}} (A_i + \frac{A_{i,i+1} - A}{x_{i,i+1}} x) h x = \frac{1}{2} h_{i,i+1}(A_i + A_{i+1})$$

$$\tag{9-64}$$

在实际应用中两断面之间面积是否呈线性变化并不容易观测和掌握,而对于两断面面积和间距确定的空间体,梯形公式计算的体积略大于截锥公式计算的体积,这是因为

$$V_2 - V_1 = \frac{1}{6} h_{i,i+1}(\sqrt{A_i} - \sqrt{A_{i+1}})^2 \geqslant 0 \tag{9-65}$$

等高线法土方计算操作步骤如下:首先将平整区域的数据(含高程信息)导入 CASS 软件,利用测量数据生成 DTM 模型,由 DTM 模型自动绘制等高线。选择所要计算区域的等高线,由两条等高线所围面积可求,两条等高线之间的高差已知,利用上述公式可求出这两条等高线之间的土方量。

7. 平均高程法

平均高程法测量时隔 20m 测 1 个碎步点,把所有的碎步点高程相加取平均,作为该测区平均高程。该方法通常在具体施工时被采用,但误差较大。

(二)成土平衡计算

土体再造是指地表无土壤覆盖情况下,如在石质基础上再造土壤的过程,主要通过客土法进行;土体改造是指利用土壤或者能够代替土壤的物质,如泥岩、页岩等的碎砾通过风化、胶结等作用形成土壤的过程。成土过程中,为保证成土平衡,目前比较常用的方法有质量平衡法、Barth 模型平衡法。

1. 质量平衡法

对于给定的土壤层,化学风化失去的盐基阳离子可以通过比较该土层与成土母质之间元素组成的差异来计算。在这里,假设土壤中尚未风化的部分(土壤 C 层的底部)代表成土母质,并且认为钛(Ti)或者锆(Zr),铌(Nb)和石英(SiO_2)在成

土过程中含量稳定并不参与风化反应。于是盐基阳离子含量相对于 Ti 或者 Zr，Nb 和 SiO₂ 的改变量就是盐基阳离子的流失。用土壤层的年龄除以该损失值，就可以得到土壤的风化速率：

$$R_\mathrm{w} = \left(\frac{\rho_\mathrm{h} z}{\Delta t}\right) \sum_i \left[\frac{1}{M_i}\left(\frac{X_\mathrm{S,R}}{X_\mathrm{P,R}} X_{\mathrm{P},i} - X_{\mathrm{S},i}\right)\right], \; i = \mathrm{Ca, Mg, K, Na}, \cdots \quad (9\text{-}66)$$

式中，$X_\mathrm{S,R}$ 表示土壤的元素组成含量；$X_\mathrm{P,R}$ 是成土母岩的元素组成含量；$X_{\mathrm{S},i}$ 表示元素 i 在土壤中的含量；$X_{\mathrm{P},i}$ 是元素 i 在母岩中的含量；M_i 为元素 i 的摩尔质量；ρ_h 为土壤密度（通常采用"常用密度值"，即 2.65g/cm⁻³）；z 为土层厚度；Δt 是土壤的成土年龄。由于 T_i 在土壤样品中含量较高，可在风化过程中视为稳定元素。

2. Barth 模型平衡法

基于地球化学循环理论，基岩通过化学和物理风化转化为风化壳，在基岩裸露时，以物理风化为主，当上层为土壤或风化壳时，以化学风化为主。通过测定基岩和风化壳中某一稳定元素的含量以及该区域溶移质总量，就可以推算出某一种可淋溶化学元素在母岩和土壤中的含量以及径流中该元素的迁移速率，该种岩石转化为土壤的速率就可以通过 Barth 方程计算出来：

$$C_i W = D_i + S_i S \quad (9\text{-}67)$$

式中，W 是基岩减少量；S 为成土速率（形成的风化壳量）；C_i 和 S_i 分别是母岩及土壤中某一元素 i 的含量；D_i 为随径流迁移的元素 i 的迁移量，目前主要根据河流中的离子流量进行估算。式(9-67)简单表示了由母岩所释放的元素 i 在土壤中的积累或是随径流的流失作用，在公式中，有两个可以测定的参数及两个未知的变量（W 和 S）。上式可改写为

$$W = D_i / (C_i - S_i S / W) \quad (9\text{-}68)$$

当 $D_i=0$ 时，有 $C_i W = S_i S$。W 可由式(9-68)计算得到，S 可由 S/W 得到。当一个流域有更多可以利用的离子实测资料时，可以表示为以下近似形式：

$$W = D + S \quad (9\text{-}69)$$
$$W = D(1 - S/W) \quad (9\text{-}70)$$

式中，D 表示随径流迁移溶质量；W 和 S 的含义与上式中一样；S/W 表示成土转化速率，%，可通过测定基岩和风化壳中某一稳定元素含量的变化来估算。化学侵蚀过程和成土过程与其所在小流域上的水土流失量紧密相关，估算固体沉积物或母岩成土速率最可靠的办法是基于小流域的研究。而对于一个流域，将其视作一个具有能量和物质输入、转换和输出的开放系统，假设它长年处于稳定状态，可以根据阳离子的输入和输出平衡来估算土壤的风化速率，这种方法研究的是流域的平均风化速率，并且在此建立了一个基于径流研究的成土速率预测模型。该

模型提出的依据是 Langbein 和 Dawdy 关于小流域中可溶物质浓度的方程：

$$dC/dt = k(C_m - C)/C_m \tag{9-71}$$

式中，C 表示该物质实际的浓度；C_m 为达到溶解平衡时该物质在溶液中的最大浓度；k 是常数。假设在 $t=0$ 时刻，C 的值可以忽略，则有

$$\ln(1 - C/C_m) = -kt/C_m \tag{9-72}$$

水分子存留在土壤或母岩中的时间与降水量、渗透量成反比例关系，在 t 时刻的径流量 Q 等于常数比时间 t；化学剥蚀量等于径流量与浓度的乘积，即 $D=QC$；代入式 (9-72) 可得

$$D = C_m Q(1 - e^{-kt'/C_m Q}) \tag{9-73}$$

再由 Barth 平衡方程，可得

$$S = C_m(1 - e^{-kt'/C_m Q})/(W/S - 1) \tag{9-74}$$

三、气候资源平衡分析

气候资源是指气候条件中可被用来生产经济价值的物质和能量，是有利于人类生产和生活的气候条件，包括太阳辐射、热量、降水和风。地球作为一个开放的系统，不断地得到太阳能，同时放出长波辐射，在一定的时期气候系统处于能量平衡状态。在土地工程中，气候资源构成的独立系统依旧遵循大自然系统所共有的定律及平衡法则。

（一）基本定律

气候资源在一般情况下遵循的基本定律包括基尔霍夫定律、斯蒂芬-玻耳兹曼定律和维恩位移定律。

1. 基尔霍夫定律

在一定温度下，任何物体对于某一波长的放射能力与物体对该波长的吸收率的比值，只是温度和波长的函数，与物体的其他性质无关，公式表达为

$$\frac{e_{\lambda,T}}{\alpha_{\lambda,T}} = E_{\lambda,T} \tag{9-75}$$

式中，$e_{\lambda,T}$ 是物体在某一波长下的放射力；$\alpha_{\lambda,T}$ 是物体在该波长的吸收率；$E_{\lambda,T}$ 波长与温度函数。

2. 斯蒂芬-玻耳兹曼定律

黑体的总放射能力与它本身热力学温度的四次方成正比，公式表达为

$$E_T = \delta T^4 \tag{9-76}$$

式中，$\delta = 5.67 \times 10^{-8} \text{m}^{-2} \cdot \text{k}^{-4}$；$E_T$ 是总放射能力；T 是自身温度。

3. 维恩位移定律

绝对黑体的放射能力最大值对应的波长与其本身的热力学温度成反比，公式表达为

$$\lambda_m = C/T \tag{9-77}$$

式中，λ_m 是物体放射对应的最大波长；$C=2.897\times10^3 \text{nm}\cdot\text{k}$；$T$ 是自身温度。

(二) 平衡计算方法

气候资源的平衡计算主要是指由太阳辐射、水汽含量及热量变化等引起的辐射平衡、热量平衡和水气平衡的变化，一般土地工程中，自然资源各因素组成的系统发生变化时，区域气候资源所涉及的辐射、水气和热量等指标也会发生变化，主要计算方法有下面 7 种。

1. 地面辐射平衡

某段时间内，单位面积地表所吸收的太阳总辐射与它的有效辐射之差为地面辐射平衡，或地面辐射差额、地面净辐射量，则单位面积在单位时间内的辐射平衡 R 方程可写为

$$R = (S+D)(1-\alpha) - F_0 \tag{9-78}$$

式中，S、D、F_0 分别是直接辐射、散射辐射和有效辐射；α 是反射率。

地面辐射能量的收支，取决于地面的辐射差额。当 $R>0$ 时，即地面所吸收的太阳辐射大于地面的有效辐射，地面将有热量的积累；当 $R<0$ 时，则地面辐射有热量的亏损。

2. 地表总辐射气候学计算

由于大气透明系数难以精确确定，为了获得区域地面总辐射的多年平均值，通常采用经验方法即气候学计算方法确定，公式表达为

$$Q = Q_0 f_1(S_1, n) \tag{9-79}$$

$$Q = S_0 f(S_1, n) \tag{9-80}$$

拟合后得

$$Q = S_0(a + bS_1) \tag{9-81}$$

式(9-79)~式(9-81)中，S_0 是天文辐射；Q_0 是晴天总辐射；$f(S_1, n)$ 是天空遮蔽度函数；n 是云量；a，b 取决区域天气的平均透明系数。

3. 地面热量平衡

地面热量平衡指地表面向大气空间支出热量和从空间获取热量相平衡的情况，实际为入射到地表面的太阳净辐射能在地表面的转换和再分配过程。公式表达为

$$R = \text{LE} + H + Q_S + P \tag{9-82}$$

式中，R 是净辐射；H 是感热输送量；LE 是潜热输送量；Q_S 是土壤热流入量；P 是光合作用消耗量。

4. 大气热量平衡

从地面伸展到大气顶的单位截面积垂直空气柱内所有热通量的代数和，公式可表达为

$$R_a = D_a + C_a + L_r - H \tag{9-83}$$

式中，R_a 是大气柱辐射差额；D_a 是大气柱热含量变化；C_a 是热交换量；L_r 是降水的潜热释放量；H 是感热通量。

5. 大气水分平衡

某一地区在给定的一段时间内，大气柱中总收入的水汽量与总支出的水汽量之差，等于该地区这一段时间内大气柱中水汽含量的变化量，公式表达为

$$\Delta q_a = Q_{ai} - Q_{ag} + E - r \tag{9-84}$$

式中，Δq_a 是大气柱水汽量的变化；Q_{ai} 是大气柱水汽流入量；Q_{ag} 是大气柱水汽流出量；E 是蒸发进入大气柱水汽量；r 是降水减少大气柱水汽量。

6. 地-气系统的辐射平衡

如果把地面和大气视为一个系统，此系统的辐射能收支差额称为地-气系统辐射平衡。公式表达为

$$R_g = (S + D)(1 - \alpha) + q_0 - F_0 \tag{9-85}$$

式中，α 是行星反射率；q_0 和 F_0 分别是大气吸收的太阳辐射和大气上界的有效辐射。

7. 地-气系统的水分平衡

如果把地面和大气视为一个系统，此系统的辐射水分能收支差额称为地-气系统水分平衡。公式表达为

$$\Delta W = r_c - E_c - f \tag{9-86}$$

$$\Delta q_a = \Delta Q_a + E - r \tag{9-87}$$

$$\Delta Q_a = \Delta W + \Delta q_a + f \tag{9-88}$$

式中，ΔW 是地面水分收入量；r_c 是地面水分流入量；E_c 是地面水分蒸发量；f 是地表水分其他作用下减少量；Δq_a 是大气柱水汽量的变化；ΔQ_a 是地-气系统水分平衡量；E 是蒸发进入大气柱水汽量；r 是降水减少大气柱水汽量。

四、生物资源平衡分析

生物资源是自然资源重要组成之一，其自身的平衡对其他资源系统及自然资源大环境都有重要的影响，在对生物资源平衡进行分析时主要利用生态循环和平衡理论。要求重点分析自然生态系统物质循环和能量流动规律，力求在生物资源转化过程中形成一个动态的平衡循环过程。

(一)生物资源平衡法则

生物资源在自然长期发展和进化过程中，对自然系统中各要素的反应也产生了相应的变化，一般适应于生物资源平衡的法则有以下两种。

1. 最后产值恒量法则

在一定范围内，当条件相同时，不管一个生物(植物)资源的密度如何，最后产量基本相同，即表现为生物(植物)资源的产量随密度恒定的规律。一般公式表达为

$$Y = \bar{W} \cdot d = K_i \tag{9-89}$$

式中，$\bar{W}$ 是生物(植物)个体平均重量；d 是密度；Y 是单位面积产量；K_i 是常数。

2. -3/2 自疏法则

在一定范围内，随着单一生物资源的密度增加，各资源系统间的竞争对生物资源的生长发育速度产生影响，严重时可影响生物资源的存活率，当密度高于平衡值时，则有些生物资源会选择消亡，这一现象称为"自疏现象"，一般公式表达为

$$\bar{W} = C \cdot d^a \tag{9-90}$$

$$\lg \bar{W} = \lg C - a \cdot \lg d \tag{9-91}$$

式中，$\bar{W}$ 是生物(植物)个体平均重量；d 是密度；C 是起始总个体数量；a 是密度调控指数。

(二)生物资源平衡方法

生物资源平衡主要是规模区域上的平衡和特定时间段内的平衡。规模区域上的平衡是指在一定区域内生物资源数量和物质的平衡；特定时间段内的平衡是指在一定时间段内生物资源的相对平衡。判别生物资源平衡的主要评价指标不同，对生物资源平衡分析的方法也有所不同，主要有物质平衡法、生命周期法、实验方法和整合分析法。

1. 物质平衡法

物质平衡法是根据质量守恒原理，认为系统内部、系统与环境间的物质流和

能量流是守恒的。在一定的时间和空间尺度内，通过比较进入系统和输出系统的物质(能量)来界定系统对环境的影响。

2. 生命周期法

生命周期法是考虑一个系统的整个生命周期中的环境影响的评估工具。在人工生态系统中，往往伴随着人类活动的外源性的物质(能量)的输入，如原材料的生产、机械制造、加工、包装、运输和维护，直至再循环和最终的废物处置。利用生命周期来评价生物资源对系统的影响，可以克服以往生物资源系统研究中对环境平衡评估的片面性和局限性。

3. 整合分析法

在科学研究中，对于同一问题的大量试验，其研究结果也常常千差万别。需要将这些信息进行综合，得到更一般的结论，并发现差异及原因，指出将来研究的方向。整合分析正是这样一种方法，定义为"以综合一系列单个研究结果为目的的统计分析"。它是整合一系列独立的但有相关的假设的研究结果的定量统计方法。

$$T_1 = \{1,\cdots,n,n+1\} \tag{9-92}$$

$$T_2 = \{1,\cdots,n,n+1\} \tag{9-93}$$

式中，T_1 是输入的数据矩阵值；T_2 是输出的数据矩阵值；n 是输入数据个数。

4. 实验方法

对于生物资源的平衡可通过实验方法进行分析研究，主要包括对特定区域生物资源多样性的调查，也包括野外与现场调查和模拟实验等。

1) 野外与现场调查

在调查中除了要应用生物学等方面的知识和手段外，还要利用现代化的调查工具，采用先进技术和仪器、遥感、遥测等。主要测定指标有生物资源的数量、盖度、频度和多度，表达公式分别为

$$P = A \cdot Z = Z \cdot X \cdot Y \tag{9-94}$$

$$S = d/D \tag{9-95}$$

$$T = F_n / F \tag{9-96}$$

$$M = F / q \tag{9-97}$$

式(9-94)~式(9-97)中，P 是数量；A 是调查面积；X 是调查长度；Y 是调查宽度；Z 是生物资源数量；S 是调查生物资源盖度；d 是该资源的密度；D 是所有资源密度；T 是频度；F_n 是单一生物资源数量；F 是生物资源总数量；M 是单一生物资源的多度；q 是单一生物资源平衡期个体数量。

2) 模拟实验

模拟实验是近代生物资源研究的主要手段，包括实验室模拟系统和野外模拟系统。实验室模拟包括各种微型模拟生物资源系统，如各种水生生物的微型试验系统，植物试验的植物系统等。

五、矿产资源平衡分析

自然资源中的矿产资源属于不可更新资源，在矿产资源利用开发中，要注重可供量和需求量之间的关系，更要注重矿产资源开发利用的经济平衡，所以，在矿产资源平衡中包括两种平衡，即供需平衡和经济平衡。

(一) 矿产资源平衡定律

矿产资源平衡包括供需平衡和经济平衡，通常对其开发利用要遵循的规律涉及对资源供求平衡和经济平衡的定律。一般包括瓦尔拉斯法则、热力学第二定律和零排放定律三种，这是在矿产资源开发利用中通用的定律，是实现矿产资源平衡循环利用的基础。

1. 瓦尔拉斯法则

瓦尔拉斯法则指在一个区域内，如果市场上商品市场的超额需求或要素市场的超额需求两者之一等于零的话，那么必然剩下的那个市场达到出清，即供需数量达到均衡态：

$$\sum P_i(q_i^d - q_i^s) + \sum w_k(x_k^d - x_k^s) = 0 \tag{9-98}$$

2. 热力学第二定律

根据热力学第二定律，一个独立系统与其外部之间在不摄取热量和物质的情况下，描述热力学状态函数的熵达到处于平衡状态的最大值，不再变小。热力学意义下的熵是分子热运动无序程度的量度，分子热运动的无序度越高，熵值就越大。将热力学熵的概念推广，可用广义的熵来描述分子热运动以外的其他物质、运动方式、系统的混乱程度、无序度和不确定度等。

热力学第二定律所表述的熵增加原理，只能用于判断封闭系统中变化过程的方向。在现实过程中，系统通常是开放系统，与环境有着密切的物质和能量交换。对于开放系统，系统的熵增量可表述为

$$dS = d_t S + d_e S \tag{9-99}$$

式中，$d_t S$ 表示由系统内部不可逆过程产生的熵增，称为熵产；$d_e S$ 是原系统环境的熵增量，表示由于系统和外界环境的相互作用，物质和能量的流进或流出过程所引起的熵增，称为熵流。熵产恒大于 0，熵流则可正可负。

(1) 若 $d_e S=0$，则 $dS=d_t S >0$，为封闭系统的情形。

(2) $d_tS>d_eS$，$dS>0$，系统引入的负熵流 d_eS 不足以抵消系统内熵产，系统无序度增加，系统的结构和功能发生退化，生态环境恶化。

(3) $d_tS<d_eS$，$dS<0$，系统引入的负熵流 d_eS 大于系统内部的熵产，系统有序度增加，系统的结构和功能进化，自然资源环境改善。

3. 零排放定律

零排放的定义是使所有生产过程的最终排放物与其可转化为其他工艺或过程的有附加价值的附产物之比趋向于零的过程，其表达式为

$$\lim_{t\to\infty} t \sum_{t=1}^{n} \frac{W_i^t \times R_i^t}{W_i^t} = 0 \tag{9-100}$$

式中，W 是第 i 种矿产资源附产物；R 是再生资源；t 是时间。

(二) 矿产资源平衡计算

矿产资源的平衡分析计算主要包括年度供需平衡和区域供需平衡两种：年度供需平衡注重矿产资源供给量和需求量之间的关系分析；区域供需平衡则注重的是区域人口、经济和矿产资源三者之间的平衡。在土地工程中，通常选取区域供需平衡进行计算分析。

1. 矿产资源年度供需计算

矿产资源供需预测是矿产资源规划与矿产资源管理的重要组成部分，是矿产资源供需平衡的基础和依据，满足区域社会经济发展需要及建立矿产资源可持续开发利用和供应体系。矿产资源供需预测分析是指对区域年度矿产资源需求量、最优开采量和供给量进行计算分析，平衡各数量之间关系，公式表达为

$$S_i = \sum_{i=1}^{j} VE_{i,j} \tag{9-101}$$

$$GD_i = \sum_{i=1}^{s} GC_{i,s} \tag{9-102}$$

式中，$VE_{i,j}$ 是第 i 部门对第 j 种矿产资源的供给量；$GC_{i,s}$ 是第 i 部门对第 s 种矿产资源的需求量；S_i 是矿产资源总供给量；GD_i 是矿产资源总需求量。若 $S_i>GD_i$，供大于需；$S_i<GD_i$，需大于供；$S_i=GD_i$，供给等于需求，达到平衡。

2. 矿产资源区域供需计算

综合考虑人口和经济社会发展是矿产资源需求的两个重要因素。对于不可更新的矿产资源的供需平衡计算主要包括区域人口数量计算、区域经济增长计算及两者组合后引入矿产资源供需平衡计算。一般采用人口-经济增长计算模型法和灰色系统 GM(1, 1) 计算方法分别分析对矿产资源的需求量，通过组合预测模型进行加权平均，汇总计算矿产资源初步需求量。

1) 人口-经济增长计算模型

依据人口数量、人均地区生产总值增长率、矿产资源消费弹性系数和地区人均矿产品消费量等因素变化，计算未来一定时期内地区矿产资源消费需求的总体演变趋势和特征。依据区域年度人口数、人均矿产资源消费基础、人均 GDP 增长水平及不同发展阶段矿产资源的消费弹性系数等参数，建立矿产资源需求量的人口-经济增长计算模型，计算下一年度重要矿产资源需求量。公式可表达为

$$q_1 = PH_0(1+re)^t \qquad (9\text{-}103)$$

式中，q_1 是未来年矿产资源需求量；P 是未来年度总人数；H_0 是实际年人均矿产资源消费量；r 是未来年度人均地区生产总值增长率；e 是矿产资源消费弹性系数；t 是计算年限。

2) 组合计算模型

组合计算模型是先利用两种或两种以上不同的单项计算方法对同一对象进行计算，然后对各个单独的计算结果做适当的加权平均，最后取加权平均值作为最终结果的一种计算方法。一般利用组合计算模型对两种方法结果进行加权平均综合。具体计算模型如下：

$$Q_0 = k_1 q_1 + k_2 q_2 \qquad (9\text{-}104)$$

式中，Q_0 是组合计算的结果；k_1、k_2 分别是人口-经济增长模型计算、灰色系统 GM(1,1)模型计算结果的权系数；q_1、q_2 分别是人口-经济增长计算模型、灰色系统 GM(1,1)模型的计算结果值。在组合模型中，k_i 的计算是关键，求组合加权权重系数的基本原则是使样本点组合计算误差最小。

3) 定量与定性相结合综合修正模型

在初步计算的基础上，要充分考虑区域产业分工、区域产业结构调整与高级化、区域产业的技术进步和二次利用及其他相关因素的影响作用，建立矿产资源需求计算测定量与定性相结合综合修正模型。公式表达为

$$Q = w \times Q_0 \qquad (9\text{-}105)$$

式中，Q 是重要矿产资源需求计算值；Q_0 是重要矿产资源组合模型计算值；w 是各种定性因素的综合调整系数，根据经验选取。

六、其他自然资源平衡分析

自然资源包括各种各样的资源，各种资源间的平衡计算法则和方法也多种多样。不论是对资源的年度平衡计算还是区域平衡计算，都是为了达到资源的稳态及平衡循环。针对可更新资源平衡的计算必须保证资源的动态平衡，保证输入和输出的平衡；对于不可更新资源，必须保证开发利用的平衡性，保证资源的需求量与资源的最优供应量保持平衡。

第十章 生态系统与环境承载力

土地所具有的生产能力是由生态系统实现的。土地工程需要借助一系列的生物、工程措施，在此过程中必然打破一定地域内土地资源的原位状态，使生态系统内物质能量流动、干扰传播等生态过程以及生物的迁移扩散运动发生变化，也会改变景观层次上的空间和时间格局（艾东等，2007；Davenport 等，1998），对一定区域内的水资源、土壤、植被、微生物和动物等环境要素及其生态过程产生许多直接或间接、有利或有害的影响。土地工程在传统土地整理内涵的基础上还要达到保证土地的可持续发展、保证生物的多样性以及生态平衡的目标，以实现土地整理由数量管理向数量、质量并重及生态管护的转变，发展生态型土地工程，促进土地整理与生态系统的和谐统一，确保土地资源可持续利用。研究土地工程就必须深入了解响应生态系统。

第一节 生态系统物质循环与能量流动

一、生态系统组成

生态系统的组成包括生物群落和非生物环境。非生物环境包括参加物质循环的无机元素和化合物（如 C、N、CO_2、O_2、Ca、P 和 K）、联系生物和非生物成分的有机物质（如蛋白质、糖类、脂类和腐殖质等）以及气候或其他物理条件（如温度、压力等）。

生物群落由生产者、消费者和分解者组成。生产者是指能以简单的无机物制造食物的自养生物，主要是各种绿色植物，也包括蓝绿藻和一些能进行光合作用的细菌，生产者是生态系统中最基础的成分。消费者是针对生产者而言的，即它们不能从无机物质制造有机物质，而是直接或间接依赖于生产者所制造的有机物质，因此属于异养生物，包括食草动物、食肉动物、大型食肉动物或顶级食肉动物。分解者是异养生物，其作用是把植物残体的复杂有机物分解为生产者能重新利用的简单化合物，并释放出能量，其作用正好与生产者相反，包括细菌、真菌、放线菌和无脊椎动物。

生态系统之间矿物元素的输入和输出以及它们在大气圈、水圈、岩石圈之间以及生物间的流动和交换称为生物地（球）化（学）循环（biogeochemical cycle），即物质循环（cycling of material）（李博，2000）。物质是能量的载体，生态系统中流动着的物质是贮存化学能的载体，物质循环促使能量从一种形式转变为另一种形式。因此，生态系统中的物质循环和能量流动是紧密相连的。

研究物质在生态系统中的循环途径以及能量在生态系统中的流动规律，可以为土地工程的开展提供理论依据，保证土地的可持续发展，以及生物的多样性，达到生态平衡，实现生态管护，促进土地工程和生态系统的和谐发展。

二、生态系统的性质

①生态系统是一个开放系统，必须依赖外界环境提供物质和能量的输入和接受输出；②生态系统是一个控制系统或反馈系统，在一定范围内具有自我调节和自组织能力保持其相对平衡；③生态系统是一个动态系统，要经历由简单到复杂、从不成熟到成熟的发育过程；

三、生态系统中的物质循环

（一）物质循环的模式

生态系统中的物质循环可以用库和流通量两个概念加以概括。

1. 库

贮存一定数量元素的某种生态系统组分称为该元素的库。生态系统中各组分都是物质循环的库，如植物库、动物库、土壤库和水体库等。

2. 流通量

物质在生态系统中的循环实际上是在库与库之间彼此流通的。在单位时间或单位体积的转移量就称为流通量。这种关系可以用一个简单的池塘生态系统加以说明（图10-1）。

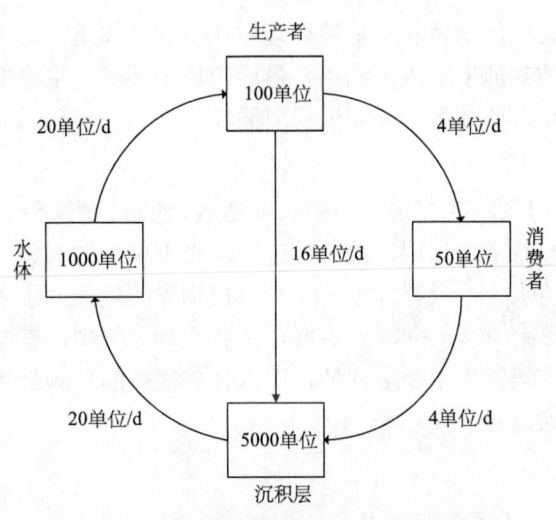

图10-1 池塘生态系统中库与库流通的模式图

3. 周转率和周转时间

流通量通常用单位时间、单位面积内通过的营养物质的绝对值来表达。为了表示一个特定的流通过程对有关库的相对重要性,常用周转率和周转时间来表示。

1) 周转率

周转率就是出入一个库的流通率除以该库中的营养物质的总量。

$$周转率 = \frac{流通率}{库中营养物质总量}$$

2) 周转时间

周转时间就是库中的营养物质总量除以流通率。

$$周转时间 = \frac{库中营养物质总量}{流通率}$$

周转时间表达了移动库中全部营养物质所需要的时间。在物质循环中,周转率越大,周转时间就越短。物质循环的速率在空间和时间上有很大的变化,影响物质循环速率最重要的因素如下。

(1) 元素的性质。即循环速率由循环元素的化学特性和被生物有机体利用的方式所影响。

(2) 生物的生长速率。这一因素影响着生物对物质的吸收速度和物质在食物链中的运动速度。

(3) 有机物分解的速率。适宜的环境有利于分解者的生存,并使有机体很快分解,迅速将生物体内的物质释放出来,重新进入循环。

(二) 物质循环的类型

生态系统从大气、水体和土壤等环境中获得营养物质,通过绿色植物吸收,进入生态系统,被其他生物重复利用,最后归还于环境。生物地球化学循环的类型主要包括水循环、气体型循环和沉积型循环。

1. 水循环

生态系统中的水循环包括降水、蒸发、根吸收、渗透、蒸腾和地表径流(图 10-2)。植物在水循环中起着重要作用,植物通过根吸收土壤中的水分。与其他物质不同的是进入植物体的水分,只有 1%～3%参与植物体的建造并进入食物链,由其他营养级所利用,其余 97%～98%通过叶面蒸腾返回大气中,参与水分的再循环。不同的植被类型,蒸腾作用是不同的,而以森林植被的蒸腾最大,它在水的物质循环中的作用最为重要。

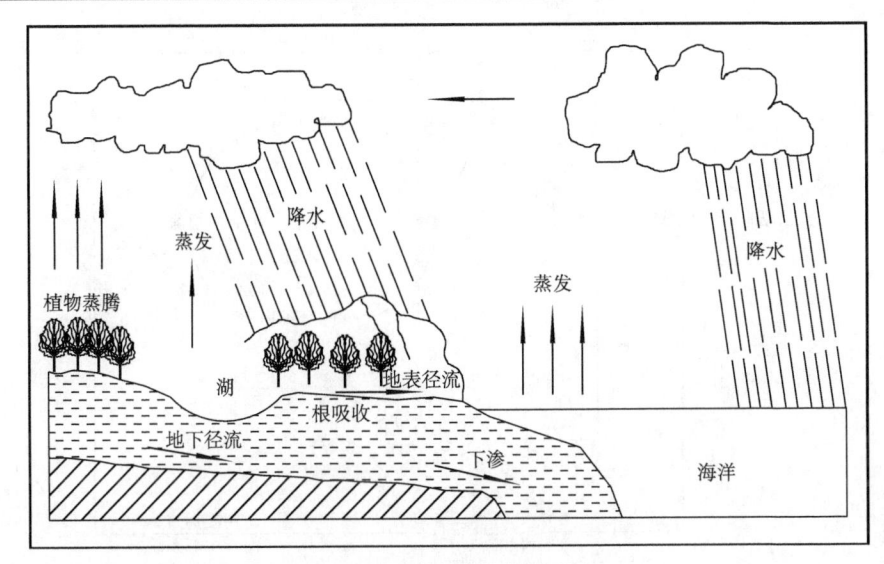

图 10-2　生态系统中的水循环

2. 气体型循环

在气体循环中,物质的主要储存库是大气和海洋,循环与大气和海洋密切相连,具有明显全球性,循环性能最为完善。凡属于气体型循环的物质,其分子或某些化合物常以气体的形式参与循环过程,属于这一类的物质有氧、二氧化碳、氮、氯和氟等。气体循环速度比较快,物质来源充沛,不会枯竭。

1) 碳循环

碳是一切生物体中最基本的成分,有机体干重的 45% 以上是碳。据估计,全球碳贮存量约为 26×10^{15} t,但绝大部分以碳酸盐的形式禁锢在岩石圈中,其次是贮存在化石燃料中,生物可直接利用的碳是水圈和大气圈中以二氧化碳形式存在的碳,二氧化碳或存在于大气中或溶解于水中,所有生命的碳源均是二氧化碳。碳的主要循环形式是从大气的二氧化碳蓄库开始,经过生产者的光合作用,把碳固定,生成糖类,然后经过消费者和分解者,在呼吸和残体腐败分解后,回到大气蓄库中。碳被固定后始终与能流密切结合在一起,生态系统的生产力的高低也是以单位面积中碳的含量来衡量。

除了大气,碳的另一个储存库是海洋,它的含碳量是大气的 50 倍,更重要的是海洋对于调节大气中的含碳量起着重要的作用。在水体中,水生植物将大气中扩散到水上层的二氧化碳转化为糖类,通过消化合成以及各种水生动植物呼吸作用又释放二氧化碳到大气中。动植物残体埋入水底,其中的碳都暂时离开循环,但是经过地质年代,又以石灰岩或珊瑚礁的形式再露于地表。岩石圈中的碳也可以借助于岩石的风化和溶解、火山爆发等重返大气圈。有部分则转化为化石燃料,燃烧过程使大气中的二氧化碳含量增加(图 10-3)。

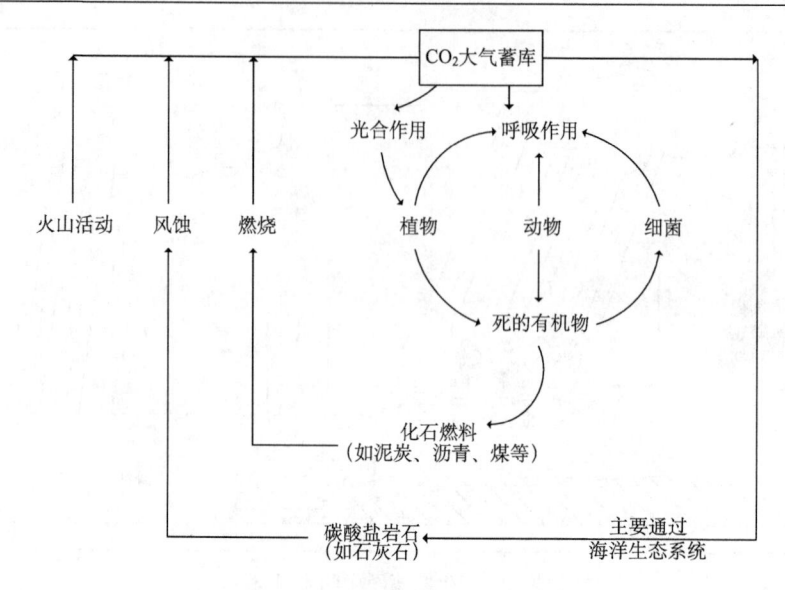

图 10-3　生态系统中的碳循环

2) 氮循环

氮是蛋白质的基本成分，是一切生命结构的原料。虽然大气化学成分中氮的含量非常丰富，有 78%，然而氮是一种惰性气体，植物不能够直接利用。因此，对生态系统来讲，大气中的氮必须通过固氮作用将游离氮与氧结合成为硝酸盐或亚硝酸盐，或与氢结合成氨，才能为大部分生物所利用，参与蛋白质的合成。对氮循环的机制进行深入研究，能对土地工程新增耕地和高标准农田的栽培管理提供方向，为科学施肥提供指导，实现土地可持续利用。

固氮作用的途径有三种，一是通过闪电、宇宙射线、陨石和火山爆发活动的高能固氮，其结果形成氨或硝酸盐，随着降水到达地球表面；二是工业固氮，这种固氮形式的能力已越来越大；三是生物固氮，也是最重要的途径，大约占地球固氮的 90%。能够进行固氮的生物主要是固氮菌、与豆科植物共生的根瘤菌和蓝藻等自养和异养微生物。氮在环境中的循环可用图 10-4 表示。含氮有机物的转化和分解过程主要包括氨化作用、硝化作用和反硝化作用。

氨化作用是由氨化细菌和真菌的作用将有机氮(氨基酸和核酸)分解成为氨与氨化合物，氨溶水即成为 NH_4^+，可被植物直接利用。

硝化作用是在通气情况良好的土壤中，氨化合物被亚硝酸盐细菌和硝酸盐细菌氧化为亚硝酸盐和硝酸盐，供植物吸收利用。土壤中还有一部分硝酸盐变为腐殖质的成分，或被雨水冲洗掉，然后经径流到达湖泊和河流，最后到达海洋，被水生生物所利用。海洋中还有相当数量的氨沉积于深海而暂时离开循环。

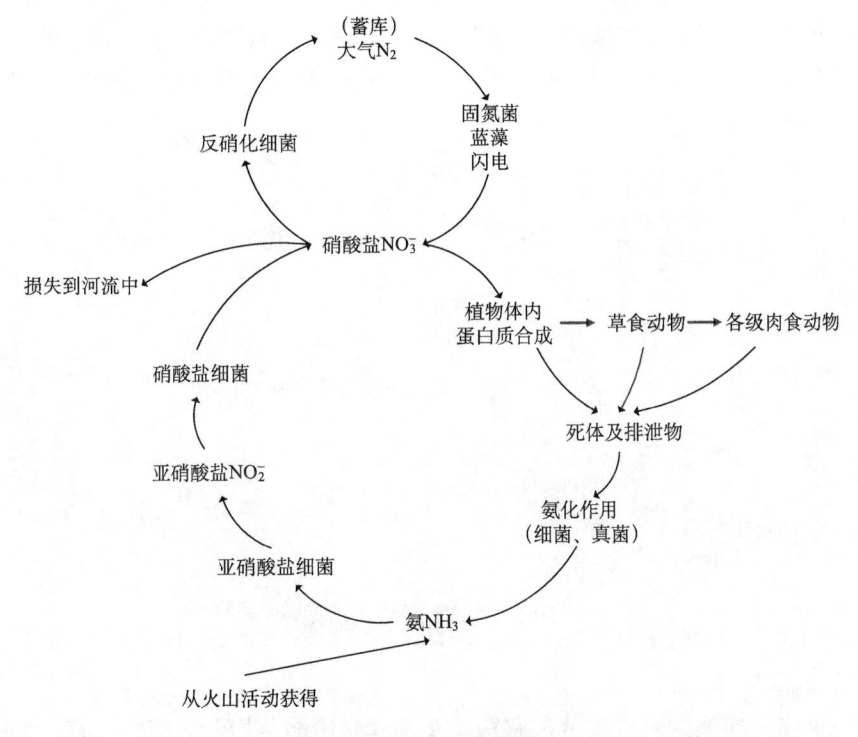

图 10-4　生态系统中氮循环

反硝化作用也称脱氮作用，是由反硝化细菌将亚硝酸盐转变成大气氮，回到大气库中。因此，在自然生态系统中，一方面通过各种固氮作用使氮素进入物质循环，另一方面通过反硝化作用、淋溶沉积等作用使氮素不断重返大气，从而使氮的循环处于一种平衡状态。

3. 沉积型循环

矿质元素通过岩石风化等作用被释放出来参与循环，又通过沉积等作用进入地壳而暂时离开循环。所以沉积型循环往往是不完全的循环，以沉积型方式循环的物质有磷、硫、钾等多种元素。

1) 磷循环

磷是生物不可缺少的重要元素，生物的代谢过程都需要磷的参与，磷是核酸、细胞膜和骨骼的主要成分，高能磷酸键在腺苷二磷酸（ADP）和腺苷三磷酸（ATP）之间进行可逆地转移，它是细胞内一切生化作用的能量。磷不存在任何气体形式的化合物，所以磷是典型的沉积型循环物质。沉积型循环物质主要有两种存在相：岩石相和溶解盐相。循环的起点源于岩石的风化，终于水中的沉积。由于风化侵蚀作用和人类的开采，磷被释放出来，由于降水成为可溶性磷酸盐，经由植物、草食动物和肉食动物而在生物之间流动，待生物死亡后被分解进入食物链，又使其回到环境中。溶解性磷酸盐，也可随着水流，进入江河湖海，并沉积在海底，其中一部分长期留在海里，另一些可形成新的地壳，风化后再次进入循环(图10-5)。

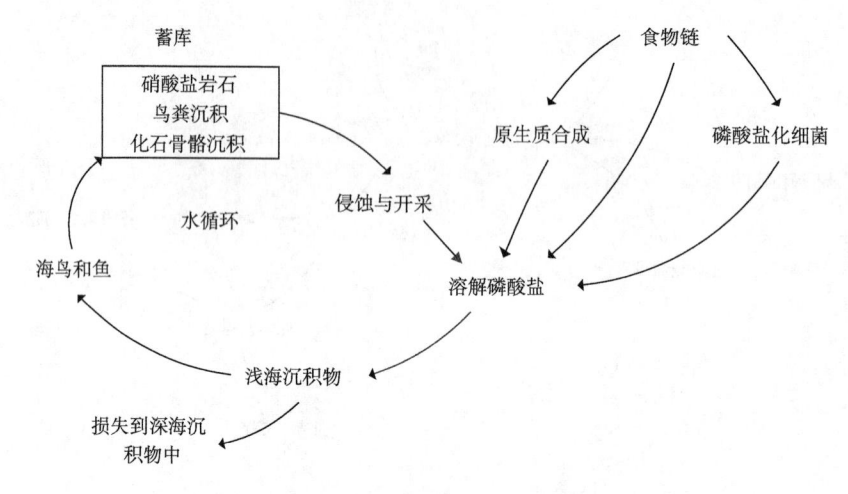

图 10-5　生态系统中的磷循环

2) 硫循环

硫是原生质体的重要组分，它的主要蓄库是硫酸盐岩，大气中也有少量的存在。因此，硫循环有一个长期的沉积阶段和一个较短的气体阶段。在沉积相，硫被束缚在有机或无机沉积物中。硫循环与磷循环有类似之处，但硫循环要经过气体型阶段。岩石库中的硫酸盐主要通过生物的分解、自然风化作用和火山爆发进入生态系统。这些硫酸盐一部分可以为植物直接利用，另一部分仍能生成硫酸盐和化石燃料中的无机硫，再次进入岩石蓄库中(图10-6)。

沉积型循环速度比较慢，参与沉积型循环的物质，其分子或化合物主要是通过岩石的风化和沉积物的溶解转变为可被生物利用的营养物质，而海底沉积物转化为岩石圈成分则是一个相当长的、缓慢的、单向的物质转移过程，时间要以千年来计。这些沉积型循环物质主要储库在土壤、沉积物和岩石中，而无气体状态，因此这类物质循环的全球性不如气体型循环，循环性能也很不完善。

4. 有毒有害物质循环

有毒有害物质的循环是指那些对有机体有毒有害的物质进入生态系统，通过食物链富集或被分解的过程。生态系统中有毒有害物质的循环与人类的关系最为密切，但又最为复杂。一部分有毒有害物质随着自然过程进入生态系统，但是大部分有毒有害物质则通过人为排放活动而进入到生态系统，如图 10-7 所示(李天杰等，2004a，2004b)。一般情况下，毒性物质进入环境，常被空气和水稀释到无害的程度，以致无法用仪器检测。即使这样，对食物链上有机体的毒害依然存在。

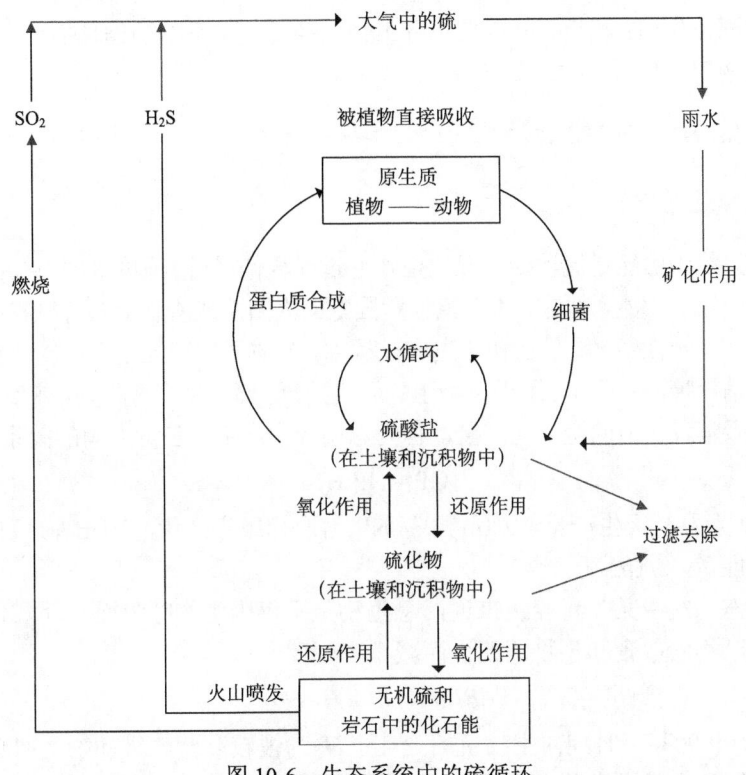

图 10-6 生态系统中的硫循环

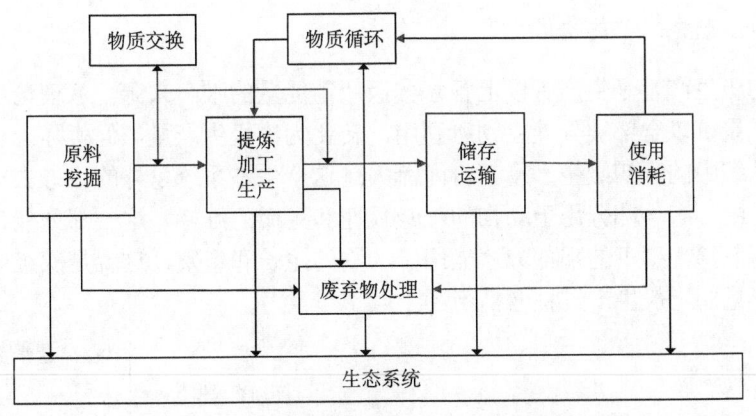

图 10-7 有毒有害物质进入生态系统的主要途径

因为小剂量毒物在生物体内经过长期的积累和浓集，也可达到中毒致死的水平。同时，有毒物质在循环中经过空气流动、水的搬运以及在食物链上的流动，常常使有毒物质的毒性增加，进而造成中毒的过程复杂化。在自然界也存在着对毒性物质分解，减轻毒性的作用，如放射性物质的半衰期，以及某些生物对有毒物质的分解和同化作用；相反，也有某些有毒物质经过生态系统的循环后使毒性增加，如汞的生物甲基化等。

四、生态系统中的能量流动

（一）初级生产

生态系统中的能量流动始于绿色植物通过光合作用对太阳能的固定。因为这是生态系统中第一次能量固定，所以植物所固定的太阳能或所制造的有机物质称为初级生产量或第一性生产量。在初级生产过程中，植物固定的能量有一部分被植物自身的呼吸消耗掉，剩下的可用于植物生长和生殖，这部分生产量称为净初级生产量。而包括呼吸消耗在内的全部生产量，称为总初级生产量。三者之间的关系是

$$GP = NP + R \tag{10-1}$$

式中，GP 为总初级生产量，$J/(m^2 \cdot a)$；NP 为净初级生产量，$J/(m^2 \cdot a)$；R 为呼吸所消耗的能量，$J/(m^2 \cdot a)$。

对生态系统中某一营养级来说，总生物量不仅因生物呼吸而消耗，也由于更高营养级动物的取食和生物的死亡而减少，因此

$$dB/dt = NP - H - D \tag{10-2}$$

式中，dB/dt 为某一时期内生物量的变化；H 为被较高营养级动物所取食的生物量；D 为因死亡而损失的生物量。

（二）生态系统中的次级生产

净初级生产量是生产者以上各营养级所需能量的唯一来源。从理论上讲，净初级生产量可以全部被异养生物所利用，转化为次级生产量，但实际上，任何一个生态系统中的净初级生产量都可能流失到这个生态系统以外的地方去。在被同化的能量中，有一部分用于动物的呼吸代谢和生命的维持，这一部分能最终以热的形式消散掉，剩下的那部分才能用于动物的生长和繁殖，这就是次级生产量。次级生产量的一般生产过程概括于图 10-8 中。

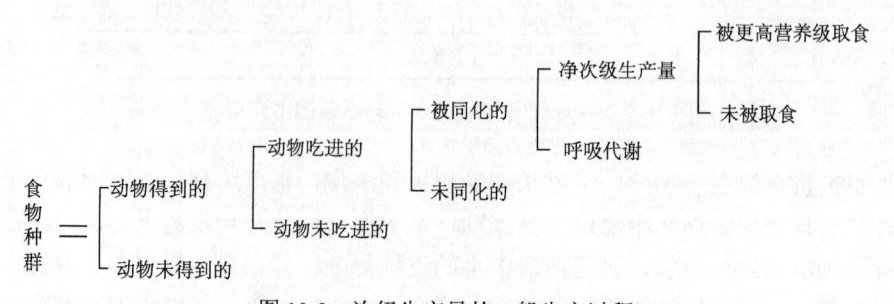

食物种群 = {动物得到的 = {动物吃进的 = {被同化的 = {净次级生产量 = {被更高营养级取食 / 未被取食} / 呼吸代谢} / 未同化的} / 动物未吃进的} / 动物未得到的}

图 10-8　次级生产量的一般生产过程

图 10-8 表示的是一个普适模型。它可应用于任何一种动物，包括草食动物和肉食动物。肉食动物捕到猎物后往往不是全部吃掉，而是剩下毛皮、骨头和内脏等。因此，能量从一个营养级传递到下一个营养级时往往损失很大。对一个动物种群来说，其能量收支情况可以用公式表示为

$$C = A + FU \tag{10-3}$$

式中，C 为动物从外界摄食的能量，J；A 为被同化能量，J；FU 为粪、尿能量，J。被同化能量 A 又可分解为

$$A = P + R \tag{10-4}$$

式中，P 为净次级生产量，J；R 为呼吸能量，J。

综合式(10-3)和式(10-4)可得

$$P = C - FU - R \tag{10-5}$$

(三) 生态系统中的分解

生态系统中的分解作用是指有机物质的逐步降解过程。分解时，无机元素从有机物质中释放出来，称为矿化，它与光合作用时无机营养元素的固定正好是相反的过程。从能量而言，分解与光合也是相反的过程，前者是放能，后者是贮能。

进入分解者亚系统的有机物质也通过营养级而传递，但未利用的物质、排出物和一些次级产物，又可成为营养级的输入而再次被利用，称为再循环。这样，有机物质每通过一种分解者生物，其复杂的能量、碳和可溶性矿质营养再释放一部分，如此一步步释放，直到最后完全矿化为止。分解过程的特点和速率，决定于待分解资源的质量、分解者的生物种类和分解时的理化环境条件三方面。这三方面的组合决定分解过程每一阶段的速率。

(四) 能流分析

1. 能量流动遵循的定律——热力学定律

生态系统中能量传递和转换遵循了热力学的两条定律。

$$\text{第一定律：} \quad \Delta H = Q_p + W_p \tag{10-6}$$

$$\text{第二定律：} \quad \Delta H = \Delta G + T \Delta S \tag{10-7}$$

式中，ΔH 是系统中焓的变化；Q_p、W_p 分别为净热、净功，各自独立地和外界环境发生交换。在常压下，ΔG 是系统内自由能的变化；T 是热力学温度，K；ΔS 为系统内的熵变。

式(10-6)为能量守恒定律，即能量可由一种形式转化为其他形式的能量。进入系统的能量等于系统内储存的能减去所释放的能。能量既不能消灭，也不能凭空创造。

式(10-7)阐述了任何形式的能(除了热)自发转到另一种形式能的过程中，不可能100%被利用，总有一些能量以热的形式被耗散出去，熵就增加了。所以，热力学第二定律又称熵律。

把热力学定律应用于生态系统能量流动中是项极为有意义的工作。生物体是开放的不可逆的热力学系统。它和外界环境有熵(H)的变换，要固定热能(TS)和外界摩擦产生热量(Q)。而呼吸作用损耗仅是 Q 的一部分热交换而不是 TS。热力学定律表示了能量的守恒、转换和耗散。据此，可以准确地计算一个生态系统的能量收支。Wiegert(1976)发展了热力学的方程式，公式如下：

第一定律(在一个开放系统)： $\Delta H = H_1 - H_2 - Q_{sr} - W_{sr}$ (10-8)

生态学能量预算： $P = I - E - R - W_{sr}$ (10-9)

式中，ΔH 为系统的焓变化；H_1 为输入物质的焓含量；H_2 为输出物质的焓含量；Q_{sr} 为外界净热量的交换；W_{sr} 为外界净功的交换；P 为生成物质的焓；I 为食入物质的焓；E 为消化物质的焓；R 为净呼吸热量损失。

2. 能量流动的规律

1) 能流在生态系统中是变化的

能流在生态系统中和在物理系统中不同。能流和以下两项相关：①一定的摩擦损失或遗漏的能量；②一定系统的传导性或传导系数。在非生命的物理系统中(电、热和机械等)是复杂的，但是从原则上说是有规律的，可以用直接的形式来表达，并且对一定的系统来说又是一个常数。在生态系统中，能流是变化的，能流(假定为捕食者所消化并转化为新的生物量)取决于输入端的消化率和输出端捕食者的新生物量产生速度。无论是短期行为，还是长期进化都是变动的。

2) 能量是单向流

生态系统能量的流动是单一方向的。能量以光能的状态进入生态系统后，就不能再以光的形式存在，而是以热的形式不断地逸散于环境之中。从热力学第二定律注意到宇宙在每一个地方都趋向于均匀的熵。它只能向自由能减少的方向进行而不能逆转。所以，从宏观上看，熵总是日益增加。

3) 能量在生态系统内流动的过程，就是能量不断递减的过程

从太阳辐射能到被生产者固定，再经植食动物，到肉食动物，再到大型肉食动物，能量是逐级递减的过程。这是因为：①各营养级消费者不可能百分之百地利用前一营养级的生物量。②各营养级的同化作用也不是百分之百的，总有一部分不被同化。③生物在维持生命过程中进行新陈代谢，总是要消耗一部分能量(蔡晓明，2000)。

4) 能量在流动中，质量逐渐提高

能量在生态系统中流动一部分能量以热能耗散外，另一部分是把较多的低质量

能转化成另一种较少的高质量能。从太阳能输入生态系统后的能量流动过程看来，能的质量是逐步提高和浓集的(图 10-9)。

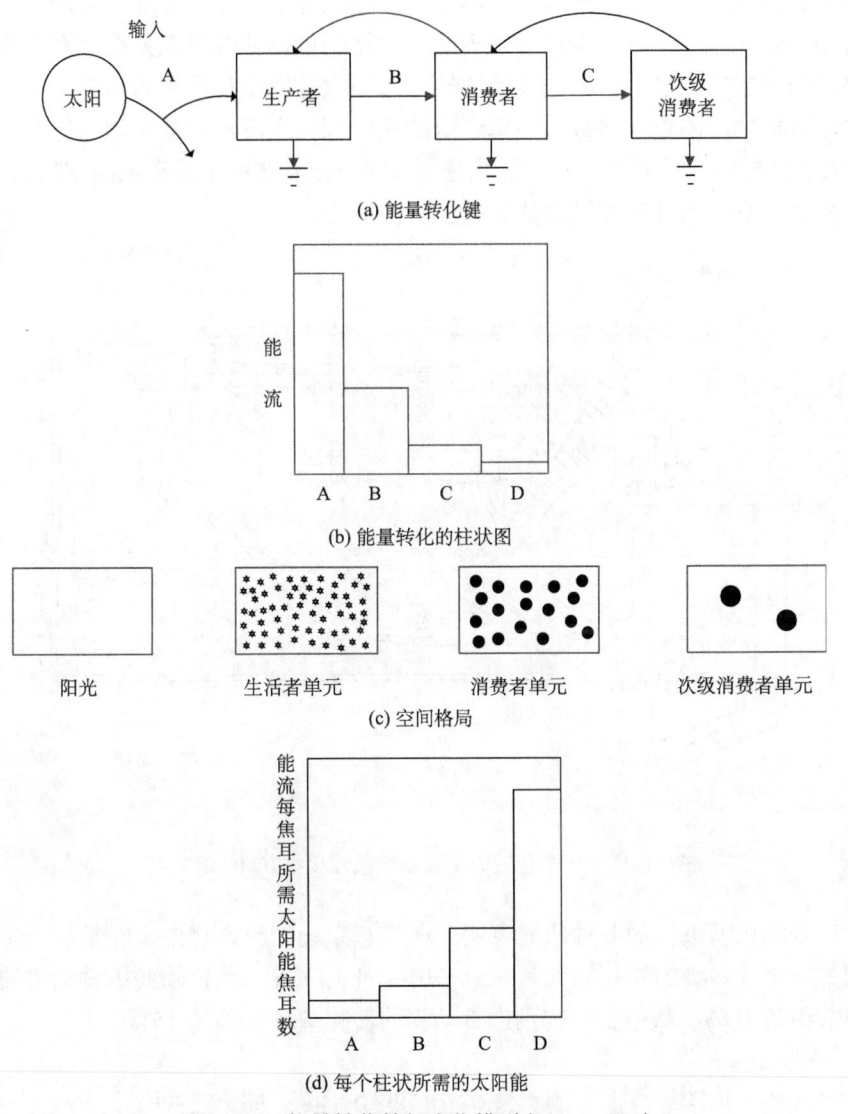

(a) 能量转化键

(b) 能量转化的柱状图

(c) 空间格局

(d) 每个柱状所需的太阳能

图 10-9　能量转化等级序位模型(Odum,1983)

3. 普适的生态系统能量模型

美国生态学家 Odum 于 1969 年曾把生态系统的能量流动概括为一个普适的模型(图10-10)。从这个模型中可以看出外部能量的输入情况以及能量在生态系统中的流动路线及归宿。普适的能流模型是以一个个隔室(即图10-10中的方框)表示各个营养级和贮存库,并用粗细不等的能流通道把这些隔室按能流的路线连接起来,能流通道的粗细代表能流量的多少,箭头表示能量流动的方向,最外面的大方框表示生态系统的边界。自外向内有两个能量输入通道,即日光能输入通道和现成有机物质输入通道,这两个能量输入通道的粗细依具体的生态系统而有所不同,如果日光能的输入量大于有机物质的输入量则大体属于自养生态系统;反之,如果现成有机物质的输入构成该生态系统能量来源的主流,则被认为是异养生态系统。大方框自内向外有三个能量输出通道,即在光合作用中没有被固定的日光能、生态系统中生物的呼吸以及现成有机物质的流失。

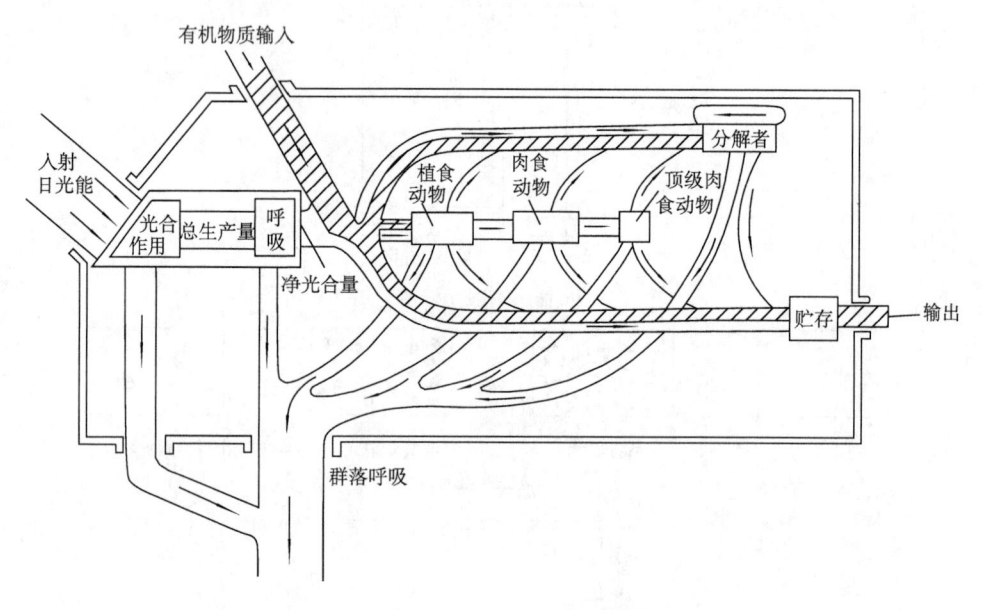

图 10-10　一个普适的生态系统能流模型(Odum,1969)

迄今为止所进行的各种研究表明,在生态系统能流过程中,能量从一个营养级到另一个营养级的转化效率是 5%～30%。平均说来,从植物到植食动物的转化效率大约是 10%,从植食动物到肉食动物的转化效率大约是 15%。

第二节　生态空间理论与景观稳定性

生态系统的时空结构,也叫形态结构,是指各种生物成分或群落在空间上和时间上的不同配置和形态变化特征。无论是自然生态系统还是人工生态系统,都具有或简单或复杂的水平空间上的镶嵌性、垂直空间上的成层性和时间分布上的发展演替特征,即水平结构、垂直结构和时空分布格局。人类常常可以通过模拟优化这种时空形态结构，使生态系统向高效、稳定方向发展。土地工程作为在大范围土地面积上实施的综合性措施，既涉及地块规模形状的调整，又涉及排灌沟渠、道路的重新布设，其实是改变了景观中的斑块和廊道等景观要素特征及其空间分布(刘勇等,2008)，从而影响区域乃至全国的土地景观格局和生态环境(韩霁昌等，2014b；王军等，2007；罗明等，2002)。

一、生态系统尺度与空间格局

(一)生态系统尺度

广义来讲，尺度(scale)指在研究某一物体或现象时所采用的空间或时间单位，同时又可指某一现象或过程在空间和时间上所涉及的范围和发生频率。前者从研究者的角度来定义尺度，后者则根据所研究的过程或现象的特征来定义尺度(邬建国,2000)。在生态学中，尺度是指所研究生态系统的面积大小(空间尺度)或其动态变化的时间间隔(时间尺度)。尺度往往以粒子(grain)或幅度(extent)表示，空间粒度指景观中最小可辨识单元所代表的特征长度、面积或体积(如样方、像元)；时间粒度则指某一现象或事件发生(或取样的)频率或时间间隔(孙儒泳，1993)。在土地工程的生态范畴内，尺度一词的用法不同于地理学或地图学中的比例尺。一般而言，大尺度(或粗尺度，coarse scale)指较大空间范围内的景观特征，往往对应于小比例尺、低分辨率；而小尺度(或细尺度，fine scale)则常指小空间范围内的景观特征，往往对应于大比例尺、高分辨率。在土地工程中，研究者常需要利用某一尺度上所获得的信息或知识推测其他尺度上的特征，把信息从一个尺度转移到另一个尺度，或从一个系统转到另一个系统，即尺度推绎。尺度推绎包括尺度上推和尺度下推。此时将系统在性质、属性或现象上产生突然变化的点称为临界阈值。

(二)生态系统空间格局

空间格局是生态系统或系统属性空间变异程度的具体表现，它包括空间异质性、空间相关性和空间规律性等内容。空间格局决定着资源地理环境的分布形成和组分，制约着各种生态过程，与干扰能力、恢复能力、系统稳定性和生物多样性有着密切的关系。在土地工程建设前和建设后对建设区域内生态系统的空间格局进行分析，研究环境、生态因子对土地利用格局的影响，能够促进景观格局优化目标的实现，有助于对土地工程的生态效益进行综合评价。常见的空间格局有均匀布局、聚集布局、线状布局、平行布局和共轭布局。影响基本生态过程的空间格局参数如下：①斑块大小：影响单位面积的生物量、生产力、养分储存、物种多样性以及内部种的移动和外来种的数量。大的自然植被斑块在景观中可以发挥多种生态功能,起着关键作用。②斑块形状:影响生物种的发育、扩展、收缩和迁移。一个生态学上的理想斑块,形状通常是具有一个大的核心和某些曲线边界及狭窄的回廊,其方向角与周围的"流"有关。③斑块密度和分布构型:分别影响通过景观的"流"的速率和干扰的传播扩散。

Forman(1995a)按结构特征划分出4种景观类型(图10-11),包括斑块散布的景观[图10-11(a)]、网络状景观[图10-11(b)]、指状景观[图10-11(c)]和棋盘状景观[图10-11(d)]。其关键空间特征在斑块散布景观中为:基质的相当面积、斑块大小、斑块间距离和斑块分散度(聚集、规则或随机);在网络状景观中为:廊道密度、连接度、网络路径、网眼大小以及结点的大小和分布;在指状景观中为:各组分的相对面积"半岛形"组分的丰度和方向性,其长和宽;在棋盘状景观中为:景观的粒度(斑块平均面积或直径),网络的规则性或完整性以及总边界长度。

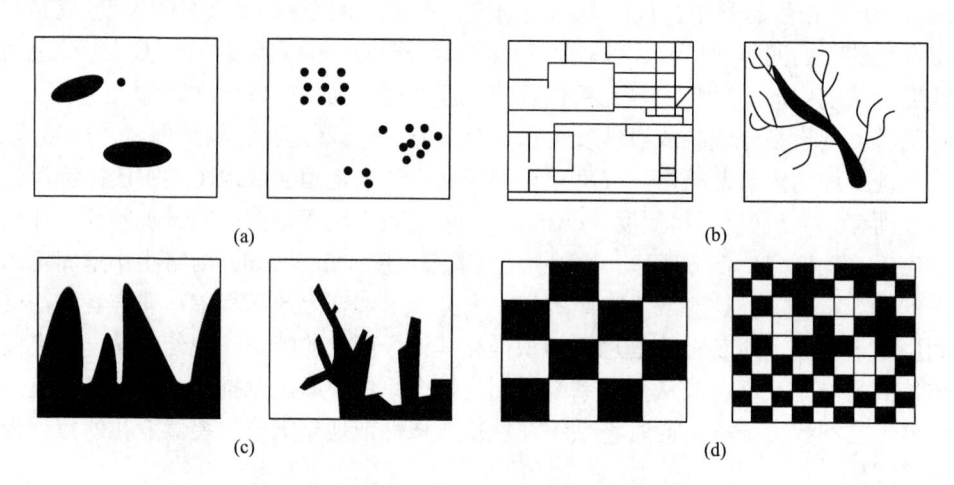

图 10-11 按结构特征划分的基本景观类型

二、异质性的产生机制和多样性指数

(一)异质性的产生机制

在开放系统中,能量由一种状态流向另一种状态,景观异质性的产生机制正是基于这种热力学原理,即从太阳辐射能转化成的各种能量流中产生,伴随着新结构的建立而增加了异质性。

空间异质性是指生态学过程和格局在空间分布上的变异性及复杂性。空间异质性一般可以理解为是空间缀块性和梯度的总和。空间异质性通常包括空间组成、空间构型和空间相关三个方面。

(1) 空间组成：指生态系统的类型、种类、数量和面积比例等。

(2) 空间构型：指生态系统的空间分布、斑块大小、形状、景观对比度和连接度等(李博，2000)。

(3) 空间相关：指生态系统的空间关联程度、整体或参数的关联程度，空间梯度与趋势。

(二) 景观异质性指数

景观异质性分析的数据来源主要是基于 RS、GPS 和 GIS 技术的各类图件以及实地调查数据，主要工具包括各种景观模型以及生态学、地理学、地统计学和数学等学科方法。异质性指数在土地工程建设前后的生态规划与评价中都具有重要地位，可通过对施工区域内景观异质性指数的计算，对景观异质性进行综合评估，衡量土地工程对生态系统的物质循环、能量流动以及土地生产力的综合效应。关于景观异质性的指数有多种表述，使用较多的有以下几种。

1. 多样性指数

景观多样性指数主要包括多样性指标、均匀度指标、优势度指标和景观丰富度指数。

(1) Shannon Weaver 多样性指标。

$$H = -\sum_{k=1}^{n} P_k \ln P_k \tag{10-10}$$

式中，P_k 为类型 k 的斑块在景观中的面积比例。

(2) Simpson 多样性指标。

$$H' = 1 - \sum_{k=1}^{n} P_k^2 \tag{10-11}$$

(3) 均匀度：景观中各组分的分配均匀程度。

$$E = \frac{H}{H_{\max}} = \frac{\sum_{k=1}^{n} P_k \ln P_k}{\ln n} \tag{10-12}$$

(4) 优势度：景观中主要成分的控制程度。

$$R_d = 100 - \frac{D}{D_{\max}} \times 100\% \tag{10-13}$$

(5) 丰富度指标 (richness index)：景观中各组分的总数。

$$R = m \tag{10-14}$$

$$R_r = \frac{m}{m_{\max}} \tag{10-15}$$

$$R_d = \frac{m}{A} \tag{10-16}$$

式中，R 为绝对丰度；R_r 为相对丰富度；R_d 为丰富度密度；m 为景观中斑块类型数；m_{max} 为景观中最大可能类型数；A 为景观面积。

2. 镶嵌度指数

镶嵌度是指景观中全部组分的对比程度。

$$PT = \frac{1}{N_b} \sum_{i=1}^{r} \sum_{j=1}^{r} EE_{ij} \cdot DD_{ij} \tag{10-17}$$

式中，N_b 为边界总长；EE_{ij} 为共同边界，DD_{ij} 为两组分间的相异度。

$$R_c = 1 - \frac{C}{C_{max}} \tag{10-18}$$

$$C = \sum_{i=1}^{r} \sum_{j=1}^{r} P_{ij} \cdot \lg P_{ij} \tag{10-19}$$

其中当 C 值为零时属于完全团聚分布；C 值为 1 时属随机分布；C 值为 2 时属完全规则分布。

3. 距离指数

(1) 最小相邻指数。

$$MN = \frac{MNND}{ENND} \tag{10-20}$$

式中，MNND 为同类最近斑块间的平均最小距离；ENND 为随机分布时的期望值。

(2) 联结度指数：景观中同类斑块的联系程度，其值从 0~1。

$$P_x = \sum_{i=1}^{n} \left[\frac{\dfrac{A_i}{NND_i}}{\left(\sum_{i=1}^{n} \dfrac{A_i}{NND_i} \right)^2} \right] \tag{10-21}$$

(3) 景观聚集度指数。

$$C = C_{max} + \sum_{i=1}^{n} \sum_{j=1}^{n} P_{ij} \cdot \ln P_{ij} \tag{10-22}$$

式中，C_{max} 为聚集度指数的最大值；n 为景观中缀块类型总数；P_{ij} 为缀块类型 i 与 j 相邻的概率。

在人类活动对生物圈的持续性作用中，景观碎片化与土地形态的改变是其重要表现，其中以土地整理引起的土地形态改变最为显著。按照人类对景观的影响程度进行分类，可以区分为自然景观、管理景观与人类文明景观三大类。

三、空间镶嵌与生态交错带

(一)镶嵌性与镶嵌体

自然界普遍存在着镶嵌性,即一个系统的组分在空间结构上互相拼接而成为一个整体,通常可分为生物镶嵌性和非生物镶嵌性,后者即环境镶嵌性。生物镶嵌性包括干扰、生物相互作用、植被空间格局、反应-扩散过程和疾病等类型。土地的镶嵌是景观和区域生态学的基本特征,土地转换的镶嵌系列模式有边缘式、廊道式、单核式和散布式等,其中边缘式是生态上比较理想的土地转换模式(图10-12)。

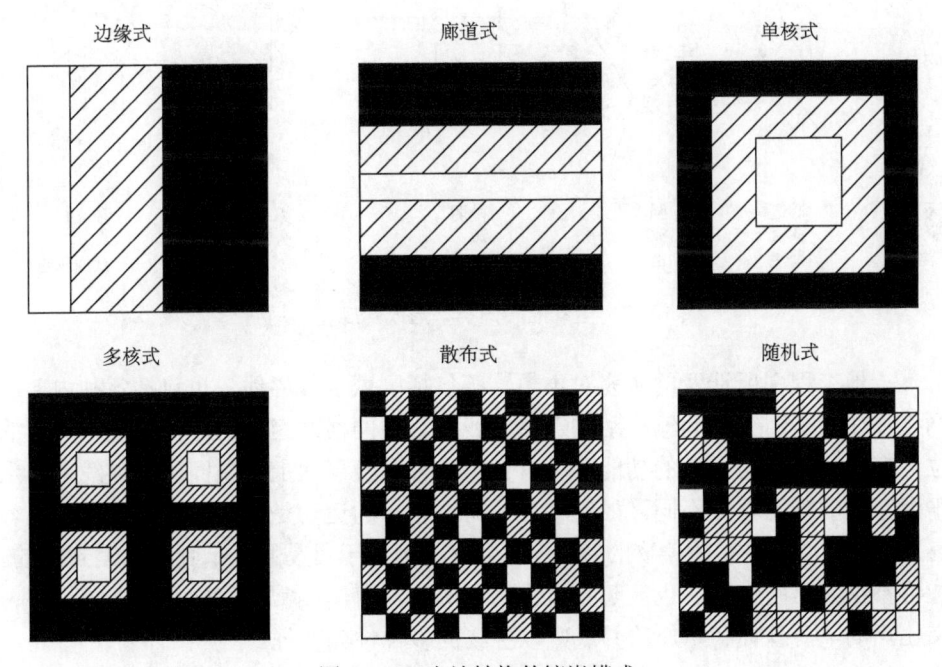

图 10-12 土地转换的镶嵌模式

■ 原始土地类型;□ 有10%转换成新的地土类型;▨ 有40%转换成新的土地类型

在镶嵌体上,普遍存在网格结构,网格的链接,使整个镶嵌体具有更好的生态效益,网格的种类简单概括有廊道型、编织体型、爆炸发散体型、直线型、树枝型和不规则型(图10-13)。不同的镶嵌体会产生不同的生态效应。而物种的运动轨迹中,多选择路径能够减少廊道空隙中的消极因素(如干扰、掠夺和狩猎等),从而提高运动的有效性。随着网格面积的减小,物种骤降,因为廊道的干扰或抑制作用增强。在自然廊道的交叉点,有少量的内部种存在,相对于网格中的其他部位,交叉点的物种丰富。与网络或廊道相连的小规模斑块,比面积相同的孤立斑块物种丰富灭绝速度低。网络中的小斑块或者节点，有利于个体的暂时停留和生长，致使散播个体成活率提高，从而保证网络中较多的散播个体存在。碎片化导致生境的丧失，引起很多内部种的灭绝。在土地工程中，为保护生物多样性，应在外来种与自然之间建立一个缓冲带，将粗细质地的环境相结合，为生态幅大的物种包括人类提供多种场所和丰富的环境资源(肖笃宁等，1997)。

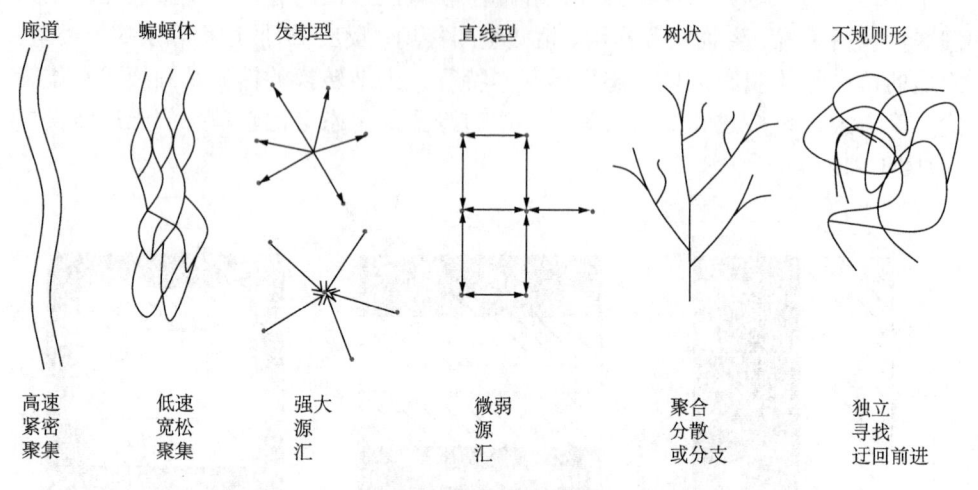

廊道	蝙蝠体	发射型	直线型	树状	不规则形
高速 紧密 聚集	低速 宽松 聚集	强大 源 汇	微弱 源 汇	聚合 分散 或分支	独立 寻找 迂回前进

图 10-13　运动的不同类型形成的廊道与网络

土地工程中所涉及的研究对象中，既包括区域及其界线，也包括各种内部的网格，如水系、交通运输和动物迁移路线等。沿网格线运动的流，不仅与相应的位势有关，而且与交换的功能距离有关。各种等级层次上的空间区域界线，对水平流穿越的难易程度不同，如流域界线对地表水的运动是一种限制，但动物却容易穿过；整治界线对污染物的转移是开放的，但对于贸易和人口迁移却是封闭的。边界不仅起阻碍作用，也能起吸引作用，例如，海岸线常常集中了社会的经济、文化活动，而森林和草原的界线则以生物的多样性为特征。

(二)生态交错带的格局与要素

生态交错带是相邻生态系统之间的过渡带，其特征由相邻的生态系统之间相互作用的空间、时间及强度所决定。通俗来说，生态交错带就是由两个不同性质斑块的交界以及各自的边缘所构成的斑块之间的过渡带。土地工程上，除水陆交界带、农牧交界带和城乡交界带等以外，因土地工程实施而出现的差异显著的土地利用类型的边界，都是生态交错带。生态交错带具有异质性、多样性、脆弱性、动态性和尺度性等特点，容易受到气候、地形、土壤、生物、自然或人为干扰等生物或非生物因子的影响(Hansen，1992)。

生态交错带在水平结构上展现出如下空间格局：直线状格局、锯齿格局、碎片化格局。当其处于景观演替的相对稳定阶段时，来自界面两边的作用力相等，处于直线状格局；而受到外界干扰后，由于来自相邻生态系统或景观的作用力方向、强度不等，边界从线状格局变为锯齿状格局；其后当两侧的作用力逐步恢复平衡，交错带也就从锯齿变为碎片化格局；最后经过较长演化，各类斑块消失，又重新进入直线状格局(图 10-14)。

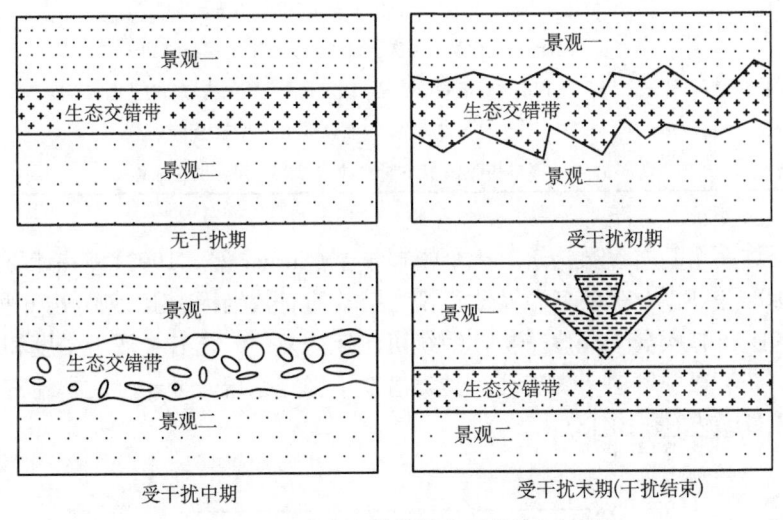

图 10-14 生态交错带的水平结构与演化

四、干扰与景观动态

(一)干扰的类型和特征

生态学干扰是指发生在一定位置上，对生态系统结构造成直接损伤的、非连续的物理作用或事件(Pickett 等，1999；Pickett 等，1985)。当然，在对生态系统结构造成直接破坏的同时，干扰亦可直接影响生态系统的功能。干扰的一般特征可概括为表 10-1(陈利顶等，2000；魏斌等，1996；Pickett 等，1985)。由此可得出两个基本参数：时间参数 T 等于干扰间隔时间/恢复时间，意味着从干扰状况恢复到一个成熟植被阶段所需的时间，若 $T>1$，表示干扰间隔长于恢复时间，即系统能在干扰再次发生前得到恢复；若 $T<1$，表示干扰间隔短于恢复时间，即系统在它充分恢复前再次受到干扰。空间参数 S 等于干扰影响范围/某景观范围，当 $S\leqslant 1$ 时，表示干扰影响范围小于景观面积，景观动态可预测。当 $S>1$，表示干扰影响范围超过景观面积，景观动态不能预测。

表 10-1 干扰的一般特点

干扰的性质	含义
分布	空间分布包括地理、地形、环境和群落梯度
频率	一定时间内干扰发生的次数
重复间隔	频率的倒数,从本次干扰发生到下一次干扰发生的时间长短
周期	与上述类同
预测性	由干扰的重复间隔的倒数来测定
面积大小	受干扰的面积,每次干扰过后一定时间内景观被干扰的面积
规模和强度	干扰事件对格局与过程,或对生态系统结构与功能的影响程度
影响度	对生物有机体、群落或生态系统的影响程度
协同性	对其他干扰的影响(如火山对干旱,虫害对倒木)

根据这两个基本参数构筑了一个模拟模型(Turner 等,1993),并计算出成熟植被的标准差(SD),在以 T 为纵轴和 S 为横轴的对数坐标图上,划分出 6 种类型,其中 A, B 和 D 类属于轻度干扰,系统可迅速恢复;C 与 E 类属于中度和经常性干扰,系统可以中等速率恢复;F 类为潜在不稳定系统,处于强度和经常性干扰状况,恢复缓慢(图 10-15)。

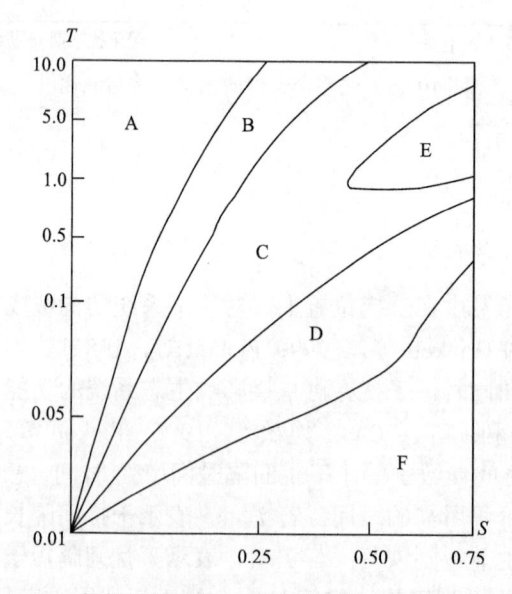

图 10-15 根据时间参数 T 和空间参数 S 构筑的景观模型

A. 平衡态景观(稳态景观);B,D. 稳定,低方差(SD 为 5~10);C. 稳定,高方差(SD 为 10~20);E. 稳定,高方差(SD>20);F. 潜在不确定系统(SD<5)

在特定尺度上，既有离散型干扰(discrete disturbance)，也有扩散性干扰(diffuse disturbance)。离散型干扰是指造成有明显边界缀块的干扰。同一干扰，由于生态学系统抵抗干扰的能力和空间格局不同会表现出不同程度的离散性和扩散性(邬建国，2000)。土地工程对于生态系统的干扰既有离散型也有扩散型，取决于工程实施的时空特征及生态系统的性质。

(二)景观的动态稳定性

1. 景观动态稳定性的概念

生态系统具有保持或恢复自身结构和功能相对稳定的能力，称为生态系统的稳态。景观动态是指景观的结构和功能随时间而发生的变化。地球上的景观时刻都在变化，而土地工程实施中，也会一直伴随发生景观的动态变化。景观稳定性与其抵抗力(抗性力)和恢复力(弹性力)有关。抵抗力指景观在环境变化和受干扰时保持原态的能力，恢复力则是指景观在受力发生变化后恢复原来状态的能力。景观的变化取决于斑块动态，即斑块的出现、持续与消失，而其中以景观破碎化过程最为典型，该过程是指景观变化增加了斑块数量，从而减少了生物物种内部生境的面积，相应增加了开放边缘的容量，或者说增加了景观中残余斑块的隔离度。在土地工程中，斑块数量的增减、斑块大小的扩大和缩小、廊道的密度和连通性等的改变，都会影响到景观的稳定性及抵抗力(曹凑贵，2002)。

2. 景观碎片化指标

在土地工程设计中应充分考虑当地景观的碎片化，进行景观碎片化的定量分析，从而促进异质性斑块之间物质循环与能量流动，维持甚至是增加生物的多样性。一般而言，景观碎片化的定量指标包括以下内容(Li 等，1993)。

(1)斑块数目或密度斑块形状。区域加权形状指标 AWS 为

$$\text{AWS} = \sum_{i=1}^{t} A_i \, \text{SI}_i / A \tag{10-23}$$

$$\text{SI}_i = 0.25 P_i / (A_i)^{1/2} \tag{10-24}$$

式中，A_i 为斑块 i 的面积；SI_i 为斑块形状指标；P_i 为斑块周长；A 为森林斑块总面积；t 为森林斑块总数目。AWS 值高表明森林景观中不规则形状的采伐单元(伐区)占优势。

(2)内部生境面积 IAF 为

$$\text{IAF} = 1 - \left(\frac{A_{\text{im}}}{A}\right) \tag{10-25}$$

式中，A_{im} 为森林内部面积。设边缘作用尺度为 1 个象元，减去所有的边缘象元。IAF 值为 0~1，1 意味着景观完全碎片化。

(3) 斑块的隔离或连接度：多用距离测定。

(4) 景观镶嵌的对比度。相对斑块指数 RPI 为

$$\text{RPI}=100\sum_{i=1}^{t}\sum_{j=1}^{t}E_{ij}D_{ij}/N_{b} \tag{10-26}$$

式中，E_{ij} 为斑块 i 和 j 之间的边界单元数（在象元单位中的边缘长度）；D_{ij} 为斑块 i 和 j 之间的不相似值（专家打分或不相似性测定方法）；N_b 为边界单元的总数目。

(5) 边缘长度：单位面积内的边缘长度（m/hm²）。

(6) 景观多样性：如丰度和多样性，见景观异质性指数。

第三节 环境承载力

环境承载力是指在一定时期与一定范围内，一定自然环境条件下，维持环境系统结构不发生质的改变，环境功能不遭受破坏前提下，环境系统所能承受人类活动的阈值。研究环境承载力的机理，可以为土地工程的开展提供技术支持，实现生态管护，达到生态型整理，避免生态系统功能遭受破坏，维持生态平衡，促进土地工程与生态系统的和谐统一。

一、水资源承载力

目前中国对水资源承载力的定义有多种表述。考虑到水资源承载力是一个动态、变化的概念，可将水资源承载力定义为：某一区域在特定历史阶段的特定技术和社会经济发展水平条件下，以维护生态良性循环和可持续发展为前提，当地水资源系统的水资源最大可供给量。水资源承载能力的大小是随空间、时间和条件变化而变化，具有动态性、地区性、相对极限性和模糊性等特点。水资源承载能力概念的主体是水资源，客体是人类及其生存的社会经济系统和环境系统。

（一）水环境承载力研究方法

1. 水资源供需平衡法与多目标分析方法

采用水资源供需平衡法进行水资源承载力评估与预测，与水资源的合理配置之间关系密切。主要采用的模型包括水资源供需平衡模型和多目标分析模型。

1) 水资源供需平衡模型

以生态建设与环境保护约束关系作为模型框架建立模型，揭示生态系统平衡与生态系统耗水关系，生态系统平衡与社会经济活动方式和强度关系的规律，从天然植被面积指标、绿洲面积指标和水环境指标等方面提出生态环境重点保护对象和生态环境保护规模，确定生态需水量，作为水资源供需平衡的参考数据。

2) 多目标分析模型

以对社会经济系统可供给水量为约束条件,建立描述水资源在社会经济系统内部各子系统之间的分配关系以及这种关系是怎样决定社会发展模式的模型,通过经济发展目标、结构优化目标、资源约束与利用效益目标等多目标之间的权衡来确定社会发展模式(经济结构、农业种植结构等)和供水组成(节水、污水回流、开发当地水、外流域调水等)在国民经济各部门之间的分配状况。

2. 水资源承载力多指标综合评价法

水资源承载力多指标综合评价法通过水资源系统支持力和水资源系统压力来共同反映水资源承载状况。水资源系统支持力代表了承载媒体的客观承载能力大小,其分值越大,表示水资源现实承载力越高。水资源系统压力代表了被承载对象的压力大小,其分值越大,表示系统所受压力越大,水资源承载力越低。通过两值相比得到水资源承载力指数(相对指标)并进行分级,可指示水资源承载状况。

1) 评价指标的标准化处理

在多指标综合评价问题中,通常评价指标有"效益型"和"成本型"两大类。"效益型"指标为属性值越大越好的指标,"成本型"指标为属性值越小越好的指标,应分别对这两类指标进行无量纲化处理。在水资源系统支持力和水资源系统承受压力指标体系中,有人均水资源数量、可采水量与用水总量之比,(COD)标样/(COD),人口规模与增长率,GDP产值及增长速度,万元GDP废水排放量属于"效益型"指标,其余属于"成本型"指标。对于区际交流指标,可将产品调入调出量折算成水资源调入调出量计入支持力指标(差额为正时)或压力指标(差额为负时)。

2) 评价因子权重的确定

多指标的综合评价因子权重的确定是整个评价过程中的关键一环,根据计算权数时原始数据来源的不同,权数的确定方法大体上可分为主观赋权法和客观赋权法两大类。主观赋权法主要是由专家根据经验主观判断得到,如古林法、Delphi法和AHP法等,这种方法研究较早,也较为成熟,但客观性较差。客观赋权法的原始数据是由各指标在评价单位中的实际数据形成,它不依赖于人的主观判断,因而客观性较强,如主成分分析法、均方差法等。

3) 综合评价值的计算对于支持力和压力指标

综合评价值的计算对于支持力和压力指标分别依多因子综合评价公式进行计算。

3. 系统分析——动态模拟递推算法

动态模拟递推法主要是通过水的动态供需平衡计算来显示水资源承载力的状况和支持人口与经济发展的最终规模,其实质是模拟法,将动态模拟和数学经济分析相结合，利用计算机模拟程序，仿造地区水资源供需真实系统运动行为进行模拟预测，根据逐年运行的实际结果，有目的地改变模拟参数或结构，使其与真实系统尽可能一致。当水资源供应能力达到"零增长"（对水资源紧缺地区），地区人口增长或经济增长达到"零增长"（对水资源丰裕地区）时，水资源承载力按定义已达最大。

4. 系统动力学方法与系统动力学仿真模型

系统动力学（SD）模型是一种定性与定量相结合，系统、分析、综合与推理集成的方法，并配有专门的 DYNAMO 软件，给模型的仿真、政策模拟带来很大方便，可以较好地把握系统的各种反馈关系，适合于进行具有高阶次、非线性、多变量、多反馈、机理复杂和时变特征的承载力研究。用 SD 模型计算的水资源承载力不是简单地给出区域所能养活人口的上限，而是通过各种决策在模型上模拟，清晰地反映人口、资源、环境和发展之间的关系，可操作性较强。

(二) 水环境容量计算模型

水环境容量既反映水域的自然属性（水体的自然净化能力），也反映人类对环境的需求（水质目标），故水环境容量计算首先要建立污染物入河量与水体水质间的输入响应关系，其次要与水环境规划管理相结合。这一过程包括水质模型和水环境容量模型。

1. 水质模型

水质模型是描述污染物在水体中运动变化规律及其影响因素相互关系的数学表达式。水质模型按描述水质变化的空间分布特性，可分为零维、一维、二维和三维模型；按水质随时间变化的特性，可分为稳态模型和动态模型；按模拟的污染源特性，分为点源污染模型和面源污染模型；按包含作用因素的多少可分为单一水质模型和综合水质模型。近年来，不确定性分析方法、人工神经网络、地理信息系统以及虚拟现实等方法技术与水质模型的结合，极大地促进了水质模拟和水环境管理技术的发展。

河流水质模型是用数学模型的方法来描述污染物进入天然河道后所产生的稀释、扩散及自净规律。水质模型基本方程如下：

$$\frac{\partial C}{\partial t} = -\frac{\partial V_x C}{\partial x} - \frac{\partial V_y C}{\partial y} - \frac{\partial V_z C}{\partial z} + \frac{\partial}{\partial x}\left(D_x \frac{\partial C}{\partial x}\right) + \frac{\partial}{\partial y}\left(D_y \frac{\partial C}{\partial y}\right) + \frac{\partial}{\partial z}\left(D_z \frac{\partial C}{\partial z}\right) + S$$

(10-27)

式中，V_x、V_y、V_z 分别为 x、y、z 方向的流速分量；D_x、D_y、D_z 分别为 x、y、z 方向的扩散系数；C 为污染物浓度；t 为时间；S 为源汇项。

由式（10-27）可知，水中污染物浓度变化与水流的平流、扩散作用以及生物降解、吸附、沉淀等源汇项有关。严格来讲，河流、水库、湖泊等水体的污染问题都是三维问题，但在实际应用中，一般都根据污染物与水体的混合情况以及不同层次的水质管理需要，将水质模拟简化为二维、一维乃至零维来处理。

1) 零维水质模型

零维水质模型基于污染物全断面均匀混合的假设之上，适合于湖库，废水连续稳定排放情况下，保守性污染物或降解项可忽略的有机物的水质模拟。其污染物浓度计算结果一般偏小，可引入不均匀系数加以修正。河流的零维水质模型又称为稀释混合模型，其方程如下：

$$C = \left(\frac{C_p Q_p + C_b Q_h}{Q_p + Q_h} \right) \tag{10-28}$$

式中，C 为污染物稀释浓度，mg/L；C_p 为污染物排放浓度，mg/L；C_b 为来流污染物浓度，mg/L；Q_p 为废水排放量，m³/s；Q_h 为河流流量，m³/s。

2) 一维水质模型

如果污染物进入水域后，在一定范围内经过平流输移、纵向离散和横向混合后达到充分混合，或者根据水质管理的精度要求允许不考虑混合过程而假定在排污口断面瞬时完成均匀混合，即假定水体内在某一断面处或某一区域之外实现均匀混合，则可以按一维问题概化计算条件。对于河流而言，一维模型假定污染物浓度仅在河流纵向方向上发生变化。当计算河段同时满足窄浅河段，可简化为矩形断面；污染物在较短时间内基本混合均匀；河流为恒定流动；废水连续稳定排放时，可采用一维水质方程进行模拟：

$$C = C_0 \cdot \exp(-Kt) \tag{10-29}$$

$$C = C_0 \cdot \exp\left(-\frac{Kx}{86400 \cdot u}\right) \tag{10-30}$$

式中，C 为预测断面的水质浓度，mg/L；C_0 为起始断面水质浓度，mg/L；K 为水质综合衰减系数；x 为断面间河段长，m；t 为时间，s；u 为河段平均流速，m/s；t 为时间，s。

3) 二维水质模型

河流二维对流扩散模型通常假设污染物浓度在水深方向均匀分布，只在纵向、横向上有变化。理论上，污水进入水体后，不能在短距离内(主要考虑在预测断面处的水质)达到全断面浓度混合均匀的河流均应采用二维模型。实际工作中，二维模型主要用于混合区的水质模拟。大、中河流的水面较宽(大于 200m)，水量较大，纵向流速远大于横向扩散速度，排入的污染物不可能在短距离内达到全断面混合，并非全部水体参与稀释，污染物往往在排放口附近形成明显的污染带，此时可采用二维模型对污染带即污染物在纵、横向上的浓度分布进行较精细的模拟，得出超标水域范围,进而对混合区加以限制。另外,同一维模型相比,二维模型控制偏严,也适用于一些水质敏感区域,如饮用水水源地河段的纳污能力计算。河流二维模型可根据污染物投放地点分为岸边排放与江心排放,按排放规律分为瞬时排放与连续排放。模型解的形式有解析解与数值解。式(10-31)为岸边稳态排放的二维解析解模型:

$$C(x,y) = \frac{C_p Q_p}{h\sqrt{\pi M_y x u}}\left\{\exp\left(-\frac{uy^2}{4M_y x}\right) - \exp\left(-\frac{Kx}{86400u}\right)\right\} \quad (10\text{-}31)$$

式中,y 为预测点到岸边距离,m;M_y 为横向扩散系数;h 为污染带起始断面平均水深,m;其他符号意义同前。

上述模型均只针对单个污染源排污的情况,没有考虑河流背景值的影响。多个污染源排污对控制点或控制断面的综合影响,等于各个污染源单个影响作用之和,符合线性叠加关系。同样,河流背景值的影响也可以与污染源影响进行线性叠加。

4) 三维水质模型

三维水质模型一般用于深海排放污水时进行水质的预测,因为不采用断面平均值,所以不会出现弥散系数,其公式为

$$\frac{\partial C}{\partial t} = E_x\frac{\partial^2 C}{\partial x^2} + E_y\frac{\partial^2 C}{\partial y^2} + E_z\frac{\partial^2 C}{\partial z^2} - u_x\frac{\partial C}{\partial x} - u_y\frac{\partial C}{\partial y} - u_z\frac{\partial C}{\partial z} - KC \quad (10\text{-}32)$$

式中,u_x、u_y、u_z 分别为 x、y、z 坐标方向的流速分量;E_x、E_y、E_z 分别为 x、y、z 方向的湍流扩散系数。

2. 水环境容量模型

1) 水环境容量计算公式

通常采用单位时间内通过某一断面的水量,即流量来表示河流容量的概念。水中的物质随水流运动,若用该物质在某一断面处的平均浓度乘以相应的流量,则可得到该物质单位时间内通过该断面的量:

$$W = C \cdot Q \quad (10\text{-}33)$$

式中,W 为单位时间内通过断面的某物质的量,g/s;C 为该物质的断面平均浓度,mg/L;Q 为断面处流量,m³/s。

水环境容量以特定水域满足某个水环境目标值为约束条件。假设以控制断面水质达标来代表整个水环境功能区达标,那么控制断面处,河流可承载的污染物的量表示为

$$W_s = C_s \cdot Q \quad (10\text{-}34)$$

式中,W_s 为控制断面处河流可承载的污染物的量,g/s;C_s 为某物质的水质标准值,mg/L。

由水体自净理论可知,水体的流动和紊动使得物质在水体中的分布趋向均匀,浓度降低,但污染物的总量并没有减少。只要有水量,水体对污染物就会有一定的稀释容纳能力,即稀释容量。另一方面,有机污染物随着水生生态系统食物链和食物网的运动不断被分解氧化,其物质量在减少,浓度随之降低。由生化降解造成的水体对有机污染物的容纳能力可称为自净容量或同化容量。

2) 水环境容量计算模型

污染物进入水体后,在水体的平流输移、纵向离散和横向混合作用下,发生物理、化学和生物作用,使水体中污染物深度逐渐降低。为了客观描述水体污染物降解规律,可以采用一定的数学模型来描述,主要有零维模型、一维模型和二维模型等。根据控制单元的水质目标、设计条件和选择的模型,计算水环境容量。

水环境容量计算多应用一维和二维模型。一维模型常用于河水流动对污染物的迁移作用大于湍流对污染物的扩散作用,且河流的任一断面上流速和污染物浓度均为均匀分布的中小型河流水质模型;二维模型常用于污染物浓度在垂向比较均匀,而在纵向(x轴)和横向(y轴)分布不均匀的水面宽阔的大河流,根据河流和水环境功能区的实际情况,水环境容量计算一般用一维的水质模型。对有重要保护意义的水环境功能区、断面水质横向变化显著的区域,可采用二维水质模型。

水环境容量计算模型常指有机物和重金属水环境容量计算模型。有机物环境容量包括降解和难降解有机物环境容量;重金属环境容量又包括溶解态和吸附态环境容量。目前计算水环境容量的模型主要有以下几种。

(1) 水环境容量解析模型。按照水体具有存储、降解或使污染物无害的能力而使自身净化,模型把环境容量分为三部分:稀释容量、自净容量和区间来水附加迁移容量。

$$E = E_1 + E_2 + E_3 = Q(C_s - C_0) + KVC_s + qC_s \qquad (10\text{-}35)$$

$$E = 86.4[Q(C_s - C_0) + qC_s] + KVC_s \qquad (10\text{-}36)$$

式中,E、E_1、E_2、E_3分别为水环境容量、稀释容量、自净容量、区间来水附加迁移容量,kg/d;Q为河段设计流量,m³/s;C_s、C_0分别为水质标准、河流初始浓度,mg/L;V为水体体积,m³;q为区间来水量,m³/s;K为综合降解系数,d^{-1}。

解析模型为常用的水环境容量计算的解析解法,模型假设环境容量资源均匀分布于水体中,而不受时间、空间的限制;排污口沿河岸均匀分布,排污方式为连续排放,如图10-16所示。

(2) 段尾控制模型。段尾控制中段是

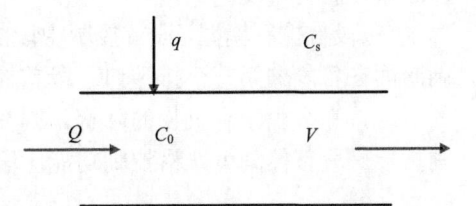

图10-16 解析解计算模型示意图

指沿河任何两个排污口断面之间的河段，段的控制断面在下游的排污口断面，亦即段尾。段尾控制的目的在于让水质在各段末达到功能区段水质标准，那么可以反推出该段段首处的环境容量。考虑河流水环境容量主要由两部分组成，稀释容量和自净容量。在段尾控制水环境容量计算中，功能区段全段水质低于环境水质要求，但考虑到降解能力很低，而且各小段较短，超标不会太高，因此，水质超标很小。功能区段内小段的划分如图 10-17 所示。

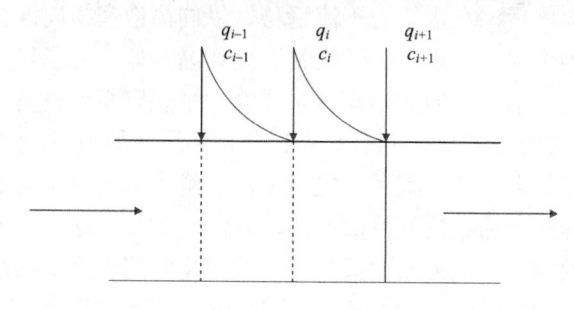

图 10-17 段尾控制水环境计算示意图

$$E_1 = Q_0(C_s - C_0) \tag{10-37}$$

$$E_i = (Q_i + q_i)C_s e^{K\frac{x_i}{u}} - Q_i C_s \tag{10-38}$$

$$E_2 = \sum_{i=1}^{n} E_i \tag{10-39}$$

$$E_2 = 86.4 \left\{ Q_0(C_s - C_0) + C_s \sum_{i=1}^{n} \left[Q_i \left(e^{K\frac{x_i}{u}} - 1 \right) + q_i e^{K\frac{x_i}{u}} \right] \right\} \tag{10-40}$$

式中，E 为环境容量，kg/d；E_1 为稀释容量；E_2 为自净溶量；C_s 为水质标准，mg/L；C_0 为河流初始浓度，mg/L；q_i 为 i 断面处的排污量，m³/s；Q_i 为 i 断面处来水流量，m³/s；K 为综合降解系数，d⁻¹；x_i 为 i 河段的距离，m；u 为河段流速，m/s。

式(10-40)在实际中应用较多，然而该模型最大的不足是当河段末浓度取水质标准时，会造成全段浓度超过水质标准，不利于污染物质的削减，增大了目标河段总量控制的难度。

(3) 段首控制模型。段首控制中段的划分与段尾控制中的段相似，只是段的控制断面在各段的第一个排污口。段首控制就是控制上游断面的水质达到功能区段的要求，那么由于有机物的降解，则在该段内的水质处达到或高于功能区段的控制指标。段首控制可严格控制功能区段的水质不超标，如图 10-18 所示。

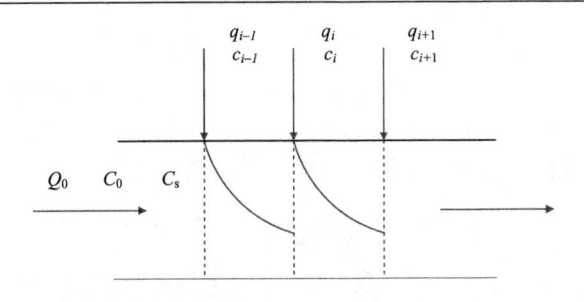

图 10-18　段首控制水环境计算示意图

在功能区段首由于来水水污染物浓度与功能区段水质要求的差别，提供了稀释容量 $E_0=Q_0(C_s-C_0)$，第 i 断面的水环境容量为

$$E_1=(Q_i+q_i)C_s - Q_iC_s e^{-K\frac{x_i}{u}} \tag{10-41}$$

则功能区段的水环境容量为

$$E_2 = 86.4\left\{Q_0(C_s-C_0) + C_s\sum_{i=1}^{n}\left[Q_i\left(1-e^{-K\frac{x_i}{u}}\right)+q_i\right]\right\} \tag{10-42}$$

段首控制方法控制非常严格，适用于对水质要求高、经济发达、污染治理能力强的地区，或水质较好的源头地区，该方法的适用对象应为污染较轻或旨在改善水质条件的地区。

(4) 物质守恒模型。根据物料衡算方法，可知进出某一封闭河段的物质的总量保持一致，如图 10-19 所示。

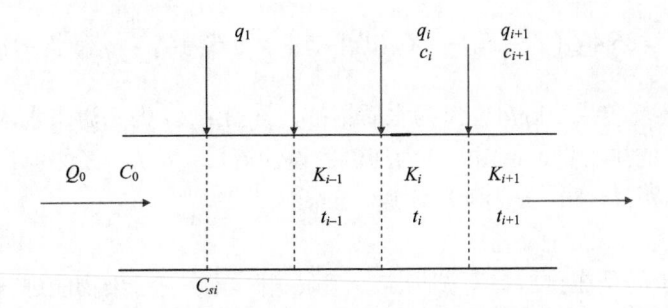

图 10-19　物质守恒水容量计算示意图

物质平衡方程为

$$Q_{i-1}C_{i-1}e^{-K_{i-1}t_{i-1}} + q_i p_i = C_i Q_i \tag{10-43}$$

流量平衡方程为

$$Q_{i-1} + q_{i-1} = Q_i \tag{10-44}$$

式中，Q_i 为第 i 河段流量，m³/s；C_i 为第 i 段河流的水质，mg/L；q_i 为第 i 个排污口排污量，m³/s；p_i 为污染物排放浓度，mg/L；K 为污染物降解系数，d⁻¹；t_i 为第 i 段从上断面到下断面水流所用的时间，s。

若取 $C_i=C_{s_i}$（第 i 段的水质标准），$C_{i-1}=C_{s_{i-1}}$ 则可得到

$$p_i q_i \leqslant C_{s_i}(Q_{i-1}+q_i)-C_{s_{i-1}}Q_{i-1}\mathrm{e}^{-K_{i-1}t_{i-1}} \tag{10-45}$$

$$令 E_i = C_{s_i}(Q_i+q_i)-C_{s_{i-1}}Q_{i-1}\mathrm{e}^{-K_{i-1}t_{i-1}} \tag{10-46}$$

则 E_i 就是第 i 个排污口的允许排放量，水环境容量为各段容量之和。该模型考虑了当功能区段水质变化时，上一功能区段水质标准会影响下一功能区段的环境容量值，若水质标准由低到高时，模型计算的水环境容量会出现负值。该模型从系统的角度考虑，实际计算出的是可利用的水环境容量，它在上下段水质发生变化、排污口较多时比较实用。

(5) 控制断面法。控制断面法是指满足某一控制断面水质要求，其实质是控制功能区段最终断面，而不考虑段内水质变化是否超标，进而计算控制断面间的环境容量。河流混合输移过程由一维稳态水质模型——托马斯(Thomas)模型进行描述：

$$u\frac{\partial C}{\partial x}=-(k_1+k_3)C=-KC \tag{10-47}$$

当 $C(0)=C_0$ 时对式(10-47)进行积分可得

$$C(x)=C_0\mathrm{e}^{(-Kx_i/u)} \tag{10-48}$$

因此，可得到水环境容量的计算模型为

$$E=86.4[Q(C_s-C_0)+QC_s(\mathrm{e}^{Kt}-1)+\sum_{i=1}^n q_i C_s+C_s\sum_{i=1}^n q_i(\mathrm{e}^{K_i t_i}-1)] \tag{10-49}$$

式中，E 为环境容量，kg/d；C_s 为水质标准，mg/L；C_0 为上游来水浓度，mg/L；q_i 为 i 断面处的排污量，m³/s；Q 为河流的设计流量，m³/s；K 为自净系数，d⁻¹；x_i 为 i 河段的距离，m；u 为河段流速，m/s。

3) 混合区

混合区指的是在排放口下游指定一个限制区域，使污染物能进行初始稀释，在此区域中水质标准可以被超载。混合区允许范围的确定，涉及水环境的功能区划、水流条件、生物状况及排污条件等诸多复杂因素，其中有不少还难以定量描述。因此，混合区通过数值模拟计算，确定污染因子的影响范围，还要依据具体情况进行专门研究才能确定。

(1) 一般地说，湖泊海湾内可以存在大于总面积为 1~3km² 的混合区河口、大江大河的混合区不能超过 1~2km²，宽度不能超过河宽的 1/3。

(2) 排往开敞海域或面积大于 600km² 的海湾以及广阔的河口，混合区允许范围 $A_a<3\text{km}^2$；排往面积小于 600km² 的海湾，其中 $A_a<(A_0/200)\,\text{km}^2$，$A_0$ 为受纳水域面积。排往河道型水域：

$$A_a < a_1(W_d/3 + a_2) \tag{10-50}$$

式中，W_d 为河宽，m；$a_1=250\sim800$；$a_2=50\sim200$。

(3) Fetterolf 公式为

$$M \leqslant 9.781 Q^{1/3} \tag{10-51}$$

式中，M 为离排放点的任何方向混合区不应超过的限制尺度，m。

(4) Mackenthun 公式为

$$M \leqslant 0.991 Q^{1/2} \tag{10-52}$$

$$M \leqslant 1200\text{m} \tag{10-53}$$

(5) 有文献建议按受纳水域类型和水域水质要求分类规定允许混合区面积，其面积为 $0.5\sim3.0\text{km}^2$。

二、土地资源承载力

土地资源承载力一直是人口、环境领域研究的热点，由于不同领域看待问题的角度不同，对于土地承载力的定义方式亦不同。时间的规定性、生产力水平的高低和生活水平的高低影响土地资源承载力的大小。

（一）土地资源承载力计算方法

在区域环境影响评价中，土地承载力的计算可认为是计算一定时期、一定条件下，某一区域土地供给的上限值。土地承载力的计算步骤如图 10-20 所示。

1. 资料收集

首先，对该地区进行资料收集与调查，包括土地利用历史与现状数据、区域土地利用规划情况和土地利用规划原则等。

2. 土地生态适宜性分析

在资料收集的基础上进行土地生态适宜性分析，分为 4 个步骤。

1) 土地利用现状分析

(1) 确定土地利用中存在的主要限制因子。区域的发展必须以资源为基础，在区域发展需求生态位中，任何资源因素的现状条件在数量或质量上的不足，即当接近其可利用限度时，就会成为区域发展的制约因素。因此，只要有一种资源不能满足需求的最低要求，则整个区域发展的适宜度为 0。

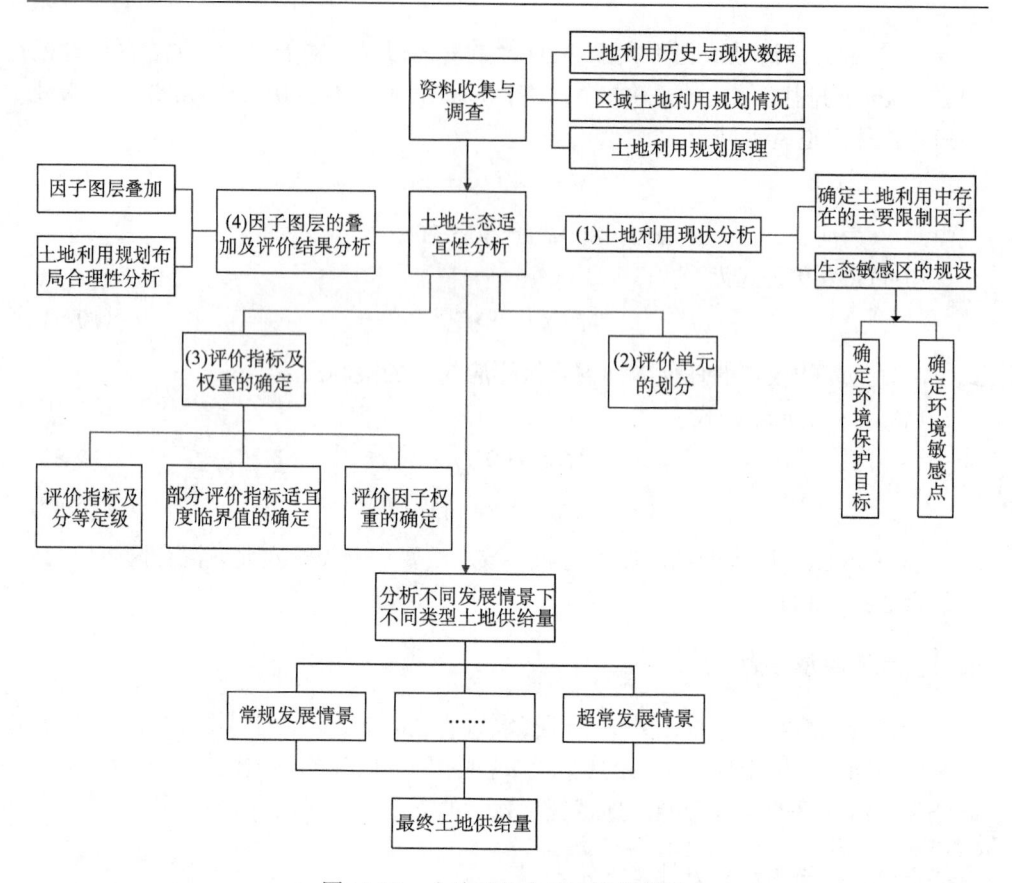

图 10-20　土地承载力的计算步骤图

影响土地利用适宜性的因素包括很多，如地形、气候、水文、植被和社会经济发展现状等，土地利用适宜性主要限制因子的确定，以对当地专家、管理人员进行的专家调查为基础，此外根据区域自然资源现状、社会经济发展以及环境质量现状分析得出。

(2)生态敏感区的划设。根据该地区的规划发展要求划定生态敏感区，如森林公园、自然保护区、历史古迹、旅游景点、基本农田保护区和社会关注区(包含行政办公区、学校、医院和商业区等)。

2)评价单元的划分

评价单元是有关土地性状相对一致的地块，是土地适宜性评价中读取参评因子信息、进行统计分析的最基本单位。根据所分析区域土地利用规划，区域发展方向以及定位等特征，在 GIS 支持下，采取逐点综合评价的方法，即将研究区域进行网格划分，每个网格作为一个基本的评价单元，逐个网格进行综合评价。各个因子(图层)的权重与得分的叠加运算，相对降低了人的主观性。在进行土地利用适宜性分析过程中,对于评价因子和因子权重的确定是影响评价结果的关键步骤。

3)评价指标及权重的确定

(1)评价指标及其分等定级。土地适宜性评价,必须以土地的自然属性对土地利用能力和土地利用适宜程度的影响大小为主要评定尺度,同时考虑社会经济因素的影响。评价因子的选择应遵循主导性、稳定性、针对性、可度量性和现实性的原则,尽量选取对土地适宜性影响最显著,最稳定,并能从现有的资料、数据以及土地利用规划等资料中获取数据的因子作为评价因素。根据研究区域土地利用开发现状、发展规划,以及区域社会经济发展情况,并结合专家调查结果,分析影响各种土地利用类型的主要生态环境因子,建立用地类型和生态因子表,并对各种因子进行分等定级。

一般区域内土地利用类型可分为一、二、三类工业用地和居民区用地,此外还包括生态用地,基本农田保护用地以及对环境保护目标、生态敏感区所划设的保护、缓冲区,以及工业用地所需要的防护距离等。

①工业用地。根据研究区域发展规划和发展项目的类型,工业用地可以分为三种类型,如表 10-2 所列。

表10-2　各类工业用地包括的行业及其特征

工业类型	主要行业及其特征
一类工业	耗水量小,污染负荷小的高新技术产业
二类工业	食品、医药、纺织类传统工业
三类工业	耗水量大,污染严重的冶金、机械制造、化工和造纸等行业

不同的工业发展类型,对于各个因子的分级标准有所不同,且因子权重也有差别。一类工业污染负荷小,对自然资源需求量较少,产品科技含量高,其中对于敏感点、河流水库等生态因子,由于一类工业资源需求量也较少,产生的污染较小,因此具有较低的权重。二类工业用地(传统的食品、医药、纺织类工业)对资源的需求以及环境污染负荷大于一类工业,而小于三类工业,权重居于中间。三类工业属于重污染行业,对环境影响大,因此其布局和用地适宜性分析在环境因子方面应该给予更大的权重和更加严格的要求。

②居住用地。根据研究区域土地利用现状以及规划发展目标,对居住用地进行分析,一般包括一类、二类居住用地、村庄、商业金融用地、商住、市政设施、公共服务机构、行政办公、文化娱乐、体育以及中小学等。适宜性分析过程不对这一部分用地的生态适宜性进行评价,只是作为一个既定的、合理的布局,在工业用地适宜性分析过程中,尤其是二类、三类工业用地的布局合理性分析过程中,

要考虑对居民、行政区的影响以及与周围居民区布局的协调性。

③生态用地和基本农田保护区。根据经济发展与环境保护并重的原则，在进行区域规划和土地利用规划中，对区域发展规划所划定的、已有的生态用地，山区林地，防护绿地，不同用地类型之间的隔离带，以及根据有关文件划设的基本农田保护区均采取了有效的保护措施。对现有林地、生态保护区以及风景名胜等均不作为开发对象，一般对这两种土地利用类型不进行适宜性评价，而是作为敏感区和生态保护目标。

(2) 部分评价指标适宜度临界值的确定。评价指标中的各评价因子均认为是相互独立的，某些指标在一定条件下对工业用地的适宜度为零，如居民文教区、河流、山地等不管其他条件(如交通条件、环境质量)如何，均不适宜作为工业用地，但在 GIS 支持下进行图形空间叠置时，若其他评价指标(如基础设施条件较好，土地利用程度较大)均适宜，可能最终得到的评价结果为适宜或基本适宜。为避免出现这样的结论，在评价时规定，某评价因子一旦不满足某种土地利用方式适宜度的临界条件，无论其余评价因子的适宜度如何，均视为土地利用不适宜区。

(3) 评价因子权重的确定。不同的区域影响土地利用适宜性的因子及其权重有很大差别，一般采用专家调查法确定因子的权重，并在综合各个领域专家意见的基础之上给出综合的权重值。

4) 因子图层的叠加及评价结果分析

区域土地利用生态适宜性分析，可以选择在地理信息系统支持下，采用因子加权叠加法进行。

(1) 因子图层叠加。针对发展规划所设定的各种用地形式，根据已有的生态单因子评价结果和相应的权重值，对单因子分级评价结果进行综合以及图层的叠加，得到区域内总的生态适宜性分值，综合分值的计算公式如下：

$$D = \sum C \cdot B \tag{10-54}$$

式中，C 代表分值；B 代表权重。

根据对于各个网格的适宜度分值计算结果，将特定类型的生态适宜性分为三个级别：适宜、基本适宜和不适宜。

(2) 土地利用规划布局合理性评价。针对各种用地类型，对比土地利用的生态适宜度评价结果和区域土地利用规划布局，对其合理性进行评价。

3. 不同发展情景下土地可供给量

根据区域发展情况，设置不同的发展情景，如惯性发展情景、目标导向发展情景和可持续发展情景等，根据土地生态适宜性分析结果，计算在不同发展情景下不同类型的土地可供给量。

4. 最终土地供给量

通过综合分析比较，选择合理的发展方案和土地供给方案。

(二) 土壤环境容量计算

土壤环境容量又称土壤负载容量，是一定土壤环境单元在一定时限内遵循环境质量标准，既维持土壤生态系统的正常结构与功能，保证农产品的生物学产量与质量，又不使环境系统污染超过土壤环境所能容纳污染物的最大负荷量。不同土壤其环境容量是不同的，同一土壤对不同污染物的容量也是不同的，这涉及土壤的净化能力。土壤环境容量最大允许极限值减去背景值（或本底值），得到的是土壤环境的静容量（李天杰，1995；国家环保总局，1993；夏增禄等，1988）。

1. 土壤静态容量的数学模型

当土壤环境标准确定后，根据土壤环境容量的概念，可由式(10-55)计算土壤静容量（夏增禄等，1992；叶嗣宗，1992a；夏增禄等，1988）：

$$C_{s0} = 10^{-6} M (C_i - \mathrm{CB}_i) \tag{10-55}$$

式中：C_{s0} 为土壤静容量，kg/hm^2；M 为每公顷耕作层土壤重量（$2.25 \times 10^6 kg/hm^2$）；C_i 为某污染物的土壤环境标准，mg/kg；CB_i 某污染物的土壤背景值，mg/kg。

式(10-55)实际上是用静止的观点表征土壤环境容纳的能力，称之为土壤环境的静容量。这一模式参数简单，应用方便，但仅适用于在土壤中难以消失的污染物，如重金属等。该式的关键参数是污染物的土壤环境标准。

土壤静容量的另一计算公式为（叶嗣宗，1992b）

$$W = 10-6 M (C_{ic} - C_{ib} - C_{io}) = 10-6 M (C_{ic} - C_{ip}) \tag{10-56}$$

式中，W 为某元素达到临界含量值的环境容量，kg/hm^2；M 为每公顷耕作层土壤重（$2.25 \times 10^6 kg/hm^2$）；C_{ic} 为土壤中某种污染元素的临界含量值，mg/kg；C_{ib} 为土壤中该元素的背景值，mg/kg；C_{io} 为已进入土壤的该种元素的含量值，mg/kg；$C_{ip} = C_{ib} + C_{io}$，为土壤中该元素的现状值，mg/kg。

2. 土壤动态容量的数学模型

静态的土壤环境容量，未计入污染物在土壤中的自然减少部分。进入土壤的污染物，事实上存在不同程度的降解作用。污染物也可通过不同途径迁移出土壤。为此，动态容量计入土壤的自净能力，使之保持在某个环境指标下的总纳污能力，它更能反映实际情况。近年来对环境容量的研究，已建立了多种物质平衡模型，如矿物油在土壤中的迁移净化模型；（国家质量监督检验检疫总局，2001；国家环境保护局科技标准司，1995；山东省环境保护科学研究所等，1990）；重金属在土壤中的平衡模型等。由于这次土壤环境背景值调查的大部分是重金属元素，仅讨论土壤中重金属元素的动态容量，并由此导出一个简便的公式。

重金属在土壤中的平衡方程为

$$W(n) = W(n-1) + W_{in}(n) - W_{out}(n) \quad (n \geq 1) \tag{10-57}$$

式中，$W(n)$为某区域耕作层中，几年后预期的某重金属元素的总量；$W_{in}(n)$为区域土壤第n年内该元素的纳入量；$W_{out}(n)$区域土壤第n年内该元素的输出量。

为简化计算，①假设每年污染元素纳入量相等；②假设土壤中的元素通过各种途径的迁出量可近似地正比于土壤的元素含量。由于动态容量一般要到一定年限后，土壤中重金属含量达到临界值的条件下，才能计算平均每年容许进入土壤的污染元素量。因此

$$W_{in}(1) = W_{in}(2) = \cdots = W_{in}(n) = Q_n \tag{10-58}$$

式中，Q_n称为平均动态年容量。

根据第②个假设有

$$W_{out}(n) = \eta\left[W(n-1) + Q_n\right] \tag{10-59}$$

式中，η为输出率比例常数（$\eta < 1$）。

令$K = 1 - \eta$，显然，$K < 1$，也近似为常数。将K带入$W(n) = W(n-1) + W_{in}(n) - W_{out}(n)$，得$W(n) = K\left[W(n-1) + Q_n\right]$，即：$K = W(n)/\left[W(n-1) + Q_n\right]$，$K$称作残留率（国家环保局开发监督司，1992），表示经过一年耕作后，某元素在土壤中的含量与前一年含量和当年输入量之和的比率，残留率可经试验测定。

$K = W(n)/\left[W(n-1) + Q_n\right]$是土壤中某重金属元素含量的逐年递推公式。根据此公式可有

$$W(n) = W(0)K^n + Q_n K(1-K^n)/(1-K) \tag{10-60}$$

式中，$W(0)$表示观察起始年时该元素的总量。

式(10-60)可演化为

$$Q_n = \left[W(n) - W(0)K^n\right](1-K)/K(1-K^n) \tag{10-61}$$

若已知每年的平均输入量，即可用式(10-61)计算n年后土壤中重金属元素的含量值。即$C_i(n) = W(n)/MS$，其中S是区域面积，M为225kg/hm^2。当规定一定年限或某个目标时，可计算区域土壤的平均动态年容量Q_n。

上述计算中，影响残留率K的因素很多，关系也较复杂。K值不仅与污染物种类有关，且与污染物在土壤中的含量、形态及性质有关，还与土壤性质、种植的作物、环境条件和气候等有关。K值可经试验测定，但因影响因素复杂，一般只能提出当地条件下的平均值。

第四节　生态系统稳态与生态模型

土地工程对生态环境的影响，既有积极的，也有消极的，对积极效应和消极效应进行综合分析，才能客观评价土地工程的环境效益。生态环境具有一定程度的自我修复和自动调节的功能，如果土地工程在一定的合理范围内，主动建设、保护生态环境，就会产生正面影响，而当土地工程因为对生态环境因素的考虑不足，活动超出一定限度，则会干扰或破坏生态系统服务功能，导致生态系统失衡，从而造成生态环境破坏。

一、生态系统稳态的维持

生态系统具有保持或恢复自身结构和功能相对稳定的能力，叫生态系统的稳态。生态系统的稳定性可分为两类：一是抵抗力稳定性，指的是生态系统抵抗干扰和保护自身结构和功能不受损伤的能力；另一类是恢复力稳定性，是指生态系统被干扰、破坏后恢复的能力。很多证据表明，这两类稳定性是相互对立的，它们之间存在着相反的关系，当然，同一个系统一般不易同时发生这两类稳定性。具有高抵抗力稳定性的生态系统，其恢复力的稳定性是低的，反之亦然(李博，2000)。

(一)生态系统的稳定性和反馈控制

1. 影响生态系统稳定性的因素

生态系统通过一系列的反馈作用对外界的干扰进行内部结构与功能的调整，以维持系统的稳定性。生物多样性是保持生态系统稳定性的重要条件。一般认为生物多样性越高，食物网越复杂，生态系统抵抗外界干扰的能力也越强，而食物网越简单，生态系统就越容易发生波动和受到破坏，具体地说，生态系统的稳定性与系统的下列因素有关。

1)生物的种类与成分

生态系统的生物种类越多，各个种群的生态位越分化，食物链越复杂，系统的自我调节能力就越强；反之，生物种类越少，食物链越简单，则调节平衡的能力就越弱。

2)能流、物流途径的复杂程度与能量和营养物质的贮备

能流、物流途径的复杂程度与生物种类成分多少密切相关。生物种类多，食物网络复杂，能流、物流的途径也复杂，而每一物种的相对重要性就小，生态系统就比较稳定。因为当一部分能流、物流途径的功能发生障碍时，可被其他部分所代替或补偿。生态系统的生物现存量越大，能量和营养物质的贮备就越多，系统的自我调节能力也就越强。

3) 生物的遗传性和变异性

生态系统中的物种越多，遗传基因库越丰富，生物对改变了的环境也越容易适应。在一个生态系统中，生物总是由最适应该生态环境的类型所组成。通过自然界生物种内和种间的竞争，从中选优汰劣，使优良个体和种群得以生存和发展，不断推动生物的进化。

4) 功能完整性及功能组分冗余

生态系统内生物成分与非生物成分之间的能量流动和物质循环，具有反馈调节作用。当环境媒介中某种元素的含量发生波动，生物可通过吸收、转化、降解和释放等反馈调节，使生产率、周转率和库存量都相应地得到调整，使输入量与输出量之间的比例达到新的协调。

5) 信息的传递与调节

信息的传递与调节是指生态系统中的生物可以通过化学的、物理的行为等多种信息的传递形式，把生物与环境、生物种间和种内的相互关系密切联系起来，构成一个统一整体。例如，通过代谢产物可以调节(促进或抑制)本物种或另一物种的种群数量。生态系统越成熟，生物种类越多样化，信息传递和调节能力也越强，生态系统也越稳定。

2. 生态系统稳定性的阈值

生态系统的稳定性是动态的，不是静态的。这意味着系统中生物类群在不断变化，外界环境条件也在不断地变化。同时生态系统稳定性有一定的作用范围。在一定范围内，稳定性有可能保持，越出范围，稳定性就会受影响。在该范围内，系统本身的调节作用能校正自然和人类所引起的干扰和不稳定现象。即生态系统可以忍受一定程度的外界压力，并通过自我调控机制恢复其相对平衡，超出此限度，生态系统的自我调控机制就降低或消失，这种相对平衡就遭到破坏甚至使系统崩溃，这个限度就称为"生态阈值"。而阈值的大小决定于生态系统的成熟性，系统越成熟，阈值越高；反之系统结构越简单、功能效率不高，对外界压力的反应越敏感，抵御剧烈生态变化的能力较脆弱，阈值就越低。不同的生态系统在其发展进化的不同阶段有多种不同的生态阈值，了解这些阈值，才能合理调控、利用及保护生态系统。

3. 反馈控制

生态系统是一个具有稳态机制的自动控制系统，它的稳定性是通过系统的反馈来实现的。当生态系统中某一成分发生变化时，必然会引起其他成分出现一系列的相应变化，这些变化最终又反过来影响起初发生变化的那个成分，这个过程便称为反馈。反馈现象是生态系统中的一个普遍现象。系统的输入与输出的反馈构成了一个循环，当输出以负反馈形式作用于系统时，就形成了负反馈循环，相反就是正反馈循环。负反馈是比较常见的一种反馈，如草原上食草动物的数量与植物数量之间的关系。负反馈能够使系统稳定化，其结果是抑制和减弱系统的响应。正反馈作用与负反馈相反，它能够使系统远离平衡态，即系统中某一成分的变化所引起的响应不是抑制而是加速这种变化。正反馈往往具有极大的破坏作用，并且具有爆发性(冯剑丰等，2009)。由于生态系统的复杂性，在合适的情况下正反馈与负反馈可相互转化，这种现象称为反馈转换（Briske 等，2008）。

(二)生态系统的自我调控

1. **自我调控机制**

自然生态系统是一个相当和谐、协调、有序的大系统。这个系统各组分在结构和功能上的配合是在进化史中逐步完善起来的自我调控机制。生态系统越成熟，信息的沟通越丰富，控制系统特有的和谐、协调、稳定等特点也表现得更为明显。自我调控表现为程序调控(生物基因程序控制)、随动调控(生物随环境作出的反应调控)、最优调控(个体、种群、群落、系统都在自然选择中发展为最优化的状态)和稳态调控(自然界中多机制调控的在发展过程中趋于稳定，在干扰中维持稳定，偏移后恢复原态的能力)。在土地工程建设中，既要遵循生态系统的自我调控规律，也要充分利用自我调控机制，尊重自然的前提下进行合理的建设规划。

2. **自然生态系统的稳态调控机制**

1) 自然生态系统的组织层次与稳态

自然生态系统总是由有垂直分离特性的层次构成，大系统套小系统，小系统套更小的系统。在同一层次内，系统又有相互联系，但又彼此相对独立的组分构成，形成系统的水平分离特征。垂直分离和水平分离的层次结构有利于大系统的生存、进化和稳定。一般说来，含 K 个组分的复杂大系统若能组成 S 个稳定的亚系统，通过自然选择发展为一定结构水平所需的时间与 $\log_K S$ 成正比。因此，组分数目(K)一定时，随着稳定亚系统数目(S)的增加，所需时间缩短。同时，由于层次的存在，当低层次受干扰时。高层次仍能正常发挥作用；当某一组分受到干扰时，另一组分仍可运行。这些都有利于系统稳态的维持。

2) 自然生态系统结构上的功能组分冗余与稳态

自然生态系统中功能组分冗余是很常见的。一株植物有许多片叶子，一片叶有多层叶绿细胞，一个叶绿细胞有多个叶绿体；群落的光能为各个层次的各种绿色植物利用；植物的种子和动物的排卵数大大超过环境可能容纳的下一代数目；同一种植物常被众多的食草动物所消费；同一种生物残体被数以百计的各种大小生物所分解利用。这类功能组分的冗余使得生态系统在遇到干扰之后，能维持正常的能量和物质转换功能，这类稳态机制使得自然界很少出现"商品滞销"或

"停工待料"现象。

3) 自然生态系统中的反馈关系与稳态

无论是系统输出成分被回送,重新成为同一系统的输入成分,或是系统的输出信息被回送,成为同一系统输入的控制信息,都叫反馈。反馈包括正反馈和负反馈,在控制系统中有十分重要的作用。正反馈是指使系统输出的变动在原变动方向上加速的反馈。负反馈是指使系统输出的变动在原变化方向上减速或逆转的反馈。自然生态系统中,生物常利用正反馈机制来迅速接近"目标",如生命延续、生态位占据等,而负反馈则被用来使系统在"目标"附近获得必要的稳定。

二、生态模型

生态模型是对生态现象和生态过程进行模拟的计算机程序或数学方程,是对客观世界中某一系统及其与其他系统相互关系的高度概括和抽象,它包含了系统的主要特征,但并不等同于实际的生态系统(Jorgensen 等,2008)。生态模型一般包括下面 5 个基本构成要素。

(1) 强制函数或外部变量,即影响系统状态的外部变量或函数,在害虫管理系统的数学模型中,强制变量指管理措施、环境因子等。

(2) 状态变量,是描述生态系统所处状态的变量,如 Lotka-Volterra 捕食者-猎物模型中的种群数量 N, P。

(3) 数学方程,是强制函数和状态变量构成的相互关系的具体描述。

(4) 系数或参数,是数学方程的组成成分,对于特定的系统取一定的值,如上述捕食者-猎物模型中 α, β。

(5) 常数,数学方程中不参与变化的量。

生态建模一般有下面两个目的:①与实验科学相结合,整合已知的、局部环节的规律,探索整体的、系统水平的生态系统动态规律。②为生态系统的管理和资源的开发利用提供低成本的计算机模拟手段。在土地工程学科研究中,生态建模的目的两者兼具,以后者居多。

(一) 生态过程模型

1. 物理过程

零维模型,即只模拟一个点的模型,只给出系统随时间变化的一种可能性。

$$C = f(t) \tag{10-62}$$

式中,C 是所模拟的特性;t 是时间;f 是函数。该集中参数模型不能预测空间的流体动力学,只能用于问题的解析,经常作为系统行为的初步估计。

建立生态模型通常是使层叠的物理、化学、生物和生态的子模型相互联系起来，这些子模型需要在不同的空间和时间步长下模拟，甚至采用不同的模型类型（静态的、动态或者结构动态模型）。可采用具有不同空间和时间步长的子模型进行重叠，而不是为所有的子模型选择两个平均的空间和时间步长。如果物理模型采用了较小的空间栅格和较长的时间间隔，在转变成化学模型的输入数据之前，要在较大空间栅格和较长的时间间隔上进行平均，然后做同样的放大，转变成生物模型的输入，再作为最终的细节输入到生态模型中去(图 10-21)。

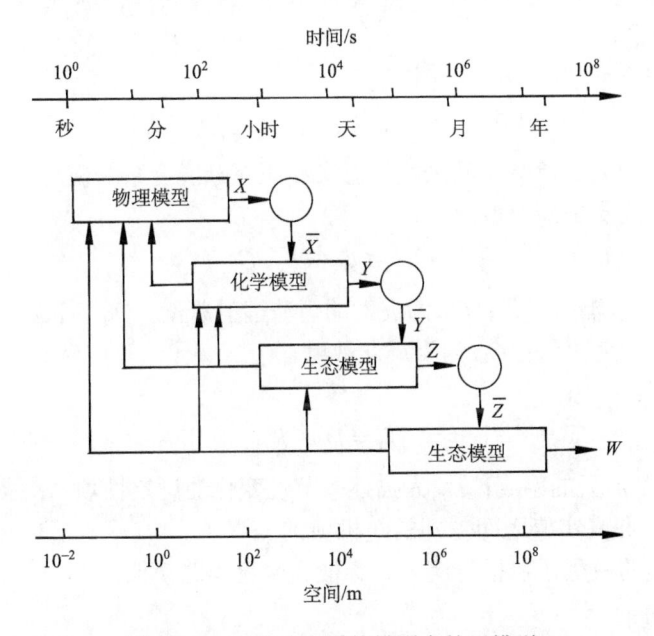

图 10-21 复杂生态系统模型中的子模型

这种生态系统的建模方法，嵌套物理学、化学、生物和生态模型。通过优化选择合适的空间和时间步长而得到的物理系统知识，不会丢失从系统得到的信息，且不会因为对生态过程了解不足而造成太大的错误。物质输运中，在一定量流体中，某种物质通过平流方式流入和流出的流量一般表示为

$$J = \pm QC \tag{10-63}$$

式中，±代表流入(J_{in})和流出量(J_{out})；Q 是通过一定体积流体的速率，$L^3 T^{-1}$；C 是一定体积流体中的物质浓度，ML^{-3}。

湍流扩散过程模型：

$$D_h = A_D L^{4/3} \tag{10-64}$$

式中，D_h 是水平方向上的扩散系数，当 D_h 单位为 cm^2/s 时，A_D 是消散参数，为 0.005；L 是出现现象的长度，常作为水平方向上空间尺度的大小，因为这是可通

过模型模拟得出的漩涡的近似最小值。

一个物质平衡的集总参数模型可以总结为：积累量＝输入–输出±反应部分。

多层充分混合系统(CSTR)的物质平衡模型：

$$C_n = \left(\frac{Q}{Q+kV}\right)^n C_0 \tag{10-65}$$

式中，C 为浓度；V 代表系统体积；k 是说明依赖于系统物质的反应参数；n 为 CSTR 层叠数量。

非充分混合系统的物质平衡模型：

$$\Delta V \partial C / \partial t = J_{in} A_c - J_{out} A_c \pm 反应部分 \tag{10-66}$$

式中，A_c 是出口处的流量，其余符号意义参照充分混合系统模型。

太阳辐射收支平衡模型：

$$Q_{in} = Q_{ac} - Q_{sr} + Q_{lc} - Q_{lr} - Q_{br} \tag{10-67}$$

式中，Q_{ac} 为短波辐射总量；Q_{sr} 为反射的短波辐射总量；Q_{lc} 为长波辐射总量；Q_{lr} 为反射的长波辐射总量；Q_{br} 为为反向散射。

温度模拟：

$$T_n = D_n + R_n \tag{10-68}$$

式中，T_n 为第 n 天的温度；D_n 为描述季节性变化的确定性项；R_n 是一个描述由 D_n 预测的数值和真实值之间差别的随机项。

物理过程的模型还包括对沉降、弥散、湍流等的模拟。

2. 化学过程

反应动力学或反应速度可以用质量守恒定律来定量表示：

$$d[A]/dt = -kf([A][B][C][D]) \tag{10-69}$$

式中，A、B、C、D 均代表反应物；k 是通常取决于温度的反应常数；f 是参与反应的物质浓度函数，函数关系 f 通常由实验决定。

Michaelis-Menten 酶动力学方程：

$$-\frac{dS}{dt} = \mu(S) = \mu_{max} \frac{S}{S+k_s} \tag{10-70}$$

式中，S 为一个底物；k_s 为反应常数，与酶有关；t 为反应时间；$\mu(S)$ 是底物 S 的一个函数，μ_{max} 表示最大反应速率。

多依赖的酶反应：

$$\mu(S_1, S_2, \cdots, S_n) = \mu_{max} \cdot \left(\frac{S_1}{S_1+k_1} \cdot \frac{S_2}{S_2+k_2} \cdot \cdots \cdot \frac{S_n}{S_n+k_n}\right) \tag{10-71}$$

式中参数定义同上。反应的整体速率取决于最稀缺的底物，这种情况经常被称为利比希限制因子定律。化学过程的模型还包括吸附动力学、挥发、酸碱反应等过程的模拟。

3. 生物过程

生物过程是较为复杂的生态过程模拟，其中包括生态系统最重要元素的生物地球化学循环、光合作用、单个初级生产者和次级生产者的种群增长，以及个体的增长。

(1) 水生环境中每一个宏观组分的物质平衡模型：

$$\frac{dC}{dt} = \sum_i f_i \tag{10-72}$$

式中，C 是给定组分的某一营养物的浓度；t 是时间；f_i 是流入（流出）的过程。

(2) 氮循环的一级衰减模型：

$$C(t) = C_0 \cdot e^{-kt} \tag{10-73}$$

$$k = k_{20} \cdot \theta^{(T-20)} \tag{10-74}$$

式中，t 为时间；C 为浓度；k_{20} 和 θ 为常数参数。

(3) 磷浓度的预测模型：

$$\frac{dP}{dt} = \frac{L_{PT} + L_{PP} + L_{PW}}{V} - S \cdot P - r \cdot P \tag{10-75}$$

式中，P 代表磷的总浓度，$mg \cdot L^{-1}$；V 是湖泊的体积，L；L_{PT} 是通过扩散元进入湖泊中的总磷量，$mg \cdot a^{-1}$；L_{PP} 是指降水提供的磷，$mg \cdot a^{-1}$；L_{PW} 是来自电源的磷 $mg \cdot a^{-1}$；S 是沉积速率，r 是冲刷速率，a^{-1}，$r=Q/V$，Q 是每年的出水总体积，$L \cdot a^{-1}$。

(4) 微生物降解的 Michaelis-Menten 模型：

$$\frac{dC}{dt} = -\frac{dB}{Ydt} = -\mu_{max} \cdot \frac{B}{Y} \cdot \frac{C}{k_m + C} \tag{10-76}$$

式中，C 是要考虑的化合物的浓度；Y 是每单位 C 中微生物生物量 B 的生产量；μ_{max} 是最大比增长速率；k_m 是半饱和常数。如果 $C < k_m$，式(10-76)可简化为一阶反应模型：

$$\frac{dC}{dt} = -k_1 \cdot B \cdot C \tag{10-77}$$

式中，$k_1 = \dfrac{\mu_{max}}{Y k_m}$。

生物模型还包括生物累积平衡模型等。

(二)静态模型

静态模型的状态变量是假设的一段时间内的平均值,在这段时间内,假设生态系统处于稳定状态,其动态行为可以忽略不计。通常静态模型是生态模型在一个季节或一个完整的生物周期内的稳定状态。静态模型可用于构建食物网,描述有机体(生物因子)之间和(或)有机体和环境(非生物因子)之间的复杂关系,对土地工程实施前调查实施区域内系统的初级阶段有一定帮助。

网络模型中,一个网络是一个元素集合体,在这里,元素被称为节点,成双成对的节点通过被称为边界的一组通常是更大元素相互连接而成。节点被按照某种顺序排列,边界通过相连接的两个节点的名字来识别的。

稳定状态下,物质(或能量)的平衡方程式如下:

$$D+P=M+E \tag{10-78}$$

式中,D为输入量;P为净生产量;M为呼吸量;E为输出量。

考虑到营养级网络的拓扑结构,则平衡方程变为

$$D_i + \sum_{j=1}^{n} \boldsymbol{T}_{ji} = \sum_{k=1}^{n} \boldsymbol{T}_{ki} + E_i + R_i, \quad i=1,\cdots,n \tag{10-79}$$

式中,$\boldsymbol{T}$为流矩阵,或者交换矩阵,它的维数等于营养级网络的分室个数n,其元素是$\boldsymbol{T}_{ij}$(流从行到列),i为营养级,k与j同义。

生态毒理学响应模型可以处理生态毒理学的实验数据,并表明在沉积物中的有毒物质浓度和生物体内浓度之间的相互关系,而营养状态响应模型则用于预测湖泊营养状态。此类模型可在湖泊水质管理中广泛应用。

(三)种群动态模型

种群动态模型中,状态变量是个体或物种的数量或生物量。该模型不仅可以用于模拟种群的动态增长,也可以用来模拟大量与生物种群增长有关的生态过程。

种群增长的 Logistic 模型:

$$\frac{\mathrm{d}N}{\mathrm{d}t} = r \cdot N \cdot \left(1 - \frac{N}{k}\right) \tag{10-80}$$

在种群数量(N)低的情况下正反馈起主要作用,此时,简单的种群动态增长模型可以表达为

$$\frac{\mathrm{d}N}{\mathrm{d}t} = B_a \cdot N - M_a \cdot N = r \cdot N \tag{10-81}$$

随着种群数量的增长,负反馈($-rN^2/K$)起的作用越来越大,这样种群能迅速而又稳定地接近环境容纳量(K)。有负反馈的种群,增长模式为

$$\frac{dN}{dt} = r \cdot \left(1 - \frac{N}{k}\right) \tag{10-82}$$

式中，N 是种群密度；t 是时间；r 为内禀增长率，$r=B_a-M_a$，B_a 是瞬时出生率，M_a 是瞬时死亡率；N 为种群数量。

在内禀增长率(r)一定的条件下，种群数量(N)的增加结果使得种群数量的增加(dN/dt)减速。正反馈使种群数量迅速增加，远离原来的水平（图10-22）。负反馈使种群数量稳定在平衡点水平(K)。生物个体发育初期细胞增长有正反馈现象，r 对策生物占据新生境时个体的增长也利用了正反馈作用(骆世明等，1987)。

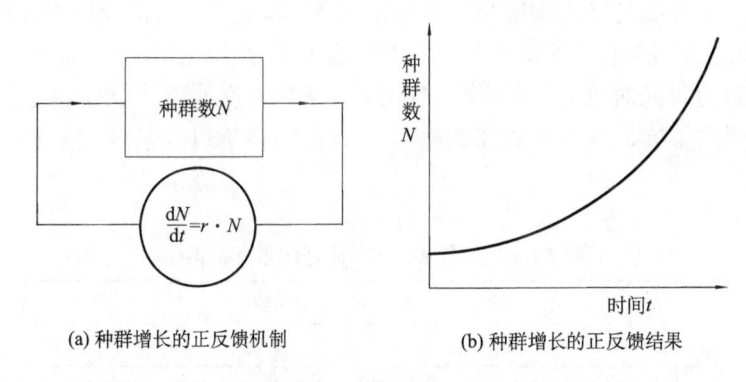

图 10-22　种群增长的正反馈机制(a)和正反馈结果(b)

Lotka-Volterra 方程用于两个相互竞争的种群的相互作用的模拟：

$$\frac{dN_1}{dt} = r_1 N_1 (K_1 - N_1 - \alpha_{12} N_2) / K_1 \tag{10-83}$$

$$\frac{dN_2}{dt} = r_2 N_2 (K_2 - N_2 - \alpha_{21} N_1) / K_2 \tag{10-84}$$

式中，α_{12} 和 α_{21} 是竞争系数；K_1 和 K_2 分别是针对物种 1 和物种 2 的承载力；N_1 和 N_2 分别是物种 1 和物种 2 的数目；r_1 和 r_2 分别是相应的最大内禀增长率。

对于 n 种不同种群组成的群落可写成：

$$\frac{dN_i}{dt} = r_i N_i (k_i - N_i - (\sum_{i,j}^{n} \alpha_{ij} N_j)) / K_i \tag{10-85}$$

式中，i 和 j 是物种的下标，从 1 到 n。

矩阵模型的构建被用于预测未来年龄分布。种群被划分为 $n+1$ 个相同的年龄组：0，1，2，3，…，n 组，模型可写成

$$\mathbf{A} \cdot a_t = -a_{t=1} \tag{10-86}$$

式中，$\mathbf{A}$ 是矩阵；a_t 代表时间 t 时种群年龄结构的列向量；a_{t+1} 代表时间 $t+1$ 时年

龄结构的列向量。

(四)动态的生物地球化学模型

生物地球化学模型试图抓住生态系统中生物化学和地球化学循环的动态。当模型作为控制污染的工具时,必须考虑污染物和自然化合物的归趋和分布。而生物地球化学模型主要集中于生态系统中各种化合物的处理和转移过程。

生物地球化学模型的基本结构包括3个组分(植物、大气、土壤)和3个界面(植物-大气、植物-土壤和土壤-大气界面)(表10-3)。3个组分可以用物质的贮存量描述,即库;3个界面可以用物质交换的通量描述,即通量。大部分生物地球化学模型不包括大气中发生的过程,因为大气中元素的迁移和化学反应机制是大气物理和大气化学的研究对象(王效科等,2002)。目前生物地球化学模型主要集中于碳、氮循环的影响,这在土地工程中生态效益的评价以及耕地质量管理上都有重要应用。

表 10-3　生物地球化学循环的基本框架

组分	能量	水分	碳循环	氮循环
大气内部	热量传输	水分传输	扩散	扩散、反应
土壤内部	热量运输	水分下渗	有机质的迁移、分解作用、甲烷化过程	硝化、反硝化作用、土壤中氮的迁移和淋溶
植物内部	水分传输	生长过程、营养物分配	体内分配	
植物-大气界面	太阳辐射	蒸腾	光合、呼吸作用	扩散、吸附
植物-土壤界面			枯落过程	
土壤-大气界面	太阳辐射	降水、蒸发	碳有关的扩散过程	
生态系统功能	温室效应	水源涵养	生物量和生产力,土壤碳动态,CO_2、CH_4、VOC 排放	污染、酸雨影响

(五)景观模型

景观模型一般是指明确考虑所研究对象和过程的空间位置和它们在空间上的相互作用的数学模型。由于空间异质性的高度复杂性和非线性生态学关系,这类模型多属于计算机模拟模型。依据处理空间异质性方式的不同,可分为非空间景观模型(完全不考虑所研究地区的空间异质性或假定空间均质性和随机性)、准空间景观模型(即半空间模型,通常考虑空间异质性的统计学特征)和空间显式景观模型(明确考虑所研究对象和过程的空间位置和它们在空间上的相互作用关系的数学模型);而依据处理空间信息的方式不同,则可划分为栅格型景观模型(研究对象和过程的空间位置由栅格细胞的位置表示)和适量型景观模型(以点、线和多边形的组合来表达景观的结构组成)。

在土地工程规划中,根据土地工程实施的性质可选择合适的景观模型,基于管理景观中存在着多种组分(农田斑块、建筑斑块和自然植被斑块),通过景观空间结构的调整使得各类斑块大集中、小分散,而实现生物多样性的保持与高度的视觉多样性。这也是通过生态空间的镶嵌稳定性来寻求持续发展中的稳定性,建立生态持续景观(Forman,1995a,1995b)。景观模型是土地工程中应用最广泛的生态模型之一。

1. 空间概率模型

空间概率模型是生态学中应用已久的马尔可夫类模型在空间上的扩展。空间马尔可夫模型也是景观生态学家用来模拟植被动态和土地利用格局变化的最早、最普遍的模型。景观概率模型是生态学中应用已久的马尔可夫类随机模型在空间上的扩展,其非空间数学形式可简单表示为

$$N_{t+1} = pN_t \tag{10-87}$$

式中,N_t,N_{t+1} 分别由 m 个状态变量组成的状态向量在 t 和 $t+1$ 时刻的值;p 由 $m \times m$ 个单元组成的转移概率矩阵。

上述景观格局模型不涉及格局变化的机制,其可靠性还取决于转移概率的准确程度。一阶马尔可夫过程忽略历史影响,假设转移概率存在稳态,在大多数景观动态研究中是不合实际的。然而,采用高阶马尔可夫过程并考虑空间效应会大大增加转移概率矩阵的可靠性以及景观概率模型的合理性。此外,利用 GIS 可大大促进这类模型的简历、运算和精确度。

2. 细胞自动机模型

细胞自动机模型是指一类由许多相同单元组成的,根据一些简单的邻域规则即能在系统水平上产生复杂结构和行为的离散型动态模型。每个栅格网细胞代表一个不能伸缩的、均质的离散型单元,在任何时刻只能处于某一种状态。该模型中的细胞代表了模型的粒度,即空间分辨率。细胞自动机模型就是由许多这样简单细胞组成的栅格网,其中每个细胞可以具有有限种状态;邻近的细胞按照某些既定规则相互影响,导致局部空间格局的变化;而这些局部变化还可以繁衍、扩展,乃至产生景观水平的复杂空间结构。

假设空间单元 i 的值记作 α_i,以 r 表示相邻单元之间的距离(如 $r=1$ 表示只把紧靠单元 i 两边的单元作为相邻者考虑)。一维细胞自动机的模型表达式为

$$\alpha_i^{(t+1)} = \varphi \alpha_{i-r}^{(t)} \alpha_{i-r+1}^{(t)} \cdots \alpha_i^{(t)} \cdots \alpha_{i+r}^{(t)} \tag{10-88}$$

式中，$\alpha_i^{(t)}$ 和 $\alpha_i^{(t+1)}$ 是空间单元 i 在时间 t 和 $t+1$ 时的值，括号中其他项表示相邻单元在 t 时刻的取值，而 φ 表示与这些相邻单元有关的一组转化规则。

最简单的二维细胞自动机是当 $r=1$ 时上式在二维空间栅格网上的扩展（图10-23），即

$$\alpha_i^{(t+1)} = \varphi \alpha_{i-1}^{(t)} \alpha_{i+1}^{(t)} \alpha_{i,j-1}^{(t)} \alpha_{i+r}^{(t)} \tag{10-89}$$

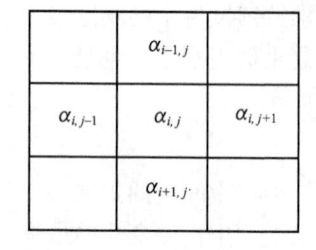

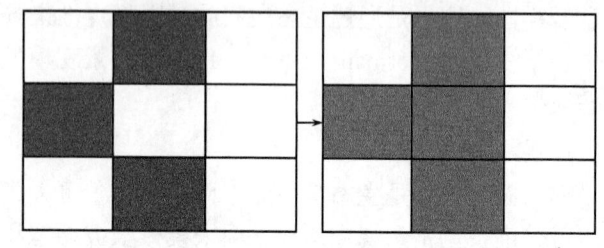

图10-23　细胞自动机模型示意图

细胞自动机模型可产生 4 种结果，即空间均质状态，稳定态或周期性结构，混沌行为，蔓延性有限但局部结构复杂的格局。细胞自动机模型的最大优点之一是可以把局部性小尺度上观测的数据结合到领域转换规则之中，然后通过计算机模拟来研究大尺度上系统的动态特征。

3. 景观机制模型

景观机制模型也称为景观过程模型。景观过程为景观空间格局和生态过程相互作用的结果。广义地讲，这些过程和机制包括动物个体行为、种群动态和控制、干扰扩散过程、生态系统物质循环以及能量流动等。

1）空间生态系统模型

空间生态系统过程模型的一般数学公式为

$$\frac{\partial S_i}{\partial t} = f_i \text{SF} + \nabla \cdot (D_i \nabla S_i) \tag{10-90}$$

式中，S_i 为某一生态学变量（如养分含量、种群密度、干扰面积）；SF 表示环境因素的影响（如温度、水分、光照、风）；D_i 为所研究过程的空间扩散或传播能力的系数，∇ 为空间梯度（可以是一维、二维或者三维的）。

2）空间显式斑块动态模型（或空间斑块模型）

空间显式斑块动态模型不同于空间生态系统模型之处在于：空间斑块模型突出空间格局和生态学过程之间频繁的相互作用；将整个景观视为大小、形状以及内容上不同的斑块组成的动态镶嵌体；明确地将斑块的形成、变化和消失过程作为模型的重要组成部分；将斑块镶嵌体空间格局动态和生态学过程在斑块以及景观水平上直接耦合到一起。基于斑块的多物种植物种群动态模型可以表示为

$$N_{i,t+1} = (N_{i,t}f_{i,t} + I_{i,t} - D_{i,t})(A_{t+1}/A_t)g_iS_i \tag{10-91}$$

式中，$N_{i,t+1}$ 和 $N_{i,t}$ 是物种 i 在时刻 $t+1$ 和 t 时种群大小（成年植株数目）；$f_{i,t}$ 是植物结实率函数；$I_{i,t}$ 是斑块获得的种子数目；$D_{i,t}$ 是散播到斑块外的种子数目；g_i 是萌发率；S_i 是物种 i 的幼苗成活率；A_t 和 A_{t+1} 是在 t 和 $t+1$ 时刻的斑块大小（$A_{t+1} \leqslant A_t$）。空间斑块模型是斑块动态理论的一种确切的数学表达，其最适宜于格局和过程作用频繁、斑块周转率快的生态学系统。

三、生态文明是土地工程的终极目标

土地工程作为人类在发展进程中利用自然、改造自然的重要手段，在最初阶段即农耕文明开始以来的几千年间，主要任务就是增加粮食生产和减少自然灾害。当今一切形式的土地退化都是因为对土地的开发利用不合理造成的。开发坡度陡峭的山地丘陵地区的土地为农田，破坏了原有的植被对土壤的保护，而又没有采取水土保持措施，水土流失就发生了。由于科学技术的进步，人类开发利用土地的能力在不断提高，满足了人类日益增长的物质需求。由于人类对保护生态环境的意识不断增强，在土地工程中开发利用土地时，采取了各种各样的土地保护措施，保持和维护了土地的各项功能在更高的水平上发挥。生态化建设的目标是生态文明，实现社会、经济与自然环境这一复合生态系统整体协调，从而达到一种稳定有序状态的演进过程。它以资源环境承载力为基础，以自然规律为准则，以可持续发展为目标，注重复合生态的整体效益。

土体有机重构可以直接为人类提供更多的清洁土地，促进生态文明的发展。土地工程通过系统分析和诊断区域土地利用存在的生态环境问题和成因，有针对性地开展污染生态修复、退化和废弃土地的生态修复与改造、生物生境修复、土地生态系统生物关系与健康重建、水土生物过程与土地利用景观格局关系重建，以及土地生态系统生态服务功能恢复。综合应用物理、化学、生物等多种土壤污染修复技术，开展工业区和废弃地土体的污染修复，实现生态用地控制指标，防控土体污染，并将垃圾分类回收或处理，恢复土体清洁。土体有机重构在改善土体质量的同时，能解决人类生态文明建设中面临的土地荒漠化、土体污染、植被覆盖率严重下降、垃圾成灾等问题，而所有生态环境问题的解决是人类生态文明建设的基础。

土地工程的实施为人类提供了能够安全居住的建设用地和健康生产的农用地，让人类能够更好地在地球上生活。但是，目前仅仅在有限的地球范围内选择过去不适宜或者不能种植的土地进行工程治理，使人类能够更充分地利用地球上的资源。随着人类社会的发展和进步，人类的理想是走出地球，拓展生存空间。土体有机重构的深入研究，将为人类探索星外空间打好基础，也将成为世界上的前沿科学。

参 考 文 献

艾东, 朱道林, 赫晓霞. 2007. 土地整理与生态环境建设关系初探[J]. 生态环境, 16(1): 257-263.
白学良. 1997. 内蒙古苔藓植物志[M]. 呼和浩特: 内蒙古大学出版社.
北京市测绘设计研究院. 1999. 城市测量规范(CJJ 8—99)[S]. 北京: 中国建筑工业出版社.
蔡晓明. 2000. 生态系统生态学[M]. 北京: 科学出版社.
曹凑贵. 2002. 生态学概论[M]. 北京: 高等教育出版社.
曹卫平. 2011. 土力学[M]. 北京: 北京大学出版社.
陈宝梁. 2004. 表面活性剂在土壤有机污染修复中的作用及机理[D]. 杭州: 浙江大学博士学位论文.
陈丹. 2012. 土地整理中土地平整问题探讨[J]. 现代农业科技, (5): 385-388.
陈利顶, 傅伯杰. 2000. 干扰的类型、特征及其生态学意义[J]. 生态学报, 20(4): 581-586.
陈希哲. 2013. 土力学地基基础[M]. 北京: 清华大学出版社.
陈兴鹏, 蔡根泉. 2004. 甘肃水土资源与社会经济可持续发展研究[M]. 北京: 民族出版社.
陈卓如, 金朝铭, 王洪杰. 2004. 工程流体力学[M]. 北京: 高等教育出版社.
陈祖煜. 2003. 土质边坡稳定分析原理、方法、程序[M]. 北京: 中国水利水电出版社.
董起广, 韩霁昌, 张卫华, 等. 2016. 井渠结合灌区地下水开采方案设计研究——以泾惠渠灌区试验区为例[J]. 节水灌溉, (1): 59-62.
冯纯伯. 2004. 复杂系统的控制问题[J]. 控制理论与应用, 21(6): 855-857.
冯国栋. 1962. 土力学地基与基础[M]. 北京: 中国工业出版社.
冯剑丰, 王洪礼, 朱琳. 2009. 生态系统多稳态研究进展[J]. 应用生态学报, 18(4): 1553-1559.
冯尚友. 1990. 多目标决策理论方法与应用[M]. 武汉: 华中工大学出版社.
付佩, 王欢元, 罗林涛, 等. 2013. 砒砂岩与沙复配成土造田技术研究[J]. 水土保持通报, 33(6): 1-6.
高绍伟, 刘博文. 2011. 管线探测[M]. 北京: 测绘出版社.
高延利. 2008. 地籍调查[M]. 北京: 中国农业出版社.
耿艳辉, 闵庆文, 成升魁. 2007. 流域水土资源优化配置的几种方法比较[J]. 资源科学, 29(2): 188-193.
管学茂. 2011. 混凝土材料学[M]. 北京: 化学工业出版社.
国家环保局开发监督司. 1992. 环境影响评价技术原则与方法[M]. 北京: 北京大学出版社.
国家环保总局. 1993. 环境背景值和环境容量研究[M]. 北京: 科学出版社.
国家环境保护局科技标准司. 1995. 土壤环境质量标准(GB 15618—1995)[S]. 北京: 中国标准出版社.
国家土地管理局. 1993. 城镇地籍调查规程(TD/T 1001—93)[S]. 北京: 中国标准出版社.
国家质量监督检验检疫总局. 2001. 农产品安全质量、无公害蔬菜产地环境要求(GB/T 18407.1—2001)[S]. 北京: 中国标准出版社.
过振海, 时旭东. 2003. 钢筋混凝土原理和分析[M]. 北京: 清华大学出版社.
韩霁昌. 2013. 土地工程概论[M]. 北京: 科学出版社.
韩霁昌, 李晓明. 2013. 盐碱地利用障碍因子高光谱遥感反演研究[J]. 光谱学与光谱分析, 33(7): 1932-1935.
韩霁昌, 解建仓, 成生权, 等. 2009a. 以蓄为主盐碱地综合治理工程设计的合理性研究[J]. 水利学报, 40(12): 1512-1516.
韩霁昌, 解建仓, 王涛, 等. 2009b. 陕西卤泊滩盐碱地"改排为蓄"后盐碱指标试验观测[J]. 农业工程学报, 25(6): 59-65.

韩霁昌, 解建仓, 王涛, 等 2009c. 蓄水条件下蓄水沟水体与相邻土壤的盐分运移规律研究[J]. 水利学报, 40(5): 635-640.

韩霁昌, 解建仓, 朱记伟, 等. 2009d. 陕西卤泊滩盐碱地综合治理模式的研究[J]. 水利学报, 40(3): 372-377.

韩霁昌, 刘彦随, 罗林涛. 2012. 毛乌素沙地砒砂岩与沙快速复配成土核心技术研究[J]. 中国土地科学, 26(8): 87-94.

韩霁昌, 李晓明, 孙剑虹, 等. 2014a. 卤泊滩典型田块土壤盐分三维空间分布研究[J]. 自然资源学报, (5): 847-854.

韩霁昌, 王晶, 马增辉. 2014b. 景观格局-生态过程理论在黄土丘陵沟壑区土地整治中的应用——以延安市宝塔区羊圈沟为例[J]. 中国水土保持, (2): 26-29.

何益斌. 2005. 建筑结构[M]. 北京: 中国建筑工业出版社.

侯建国, 王腾军. 2008. 变形监测理论与应用[M]. 北京: 测绘出版社.

侯媛彬, 杜京义, 汪梅. 2007. 神经网络[M]. 西安: 西安电子科技大学出版社.

胡兴福. 2014. 建筑结构[M]. 北京: 中国建筑工业出版社.

胡振琪. 2007. 土地整理概论[M]. 北京: 中国农业出版社.

黄昌勇. 2000. 土壤学[M]. 北京: 中国农业出版社.

黄昌勇, 徐建明. 2010. 土壤学[M]. 第三版. 北京: 中国农业出版社.

黄文熙. 1983. 土的工程性质[M]. 北京: 水利水电出版社.

康绍忠, 刘晓明. 1992. 冬小麦根系吸水模式的研究[J]. 西北农林科技大学学报(自然科学版), 20(2): 5-12.

孔祥元, 郭际明, 刘宗泉. 2014. 大地测量学基础[M]. 武汉: 武汉大学出版社.

雷娜, 韩霁昌, 王欢元, 等. 2015. 基于模糊综合评价模型的土地整理效益评价[J]. 中国水土保持, (10): 68-71.

雷志栋, 苏立宁, 杨诗秀. 2002. 清铜峡灌区水土资源平衡分析的探讨[J]. 水利学报, (6): 9-14.

雷志栋, 杨诗秀, 谢森传. 1988. 土壤水动力学[M]. 北京: 清华大学出版社.

李博. 2000. 生态学[M]. 北京: 高等教育出版社.

李大美, 杨小亭. 2015. 水力学[M]. 武汉: 武汉大学出版社.

李德仁, 王树根, 周月琴. 2008. 摄影测量与遥感概论[M]. 北京: 测绘出版社.

李广信. 2004. 高等土力学[M]. 北京: 清华大学出版社.

李家星, 赵振兴. 2001. 水力学[M]. 南京: 河海大学出版社.

李娟, 韩霁昌, 李晓明. 2014. 砒砂岩与沙复配成土对小麦光合生理和产量的影响[J]. 麦类作物学报, 34(2): 203-209.

李娟, 韩霁昌, 张扬, 等. 2016. 盐碱地综合治理的工程模式[J]. 南水北调与水利科技, (3): 188-193.

李丽, 朱琨, 张兴, 等. 2008. 电动力学技术修复苯酚污染土壤的研究[J]. 环境污染与防治, 30(11): 35-40.

李青岳, 陈永奇. 2008. 工程测量学[M]. 第三版. 北京: 测绘出版社.

李树强, 李民赞, 李修华, 等. 2011. 玉米冠层叶片光谱反射率与玉米长势空间变异的关系[J]. 农业工程学报, 27(12): 110-114.

李天杰. 1995. 土壤环境学[M]. 北京: 高等教育出版社.

李天杰, 宁大同, 薛纪瑜. 2004a. 环境地学原理[M]. 北京: 化学工业出版社.

李天杰, 赵烨, 张科利. 2004b. 土壤地理学[M]. 北京: 高等教育出版社.

李天文, 张有顺. 2004. 现代地理测绘[M]. 北京: 科学出版社.

李小文. 2008. 遥感原理与应用[M]. 北京: 科学出版社.

李晓明, 韩霁昌, 李娟. 2014. 典型半干旱区土壤盐分高光谱特征反演[J]. 光谱学与光谱分析, 34(4): 1081-1084.

李新荣, 贾玉奎, 龙利群, 等. 2001. 干旱半干旱地区土壤微生物结皮的生态学意义及若干进展[J]. 中国沙漠, 21(11): 4-11.

李新荣, 金炯. 2005. 中国沙漠研究与治理50年[M]. 北京: 海洋出版社.

李新荣, 张元明, 赵允格. 2009. 生物土壤结皮研究：进展、前沿与展望[J]. 地球科学进展, 24(1)：11-24.
李学垣. 1987. 土壤的表面化学性质[M]. 北京：科学出版社.
梁智权. 2002. 流体力学[M]. 重庆：重庆大学出版社.
廖守亿, 王仕成, 张金生. 2005. 复杂系统基于 Agent 的建模与仿真[M]. 北京：国防工业出版社.
林大仪. 2002. 土壤学[M]. 北京：中国林业出版社.
刘汉龙. 1994. 土体地震永久变形分析[D]. 南京：河海大学博士学位论文.
刘鹤年. 2004. 流体力学[M]. 北京：中国建筑工业出版社.
刘建军, 章宝华. 2006. 流体力学[M]. 北京：北京大学出版社.
刘绍堂, 马玉晓, 王勇智. 2007. 控制测量[M]. 郑州：黄河水利出版社.
刘文灵, 谢静如. 2012. 水力学与桥涵水文[M]. 郑州：黄河水利出版社.
刘彦随, 杨子生. 2008. 我国土地资源学研究新进展及其展望[J]. 自然资源学报, 23(2)：353-360.
刘勇, 吴次芳, 岳文泽, 等. 2008. 土地整理项目区的景观格局及其生态效应[J]. 生态学报, 28(5)：2261-2269.
刘友兆, 王永斌. 2001. 土地整理与农村生态环境[J]. 农村生态环境, 17(3)：59-60.
罗林涛, 程杰, 王欢元, 等. 2013. 玉米种植模式下砒砂岩与沙复配土氮素淋失特征[J]. 水土保持学报, 27(4)：58-61.
罗明, 张惠远. 2002. 土地整理及其生态环境影响综述[J]. 资源科学, 24(2)：60-63.
罗启仕, 王慧, 张锡辉, 等. 2004. 电动力学强化原位生物修复研究进展[J]. 环境污染与防治, 26(4)：268-271.
骆世明, 陈聿华, 严斧. 1987. 农业生态学[M]. 长沙：湖南科技出版社.
吕军. 2011. 土壤改良学[M]. 杭州：浙江大学出版社.
吕贻忠, 李保国. 2006. 土壤学[M]. 北京：中国农业出版社.
马增辉, 韩霁昌, 王欢元, 等. 2015. LIMS 系统在新增耕地质量监测中的研究与应用[J]. 安徽农业科学, (14)：314-319.
倪建军, 任黎. 2013. 复杂系统控制与决策中的智能计算[M]. 北京：国防工业出版社.
彭莉, 林鹰, 杨奕. 2004. 复杂系统控制中的相关技术讨论[J]. 西南师范大学学报(自然科学版), 39(6)：1066-1069.
彭琼芬, 2010. 土地开发整理项目中土地平整工程量的计算研究[J]. 昆明理工大学学报(自然科学版), 35(3)：12-15.
秦耀东. 2003. 土壤物理学[M]. 北京：高等教育出版社.
任权昌. 2012. 地基基础[M]. 北京：北京交通大学出版社.
山东农业大学, 等. 1987. 山东省主要农田土壤、粮食作物有毒元素背景值研究[Z]. 81-88.
山东省环境保护科学研究所, 等. 1990. 山东省土壤环境背景值调查研究[Z]. 116-161, 216.
邵龙潭, 李红军. 2011. 土工结构稳定性分析——有限元极限平衡法及其应用[M]. 北京：科学出版社.
邵明安. 1985. 不同方法测定基质势差别与准确性的初步研究[J]. 土壤通报, 16(5)：223-226.
邵明安, 黄明斌. 2000. 土-根系统水动力学[M]. 西安：陕西科学技术出版社.
邵明安, 王全九, 黄明斌. 2006. 土壤物理学[M]. 北京：高等教育出版社.
沈允武. 1984. 尼罗河流域地表水资源及其开发利用[A]. 世界地理集刊(第七集)[C]. 北京：商务印书馆.
沈珠江. 2000. 理论土力学[M]. 北京：中国水利水电出版社.
史雄伟. 2011. 污水处理过程中的智能优化控制方法研究[D]. 北京：北京工业大学硕士学位论文.
孙家柄. 2009. 遥感原理与应用[M]. 武汉：武汉大学出版社.
孙儒泳. 1993. 普通生态学[M]. 北京：高等教育出版社.
孙向阳. 2004. 土壤学[M]. 北京：中国林业出版社.
孙训方. 2012. 材料力学[M]. 北京：高等教育出版社.
谭波, 罗庆成. 2000. 地区农业现代化指标体系框架及其量化[J]. 农业系统科学与综合研究, 16(1)：23-24.

汤定远, 陈宁锵. 1979. 摄影测量学会遥感手册(第一分册)[M]. 北京: 国防工业出版社.
陶竹君. 2005. 水力学与应用[M]. 北京: 中国建筑工业出版社.
田玉梅, 贾杰. 2013. 材料力学[M]. 北京: 清华大学出版社.
汪叶斌. 2013. 一般平衡论[M]. 匹兹堡: 美国学术出版社.
王成红, 王飞跃, 宋苏, 贺建军. 2005. 复杂系统研究中几个值得关注的问题[J]. 控制理论与应用, 22(4): 604-608.
王欢元, 韩霁昌, 罗林涛, 等. 2013. 两种土壤传递函数在预测砒砂岩与沙复配土的水力学参数中的应用[J]. 土壤通报, (6): 1351-1355.
王全九, 来建斌, 李毅. 2001. Green-Ampt 模型与 Philip 入渗模型的对比分析[J]. 农业工程学报, 18(2): 13-16.
王军, 邱扬, 杨磊, 等. 2007. 基于 GIS 的土地整理景观效应分析[J]. 地理研究, 26(2): 258-263.
王树根. 2009. 摄影测量原理与应用[M]. 武汉: 武汉大学出版社.
王文焰, 汪志荣, 王全九, 等. 2003. 黄土中 Green-Ampt 入渗模型的改进与验证[J]. 水利学报, (5): 30-34.
王晓博. 2006. 生态空间理论在区域规划中的应用研究[D]. 北京: 北京林业大学硕士学位论文.
王效科, 白艳莹, 欧阳志云, 等. 2002. 陆地生物地球化学模型的应用和发展[J]. 应用生态学报, 13(12): 1703-1706.
王昕, 刘建强, 贾永政. 2004. 黄泛平原中低产田水土资源优化利用模式研究[J]. 中国农村水利水电, (6): 45-47.
王学平. 2008. 遥感图像几何校正原理及效果分析[J]. 计算机应用与软件, 25(9): 102-106
王泽云. 2002. 土力学[M]. 重庆: 重庆大学出版社.
魏斌, 张霞, 吴热风. 1996. 生态学中的干扰理论与应用实例[J]. 生态学杂志, 15(6): 50-54.
魏样, 韩霁昌, 张扬, 等. 2015. 我国土壤污染现状与防治对策[J]. 农业技术与装备, (2): 11-15.
邬建国. 2000. 景观生态学——格局、过程、尺度与等级[M]. 北京: 高等教育出版社.
吴长山, 童庆喜, 郑兰芬, 等. 2000. 水稻、玉米的光谱数据与叶绿素的相关分析[J]. 应用基础与工程科学学报, 8(1): 31-36.
吴持恭. 2008. 水力学[M]. 北京: 高等教育出版社
吴次芳. 2000. 土地利用规划[M]. 北京: 地质出版社.
吴世明, 徐攸在. 1998. 土动力学现状与发展[J]. 岩土工程学报, 20(3): 125-131.
希勒尔 D. 1988. 土壤物理学概论[M]. 尉庆丰, 荆家海, 王益权, 译. 西安: 陕西人民教育出版社.
夏增禄. 1988. 土壤环境容量及其应用[M]. 北京: 气象出版社.
夏增禄, 蔡士悦, 许嘉林. 1992. 中国土壤环境容量[M]. 北京: 地震出版社.
夏增禄, 张学询, 孙汉中. 1988. 土壤环境容量及其应用[M]. 北京: 气象出版社
肖笃宁, 布仁仓, 李秀珍. 1997. 生态空间理论与景观异质性[J]. 生态学报, 17(5): 453-461.
辛斌, 陈杰, 彭志红. 2013. 智能优化控制: 概述与展望[J]. 自动化学报, 39(11): 1831-1848.
熊毅, 陈家坊. 1990. 土壤胶体(第三册): 土壤胶体的性质[M]. 北京: 科学出版社.
徐杰, 白学良, 田桂泉, 等. 2005. 腾格里沙漠固定沙丘结皮层藓类植物的生态功能及与土壤环境因子的关系[J]. 中国沙漠, 25(2): 234-242.
徐孝平. 2003. 环境水力学[M]. 北京: 中国水利水电出版社.
阎雨, 陈圣波, 田静, 等. 2004. 卫星遥感估产技术的发展与展望[J]. 吉林农业大学学报, 26(2): 187-191.
杨德. 2002. 试验设计与分析[M]. 北京: 中国农业出版社.
杨文治, 石玉洁, 费维温. 1985. 黄土高原几种土壤在非饱和条件下水分蒸发性能和抗旱能力评价[J]. 土壤学报, 22(1): 13-23.
杨亚提, 张平. 2001. 离子强度对恒电荷土壤胶体吸附 Cu^{2+} 和 Pb^{2+} 的影响[J]. 环境化学, 20(6): 566-571.
杨永全. 2005. 工程水力学[M]. 北京: 中国环境科学出版社.
杨志峰, 王烜. 2006. 环境水力学原理[M]. 北京: 北京师范大学出版社.
杨子生. 2000. 试论土地生态学[J]. 中国土地科学, 14(2): 38-43.

姚华荣. 2004. 生态建设中的水土资源优化配置研究——以首都圈田为例 [D]. 北京: 中国科学院大学博士学位论文.
姚贤良, 程云生. 1986. 土壤物理学[M]. 北京: 农业出版社.
叶嗣宗. 1992a. 土壤环境背景值在容量计算和环境质量评价中的应用[J]. 中国环境监测, 9(3): 52-54.
叶嗣宗. 1992b. 土壤环境背景值在土壤环境容量计算中的应用[J]. 上海环境科学, 11(4): 34-36.
殷宗泽. 2007. 土工原理[M]. 北京: 中国水利水电出版社.
尹明万, 甘泓. 2000. 智能型水供需平衡模型及其应用[J]. 水利学报, (10): 71-76.
尹晓东, 李保平. 2007. 变形监测技术及应用[M]. 郑州: 黄河水利出版社.
于天仁. 1999. 土壤电化学的建立与发展[J]. 土壤, (5): 231-235.
于小娟, 王照宇. 2012. 土力学[M]. 北京: 国防工业出版社.
俞茂. 1992. 强度理论新体系[M]. 西安: 西安交通大学出版社.
袁剑舫, 周月华. 1964. 水分运动与土壤质地的关系[J]. 土壤学报, 12(2): 143-155.
曾维华. 2014. 环境承载力理论、方法及应用[M]. 北京: 化学工业出版社.
詹道江, 叶守泽. 2000. 工程水文学[M]. 北京: 中国水利水电出版社.
张光辉, 邵明安. 2000. 用土壤物理特性推求 Green-Ampt 入渗模型中吸力参数 Sf[J]. 土壤学报, 37(4): 553-557.
张海欧, 韩霁昌, 王欢元, 等. 2016a. 提升农业用地标准的工程技术措施及发展趋势[J]. 农学学报, 6(3): 27-32.
张海欧, 韩霁昌, 张扬, 等. 2016b. 冻融交替对砒砂岩与沙复配土壤团粒结构的影响[J]. 冰川冻土, 38(1): 186-191.
张华海, 王宝山, 赵长胜. 2008. 应用大地测量学[M]. 徐州: 中国矿业大学出版社.
张军连, 周灵霞, 谢俊奇. 2004. 我国西部地区水土资源匹配模式与政策研究[J]. 中国生态农业学报, 12(2): 12-14.
张鲁渝, 时卫民, 郑颖人. 2002. 平面应变条件下土坡稳定有限元分析[J]. 岩土工程学报, 24(4): 487-490.
张露, 韩霁昌, 马增辉, 等. 2015a. 山地丘陵区不同复垦年限空心村整治后土壤特性[J]. 水土保持学报, 29(5): 176-180.
张露, 韩霁昌, 王欢元, 等. 2015b. 砒砂岩与风沙土复配后的粒度组成变化[J]. 中国水土保持科学, 13(2): 44-49.
张卫华, 韩霁昌, 王欢元, 等. 2015. 砒砂岩对毛乌素沙地风成沙的改良应用研究[J]. 干旱区资源与环境, 29(10): 122-127.
张卫民, 陈兰云, 凌道盛. 2005. 边坡稳定安全系数影响因素的探讨[J]. 铁道建筑, (2): 52-54.
张锡辉, 王慧, 罗启仕. 2001. 电动力学技术在受污染地下水和土壤修复中新进展[J]. 水科学进展, 12(2): 249-255.
张鑫慧. 2013. 典型热带地区土壤发育过程中的胶体稳定性及其土壤发生意义[D]. 北京: 中国科学院大学硕士学位论文.
张玉亭, 吕彤. 2008. 胶体与界面化学[M]. 北京: 中国纺织出版社.
张展羽. 2006. 水土资源分析与管理[M]. 北京: 水利水电出版社.
张正栋. 1995. 榆中县灌溉型水土资源利用系统模型的调控与优化[J]. 西北师范大学学报(自然科学版), 31(2): 73-79.
张正禄, 李广云, 藩国荣. 2005. 工程测量学[M]. 武汉: 武汉大学出版社.
张志昌. 2011. 水力学[M]. 北京: 中国水利水电出版社.
赵亮, 唐泽军. 2009. 粉煤灰对沙质土壤物理特性的影响[J]. 水土保持学报, 23(6): 178-202.
郑春苗. 2009. 地下水污染物迁移模拟[M]. 北京: 高等教育出版社.
郑文华, 魏峰远, 吉长东. 2007. 地下工程测量[M]. 北京: 煤炭工业出版社.
中华人民共和国建设部. 2003. 城市地下管线探测技术规程(CJJ 61—2003)[S]. 北京: 中国建设工业出版社.
中华人民共和国建设部. 2007. 建筑变形测量规范(JGJ 8—2007)[S]. 北京: 中国建筑工业出版社.
中华人民共和国建设部. 2008. 工程测量规范(GB 50026—2007)[S]. 北京: 中国计划出版社.
中华人民共和国国土资源部. 2007. 第二次全国土地调查技术规程(TD/T 1014—2007)[S]. 北京: 中国标准出版社.
中华人民共和国建设部. 1999. 城市测量规范(CJJ 8—99)[S]. 北京: 中国建筑工业出版社.

周志芳. 2013. 地下水动力学[M]. 北京: 科学出版社.
朱思哲. 2003. 三轴试验原理与应用技术[M]. 北京: 中国水利水电出版社.
左其亭, 陈曦. 2003. 面向可持续发展的水资源规划与管理[M]. 北京: 中国水利水电出版社.
Ankeny M D, Ahmed M, Kaspar T C, et al. 1991. Simple field method for determining unsaturated hydraulic conductivity[J]. Soil Science Society of America Journal, 55: 467-470.
Baskaran M. 2011. Handbook of Environmental Isotope Geochemistry[M]. Berlin Heidelberg: Springer Science and Business Media.
Beven K. 1982. On subsurface stormflow: an analysis of response times[J]. Hydrological Sciences Journal, 27(4): 505-521.
Box G E P, Jenkins G M. 1976. Time Series Analysis: Forecasting and Control[M]. San Francisco: Holden-Day.
Bras R L, Cordova J R. 1981. Intraseasonal water allocation in deficient irrigation[J]. Water Resource Research, 17(4): 866-874.
Briske D D, Bestelmeyer B T, Stringham T K, et al. 2008. Recommendations for development of resilience-based state-and-transition models[J]. Rangeland Ecology and Management, 61(4): 359-367.
Corey J C, Nielsen D, Biggar J. 1963. Miscible displacement in saturated and unsaturated sandstone[J]. Soil Science Society of America Journal, 27: 258-262.
Davenport D W, Breshears D D, Wilcox B P, et al. 1998. Sustainability of piñyon-juniper ecosystems: a unifying perspective of soil erosion thresholds[J]. Journal of Range Management, 51: 231-240.
Driscoll F G. 1986. Groundwater and wells[J]. St. paul Minnesota Johnson Filtration Systems Inc. ed, 47(5): 359-396.
Dumer W. 1992. Groundwater recharge: a guide to understanding and estimating natural recharge[J]. Catena, 19(5): 493-494.
Eldridge D J, Toazer M E. 1996. Distribution and floristics of bryophytes in soil crusts in semi-arid and arid eastern Australia[J]. Australian Journal of Botany, 44: 233-247.
Elizabeth M E, David R. L, Richard N B, et al. 2003. Achieving efficiency and equity in irrigation management: an optimization model of the El Angel watershed, Carchi, Ecuador[J]. Agrcultural Systems, 77(1): 1-22.
Fetter W C. 2001. Applied Hydrogeology[M]. New Jersey: Prentice hall Upper Saddle River.
Forman R T T. 1995a. The Ecology of Landscape and Regions[M]. Cambridge: Cambridge University Press.
Forman R T T. 1995b. Some general principles of landscape and regional ecology[J]. Landscape Ecology, 10(3): 133-142.
Gardner W R. 1959. Solutions of the flow equation for the drying of soils and other porous media[J]. Soil Science Society of America Journal, 23(3): 183-187.
Gardner, W R. 1962. Approximate solution of a non-steady-state drainage problem[J]. Soil Science Society of America Journal, 26(2): 129-132.
Han J C, Liu Y S, Zhang Y. 2015. Sand stabilization effect of feldspathic sandstone during the fallow period in Mu Us Sandy Land[J]. Journal of Geographical Sciences, 25(4): 428-436.
Han J C, Xie J C, Zhang Y. 2012. Potential role of feldspathic sandstone as a natural water retaining agent in Mu Us Sandy Land, Northwest China[J]. Chinese Geographical Science, 22(5): 550-555.
Han J C, Zhang Y. 2014. Land policy and land engineering[J]. Land Use Policy, 40(40): 64-68.
Hansen A J. 1992. Landscape Boundaries: Consequences for Biotic Diversity and Ecological Flows[M]. New York: Springer-verlag.
Heath R C. 1983. Basic Ground-Water Hydrology[M]. Virginia: US Geological Survey.
Hudak P F. 2004. Principles of Hydrogeology[M]. Florida: Crc Pr Inc.
Jorgensen S E, Bendoricchio G. 2008. 生态模型基础[M]. 何文珊, 陆健健, 张修峰, 译. 北京: 高等教育出版社.

Langmuir D, Mahoney J. 1985. Chemical equilibrium and kinetics of geochemical processes in ground water studies[J]. First Canadian/American Conference on Hydrogeology: Practical Applications of Ground Water Geochemistry, 69-95.

Li H, Franklin J F, Swanson F J, et al. 1993. Developing alternative forest cutting patterns: a assimilation approach[J]. Landscape Ecology, 8 (1): 63-75.

Mein R, Larson C. 1973. Modeling infiltration during a steady rain[J]. Water Resources. 6 (9): 384-394.

Molz F J, Remson I. 1970. Extraction term models of soil moisture use by transpiring plants[J]. Water Resources Research, 6 (5): 1346-1356.

Odum H T. 1969. The strategy of ecosystem development[J]. Science, 164: 262-270.

Odum H T. 1983. Systems Ecology: An Introduction[M]. New York: John Wiley and Sons Ltd.

Perroux K M, White I. 1988. Designs for disc premeameters[J]. Soil Science Society America Journal, 52: 1205-1215.

Philip J. 1968. Stability analysis of infiltration[J]. Soil Science Society of America Proceedings, 17: 245-268.

Pickett S T A, White P S. 1985. The Ecology of Natural Disturbance and Patch Dynamics [M]. Orlando: Academic Press.

Pickett S T A, Wu J, Cadenasso M L. 1999. Patch dynamics and the ecology of disturbed ground: a framework for Synthesis//Walker L R. Ecosystems of disturbed ground[M]. New York: Elsevier.

Pytkowich R. 1984. Equilibria, Nonequilibria, and Natural Waters[M]. New Jersey: Wiley.

Rumelhart D E, Hinton G E, Williams R J. 1988. Learning representations by back-propagating errors[J]. Nature, 323 (6088): 533-536.

Stevenson F J. 1982. Orgin and Distribution of Nitrogen in Soils[M]. Madison: American Society of Agronomy.

Stiff H A. 1951. The interpretation of chemical water analysis by means of patterns[J]. Journal of Petroleum Technology, 3: 13-15.

Sun R J. 1986. Regional aquifer-system analysis program of the U. S. geological survey, summary of projects, 1978-84[J]. New Zealand Medical Journal, 56 (316).

Todd D K, Mays L W. 2005. Groundwater Hydrology Edition[M]. New Jersey: Wiley.

Turner M G, Gardner R H, Dale V H, et al. 1989. Predicting the spread of disturbance across heterogeneous landscapes[J]. Oikos, 55: 121-129.

Turner M G, Romme W H, Gardner R H, et al. 1993. A revised concept of landscape equilibrium: disturbance and stability on scaled landscapes[J]. Landscape Ecology, 8 (3): 213-217.

Vold R D, Vold M J. 1983. Colloid interface chemistry[J]. Addison-Wesley, 11 (4): 32-33.

Wang N, Xie J C, Han J C. 2013. A sand control and development model in sandy land based on mixed experiments of arsenic sandstone and sand: a case study in Mu Us Sandy Land in China[J]. Chinese Geographical Science, 23 (6): 700-707.

Wang N, Xie J C, Han J C, et al. 2014. A comprehensive framework on land-water resources development in Mu Us Sandy Land[J]. Land Use Policy, 40 (1): 69-73.

Wiegert R C. 1976. Ecological Energetic[M]. New York: Halsted Press.